CATALOGUE

DES

LIVRES ET MANUSCRITS

FORMANT LA BIBLIOTHÈQUE DE FEU

M. J. B. TH. DE JONGHE

OFFICIER DE L'ORDRE DE LÉOPOLD

TOME I

BRUXELLES
F. HEUSSNER, LIBRAIRE
25, place Sainte-Gudule

1860

Д 33553

CATALOGUE

DES

LIVRES ET MANUSCRITS

FORMANT LA BIBLIOTHÈQUE DE FEU

M. J. B. TH. DE JONGHE

OFFICIER DE L'ORDRE DE LÉOPOLD

TOME I

BRUXELLES
F. HEUSSNER, LIBRAIRE
23, place Sainte-Gudule

1860

BRUXELLES

TYPOGRAPHIE DE M. WEISSENBRUCH

7, rue du Musée

LISTE DES LIBRAIRES

CHEZ LESQUELS L'ON PEUT SE PROCURER LE PRÉSENT CATALOGUE

BELGIQUE.

Bruxelles, chez l'éditeur.
Anvers, Max. Kornicker.
Gand, Duquesne, Hoste.
Bruges, C. de Moor.
Liége, C. Gnusé et Spée-Zélis.
Namur, Leroux, fils.
Mons, Landa, aîné.
Tournai, Lecomte-Bocquet.
Luxembourg, V. Bück.

FRANCE.

Paris, C. Borrani, 9, rue des Saints-Pères.
    Aug. Durand.
    Potier, 9, quai Malaquais.
    Techener, rue de l'Arbre-Sec.
Lille, Leleu.

ANGLETERRE.

Londres, W. Boone.
    Barthès et Lowell.
    David Nutt.

HOLLANDE.

Amsterdam, Fred. Muller.
La Haye, Mart. Nijhoff.
Leiden, E. J. Brill.
Utrecht, De Bruijn.
Bois-le-Duc, Muller frères.

ALLEMAGNE.

Leipzig, C. F. Fleischer.
Cologne, J. M. Heberle.

Madrid, Alph. Duran.

Milan, Th. Laengner et fils.

St-Pétersbourg, Cluzel, Perspective de Newski.

ÉTATS-UNIS.

New-York, B. Westermann et Cⁱᵉ.
    Ch. B. Norton.
    F. W. Christern.

Conditions de la Vente.

La vente se fera au comptant, en francs et centimes, avec augmentation de dix pour cent.

Les acquéreurs seront tenus de payer et de retirer, après chaque vacation, les lots qu'ils auront achetés; faute de quoi le directeur de la vente se réserve le droit de faire revendre les livres non acquittés, aux risques et périls de l'acheteur défaillant et de répéter contre lui toute perte qui pourrait en résulter.

Tous les ouvrages devront être acceptés, tels qu'ils seront offert aux enchères. — Le catalogue, rédigé avec soin, indique les défauts qu'on a pu découvrir; après l'adjudication les réclamations ne seront plus admises.

Les livres et manuscrits seront exposés, une heure avant chaque vacation.

Le directeur de la vente se réserve le droit de réunir ou de diviser les ouvrages de collection, chaque fois que les amateurs lui en feront la demande ou que l'importance des séries pourra l'exiger.

Les personnes empêchées d'assister à la vente, peuvent adresser leurs commissions à M. FERD. HEUSSNER, 23, *Place Sainte-Gudule à Bruxelles.*

Ordre des vacations.

Chaque vacation sera divisée en deux séances; la première commencera à 10 heures du matin; la seconde, à 2 heures de relevée. — La vente aura lieu à l'hôtel de feu M. de Jonghe, 37, *Boulevard de l'Observatoire* (coin de la place des Barricades).

1re vacation :
Lundi, 5 novemb. 1860, n° 1 à 317.

2e vacation :
Mardi, 6 novembre, n° 318 à 712.

3e vacation :
Mercr., 7 novemb., n° 713 à 1094.

4e vacation :
Jeudi, 8 novemb., n° 1095 à 1501.

5e vacation :
Vend., 9 novemb., n° 1502 à 1825.

6e vacation :
Sam., 10 novemb., n° 1826 à 2119.

7e vacation :
Lundi, 12 novemb., n° 2120 à 2422.

8e vacation :
Mardi, 13 novemb., n° 2423 à 2772.

9e vacation :
Mercr., 14 novemb., n° 2773 à 3122.

10e vacation :
Jeudi, 15 novemb., n° 3123 à 3455.

NOTICE

La bibliothèque dont nous publions le catalogue est une des plus considérables et des mieux composées qu'il y ait en Belgique. Depuis les vastes collections de Lammens et de Van Hulthem nous croyons qu'il n'en a pas été formé de semblable. On ne peut pas dire pourtant qu'elle soit, comme la première, un immense fouillis de livres ramassés sans vue d'ensemble, quoique avec science; ni, comme la seconde, un fonds comprenant, dans son extension la plus large, tout ce qui intéresse l'histoire et la littérature nationales. Ce n'est pas non plus un de ces cabinets, comme on en voit assez aujourd'hui, se composant de quelques milliers de volumes vulgaires, entre lesquels sont enchassées, çà et là, quelques unes des hautes curiosités de la bibliomanie, longuement décrites dans le Manuel, et acquises au hasard à grands coups de billets de banque.

La bibliothèque de M. Th. de Jonghe est une bibliothèque choisie et vraiment digne de ce nom, une collection formée par un homme d'étude, par un homme qui lit et travaille, mais qui n'embrasse pas d'un amour égal toutes les branches des connaissances humaines ; en un mot, c'est la bibliothèque d'un érudit.

La vie entière de M. de Jonghe, vie simple, cachée et éminemment laborieuse, fut consacrée aux livres. Possesseur d'une grande fortune, portant un beau nom patricien, il eut pu, comme tant d'autres, briller dans le monde par tous les avantages que donnent la richesse et la naissance ; mais, dominé par un goût irrésistible, luttant d'ailleurs sans cesse contre une santé des plus délicates, il se renferma dans sa bibliothèque, uniquement occupé du soin de la compléter et d'en jouir. Nul homme n'a plus lu et plus écrit que lui : sa mort nous a dévoilé d'immenses travaux, et nous ne croyons pas exagérer en évaluant à plus de cent volumes in-8° d'impression compacte, ce qu'il a laissé de copie manuscrite : compilations, transcriptions ou compositions personnelles. Une partie de ce labeur se trouve dans le présent catalogue, une autre partie a été réservée par la famille.

Jean-Baptiste Théodore de Jonghe est le dernier descendant d'une branche masculine de l'ancienne famille de ce nom originaire de Flandre, fixée d'abord à Gand, puis au pays de Waes, à Saint-Nicolas, famille qui a fourni plusieurs hommes remarquables dans les lettres, la robe et les fonctions publiques, parmi lesquels on compte le dominicain Bernard de Jonghe l'auteur du *Belgium dominicanum* et des *Gendtsche Geschiedenissen*.

L'aïeul de M. de Jonghe, Messire Jean Charles de Jonghe, écuyer, né au château de Walbourg, près de Saint-Nicolas en 1694, licencié en droit, était venu se fixer à Bruxelles, où il mourut en 1779; le fils de celui-ci, Egide Corneille, né le 22 mai 1753, licencié en droit le 20 juillet 1774, devint conseiller au conseil souverain de Brabant par lettres patentes du 25 novembre 1784, et conseiller pensionnaire des États de la même province en 1789, charges qu'il cumula sur la demande formelle des États et qu'il conserva jusqu'à l'époque de la seconde invasion française en 1794. Resté à Bruxelles pendant la première invasion, il avait été arrêté comme ôtage avec d'autres personnes, par ordre des représentants du peuple Chepy et Robert et envoyé à la citadelle de Valenciennes où il fut détenu quelque temps. Pendant la domination française, il ne voulut accepter aucune fonction : il se rendit en Allemagne et épousa à Emmerich, en Westphalie, le 17 février 1801, dame Marie Cornélie Jeanne Antoinette Maximilienne de Roovere, fille de Ant. Emm. de Roovere et de dame Marie Anne Maximil. Charlier. Ce mariage fut célébré par le cardinal archevêque de Malines assisté de la plupart des abbés de Brabant. C'est de cette union que naquit à Bruxelles Jean Baptiste Théodore de Jonghe, le 23 novembre 1801.

Après la chute de l'empire français, le père de M. de Jonghe fut nommé successivement aux fonctions de secrétaire général pour la justice et les intérêts du clergé, près du gouvernement provisoire de la Belgique (15 fév. 1814), de membre du conseil privé pour la Belgique, par arrêté du prince d'Orange (12 août 1814); de président de la chambre des comptes (30 nov. 1814) et de membre extraordinaire du conseil d'état (16 sept. 1815). Il mourut à Bruxelles, le 13 avril 1818.

Du côté de sa mère, M. Th. de Jonghe appartenait à une famille qui compte également parmi ses membres plusieurs hommes distingués comme jurisconsultes, comme fonctionnaires ou comme érudits.

Une longue tradition de famille marquait au jeune Théodore les mêmes carrières à suivre, celles de la magistrature et des fonctions publiques. Après ses humanités, il se rendit à Liége, y fit ses études de droit et fut reçu docteur, avec distinction, le 7 août 1823. La thèse qu'il soutint à cette occasion porte pour titre : *Dissertatio inauguralis juridica de matrimonio ejusque impedimentis*, et il en fut rendu compte avec éloge dans la *Thémis* et la *Revue encyclopédique* de Paris.

Trois ans après avoir pris ses grades, il résolut d'entrer dans la diplomatie. Nommé commis-adjoint au ministère des affaires étrangères, il partit pour la Haye et s'y trouvait lors des événements de 1830. Le 11 novembre de cette année, il obtint sur sa demande, démission honorable de son emploi et revint en Belgique auprès de sa mère pour laquelle il avait le plus tendre attachement.

Il se fixa donc à Bruxelles et renonça tout à fait aux fonctions publiques : sa santé, toujours chancelante, ne lui eût point permis d'ailleurs de se livrer à la vie active du diplomate ou au travail compassé des bureaux.

Il ne s'occupa plus que de sa bibliothèque et de son médaillier. Il possédait déjà, par héritage, un noyau très-riche et très-précieux, un beau cabinet de jurisconsulte et d'homme d'état formé par son père. C'est de lui que proviennent tous les grands et bons ouvrages de droit romain, de droit coutumier, les œuvres des illustres légistes belges, les vastes corps du droit public, les manuscrits politiques et administratifs concernant les Pays-Bas, etc., que l'on trouve dans ce catalogue.

M. Th. de Jonghe était donc bibliophile de race. Aussi commença-t-il de bonne heure à collectionner des livres.

Pendant ses études à l'Université de Liége, il avait pris son appartement chez M. le professeur L. Warnkönig, l'un des juristes les plus renommés de notre époque et, en même temps, l'un de nos meilleurs historiens. C'est dans la maison de ce savant maître, c'est en voyant ce travailleur infatigable remuant par brassées, feuilletant les in-folios de la haute érudition, les codices de parchemin, les fardes des archives, pour élucider une controverse de droit romain ou essayer d'éclaircir un point de notre histoire, c'est en le voyant, selon la bonne coutume allemande, étudier une question sous toutes ses faces, la poursuivre dans ses dernières sources, que le jeune de Jonghe sentit naître en lui ce goût de l'érudition, ce désir de recueillir, de posséder tout ce qui a été écrit sur l'une ou l'autre branche des connaissances humaines. Aussi, lorsque pour terminer ses études de droit, il doit subir l'épreuve solennelle de la thèse inaugurale, on le voit rassembler de longue main tous les matériaux nécessaires à la confection de ce travail scientifique. On retrouve encore aujourd'hui dans sa bibliothèque un bon assortiment de dissertations canoniques, juridiques, etc., sur le mariage, ses formes, ses lois chez les différents peuples.

Plus tard, pendant son apprentissage de la carrière

politique, dans les bureaux du ministère des affaires étrangères à la Haye, il recueillit une belle série d'ouvrages sur le droit public moderne, sur l'organisation des sociétés, sur les droits et devoirs des ambassadeurs, etc.

Après avoir renoncé aux emplois et s'être fixé auprès de sa mère, il se mit à augmenter sans relâche, ses collections. Mais il délaissa les branches dont il s'était occupé jusqu'alors, et restreignit ses acquisitions aux ouvrages concernant l'histoire politique, civile et religieuse des Pays-Bas, l'héraldique, l'histoire des familles, la numismatique. Le plan qu'il s'était tracé ne l'empêchait point pourtant d'enrichir, de temps à autre, son cabinet d'un grand nombre de curiosités ou de bons livres appartenant à la littérature, aux beaux-arts, ou à d'autres branches des connaissances humaines.

Pendant les trente années environ qu'il mit à former sa bibliothèque, il eut plusieurs occasions d'acquérir des ouvrages qu'il serait bien difficile de se procurer aujourd'hui. Au début de sa carrière bibliographique, sa ressource principale fut l'immense fonds de Verbeyst. Tous les jours il allait explorer le gigantesque hangar de la rue de Terre-Neuve, et quand sa santé ne lui permettait point de faire le trajet, il mandait à son hôtel le vieux libraire qui s'empressait toujours de lui soumettre la primeur de ses nombreuses acquisitions. Pendant un des voyages qu'il fit en Allemagne, M. de Jonghe noua des relations avec une honorable maison de Bonn, qui, jusqu'à la fin de ses jours, le tint au courant des meilleures publications scientifiques de ce pays. Il fit en outre des acquisitions à toutes les

grandes ventes qui eurent lieu en Belgique. La vente de
la bibliothèque de son oncle M. L. A. de Roovere de
Roosemersch, en 1845, lui donna particulièrement l'occasion d'augmenter, d'une manière notable, son fonds généalogique qui contenait déjà un grand nombre de pièces provenant de MM. Van Heurck et Charlier. La librairie Heussner,
par ses ventes et ses catalogues à prix, et la librairie Decq,
par son assortiment moderne toujours au courant, eurent
encore une part très-large à l'accroissement de cette riche
bibliothèque. Dans ces dernières années, assailli par des
souffrances presque continuelles, M. de Jonghe n'était plus
en état de consacrer à ses livres la même ardeur qu'autrefois;
cependant, il s'informait encore sans cesse des publications
nouvelles et des ventes, il parcourait, d'un œil presque
éteint, les nombreux catalogues qui lui étaient envoyés de
toutes parts. Quelques jours avant sa mort, il nous chargeait
encore d'une commission pour la vente Van Voorst, à
Amsterdam, où nous allions nous rendre. Mais nous ne le
vîmes plus à notre retour.

Il s'éteignit le 20 février 1860, au milieu de ses livres,
assis à sa table, un volume ouvert devant lui.

M de Jonghe aimait les livres en amateur éclairé, et non
pas en bibliomane. « Que l'on ne croie pas, dit M. Serrure
dans la notice qu'il a consacrée à son défunt ami, que l'on ne
croie pas que M. de Jonghe ait eu pour unique préoccupation
celle de recueillir des ouvrages rares afin de leur donner
une reliure somptueuse. Un livre n'était admis dans sa
collection, que s'il pouvait lui être de quelque secours dans
ses études favorites. Ainsi tout ouvrage qui, de près ou de

loin, se rattachait à l'histoire de la patrie, était le bien venu, n'importe en quelle langue il fut écrit, ou de quel pays il vint. On était sûr de trouver en lui un souscripteur pour toute publication qui promettait d'avoir quelque valeur intrinsèque. On était sûr encore de l'avoir pour protecteur ou collaborateur dans toute entreprise ayant pour objet le progrès des lettres et des sciences. » C'est ainsi qu'il figure parmi les fondateurs ou les membres effectifs de la société des Bibliophiles flamands, de la société d'Émulation de Bruges, de la société de la Numismatique belge, du Bulletin du Bibliophile, de la société d'Histoire et d'Archéologie, etc.

« La bibliothèque de M. de Jonghe était très-accessible : on y recourait de toutes parts : et nous pourrions dresser une liste nombreuse de travaux historiques ou scientifiques auxquels elle a fourni de précieux matériaux. Il faisait lui-même avec une rare complaisance des recherches souvent longues et pénibles, entravées par de continuelles indispositions ; et ces recherches, il les faisait avec un vrai plaisir lorsqu'elles devaient être utiles soit à un savant en titre soit à un simple travailleur. Nous l'avons vu rayonnant de joie lorsqu'il avait réussi à débrouiller un peu quelque cas obscur d'histoire, de numismatique ou de généalogie qui avait fait le désespoir de l'un ou de l'autre érudit. Il en était d'autant plus fier que, tout naturellement, on n'avait recours à sa bibliothèque particulière qu'après avoir épuisé les ressources, si riches pourtant, de nos grands dépôts publics.

Sa collection de documents généalogiques surtout était largement mise à contribution. On peut dire que M. de Jonghe a fourni des renseignements, souvent très-importants, à toutes les publications sérieuses qui dans ce genre ont vu le jour en Belgique. Pour n'en citer qu'un exemple, nous avons copié chez lui des centaines d'armoiries et d'inscriptions pour le recueil des inscriptions funéraires et monumentales de la province d'Anvers.

Mais, d'un autre côté, la possession de ces documents fut souvent pour M. de Jonghe, la source de grands ennuis. Pendant quelque temps, il fut littéralement assailli par les chercheurs d'aïeux, assez nombreux en Belgique, comme on sait. Tous ceux qui, selon son expression habituelle, *brochent* d'azur *sur champ de* gueules, s'adressaient à lui soit directement, soit par intermédiaire, dans l'espoir de trouver dans ses précieuses archives une pièce, un nom, qui pussent les raccrocher tant bien que mal à un rameau noble ou patricien. Il les renvoyait impitoyablement aux généalogistes de profession.

En 1839, lorsque le gouvernement institua le conseil héraldique, M. de Jonghe en fut nommé membre et il y rendit de grands services soit comme rapporteur, soit comme vice-président. Les riches documents dont il était possesseur, ses connaissances héraldiques lui permettaient de traiter avec science et conscience les questions qui se débattaient dans ce tribunal nobiliaire : ses rapports passaient même pour être empreints d'un peu de sévérité. Plus tard, en 1846, lors de la création de la commission royale pour la publication des anciennes lois et ordonnances, M. de Jonghe fut un des dix membres chargés de ce grand travail national. Sa bibliothèque, qui réunissait des collections juridiques recueillies par toute une série de magistrats, apporta encore en cette occasion d'importants secours.

Le Roi reconnut tous ces bons services en lui octroyant, en 1849, le titre de chevalier et, en 1856, celui d'officier de l'Ordre de Léopold.

Si la bibliothèque dont nous commençons ici le catalogue est selon nous, un modèle quant au choix des ouvrages, elle est tout aussi remarquable quant à la condition matérielle des volumes qui la composent. Sous ce rapport, il n'existe point en Belgique de collection mieux tenue. Tous les livres acquis par l'honorable bibliophile étaient immédiatement confiés à M. Schavye, que l'on peut nommer, à bon droit, le premier artiste-relieur du royaume. Les livres anciens étaient, au besoin, lavés et restaurés avec habileté, et recouverts d'une demi-reliure simple en général, mais parfaitement exécutée dans le style du temps où ils ont été imprimés, les livres modernes sont en veau ou en maroquin, avec coins, et plus ou moins brillants, selon le mérite ou la valeur de l'ouvrage.

Mais il en est aussi un grand nombre, sur lesquels l'art a réuni toutes ses splendeurs et qui sont des chefs-d'œuvre de dorure à petits fers ou de dessins à compartiments. On qualifiait même d'exagérée la passion de M. de Jonghe pour la pompe extérieure des livres, et en effet, il y a tel volume petit in-folio dont il a payé la reliure 580 francs, tel autre 400 fr., etc., mais cet excès — si excès il y a — avait pour lui une excellente excuse. Son seul but était de favoriser, dans l'étendue de ses moyens, l'art de la reliure en Belgique : aussi la plupart des somptuosités de son cabinet ont-elles figuré avec honneur ou remporté les premiers prix dans les grandes expositions industrielles.

La conservation des livres est parfaite. Renfermés dans de bonnes armoires vitrées, préservés avec soin de tout élément de détérioration, maniés toujours avec la plus grande attention, on peut dire qu'ils sont intacts et qu'ils sortent de l'atelier du relieur. On croirait, à les voir, que jamais ils n'ont été ouverts, mais en apercevant les notes écrites par M. de Jonghe sur la première garde d'un grand nombre d'entr'eux, on est vite désabusé. Nous l'avons déjà dit, jamais on ne vit lecteur plus infatigable et ses veilles, toutes consacrées au travail, en se prolongeant et se multipliant outre mesure, contribuèrent beaucoup à détruire sa santé.

Un mot encore sur la confection de ce catalogue. Nous avons suivi le système ordinaire adopté par l'auteur du *Manuel*. Nous y avons fait toutefois quelques modifications, dont la principale est d'avoir rangé les sciences politiques et administratives dans la jurisprudence, plutôt que d'en avoir fait une annexe des sciences philosophiques intitulée *applications de la loi morale*. C'est l'ordre qui a été adopté, d'après les allemands, dans l'excellent catalogue de la bibliothèque de la Chambre des Représentants. Nous avons en outre distribué dans des paragraphes spéciaux, à l'instar du catalogue Van Hulthem, les ouvrages qui, dans une branche, intéressent plus spécialement les Pays-Bas. Nous nous sommes permis encore, contrairement aux strictes règles bibliographiques, de distribuer quelquefois un ouvrage existant en double exemplaire dans deux classes où il peut se ranger indifféremment.

Quoique, comme nous l'avons dit, la presque totalité des livres neufs soit reliée par M. Schavye, nous n'avons pas cru devoir terminer chaque article par le nom de cet artiste, nous ne l'avons fait que lorsque la reliure offrait quelque chose de remarquable ou d'exceptionnel.

En terminant, qu'il nous soit permis d'adresser nos remerciments à nos deux collaborateurs M. Olivier, attaché à la maison de M. Heussner, et M. Chokier, de la Bibliothèque royale. Nous étant chargé plus spécialement des manuscrits et des archives, ces deux messieurs ont relevé et décrit les imprimés avec le plus grand soin, et nous leur devons plusieurs des notes que l'on trouvera dans ce catalogue. M. Olivier qui, par une longue pratique de la librairie et une étude profonde de notre histoire, possède de grandes connaissances bibliographiques, nous a été particulièrement utile surtout en ce qui concerne les ouvrages relatifs aux troubles religieux et civils du xvie siècle.

C. RUELENS.
de la Bibliothèque royale.

Le premier volume de ce catalogue ne renferme pas les parties importantes de la collection de M. de Jonghe. Comprenant la théologie, la jurisprudence, les sciences et arts, les belles-lettres, branches qui ne rentrent que par quelques points accessoires dans le plan adopté par l'honorable bibliophile pour la formation de sa bibliothèque, ce tome Ier du catalogue ne donne pas une idée exacte de la richesse de l'ensemble. Cependant nous pouvons y signaler les articles suivants :

N°s 1. Biblia sacra. Ms. du xive siècle, offert en 1572 par Christ. Plantin à J. Harlemius.
» 2. Biblia sacra. Ms. orné d'une curieuse reliure.
» 69. Spicilegium, etc. L. D'Achery. 4 v. in-f°.
» 70. Thesaurus anecdotorum, de Martène et Durand. 5 v. in-f°.
» 71. Vet. script. amplissima collectio, par les mêmes. 9 v. in-f°.
» 77. Ven. Bedæ, etc. opuscula. Précieux Ms. du xiie s., in-f°.
» 114. Sermobnen van pater Jan Mahusius. Ms.
» 115. Sermoonen van broeder P. Lupus. Ms.
» 122. Liber de vita religiosorum. Imprimé à Bois-le-Duc vers la fin du xve siècle.
» 180 et 181. Recueils de traités divers d'Arnould van Gheluwe, dit le *paysan flamand*.
» 183. Hendrik Niclaes. Von dem rechtferdigen Gerichte Godes, et autres opuscules de ce fameux prophète anabaptiste.
» 294. Du Mont et Rousset. Corps universel diplomatique, recueil complet.
» 298 et 299. Recueil des traités, etc. de G. F. de Martens, 22 v. in-8° et suppléments. 28 v. in-8°.
» 449. La constitution française de 1791, sur *peau de vélin*.
» 477. Recueil de placards, ordonnances, etc., des Pays-Bas, formé par le conseiller Charlier. 7 v. in-f°.
» 478. Une autre collection. 7 v. in-f°.
» 545. Annales parlementaires de Belgique. 16 v. in-f°.
» 546. Documents parlementaires idem. 124 v. in-f°.

THÉOLOGIE.

I. — ÉCRITURE SAINTE.

TEXTES. — VERSIONS. — ABRÉGÉS. — INTERPRÈTES.

1 BIBLIA SACRA. In-16. Mar. rouge, d. s. tr., dos à petits fers, fil. dent., dans un étui (*Schavye*).

    Très-beau manuscrit sur vélin extraordinairement fin, du xive siècle, écriture très-petite et très-nette, à deux colonnes, chacune de 50 lignes, lettrines en couleurs. On lit sur la première garde : Christophorus Plant. Joanni Harlemio Societ. Jesu, donabat anno M. D. LXXI.

    J. Harlemius (Joannes Guilielmi ou Willemsz.), travailla à la grande polyglotte ; il coopéra à la collation des textes hébreu, chaldéen et syriaque et dressa l'index biblicum. Il est probable que la Bible ci-dessus lui a été donnée par le célèbre typographe en témoignage de reconnaissance.

2 BIBLIA SACRA. P. in-fol., v. f., compart. à froid, dos à gros nerfs, titre sous verre, encadré de cuivre et incrusté dans le plat, couverture en maroq. brun, avec étui. Très-belle imitation des premières reliures du xvie siècle, exécutée par M. Schavye.

    Volumineux Ms. du xvie siècle, sur papier, à deux colonnes, chacune de 55 lignes, initiales ornées, majuscules et titres en rouge. Beau volume, parfaitement conservé.

3 Biblia sacra, vulgatæ editionis. *Lugduni, Guillimin,* 1686, in-8", v. br.

4 La Sainte Bible, contenant l'Ancien et le Nouveau Testament, trad. sur la Vulgate, par le Maistre de Saci. *Paris,* 1837, in-8°, dem.-bas. rac.

5 Biblia sacra. Dat is : de H. Schriftuer, met een voorreeden door Fr. Th. du Jardin en Fr. Franc d'Enghien. *Antwerpen, Jouret,* 1714, 2 t., 1 vol., in-fol., v. br.

6 Le Pseautier de David, traduit en françois; avec des notes courtes, tirées de S. Augustin et des autres Pères. Nouv. éd. augm. *Paris, Josse,* etc., 1716, in-12, v. f.

7 Les quatre Évangiles (en arménien et en turc) in-4°, mar. noir, au chiffre du Sultan sur le plat. Très-beau Ms.

La souscription finale porte que ce livre a été achevé l'an 1169 (de l'ère arménienne), le 11 du mois de mars, correspondant à l'an 1720 de l'ère chrétienne. Il est de la main du calligraphe Katchadour, du temps de l'archevêque Garabed (dit) Zéthountzi; Adwazadour étant catholicos d'Echmiadzin. (Note de M. F. Nève).

8 Le Nouveau Testament, traduit du grec en dialecte judaico-germain et imprimé en caractères hébraïques. *London, Macintosh,* 1820, in-8°, v. br.

9 Novum Testamentum Malaïce : cura et sumtibus societatis, quæ Bibliis per omnes gentes pervulgandis operum dat. *Harlemi, Enschedé,* 1820, in-8°, d. rel. v.

10 Concordantie Biblie et Canonum. (*à la fin*) : *Concordantie Biblie et canonum noviter impresse in bellouisu pro Goffredo Demarnef, Parisiis... s. d.,* goth.; à 2 colonnes, p. in-12, dem.-v. fauve, (écritures au titre).

Exemplaire bien conservé.

11 Sacrorum Bibliorum vulgatae editionis concordantiae, a F. Luca primum recensitae, Huberti Phalesii aliquor. editorum observata..... *Insulis, Lefort,* 1837, 2 vol. in-8°, frontisp., dem.-rel. et coins en maroq. brun du Levant, non rogn.

12 Traité de la lecture de l'Écriture Sainte, avec une dissertation de l'interprète de l'Écriture Sainte, par l'Evesque de Castorie (Jean de Neercassel) de la traduction de M. L. R. A. D. H. F. (Le Roy, abbé de Haute-Fontaine). *Cologne, v° d'Egmont,* 1680, in-8°, v. br.

13 Commentaire littéral sur la Sainte Bible inséré dans la traduction françoise, par le R. P. de Carrieres, contenant les Proverbes de Salomon et l'Ecclesiaste, — la Sagesse et l'Ecclesiastique. *Vienne, Trattner,* 1763, 2 t., 1 vol., in-8°, en v. noir., fil. d. s. tr.

14 Collectarius super librum psalmorum, collectus per fratrem Johannem (*sic*) de Herynthals, canonicum et priorem Præmonstratensis ordinis. *In fine*. Scriptus et finitus per manus Johannis Arnoldi. Anno d. M. CCCC. de ° nono, in-fol. dem.-rel. dos et coins, cuir de Russie.

    Ms. de 213 ff., sur vélin, à deux colonnes chacune de 42 lignes, lettres ornées et rubriques, très-bien conservé, avec titre factice.
    Pierre de Herenthals, prieur de l'abbaye de Floreffe, mourut en 1390.

15 De veteribus hæreticis ecclesiasticorum codicum corruptoribus. Auctore Barth. Germon. *Parisiis, Le Comte*, etc., 1713, in-8°, v. br.

16 Entretiens historiques et critiques de Philarque et de Polidore, sur diverses matières de littérature sacrée, à Aristide, par M. Labrune. *Amsterdam,* 1733, 2 t., 1 vol. in-8°, vélin.

17 Lexicon hebraicum et chaldaicum in libros veteris Testamenti, edid. E. F. Leopold. *Lipsiæ, Tauchnitz*, 1832, in-12, d.-v. r.

18 Prodromus sacer rectam præparans semitam ad varia Biblia sacra Belgico idiomate impressa utiliter emendanda, etc., op. Herm. Janssens. *Antverpiæ*, 1731, in-4°, v. br.

19 Réflexions sur l'histoire du Vieux et Nouveau Testament, par le Sr de Royaumont. in-4°, cart., dos en toile.

    Ms. de 16 feuillets, tendant à prouver que Royaumont est Janséniste.

20 Vita Christi edita a sancto Bonaventura. *S. l. n. d.*, in-4°, de 54 ff., caract. goth., à 2 col., figure en bois au titre; en demi-veau fauve.

    Voir *Hain, Repertorium I*, p. 487, n° 3551.

21 Vita Christi. *In fine*. Explicit pmum volumen operis F. Ludolphi alamanni ord. Cartus. supra vitam Jhn Xpi. Quod volumen scripsit Fr. Joh. Alegambe, pbr religiosus et professus Mösterii S. Martini Tornacensis. In anno D. 1460. in-fol., v. f.

    Ms. de 311 ff. à deux colonnes, chacune de 31 lignes, bonne écriture, initiales et rubriques en rouge. Très-bien conservé.

22 F. Cornelii Curtii, August. Erem. de Clavis dominicis liber. *Ingolstadii, Eder*, 1622, p. in-12, figg. de R. Sadeler, demi-veau brun.

II. — LITURGIE.

23 Voyages liturgiques de France, ou recherches faites en diverses villes du Royaume, etc., par le Sr de Moléon (par le P. J. B. Le Brun des Marettes). *Paris, Tilliard,* 1757, in-8°, fig., d. r., v.

24 Ceremoniale episcoporum, Clementis P. VIII et Innocentii X, jussu recognitum. *Romæ, de Rubeis,* 1713, in-4° fig., vél.
   Légère piqûre en marge.

25 Rubricæ generales missarum solemnium et divinorum officiorum, ac autoritate Caroli episcopi et principis approbatæ. *Leodii,* 1769, 2 part. en 1 vol. in-8°, demi-veau fauve.

26 Breviarium, gros vol. in-12, d.-v. rac.
   Ms. partie sur vélin, partie sur papier fin, du xve siècle. Un Psautier imprimé est relié dans le volume : Incipit Psalterium cum suis annexis scdm novum ordinarium ecclesie beate dei genitricis Marie Tornacensis diligenter contrectum, s. l. n. d.
   On lit sur la garde du volume : Hoc breviarium pertinet fratribus de Nazareth Bruxellis. On sait que ce sont les frères de la Vie commune qui ont introduit l'imprimerie à Bruxelles.

27 Liturgia Armena. *Venise, de l'imprimerie du Couvent St-Lazare,* 1823, 2 figg., in-8°, d.-v. brun.
   Imprimé en caractères arméniens.

28 L'Office de l'Église, en latin et en françois. Avec une instruction pour les fidelles. Nouv. éd. augm., etc. *Paris, de Hansy,* 1700, in-8°, fig., mar. noir., d. s. tr.

29 L'Office de la Semaine Sainte, en latin et en françois, à l'usage de Rome et de Paris, etc. Nouv. éd. *Paris, Le Mercier,* etc., 1742, in-12, mar. rouge, d. s. tr.

30 L'Office de la Semaine Sainte, ou de la quinzaine de Pâques, en latin et en français, selon le Missel et le Bréviaire de Rome; avec des méditations, etc. Nouv. éd. *Bruxelles, v^e Lemaire,* s. d., in-12, fig., v. f., rac.

31 Horæ, seu officium B. M. Virginis. in-24, rel. en soie, avec fermoirs, couverture avec dos de mar. rouge et étui.
   Ms. de 131 feuillets sur vélin, du xve s. Majuscules et titres en rouge ou bleu ; deux lettrines en or et couleurs. Précédé d'un calendrier en français. Quelques lacunes remplies par une main postérieure.

32 Heures de N. D. (Fragment). p. in-4°.
> Ms. de 7 ff. sur vélin, du xve siècle, majuscules enluminées, sommaires en rouge, fins de ligne en arabesques. Ce fragment contient : L'Ave Maria en vers françois (73 vers). — Une autre oraison très-dévote à la Vierge Marie (74 vers).

33 Horæ. très-pet. in-4°, dem.-rel., mar. noir.
> Ms. de 202 feuillets, sur vélin, orné de capitales majuscules avec miniatures intérieures, et de minuscules enluminées et rehaussées d'or, arabesques, sommaires en rouge, etc., quelques titres en français. Une des miniatures a souffert. En somme, c'est un joli livre d'heures.

34 Hier beghint onser vrouwê ghetide. (Heures de la Vierge, du S. Esprit, du S. Sacrement, etc.). in-12, sur vélin, 531 pages.
> Beau manuscrit, du milieu du xve siècle, écriture d'une admirable régularité. Cinq miniatures représentant la Vierge, le Christ en croix, S. Jean l'Évang., Ste Barbe, Ste Agnès; charmantes lettrines. Une note inscrite sur la garde affirme que ces Heures sont écrites en dialecte westphalien. Nous les croyons plutôt originaires de la Gueldre et peut-être du monastère de Ste Agnès.
>
> Dans le calendrier en tête du volume, la plupart des noms de saints belges ou vénérés aux Pays-Bas sont écrits en rouge.

35 Officia propria sanctorum ecclesiæ collegiatæ DD. Michaëlis et Gudilæ, Bruxellis. *Bruxellis, T'Serstevens*, 1727, in-8°, veau fauve.

36 — — — *Bruxellis, T'Serstevens*, 1760, in-8°, veau fauve.

37 Officia propria sanctorum ecclesiæ Antverpiensis. *Antverpiæ, Plantin*, 1712, in-12, mar., n. fil., dent., doré sur tr.

38 Liturgie de l'Église Évangélique. *Bruxelles, Wahlen*, 1830, gr. in-4°, dos et coins en maroq. br. non rogné.
> Tiré à peu d'exempl. uniquement destinés à être donnés en cadeau. Exempl. sur papier de Chine, avec encadrements lithographiés.

III. — CONCILES.

SYNODES PROVINCIAUX ET DIOCÉSAINS, PARTICULIÈREMENT EN BELGIQUE.

39 Summa Conciliorum dudum collecta per Barth. Caranza, additionibus Fr. Sylvii quondam illustrata. Aucta per Fr. Janssens Elinga. *Lovanii, Nempæus*, 1681, in.4°, en veau br., fil.

40 Jo. Cabassutii notitia ecclesiastica historiarum, conciliorum, et canonum invicem collatorum, veterumque juxta, ac recentiorum ecclesiæ rituum. *Lugduni, Anisson,* 1702, in-fol., v. br.

41 Præfatio historico-critica, in veram et genuinam collectionem veterum canonum Ecclesiæ Hispanæ, a Divo Isidoro primum adornatam, etc., studio Andreæ Burriel. Quam possidet Car. De la Serna Santander. *Bruxellæ, Gaborria,* an 8, in-8°, fac-sim., d. r. v.

42 Tractatus de modo generalis concilii celebrandi, per Guil. Durandum editus. Additi sunt alii tractatus illustr. Doctorum, de reparanda disciplina ecclesiastica, etc., *Parisiis, Clousier,* 1671, in-8°, v. f.

43 Sacro Sancti et œcumenici Concilii Tridentini, canones et decreta, cum praefat. Phil. Chiffletii. *Remis, Fr. Godard,* 1712, p. in-12, dem. v. rac.

44 Canones et decreta S. S. œcumenici et generalis Concilii Tridentini. Præter.... notas Chiffletii, accesserunt varia ad disciplinam Ecclesiæ Belgiæ pertinentia, opera Jud. Le Plat. *Antverpiæ, ex archityp. Plantiniana,* 1779, in-4°, veau fauve.

45 Monumentorum ad historiam Concilii Tridentini potissimum illustrandam spectantium amplissima collectio, studio et opera Jud. le Plat. *Lovanii, typogr. Acad.,* 1781-87, 7 vol. gr. in-4°, dos et coins en cuir de Russie.

46 Synodicon Belgium sive Acta omnium ecclesiarum Belgii, a celebrato concilio Tridentino usque ad Concordatum anni 1801; collegit et illustr. P. F. X. de Ram. (Tomes I-II, Archiepiscop. Mechliniensis; tom. III. Episcop. Antverp.; tom. IV. Episcop. Gandav.) *Mechliniæ et Lovanii,* 1828-1858, 4 vol. gr. in-4°, portrait, dos et coins en mar. rouge du Levant, non rogné. (*Schavye*).

Bel exemplaire.

47 Nova collectio synodorum Mechliniensium, epistolarum pastoralium ac variorum decretorum Archiepiscoporum Mechliniensium. *Leodii, Le Marié,* (Mechlin., Hanicq) 1783, in-8°, d., r. bas.

48 Synopsis monumentorum collectionis proxime edendæ Conciliorum omnium Archiepiscopatus Mechliniensis, collegit ac edid. J. F. Van de Velde. *Gandavi, Poelman*, 1821, 3 vol. in-8°, demi-veau brun.

49 Decreta et statuta synodi provincialis Mechliniensis (11 jun. 1570) præsidente D. Martino Rythovio Episcopo Iprensi.... *Antverpiæ, Chr. Plantinus*, 1571, gr. in-4°, veau jaspé, dent. sur pl. tr. dor.
<small>Bel exempl. du chanoine Cano, reliure de De Keyser.</small>

50 Decreta et statuta synodi provincialis Mechliniensis, die 26 mensis junij, anni 1607, præsidente Dom. Matthia Hovio. *Antverp. off. Plant*. 1608, gr. in-4°, v. br. Aux armes.

51 Decreta et statuta synodi provincialis Mechliniensis, die 20, mensis julii anni 1607 conclusæ. *Antverpiæ, ex off. Plantiniana*, 1608. — Idem, die 14, mensis julii anni 1570. Id. 1571, in-8°, vél.

52 Decreta et statuta synodi provincialis Mechliniensis, (26 juin 1607). — Idem, idem, (15 mai 1609). *Antverp., offic. Plantin.*,1607-09, p. in-8°, vél.

53 Decreta et statuta synodi provincialis Mechliniensis, a. 1607. *Antverpiæ, Moretus*, 1608. — Id. 1570. *Ibid., Plantinus*, 1571. — Statuta synodi Diœcesanæ Buscoducensis, a 1612. *Coloniæ, Kinchius*, 1613. — Decreta et ordinata diœcesis Gandav., a. 1650. *Gandavi, Manilius*, 1651, in-8°, v., b.

54 Acta et resoluta præsidente Ill. ac. Rev. D. Andreas Cruesen Mechliniæ in congregatione archi-presbyterorum diœc. Mechlin. habita, 25 et 26 sept., a. 1663, in-4°, maroq. rouge, dent., d. s. tr.
<small>Ms. de 52 feuillets d'une très-bonne main et d'une parfaite exécution. En face du titre, J. B. Verdussen d'Anvers a écrit la note suivante : Hæc acta paucis cognita, nunquam impressa fuerunt, ideoque rarissima.</small>
<small>Cet important Ms. a passé de la Bibliothèque Van den Block dans celle de Van de Velde et de là dans celle de Lammens,</small>

55 Statuta omnium curiarum ecclesiasticarum provinciæ Mechliniensis. *Mechl. V. d. Elst*,1759, p. in-8°, v. br.

56 Decreta synodi diœcesanæ Antverpiensis, mense maio anni 1610 celebratæ. *Antverpiæ, ex off. Plantiniana*, 1610, in-8°, vél.

57 Statuta synodalia ecclesiæ Cameracensis, in duas partes divisa. *Parisiis, Bordelet*, etc., 1739, 2 t. en 1 vol. in-4°, v. br.

58 Acta et decreta synodi Diœcesanæ Cameracensis; celebratæ anno 1550. *Item,* antiqua statuta synodalia Cameracensis diœcesis recognita. Adjuncta est formula reformationis, etc. *Parisiis, David,* 1551. — Canones et decreta S. Concilii provincialis Cameracensis. *Antverpiæ, Silvius,* 1566. — Acta ejusd. Concilii. *Ibid,* in-4°, vél., fig. d'armoiries.

59 Canones et decreta Sacri Concilii provincialis Cameracensis. His adjecimus acta, seu ordinem rei gestæ, ac cœremonias, et orationes, etc. *Antverpiæ, Silvius,* 1566, 2 t. en 1 vol. in-4°, v. f., fil. dent.

60 Synodus diœcesana Cameracensis, celebrata anno domini 1567, mense octobri. Præsidente R. P. Dn. Maximiliano a Bergis, etc. *Montibus, C. Michael,* 1604, p. in-8°, demi-rel., v. rac.

61 Concilium provinciale Cameracense in oppido Montis Hannoniæ habitum anno 1586. Adjunctæ sunt aliquot constitutiones Pontificiæ, etc. *Montibus Hannoniæ, C. Michael,* 1587.— Canones et decreta S. Concilii (primi) provincialis Cameracensis. Ibid., 1587. — Coustumes générales de la Cité et duché de Cambray, et du païs et conté de Cambresis. *Cambray, Robat,*1574, in-4°, v. br.

Court de marges et piqué.

62 Decreta et statuta synodi dioecesis Tornacensis, per Rev. D. Guilbertum d'Ongnyes, Episcop. Tornacensem, *Duaci, Lodov. de Winde,* 1574, in-12, vélin.

M. Duthillœul (Bibl., Douai, p. 15), donne d'une manière un peu différente le titre de cette pièce rare.

63 Statuta synodi dioecesanæ Tornacensis inchoatæ a. 1600. *Duaci, Bellerus,* 1600, p. in-8°, v. f.

64 Decreta synodi dioecesanæ Namurcensis, habitæ in Cappella episcopali, die 7 junii, anni 1639. *Namurci, Van Milst,* 1639, in-4°, vél.

65 Decreta et statuta synodi dioecesanæ Namurcensis, die 4 maii, anno 1659. *Brux., Velpius,* 1660, in-4°, vél.

66 Statuta synodalia Leodien. cum ipsorum moderationibus; item acta et decreta synodi dioecesanæ Leodii 1548.... *Lovanii, apud M. Rotarium* et *P. Phalesium,* 1549, in-4°, dem. rel.

67 Acta et decreta secundæ synodi provinciæ Ultrajectensis, in sacello Sanct. Gertrudis celebratæ, 1763. *Ultraj.*, 1764, in-4°, v. jasp. à dent.

IV. — SS. PÈRES ET AUTRES ÉCRIVAINS ECCLÉSIASTIQUES.

COLLECTIONS ET OUVRAGES SÉPARÉS.

68 Veterum aliquot scriptorum, qui in Galliæ bibliothecis, maximè Benedictinorum, supersunt, Spicilegium. Tom. I. opera D. Lucæ d'Acherii. *Parisiis, Savreux,* 1655, in-4°, veau fauve.

69 Spicilegium sive collectio veterum aliquot scriptorum qui in Galliæ bibliothecis delituerant; opera D. L. d'Achery, nova editio expurgata a Lud. Fr. J. de la Barre. *Parisiis, Montalant,* 1723, 3 vol. — Vetera analecta, sive collectio veterum aliquot operum et opusculorum.... cum itinere germanico, annotationibus Joan. Mabillon, curante L. F. J. de la Barre. *Parisiis, id.*, 1723, 1 vol., ens. 4 vol. in-fol. v. anc. rel. restaurée et uniforme.

70 Thesaurus novus anecdotorum, studio et opera D. Edm. Martene et D. Urs. Durand. *Lutet. Paris., Delaulne,* 1717, 5 vol, in-folio, v. ant., reliure restaurée.

Exemplaire d'une belle conservation.

71 Veterum scriptorum et monumentorum historicorum, dogmaticorum, moralium, amplissima collectio. Opera D. Edm. Martene et D. Urs. Durand. *Parisiis, Montalant,* 1724-1733, 9 vol, in-fol., veau brun.

Légères piq. en marge au dernier volume.

72 Philonis Judaei, scriptoris ac philosophi, lucubrationes omnes quotquot haberi potuerunt, ex graecis factæ, per Sigism. Gelenium... *Basileæ, per Nicol. Episcopium,* 1554, in-fol. veau, rel. restaurée.

Quelques notes en marge.

73 Ex libris D. Basilii archiep. Cæsareæ orationes de moribus xxiiii. Simone magistro ac logotheta auctore (texte grec). *Parisiis, Morelius,* 1556, in-8°, d. r. v. (taché d'eau).

74 Operum D. Cæcilii Cypriani volumen primum, ex recogn. D. Erasmi Roterodami. *Apud Coloniam,* s. d., in-8°, v. br.

On lit sur le titre cette suscription un peu effacée : *Sum Petri Aegidii.* C'est le nom de Pierre Gillius ou Ægidius, secrétaire d'Anvers, l'ami d'Érasme et de Thomas Morus. Cette inscription, dont la forme est identique à celle qu'employait Érasme (*Sum Desid. Erasmi*), pourrait bien être de l'écriture d'Érasme lui-même.

75 Les Confessions de S‑Augustin, trad. par M. Arnauld d'Andilly, avec le latin à costé. *Paris, Pierre le Petit,* 1676, in-8°, v. br.

76 Les Confessions de S‑Augustin. Traduction nouvelle, avec des notes, par M. Du Bois. *Paris, Coignard,* 1712, in-12, fig., veau fauve.

77 INCIPIT EXPOSITIO BEDE psbiteri in Parabolis Salomonis. — Versus Domni Bedi prbi. — Prologus scī Jheronimi in expositione ecclesiastes.—Expositio in ecclesiasten.—Omeliæ (in canticum canticorum).—De fide quæ nos Deo commendet. — Versus domini Hildeberti cenomanensis epī seu vita S⁽ᵉᵉ⁾ Marie Egīpt.—Passio beati Laurentii Levite. — De adnuntiatione dominica. — Epitaphium et vita S. Frederici Traiecten. Epī et Mart. — (Epistola Trederici coloniensis episcopi, Leod. ecclesie archidiaconis, etc.). — (Carmina in obitum Domini Theodorici abbat. S. Frudonis a° 1107, VII kal. maii). — In Canticum Canticorum, 1 v. fol., v. f., dos renouvelé.

Ms. sur vélin, de 133 pages, à longues lignes, de 44 à la page. Belle écriture du xiiᵉ siècle, quelques grandes initiales ornées d'arabesques, majuscules, titres en rouge.

Le commentaire du vénérable Bède sur les Paraboles offre des variantes avec le texte publié par M. J. A. Giles. (Ven. Bedæ opera, Londini 1844, ix, p. 53). — Les *Versus Dni Bede* se composent des 47 premiers vers de la pièce intitulée *De Die Judicii* dans l'édition Giles (T. I. p. 99), et de 68 vers que nous ne pouvons découvrir dans l'édition susdite, qui passe pour la plus complète. Ces vers pourraient bien être inédits. Voici les 4 premiers :

> Hac triplici causa plebs insignita lavacro
> Participat Xti devote corpore sacro
> Quatenus his dapibus feliciter intus alatur
> Et per eas morti vitiorum subripiatur; etc.

DOGMATIQUE.

Les Commentaires sur l'Ecclesiaste et les (12) homélies sur le Cantique des Cantiques sont de S¹ Jérôme. — Nous ignorons l'auteur de la pièce de vers intitulée (par une main postérieure) De fide quæ nos, etc. — Les pièces *Passio B. Laurentii* et *De adnuntiatione* sont de Marbode, évêque de Rennes. (V. Marbodii Redon. Ep. Opuscula. Col. 1519 et 1567, ap. Hildeb. opera. Parisiis, 1708). — La pièce : Épitaphium et vita S¹ Frederici Traiect. Ep. qui comprend 158 vers, nous paraît inédite; du moins elle n'est pas renseignée dans les Acta Sanctorum (v. julii IV, p. 452). Les Bollandistes y donnent une épitaphe toute autre. — La lettre de Frédéric, archevêque de Cologne, au clergé de Liége, au commencement du XI° siècle, est peut-être inédite. Une lettre jointe au présent volume et émanant de l'un de nos principaux historiens, exprime la même opinion. — Les *Carmina in obitum Theodorici*, etc. (100 vers environ), nous semblent inédits. — La pièce *in Canticum Canticorum* qui termine le volume forme une glose monacale que l'on rencontre en quelques autres manuscrits.

Ce précieux codex, qui est en bon état de conservation, provient de l'abbaye de Saint-Trond.

78 Sanctæ Hildegardis abbatissæ epistolarum liber : continens varias Epistolas summorum Pontificum, etc., ad. S. Hildegardim, et ejusdem responsiones : item ejusdem alia quædam. Nunc primum in lucem edita (a J. Blanckwalt), *Coloniæ, Her J. Quentel*, etc., 1566, in-4°, v. br.

Livre rare.

V. — THÉOLOGIENS.

A. THÉOLOGIE SCOLASTIQUE ET DOGMATIQUE.

79 Petri Lombardi episc. Parisiensis sententiarum libri IIII. *Coloniæ Agripp., Birchmannus*, 1566, in-8°, v. br.

Mouillé, lignes rayées.

80 Questiones magistri Petri de Alliaco Cardinalis Cameracensis super primū tertium et quartum sententiarum.... *Venundantur parisii in vico sancti Jacobi* (à la fin) *impensis Joan. Petit s. d.*, in-8° à 2 colonn., goth., d. veau antique. (Titre endommagé.)

81 Lettre d'un théologien à un autre théologien, sur le mystère de la Trinité (par Paul Maty) s. l., 1729.—Réflexions en forme de lettre, au sujet d'un système prétendu nouveau, sur le mystère de la Trinité, par Arm. de la Chapelle. *Amsterdam,*

l'Honoré, 1729.—Essai sur la manière de traitter la controverse, en forme de lettre adressée à M. de la Chapelle. *Utrecht, Visch,* 1730.—Suite de l'essay, etc. *La Haye, Van Duren,* 1730.—Apologie de la conduite et de la doctrine du S⁰ Paul Maty, (par lui-même). *Utrecht, Visch,* 1730.—Nullitez des procédures des Synodes de Campen et de la Haye, contre le S⁰ Paul Maty., etc., s. l., imprimé par l'auteur, 1731.—in-8°, v. br.

82 Disputationes de sancto matrimonii sacramento, qui universam huius argumenti tractationem complectuntur etc., auth. R. P. Thomā Sanchez, Soc. Jesu. *Antverpiæ, M. Nutius,* 1607, 3 t. en 2 vol. in-fol., v. br. (Frontispice monté.)

83 Traité des superstitions qui regardent les sacremens, par M. J. B. Thiers, *Avignon, Chambeau,* 1777, 4 vol. in-12, cart.

84 Innocentia vindicata, in qua gravissimis argumentis et ex S. Thoma petitis, ostenditur Angelicum Doctorem pro Immaculato Conceptu Deiparæ sensisse et scripsisse. Authore S. R. Cœlest. Sfondrati. *Mechliniæ, Van der Elst,* 1745, p. in-16, v. br.

85 P. J. Marant, discussio historica an de fide sit, aut saltem ita certum et de Ecclesiæ mente, beatam virginem matrem et corpore in cœlum adsumptam esse, etc. *Lovanii,* 1786, in-8°, v. f. d. s. tr.

86 Benedicti Papæ XIV, doctrina de servorum Dei Beatificatione et beatorum canonizatione, in synopsim redacta ab Em. de Azevedo, S. J. *Bruxellis, Soc. Belgica,* 1840, in-8°, dem. v. fauve.

87 Tractatus de Simonia et de beneficiis ecclesiasticis. — *Item* de locis theologicis dictati a R. D. Jacob, præs. semin. Leod., etc., 1790, in-4°, d. rel. v. rac.

Ms. de 350 pages.

88 Tractatus de Gratia Christi authore Joanne Opstraet, in alma Univers. Lovan. S. T. L., in-4°, cart. dos. en toile.

Ms. De 110 pages d'une écriture nette et serrée du XVII⁰ siècle.

89 Censuræ Facultatum S. Theol. Lovaniensis ac Duacensis, super quibusdam articulis de S. Scriptura, gratia et prædesti-

natione, etc. *Parisiis*, 1683. — Justificatio seu defensio censuræ, etc., *Ibid*. 1588. — Responsio ad censuras Lovanii. — Responsio ad censuram Fac. Duacensis. — Assertio censuræ Lovan. et Duacen. authore M. Steyaert, in-8°, d. r. v.

90 Epistola Ill. et Rev. C. M. Le Tellier, Arch. Remensis, L. A. de Noailles, Arch. Paris, J. B. Bossuet, Ep. Meld., etc., ad S. P. Innocentium PP. XII, contra librum : Nodus prædestinationis dissolutus, act. S. R. E. card. Sfondrato. *Parisiis, Anisson,* 1697, p. in-8°, cart.

91 S. Thomas ejusque discipuli ab impactis sibi calumniis vindicati etc. difflatum per F. Guil. Poelman. *Lovanii, Van de Velde,* 1791, in-8°, v. f.

92 Recueil des questions curieuses rencontrées chez divers bons auteurs et amassées icy. . ., par le père Nicaise de sainte Terese. *Tournay, Quinqué,* 1642, in-8°, d. v. fauve, reliure neuve.

Ouvrage qui porte dignement le titre de *Curieux.*

93 Questiones annui concursus Mechliniensis, una cum responsion. ab anno 1745 ad 1782. *Mechliniæ*, 1783, in-8°, v. fauve.

94 Tractatus brevis histor., theolog. quo examinatur quid censendum sit de indulgentia vulgò de Portiunculà. *Rhemis*, 1697, p. in-8°, cart.

95 Défence du P. Fr. Suarez, jésuite, injustement attaqué par M. Desqueux, curé de S. Étienne, à Lille. *Lille, Fievet,* 1686. — Dom Diego Lopez, justement réfuté, par M. Desqueux. *Ib.,* 1686, p. in-8°, cart.

B. THÉOLOGIE MORALE.

96 Medulla theologiæ moralis, resolvens casus conscientiæ, concinnata a R. P. Herm. Busenbaum. Ed. novissima. *Antverpiae, Verdussen,* 1719, in-24, v. br.

97 Johannis Gerson, Opera. Secunda pars, complectens opera moralia. (*à la fin* :) ... *Anno salutis MCCCCLXXXIX*, (*Paris,* 1489), in-4°, goth. à 2 colonn., dem. v. fauve (*quelques taches*).

98 Apparitores septem, tam diaboli quam dei; cūsuis armis atq. insignibus : que sunt septē capitalia vitia et totidē eiusdem opposite virtutes : cū suis diffinitionib., comparationibus etceteris proprietatibus (auct. F. Thoma de Barba.) *A la fin : Impesis et accuratioe Jodoci Badii Ascensii,* 1521, in-12 de 38 ff., et Table 2 ff., marque de l'imprimeur au titre, dem. veau fauve.

Bel exempl.

99 Essais de morale, contenus en divers traités sur plusieurs devoirs importans (Par Pierre Nicole). *Paris, Desprez,* 1713-15, 13 vol. in-12, v. br.

Le t. X^e manque.

100 De bono senectutis auct. Gabr. Palæoto, S. R. E. Cardinale. *Antverp., Plantin.* (J. Moretus) 1598. in-8°, portr. vél.

101 Éléments de la vie civile tirés de l'Écriture Sainte, par l'abbé Delannoy. *Bruxelles, Vleminckx,* p. in-8°, maroq. rouge à fil. dor. s. tr. (*anc. rel.*)

Ajouté : le portrait du pape Pie VI, auquel le livre est dédié.

102 Discours instructifs imprimez par l'ordonance de Monsgr. l'évêque d'Anvers (par C. de Beughem) *à Anvers, Aug. Graet,* 1686, in-12, dem. v. raciné.

Recueil de discours sur les modes, les bals, la comedie et spécialement contre « les nuditez scandaleuses qui ont atiré les Turcs sur la crétienté. »

103 Lettres d'un ecclésiastique aux religieuses qui ont soin de l'éducation des filles pour les exhorter à seconder les intentions du pape touchant les nuditez, et par ce moyen conduire les filles et les femmes en Paradis. *Tournay, A. Du Puicht,* 1701. p. in-8°. cart. (40 pages). A la fin du vol. : Abrégé du sacrement de mariage. *Paris, Pierre Richard,* s. d. (4 pages).

104 Tractatus theologicus de labaïsmo cum decretis ad idem objectum pertinentibus. Authore F. Josepho Pauwels. *Lovanii, Jacobs,* 1749, in-12, v. f.

A la page 6, l'auteur donne la définition du mot *Labaismus :* « Lascivum et impudens rurale conventiculum, juvenum et puellarum in propinis et aliis locis ad saltandum, bibendum, ridendum, garriendum aut similes ineptias et levitates, etc. » (Extr. d'une note de M. d. J.)

105 Joan. Frider. Matenesi, Critices Christianæ libri duo de ritu Bibendi super sanitate Pontificum, Cæsarum, Principum, Ducum, Magnatum... *Coloniæ, Conr. Butgen,* 1611, p. in-8°, figure, maroq. rouge à fil. dor. s. tr.
    Ancienne reliure.
106 Noctua Belgica R. P. Fransisci Bonæ Spei, ad Aquilam Germanicam Reverend. Dom. D. Caramuelis... *Lovanii, Coenestein,* 1657, in-4°, dem. v. rac. (les deux premiers feuillets un peu endomm. à la marge d'en bas.)
107 Les Provinciales ou lettres écrites par L. de Montalte (Pascal), avec les notes de Guill. Wendrock (Nicole), *Amsterd.,* 1767, 4 vol. in-12 cart.
108 Het masker van de Wereld, afgetrokken door Pater Adr. Poirters, *Gent, Snoeck-Ducaju,* 1843, p. in-8°, figures, dem. v. fauve.
    Exemplaire en papier rose.

C. THEOLOGIE CATÉCHÉTIQUE.

109 Incerti Monachi Weissenburgensis catechesis Theotisca seculo IX conscripta, nunc prim. edita; cum notis J. G. Eccardi. *Hanov.,* 1713, p. in-8°, d. v. fauve. (Légère piqûre à quelques feuillets).
    Ouvrage recherché.
110 Catéchisme à l'usage de toutes les églises de l'empire français. *Malines, Hanicq,* 1811. — Prédictions d'après lesquelles on espère un prompt rétablissement de la religion en France. Vannes, 1799.—Description historique du Conclave. *Brux., d'Ours,* 1769. — in-8°, d. toile angl.
    Le premier est devenu rare.

D. THÉOLOGIE PARÉNÉTIQUE.

111 Sermo de passione Domini. in-4°, d.-rel., v. rac.
    Ms. de 58 feuillets, à deux colonnes, écrit en 1423.
112 Joannis Gropperi D. Oratio in solenni Epiphaniæ Domini die, tribus illis (quos Colonia complectitur Agrippina) sanctissimis magis sacro, 1552. *Coloniæ, J. Gennepaeus,* de 16 ff.—

Oratio de circuncisione domini, habita in concilio Tridentino anno 1552, per F. E. B. *Ibid.*, *id.* 1552. — Formula reformationis ecclesiasticæ, in comitiis Augustanis, a° 1559 aucta. *Moguntiæ, Behem,* 1559, en 1 vol. in-4°, veau fauve, à fil.

<small>Très-bel exemplaire de ces pièces rares provenant de Vanden Block, qui l'a payé en 1779, 8 fl. 15 sous. — La première pièce de Gropperus, dit Paquot, n'est pas imprimée... C'est, comme on le voit, une erreur qu'excuse la grande rareté de cette pièce.</small>

113 Henrici Cuyckii Rurimundensis ecclesiæ Episc. tres parœneticæ epistolæ. *Coloniæ, Gualtherus,* 1602, in-8°, portr., en v. f., fil.

114 Sermoonen welcke die religieuzen oft nonnē des goidshuys Vander Camerē buyten Bruessel ghenomen eñ beschreven hebben vuyt den prekenden mondt van dē Eerw. pater heer Jan Mahusius, minderbroeder tot Brussel, anno 1563, op den Paternoster, in-fol. d. rel., v. rac.

<small>Ms. de 200 feuillets environ, parfaitement établi, à deux colonnes, d'une bonne écriture, réglé. Les 29 sermons contenus dans ce volume sont inédits. A la suite des sermons, se trouvent le récit de deux controverses que le père Mahusius eut, en 1566, avec des disciples de la nouvelle doctrine protestante.

Joannes Mahusius ou Mahieu était né à Audenarde. Premier de l'Université de Louvain en 1524, il se fit ensuite récollet et fut député pour la Belgique au Concile de Trente et désigné par Philippe II, en 1561, comme premier évêque de Deventer. Il mourut à Audenarde, en 1577.</small>

115 Sermoonen gepreeckt door den Eerw. Broeder Petrus Lupus doctor inder Godheit ende prior van der carmeliten tot Mechelen in de jaeren 1569 en 1567, in-4°, v. br., avec fermoirs, rel. rest. par Schavye.

<small>Très-gros Ms., bonne écriture du temps. « Pierre Lupi, religieux carme à Malines, professant les opinions de Baïus, attaquait en chaire de préférence, et toujours au grand contentement de ses auditeurs, les vices des ecclésiastiques dont il comparait les plus élevés en dignité à des sépulcres blanchis.

En 1563, ses supérieurs lui avaient interdit la prédication qu'il recommença trois ans après sans y être autorisé, disant qu'il n'épargnerait nul estat.

Au reste, il aimait l'étude et haïssait les ivrognes. (Lettres de Morillon, dans les papiers de Granvelle, III. 261 et VII, 658). Un peu plus tard, s'étant montré plus modéré, il devint prieur de son</small>

couvent et provincial de son ordre, et en 1572, l'un des inquisiteurs de la foi aux P.-B. En 1579, il provoqua la réconciliation de Malines avec le roi d'Espagne, mais l'année suivante il périt à la reprise de cette ville par l'armée des États-Généraux en combattant vaillamment pour la cause royale. Les sermons du frère Lupi ou de Wolf, furent prêchés à Malines pendant l'avent de l'année 1569 et le carême de 1576. M. Goethals a donné une notice sur P. Lupus, dans son *Histoire des lettres*, etc., II, 110.

(Note de M. d. J.)

116 Sermoonen gepredickt in d'octave van het Alder-h. Sacrament in de Metropolitane Kercke van Mechelen in 1685. In druck ghegeven door T. W. M. B. N. G. J. B. H. *Ipre, de Bacher*, 1685, in-18, d. rel., v.

Épisode du jansénisme à Malines, affaire du Pléban Lambert Baerts.

E. THÉOLOGIE ASCÉTIQUE OU MYSTIQUE.

117 Liber de contēptu mundi sive de miseria cōditionis humanae a dño Innocentio papa tertio copulatus (*A la fin :*) — *Hermanni bomgart de hetwich, colonie nup. ipressus*, MCCCCXCVI (1496) p. in-8°, goth., à 2 col. (titre et 2 ff. prélim. ; feuillet blanc, texte 35 ff.) d. v. fauve.

Bien conditionné, sauf une petite restauration.

118 Consolatorium timorate consciencie (venerabilis fratris Johannis Nyder, de ordine predicatorum). (*Paris*, au titre la marque typogr. de *Denis Roce, à l'aventure*), s. d. in-12, goth, de 3 ff. prélim., et 101. ff. n. chiffrés; d. v. fauve.

Bel exemplaire avec note de M. d. J.

119 Cæsarii Heisterbacensis Monachi ordin. Cisterciensis, dialogus miraculorum, recognovit Jos. Strange. *Colòniæ, Heberlé*, 1851, 4 vol. in-8°, d. v. fauve, non rogn. (avec longue note de M. d. J.)

120 Subscripti Cursus sparsim hincinde in devotionum libellis inventi, summa cum diligentia hic in unum sunt collecti... *Parisiis, Sim. Colinæus*, 1523, p. in-12, d. v. rac.

Mouillure et les premiers feuillets en mauvais état.

121 Homo mundi hujus labyrinthum percurrens, per Jacobum Xaverium Van Larebeke. *Gandavi, de Goesin*, 1748, in-8°, d. toile angl.

122 INCIPIT LIBER DE VITA RELIGIOSORUM... (A la fin) ..
Impressus in Buscoducis, de 13 ff. goth., p. in-4°, lettrine sur bois, d. rel.

> Livre parfaitement conforme à la description donnée par M. Holtrop de l'exempl. de la bibliothèque de La Haye, et attribué par ce savant bibliothécaire aux presses de G. Leempt de Nimègue, c. 1490-1500.
>
> Les produits de la typographie primitive de Bois-le-Duc sont de la plus haute rareté : leur existence est à peine connue des bibliographes. Hain, Panzer, Falkenstein, Bernard n'en font pas mention. La Serna Santander, parle de trois opuscules qu'il ne décrit pas dans son Dictionnaire. Et cependant leur existence est bien démontrée. La bibliothèque de La Haye possède 5 pièces (2 lettres d'indulgence de 1 ff., 1 pièce de 4 f., 1 de 13 et 1 de 27 feuillets). provenant de cette ville; trois en portent le nom et une seule la date. L'ouvrage ci-dessus est une de ces 5 pièces qui sont toutes de la plus haute rareté. Nous ne nous souvenons pas d'en avoir jamais vu passer une seule dans une vente publique.
>
> L'exemplaire de M. de Jonghe est en bonne condition et à grandes marges.

123 Idiota de vita et moribus religiosorum. Opusculum ab authore anonymo olim editum, nunc denuo... restitutum operâ Guillel. Gazæi. *Atrebati, Riverius,* 1606. — Cato christianus, sive institutio parænetica ad pietatem. Auctore A. Meiero. *Rigiaci Atrebatium, Riverius,* 1598. — B. Nili episc. sententiæ, unaque Isocratis ad Demonicum parænesis, carmine reddita per Ant. Meierum. *Ibid.* in-12. vél.

> Les 2 derniers ouvrages sont rognés.

124 De malorum horum temporum causis et remediis, deque divinis officiis debite peragendis, canonicorum et aliorum ecclesiasticorum speculum, a D. Io. Langhecrucio, *Duaci. Bogardus,* 1584, in-8°, v. br.

125 Imago veri advocati, etiam cum judicis subintrat officium ; insuper regulas, etc., confraternitati sancti Ivonis præscriptas exhibens. *Gandavi, Sœtreuwer,* 1687, in-4°, front. d. r., bas.

126 Anthologia Mariana, tres libros complectens figuris emblematicis distincta, B. Virginis encomiis... auctore F. Joan. Pauwels. *Antverp. Grangé,* 1775, in-8°, figg. v. br. à dent.

127 Revelationes sancte Birgitte. (*A la fin*) *per Anthonium Ko-*

berger Nurembergen. Impresse finiunt. Anno domini MCCCCCXXI mensis septembris... in-folio, de 311 ff. goth, figg. en bois color., veau jaspé à fil. *(deux feuillets restaurés en marge.)*

<small>Exemplaire bien conditionné; à la fin, avant la table, se trouve une longue note de la main du baron de Villenfagne, — en tête, une note manuscr. de M. d. J.

C'est la présente édition qui a donné lieu à une discussion assez vive entre Mercier, abbé de Saint-Léger et M. de Bure; le premier prétendait qu'on devait lire la date 1500, 21 septembris, le dernier, au contraire, soutenait qu'il y avait 1521. Il est reconnu que Mercier avait raison. V. *Brunet*, tom. I, 462, où il est dit, par erreur, que cet ouvrage n'a que 53 ff., — lisez 311.</small>

128 Prophetia S. Malachiae archiepiscopi Dunensis in Hibernia, de summiis Pontificibus, etc., additis explicationibus a R. P. Alph. Ciacono. S. l. Anno MDCXLVI, in-8° (de 8 feuillets).

<small>Bel exemplaire, non rogné d'une plaquette extrêmement rare. Quelques noms de papes ont été ajoutés à la main.</small>

129 Vaticinia sive Prophetiæ abbatis Joachimi et Anselmi episcopi Marsicani, cum imaginibus aere incisis, quibus Rota et oraculum Turcicum maxime considerationis adiecta sunt, cum præfat. Paschalini Regiselmi. *Venetiis, apud H. Porrum,* 1589, in-4°, curieuses figg. allégoriques, très-finement gravées, veau fauve à dent. Bel exempl.

<small>Livre très-rare, composé de prophéties au sujet des Papes. A la fin de l'exemplaire se trouve un extrait (manuscrit) du Journal ecclésiastique, sur les prophètes; et en tête du volume une note de M. d. J.</small>

130 De Imitatione Christi libri quatuor, auctore Thoma à Kempis. *Tornaci, Casterman,* 1851, in-64, en maroquin rouge dor. s. plat, doublé de maroq. vert, gardes en soie, tr. dor. en étui.

<small>Très-joli petit volume; le plus petit qu'on ait jamais imprimé en Belgique. La reliure en est très-bien faite par M. Schavye.</small>

131 L'Imitation de Jesus-Christ, traduite et paraphrasée en vers français, par P. Corneille. *Bruxelles, Foppens,* 1665, fig., —Louanges de la Ste Vierge, du même. *Ib.*, 1665. fig., in-12, vélin.

<small>Cette belle édition est attribuée *incontestablement* à D. Elzevier par Bérard.</small>

132 Animadversiones in vindicias Kempenses a R. P. (Testelette,) canonico regulari congr. Gallicanæ, adversùs R. P. Fr. Del-

fau monachum Congr. S. Mauri, novissime editas, (auctore J. Mabillon.) *Parisiis, Billaine,* 1677, in-8°, vél.

133 Les triumphes de la noble dame amoureuse et l'art d'honnestement aimer. Composés par le Traverseur des Voies périlleuses (Jean Bouchet.). *A Lovain, de l'imprimerie de Jean Bogard,* 1563, in-8°, v. marb.

<small>Un peu court de marges.
Ouvrage curieux et rare écrit par Jean Bouchet. Ces *Triumphes* sont un ouvrage mystique en vers et en prose, où il s'agit de l'amour de Dieu; l'amoureuse dame est notre ame.</small>

134 Le ruisseau sacré d'hymnes et chansons spirituelles, offert à N.-D. de Saincte Foy, servie en l'abbaye de Ste Marie, au Bois les Ruisseau-Ville. *Arras, La Rivière,* 1629, p. in-12, de 24 pp., d. toile.

135 Le bouquet de myrrhe de l'amante sacrée, composé des douleurs de la Passion de N. S. Jésus-Christ, etc., par E. Molinier, *Tolose, Colomiez,* 1637, in-8°, vél.

136 Le mois du divin amour partagé en autant de pratiques de l'amour de Dieu qu'il y a de jours au mois, etc. p. in-8°, v. jaspé.

<small>Ms. du xviie siècle, 206 pages.</small>

137 La Dévotion à N.-D. de Lorette, dont la chapelle est dans l'Église des dames de l'Abbiette. *Lille, Danel,* 1742, in-12, figg., v. rac.

138 Étrennes religieuses pour l'an de grâce 1800, contenant un manuel pour les fidèles durant *les temps* de persécution; et l'histoire du voyage et de la mort de Pie VI. *S. l.,* 1800, in-16, portr. d. rel. v.

139 Explication de l'institution des règles et des usages de la confrérie électorale de S. Michel Archange, pour les agonisans. *Lille, Fievet et Danel,* 1706, in-4°, figg., d. v. rac.

140 Prières dites de Ste Gertrude, ou vrai esprit des prières que Jésus-Christ lui-même a révélées à Ste Gertrude et à Ste Mechtilde, traduites par le P. A. Denis, de la Compagnie de Jésus. *Tournai, Casterman,* 1858, in-12, mar. rouge du Levant à dent. et compart. parsemés de petites croix; doublé

de mar. rouge à large dent. intér., gardes en soie, tranches ciselées et dor. en étui. (*Schavye.*)

Très-jolie reliure en condition parfaite.

141 Lettres de Ste Térèse de Jésus; avec les remarques du P. Pierre de l'Annonciation, traduites d'espagnol en françois par le P. Pierre de la Mère de Dieu. *Anvers, Verdussen*, 1698, 2 vol. in-12, fig., v. f.

142 Combite general a la devocion de todos los santos, y su compañia, erigida en Roma, y en otras partes, etc., compuesto en italiano par el R. P. Antonio Lespañol, sacerdote de la congregacion del Oratorio de Douay, en los Estados de Flandes, y traducido en castellano por un devoto, etc. *Madrid, Pablo de Val*, 1652, fig., in-8°, vél.

Bel exemplaire.

143 Novena en honra del Beato Caetano, glorioso patriarca de los Clerigos Reglares Teatinos, compuesta por P. Geron. Barbensi, y traducida por Chr. Pertusatto. *En Viena de Austria*, 1667, p. in-12, d. v. rac.

« Le bienheureux Gaétan, fondateur de l'ordre des Théatins appartenait à la famille des comtes de Thiennes. » (Extrait d'une note de M. D. J.)

144 Den cruus ganc die elc mensche gheerne gaen sal. (à la fin.) Ghescrevē int iaer ons hēer M. V° eñ seuen eñ 1, bi mi suster iakemine van blaren. 1 vol. in-16, v. fauve. filets.

Ms. sur papier, lettrines et encadrements. Conservation parfaite.

145 Den wijngaert vā Sinte Franciscus vol schoonre historien, legenden, ende duechdelijcke leeringhen allen menschen seer profijtelijck. (A la fin :) *Gheprent Thantwerpen bi mi Hendrick eckert van homberch*, MCCCCC eñ XVIII (1518), p. in-fol. à 2 col., goth., fig. au titre, v. jaspé à fil.

Exemplaire assez bien conditionné; les premiers feuillets un peu fatigués et petite piqûre à la marge. Exemplaire de la bibliothèque Heber.

146 Vandie Broederlijcke liefde die wi hebbē sullē tot onsen Naeste. Eñ een Goddelijc salich, ende nootsakelijc vermaē tot alle degene die hemliedē vāt gheloove beroemē..... ghetrockē sonder eenich toedoē wt dat nyeuwe Testamēt..... (A la fin.), *Gheprint Thantwerpen by mi Jan van Ghelen* (1551)

de 32 ff. p. in-16 goth. Au verso du dernier, la marque de cet imprimeur anversois.

Petit livre rare, assez bien conservé sauf quelques taches et une piqûre légère à la marge.

Le privilége daté de 1551 porte : « *Ende is bij der K. Majesteyt toe ghelaten ende ghecosenteert Gheeraert van Salenson dat hy duerende den tijt van vier jaren alleen sal mueghen printen,* etc. » Le premier livre avec l'adresse de G. Salenson est de 1554, celui-ci serait donc antérieur à la publication indiquée dans la *Bibliographie Gantoise*.

147 Fasciculus myrre. Dit is een sonderlinge devote materie vā die passie ons heren Jesu Christi, geheeten dat busselkyn, oft dat bondelken van myrre... waerin die verborgēthedē eñ die schone leeringen die in dat liden ons heren beslotē zijn... Eñ is in die prēte gecomē bie toedoē van broeder Mathijs van Dordrecht, Guardiaen Thantwerpen. *Gheprint tot Leyden by my Dirck Horst*... anno MDLXV, p. in-8°, goth., de 224 ff. n. chiffr. figg. en bois, dem. mar. rouge.

148 t'Paradys der Wellusten, sprekende van Godt den Schepper, ende zyn creaturen, ghemaeckt door P. Balduinus Junius tot Loven. *t'Antwerpen, Marten Huyssens,* 1617, in-8°, v. br., reliure restaurée.

Titre découpé et monté, les quatre premiers feuillets tachés.
Baudouin de Jonghe, de Dordrecht, était gardien du couvent des Récollets, à Louvain.

149 Gheestelijcke Coopmanschap. Om binnen den tyt van een jaer, zoo veel te verdienen als binnen thien jaeren. *Te Ghendt by Gaultier Manilius, in de Witte Duyve,* (approb. de 1619) de 8 pp. in-12, goth. d. v. bleu.

Petit livre ascétique en très-belle condition, non cité par M. Van der Haeghen, dans sa *Bibliographie Gantoise*.

150 Beggeynen speyse ofte korte offeninghe van sommige deugden tot troost en verserckinge der zielen, door Anna Wouwermans. in-4°, d. rel. v. bleu.

Ms. de diverses mains. Recueil de prose et de vers du xviii° siècle.

151 Proces van de Quesels, kosteloos en schaedeloos gewonnen tegen de weereld, enz., *Gendt, de Goesin* (1766), in-8° d. r. v.

152 Een silvere poort-clock, welckers geluyt machtich is om (door de ghenade Gods) in te winnen het alder-heylooste werelts kint, enz. Eerst inde engelsche tale beschreven door Thomas Tymme, enz. *Amsterdam, Laurensz,* 1627, in-12, vél.

153 Christelyke leerredenen ter verheerlykinge van God en Jesus-Christus, en ter bevordering van het inwendig Christendom, door D. J. Aug. Ernesti. *Utrecht, Kroon,* 1770, in-8°, d. rel. v.

154 Godsdienstige overdenkingen, en christelijke waarschuwing van Willem George Frederik, Prins van Oranje, enz., getrokken uit brieven, in de jaren 1797 en 1798 door dien Vorst geschreven. *Amsterdam, Saakes,* 1808, in-8°.

155 Johann Arnds Paradisgartlein, voller christlicher Tugenden, wie solche zur Uebung des wahren Christenthums durch andachtige, lehrhafte und trostreiche Gebete in die Seele zu planzen. *Halle, Gebauer,* 1763, in-8°, v. f. fil.

F. THÉOLOGIE POLÉMIQUE.

156 Les délices du Christianisme, par J.-B. de Swart. *Dunkerque, Laurenz,* s. d., in-8°, v. br., rel. restaurée.

157 Les Américaines, ou la preuve de la religion chrétienne par les lumières naturelles, par Mme Le Prince de Beaumont. *Lyon et Liége, Bassompierre,* 1771, 6 vol. in-12, veau fauve.

158 De la religion chrétienne, traduit de l'anglois de M. Addison, avec des notes, etc., par Gabriel, Seigneur de Correvon. *Lausanne, Vernet,* 1757, 2 t. en 1 vol. in-8°, cart.

159 Pensées de Blaise Pascal, avec les remarques de Voltaire et avec notice, par P. R. Auguis. *Paris, Froment,* 1823, 2 v., in-12, dem. v. rouge. (Titre du tom. I restauré en haut).

160 Lettres flamandes ou histoire des variations et contradictions de la prétendue religion naturelle. (Par l'abbé J. R. A. Du Hamel). *Lille (Auxerre),* 1753, p. in-12, v. br.

161 Eerste beginsselen van den Godsdienst, door Isaak Watts. Uyt het engelsch vertaeld (door P. Nieuwland). *Leyden, Le Maire,* 1769, in-8°, d. r. v.

162 Septiceps Lutherus, ubique sibi, suis scriptis contrarius, in visitationem saxonicam : per D. Jo. Cochlæum æditus, *Pa-*

risiis, Chefneau, 1564, in-8°, vél., un peu rogné à la marge supérieure.

<small>Avec une figure très-curieuse, au titre. Exemplaire provenant de J.-B. Verdussen qui a écrit la note suivante sur la garde : « Venditus in auctione Menarsiana, 11 flœnis holland. V. catal. f. 425. »</small>

163 Confessionis sive doctrinæ, quæ nuper edita est a Ministris, qui in Ecclesiam Antwerpiensem irrepserunt, et Augustanæ confessioni se assentiri profitentur, succincta confutatio. Authore Jud. Ravesteyn. Accesserunt duæ Orationes, etc. *Lovanii, Zangrius,* 1567, in-8°, v. f.

164 Epistola commonitoria ad hujus sæculi novæ religionis sectatores, a Philippo Veusels Brux. emissa, an. Dñi 1567, secunda editio. *Antwerpiæ, H. Verdussen,* 1611, p. in-16. vélin.

165 Atheomasti sive adversus religionis hostes universos (politicos maxime) dissertatio. Auct. Guil. ab Assonlevilla D° de Bouchault. *Antverpiæ, Plantin. (J. Moretus),* 1598, 1 vol., in-8°, cart.

166 Apologeticus, adversus Sam. Maresii, oppidi Traiectensis ministri, librum cui titulum fecit Candela sub modio posita per clerum Romanum... Auctore Joan. a Chokier. *Leodii, Streel,* 1635, in-4°, en toile.

167 Instance de la réunion en l'Église catholique, apostolique et romaine. Contenant les causes et moyens de se réunir..., par P. Victor Cayer. *Paris, Phil. du Pré,* 1597, in-8°, de 76 pag., dem. v. fauve. (Bel exemp.).

<small>Cet opuscule de Palma Victor Cayet est rare.</small>

168 Contredits au libelle diffamatoire, intitulé, Histoire notable de P. Henry, jésuite, bruslé à Anvers le 12 d'avril 1601, etc., par Fr. de Segusie. *Lyon, Roussin,* 1601. — Contremine par le sieur des bons advis, à l'advertissement du sieur du Plessis, in-12, v. f.

<small>Deux pièces rares.</small>

169 Les conséquences ausquelles a esté reduite la Religion prétendue Réformée après avoir recogneu qu'elle n'avoit aucun fondement en la Saincte Escriture, etc., deduictes par le R. P. Gonteri. *Rouen, Osmont,* 1609. — Déclaration de

l'Institut de la Compagnie de Jesus; en laquelle sont contenues par déduction les responses aux principales objections faites jusques à présent contre les Jésuites. *Paris, Chappelet,* 1615. — Lettre déclaratoire de la doctrine des Pères Jésuites conforme aux décrets du Concile de Constance, par le P. P. Coton. Avec l'anticoton. *La Haye, Hillebrant Jacques,* 1610, in-8°, vél.

170 Le tombeau de Henry Chrouet, ministre de la religion prétendue réformée à One, par Fr. Louys Preumont, Récollet. *Liége, H. Tournay,* 1656, in-12, dem. v. rac.

171 La mort de la religion prétendue réformée, pensante attaquer la triomphante Église catholique, apostol. et romaine, par le Père Ant. Clivier, dédiée au prince de Ligne... *Mons, de la Roche,* 1661, p. in-8°, v. br., rel. restaurée (rogné en tête. Un f. des préliminaires manque).

172 Préjugez légitimes contre les Calvinistes (par P. Nicole). *Paris, v° de C. Savreux,* 1671, in-12, vél.

173 Motifs de la conversion de S. Augustin, à la foy catholique, pour servir de modèle aux protestants (par Terson). *Paris, Thiery,* 1685, in-12, v. br.

174 Demelé curieux entre deux officiers, un protestant et un catholique, sur la religion, au sujet de deux sermons de controverse préchez à Mons l'an 1712 (par Hagenbach). A la sphère. *Maience,* 1714. — Deux lettres de M. Desmahis, sur le schisme des protestants.... *Lille,* 1710, en 1 vol. p. in-8°, vél.

175 Cort onderwys teghen de confessie der Ministers (soo sy hen beromen) Iesu Christi in de kercke van Andtwerpen : die haer onwaerachtelyck seyt met de confessie van Ausborch t'accorderen... by den E. H. Wilhelmum Vāder Lindt van Dordrecht, der H. kercke Godts tot Ruremonde Bisschop. Ghedruct tot Lovē by Jan Boogaerts, indē gulden Bybel. Anno 1567, p. in-8° v. f.

<small>Cet opuscule est extrêmement rare, dit l'abbé Ghesquière : « imprimis rarissimus, magna pro eo oblata pecuniæ summa. » (Cat. Van Hulthem, 25265).</small>

176 Een relaes van een disputatie ghehouden anno 1579 binnen der stede van Mechelen, tusschē Joannem A porta op deen syde,

eñ Joannem den Minister van Pitsenborch, op dander syde : nopende de presentie Christi in t'hoochweerdige Sacramēt, die hier bewesen wort. *t'Antwerpen, Jan van Keerberghen,* 1591, p. in-8°, dem. rel. (papier bruni).

<small>La dispute entre Jan Aporta (alias Verpoorten), curé de Vracene et le pasteur Jean, a eu lieu en 1579 à Malines.</small>

177 D'net der beeltstormers, verclarende dat wettelyck ghebruyck der kerckelycker beelden, ende d'onrecht bestormen derselver : door Joannem à Porta, Pastoor tot Vracene... *t'Antwerpen, by J. van Keerberghen,* 1591, p. in-8°, goth. dem. v. fauve. (*papier bruni*) Rare.

<small>Dans la dédicace du livre au prince de Parme, l'auteur donne des détails sur les persécutions contre les prêtres au temps des troubles.</small>

178 Catholijcken Echo, ofte waeren Gendtschen weder-galm, enz. door Arnoudt van Geluwe. 3 part. *Antwerpen, Wed. v. J. Cnobbaert,* 1650. — Dobbel slot voor Abraham Willemsen Blijvenborgh breuck-meester, woonende tot Delft, etc., door den selfden. *Ib.* — Kort verhael van een achthien-jarighe Hollandtsche Reyse, ghewandelt van eenen vlaemschen boer : met naeme Arnout van Geluwe. *Ib.* — Belydenisse van Rebecca Broeckaers uyt 'sGraven-haegh, huys-vrouwe van Martinus de Baets, door den selfden. *Ib.*, in-8°, portrait, v. br.

179 Den af-ghetrocken masscher van het vermomdt ghereformeerdt louter woordt Godes, door Arnoudt van Geluwe. *Antwerpen, Wed. v. I. Cnobbaert,* 1652, in-8°, portr. cart.

180 Catalogue ende vervolgh van alle de principaelste reformateurs ofte voor-loopers des grooten anti-christ, enz. (door Arnoudt van Geluwe). *Ghendt, Graet,* 1663, in-4°, fig. v. f.

<small>M. Van der Haeghen (*Bibliographie gantoise*, II, 193) indique une pl. gravée représentant l'abbaye de Grimberghe : elle manque à notre exempl. En revanche, celui-ci est accompagné d'une planche représentant un aigle pêchant un cabilliaud. Cette estampe forme le frontispice d'un autre ouvrage dont le titre manque (?) et qui d'après l'approbation s'appelle Zee-brant inhoudende een clare verdedinghe van het Romisch Catholycke Memorye boeck ende</small>

Weder legginge van het Nieuw-Ghereformeerde memorie Boeck onlanghs ghemaeckt door Petrus Cabeljau, predikant tot Leyden, etc., door Arnout van Geluwe. Cet ouvrage, sortant des mêmes presses que le précédent, se compose de 4 ff. liminaires, de 479 pp. à deux colonnes et de 5 ff. tables, etc. Nous ne le trouvons pas mentionné dans la *Bibliogr. gantoise*.

181 Het licht op den Kandelaer ghestelt tot verlichtinghe der niew-ghesinden, enz. (door Arnout van Geluwe). Hier is bygevoecht het oprecht bericht Hermanni Tegularii, etc., *Antwerpen, Wed. v. J. Cnobbaert,* 1650, portr. — Kort verhael van een achthien-jarighe Hollandtsche Reyse, ghewandelt van eenen vlaemschen boer, vry laet ghebooren tot Hardoye in Vlaenderen : met naeme Arnout van Geluwe. *Antwerpen, Id.* — Dobbel slot voor Abraham Willemsen Blijvenborgh breuck-meester, woonende tot Delft, door den selfden. *Ib.* — Belydenisse van Rebecca Broeckaers uyt 'sGraven-haegh, huys-vrouwe van Martinus de Baets, door den selfden. *Ib.*, in-8°, portr., cart.

<small>Recueil peu commun des œuvres d'Arn. van Gheluwe, connu sous le nom du *paysan flamand*.</small>

182 Nauwkeurig en beknopt onderzoek naar alle de byzonderheden en lotgevallen van het leerstuk der heilige drie-eenheid, door Josua van Iperen. *Middelburg, Taillefert,* s. d., in-8° d. r. v.

183 (Hendrik Niclaes). Van dem rechtferdigen Gerichte Godes över de olde vordorvene werlt, unde van ere straffinge unde uthrodinge... (de 14 ff.) *S. d. goth.* Au recto du dern. feuillet et au dos du titre, une figure sur bois. — *Id.* Eyn clare Berichtinghe van die Middelwerckinge Jesu Christi, die in den Geest geschiet, tot ein versoeninghe tusschen Godt und die mensche... (de 9 ff.) *S. l.* anno 1550. — *Id.* Ein warachtich Bericht, wt den Geest der Liefden, yegens dat Valsche Gericht offte Oordeel wt den vleysche. (de 10 ff.) *S. l.* 1551. — *Id.* Ene grundige Berichtinghe, daerinne vorclaert wert... dat underscheyt tusschen Godt den Vader unde synen soen... (de 8 ff.) *S. l.* 1549. — *Id.* Eyn claer onderscheyt van die gelatenheit uñ ongelatenheit in den Geest, und van die Diensten und Ceremonyen der Christenen (de 20 ff.) *S. l.* 1552. — Van dat geestlicke Landt der Belofften,

van dat Hemmelsche Jerusalem, und des hilligen Volcks...
(de 49 ff.) *S. l.* 1546, en 1 vol. in-12, vélin.

Recueil de pièces extraordinairement rares.

L'auteur des six petits traités contenus dans ce volume est le fameux prophète anabaptiste d'Amsterdam, Henri Niclaes.

Le *Catalogus van de Bibliotheek der Vereenigde Doopsgezinde Gemeente te Amsterdam*, pp. 70-71, indique deux ouvrages du même auteur, qui cependant paraissent être tout différents de celui-ci; une note de ce Catalogue indique les livres de H. Niclaes, comme fort rares. Voir pour les détails sur la vie de l'auteur *H. Modedt, Grondigh bericht. Middelb.* 1830, pp. 96-98; *Bulletin du Biblioph. belge*, XV, 369; *G. Arnold, Kirchen und Ketzer-historie*, II, 279.

184 Een Teghenstellinghe der Geboden Godts ende des Paus geboden, met die beproevinghe oft ondersoekinghe van de geboden des Paus een viant Godts en van syn heilich woort... Tot allen gheloovighen. 1569. *A la fin : Londini, in œdibus Henr. Bynneman*, de 20 ff., figures sur bois (sign. Gii-Iiii), in-12, dem. veau.

Pièce fort rare, sortie des presses de Bynneman, l'imprimeur ordinaire des ouvrages des protestants réfugiés. — On voit par la signature que cette pièce fait partie d'un recueil plus étendu, cependant elle est complète pour le texte qu'elle renferme. — On y remarque surtout les *Dix Commandements de Dieu* en vers flamands et à la fin un autre poëme sur l'*Ante-Christ.*

APPENDICE A LA THÉOLOGIE.

DÉISTES, INCRÉDULES, OPINIONS SINGULIÈRES, ETC. — RELIGION JUDAÏQUE.

185 Recueil de pièces curieuses sur les matières les plus intéressantes, par Alb. Radicati. *Rotterdam, Johnson,* 1736, in-8°, d. bas.

186 Les abus dans les cérémonies et dans les mœurs développés, par M. L*** (l'abbé Du Laurens). *Genève, Pellet (Hollande)*, 1786, in-12, dem. v. vert, non rogn.

187 De la religion, considérée dans sa source, ses formes et ses développements, par M. Benjamin Constant. *Bruxelles, De Mat*, 1824-1825, tomes I-III, in-8°, d. r. v.

188 Année religieuse des Théophilantropes ou adorateurs de Dieu, et amis des hommes. Recueil de discours, lectures, etc. *Paris,* 1797, 2 tom. en 1 vol. in-18, maroq. noir, à fil. dor. s. tr. (*anc. reliure*).

APPENDICE. 29

189 Le Monde enchanté ou examen des communs sentimens touchant les Esprits, leur nature... trad. du hollandois de Balth. Bekker. *Amsterd.,* 1694, 4 vol. in-12, figure, cart.
190 Opinions des anciens sur les Juifs, par feu M. de Mirabaud. *Londres*, 1769. — Réflexions impartiales sur l'Évangile, par le même. *Ibid.*, in-8°, d. toile angl.
191 Makhasor, ou rituel pour les sabbats et jours de fête (en hébreu). *Roedelheim, Heidenheim,* 1803, in-8°. d. r. v.

JURISPRUDENCE.

1. — INTRODUCTION

HISTOIRE DE LA LÉGISLATION ET DES TRIBUNAUX.

192 Introduction générale à l'histoire du droit, par M. E. Lerminier. *Bruxelles,* 1829, in-8°, dem. v. fauve.
193 Juristische Encyclopädie, zum Gebrauche bei academischen Vorlesungen, von D^r. N. Falck. *Kiel,* 1821, in-8°, cart.
194 Juristische Encyclopädie oder organische Darstellung der Rechtswissenschaft mit Rücksicht auf Deutschland, von D^r. L. A. Warnkoenig. *Erlangen, Enke,* 1853, gr. in-8°, dos et coins en maroq. rouge, n. rogn.
195 Von Beruf unsrer Zeit für Gezetzgebung und Rechtswissenschaft, von Fr. K. von Savigny. *Heidelb.*, 1814, in-8°, dem. bas. jasp.
196 L. Aug. Warnkoenig. Oratio de jurisprudentia gentium Europæarum una, eaque assiduo doctorum commercio colenda. *Lovanii, Michel,* 1828, in-8°, cart.

197 De l'organisation judiciaire et de la codification, extrait de Jerem. Bentham, par Ét. Dumont. *Paris, Bossange,* 1828, in-8°, dem. v. fauve.

198 Tableau des désordres dans l'administration de la justice, et des moyens d'y remédier; par J.-B. Selves. *Paris, Maradan,* 1812. — Observations sur l'ordre judiciaire, par M. Thiénot. *Bruxelles, Tarte,* 1806. — In-8°, d. r. v.

199 C. F. Hommelii litteratura juris. *Lipsiae,* 1761, portr. et figg., p. in-8°, v. br.

200 Lettres sur la profession d'avocat et bibliothèque choisie des livres de droit les plus utiles... par M. Camus. *Paris,* 1818, 2 vol. in-8°, dem. rel.

201 Règles pour former un avocat, tirées des plus célèbres auteurs anciens et modernes. (Par Biarnoy de Merville.) Contenant une histoire abrégée de l'ordre des avocats, etc. (Par Boucher d'Argis.) *Paris, Durand,* 1753, in-12, v. f.

II. — FORMATION DES SOCIÉTÉS. — TRAITÉS GÉNÉRAUX SUR LES LOIS, LEUR ORIGINE ET LEURS PRINCIPES. — PHILOSOPHIE DU DROIT.

202 L'esprit des maximes politiques, pour servir de suite à l'Esprit des loix de Montesquieu, par M. Pecquet. *Paris, Prault,* 1757, 2 vol. in-12, v. f.

203 Le génie de Montesquieu (attribué à de Leyre). *Amsterdam, Arkstée,* 1760, in-12, v. f.

204 Commentaire sur l'Esprit des lois de Montesquieu, par le Cte Destutt de Tracy, suivi d'observat. de Condorcet et d'un mémoire. *Paris, Desoer,* 1819, in-8°, d. bas.

205 Essais historiques sur les loix, traduits de l'anglois, par M. Bouchaud. *Paris,* 1766, frontisp., par Moreau, in-12, veau rac.

206 Essais sur l'esprit de la législation, favorable à l'agriculture, à la population, etc. *Paris,* 1766, 2 t. en 1 vol. in-8°, d. bas.

PHILOSOPHIE DU DROIT.   31

207 Théorie des loix civiles, ou principes fondamentaux de la société, par Linguet. *Londres*, 1767, 2 vol. in-12, v. f.

208 Lettres sur la théorie des loix civiles, etc., par Linguet. *Amsterdam*, 1770, in-12, v. f.

209 Traité des loix civiles, par M. de P. de T. (de Pilati de Tassulo). *La Haye, Gosse,* 1774, 2 vol. in-8°, v. f.

210 De la législation, ou principes des loix, par M. l'abbé de Mably. *Amsterdam, Arkstée,* 1777, in-8°, d. r. v.

211 Principes de la législation universelle, par G. L. Schmid d'Avenstein. *Amsterdam,* 1776, 2 vol. in-8°, v. f. à fil.

212 Plan de législation sur les matières criminelles, par M. le F***. *Amsterdam, B. Vlam,* 1779, in-8°, veau.

213 Les loix civiles et l'administration de la justice, ramenées à un ordre simple et uniforme, ou réflexions morales, politiques, etc., (par Pétion de Villeneuve). *Londres,* 1783, in-8°, cartonné.

214 Esprit, origine et progrès des institutions judiciaires des principaux pays de l'Europe; par J. D. Meyer. *La Haye,* 1819-23, 6 vol. in-8°, d. rel. v.

215 De vectigalium jure in genere, in specie vero de vectigalibus subsidiariis, etc. Dissert. auct. Ant. Hoffmann. *Moguntiæ, Alef,* 1787, in-4°, d. toile.

216 Metaphysische Anfangsgründe der Rechtslehre von Imm. Kant. *Konigsberg*, 1798, in-8°, d. v. br.

217 Législation primitive, considérée dans les derniers temps par les seules lumières de la raison, suivie de plusieurs traités et discours politiques, par L. G. A. De Bonald. *Paris, Le Clerc,* an XI, 3 vol. in-8°, d. rel. v. f.

218 Essai sur la nature et l'origine des droits, ou science philosophique du droit par J. A. Brückner. *Leipzig,* 1818, in-8°, demi bas.

219 La scienza della legislazione di Gaet. Filangieri. *Filadelfia,* 1819, 5 vol., p. in-8°, portrait, d. v., vert.

220 Œuvres de G. Filangieri, traduites de l'italien, avec un com-

mentaire par Benj. Constant et l'éloge de Filangieri, par Salfi. *Paris, Dufart,* 1822, 6 vol. in-8°, d. bas.
Un volume est taché d'huile.

221 De l'origine des lois, des arts et des sciences et de leurs progrès chez les anciens peuples, par Ant. Yves Goguet. *Paris, Lemonnier,* 1820, 3 vol. in-8°, d. bas. rac.

222 Grundlinien der Philosophie des Rechts, von G. W. F. Hegel. *Berlin,* 1821, in-8°, d. bas. verte.

223 Rechtsphilosophie als Naturlehre des Rechts, von D^r. L. A. Warnkoenig. *Freiburg,* 1839, in-8°, d. v. br.

III. — DROIT NATUREL ET DROIT DES GENS. — TRAITÉS GÉNÉRAUX.

224 Hugonis Grotii de Jure belli ac pacis libri tres. *Amsterdami, Blaeu,* 1631, in-fol. vél. (Mouillures).

225 Hugonis Grotii de Jure belli ac pacis libri tres, cum annotatis auctoris, nec non J. F. Gronovii notis, et J. Barbeyracii animadversionibus. *Lausannæ, Bousquet,* 1751-52, 4 vol. in-4°, v. f.

226 Le droit de la guerre et de la paix, par Hugues Grotius. Nouv. trad. par J. Barbeyrac. *Basle, Thourneisen,* 1746, 2 vol. in-4°, portr., v. f.

227 Drie boecken van 't recht des oorloghs en vredes. Door Hugo de Groot, overgheset door B. D. *Amsterdam, Colom,* 1651, in-4°, vél.

228 Casp. Ziegleri in Hugonis Grotii de Jure belli ac pacis libros, notæ. *Francofurti, Quenstedus,* 1686, in-8°, vél.

229 Jo. Gottl. Heineccii prælectiones academicæ in Hugonis Grotii de Jure belli et pacis libros III. *Berolini, Rudigerus,* 1724, 2 vol. in-8°, v. f.

230 Henr. de Cocceji Grotius illustratus seu commentarii ad Hug. Grotii de Jure belli et pacis libros tres. *Wratislaviæ, Korn,* 1744-47, 3 vol. in-fol., v. f.

231 Sam. de Cocceji introductio ad Henr. de Cocceji Grotium illustratum. *Halæ, in off. Orphanotrophei,* 1748, in-fol., d. r. v.

232 Dertig rechtsgeleerde vragen uit de Inleidinge tot de hollandsche regtsgel. van Hugo de Groot..., met antwoorden van W. Schorer, H. Van Wyn en anderen. *s' Gravenh., Mensert,* 1777, in-8°, dem. r. v. vert.

233 Commentatio de Hugonis Grotii in definiendo jure naturali vera mente, etc., auct. J. M. T. Birnbaum. *Friburgi Brisig.*, 1834, in-4°, dem. r. v. rouge.

234 J. Hen. Bohmeri introductio in jus publicum universale. *Halæ Magdeb., sumtib. Orphanotrophei,* 1710, in-8°, dem. rel. bas.

235 Fundamenta jurisprudentiæ naturalis a Fred. Guil. Pestel delineata. *Lugd. Batav., Luchtmans,* 1788, in-8°, d. r. veau.

236 Le droit de la nature et des gens, par le baron de Pufendorf, trad. du latin par J. Barbeyrac, avec des notes. *Londres, Nourse,* 1740, 3 vol. in-4°, portr., v. écaille, fil.

237 Sam. L. B. a Pufendorf, de Jure naturæ et gentium, libri octo, cum commentariis Jo. Nic. Hertii, atque Jo. Barbeyraci. Recensuit et illustr. Gottf. Mascovius. *Francofurti. Knoch,* 1744, 2 vol. in-4°, portr., v. f.

238 Principes du droit naturel. (Suivi de Principes du droit politique), par J. J. Burlamaqui. *Genève, Barrillot,* 1747-54, 2 portr., in-4°. dem. r. v.

239 De legibus naturæ disquisitio philosophica, aucthore Ric. Cumberland. *Lubecæ, S. Otto,* 1683, in-8°, vél.
Un nom découpé au titre.

240 Traité philosophique des lois naturelles, par le Dr Richard Cumberland. Trad. du latin, par M. Barbeyrac, avec des notes. *Amsterdam, Mortier,* 1744, in-4°, front., v. br.

241 Leçons de droit de la nature et des gens, par M. de Felice. *Yverdon,* 1717, 4 part. en 2 vol. in-12, dem. r. v.

242 Joannis Seldeni, de Jure naturali et gentium, juxta disciplinam Ebraeorum. *Argentorati,* 1665, in-4°, figg., v. br. Rel. restaurée.

243 Ph. R. Vitriarii institutiones juris naturæ et gentium, auctæ

a Jo. J. Vitriario. Acced. Jo. Fr. Buddei historia juris naturalis, etc. *Lugd. Batav.*, *Luchtmans*, 1719, in-8°, v. br.

244 Henr. Kochleri, juris naturalis et juris socialis et gentium exercitationes. *Francof.*, 1738, 2 vol. in-8°, d. r. bas. rac.

245 Mich. Henr. Gribneri principiorum jurisprudentiæ naturalis libri IV. *Vitembergæ, Zimmermannus*, 1748, in-8°, v. f.

246 Essai sur l'histoire du droit naturel (par Hubner). *Londres*, 1757-1758, 2 vol. in-8°, v. f.

247 Institutions du droit de la nature et des gens. Trad. du latin de Ch. Wolff, avec des notes par Elie Luzac. *Leyde, Luzac*, 1772, 2 t. en 1 vol. in-4°, v. f.

248 Les droits de Dieu, de la nature et des gens, tirés d'un livre de M. Abbadie. On y a ajouté un discours de M. Noodt sur les droits des souverains. *Amsterdam*, 1775.— Notions élémentaires sur le régime hypothécaire, par le cit. Hua. *Paris, Rondonneau*, an VII. — Traité sur les conflits d'attribution. *Ibid.*, 1806, in-12, d. r. v.

249 Traité du droit naturel et de l'application de ses principes au droit civil et au droit des gens, par M. Vicat. *Lausanne*, 1777, 4 t. en 1 vol. in-8°, d. r. bas.

250 Le droit des gens, ou principes de la loi naturelle, par de Vattel. *Neuchatel*, 1777. 2 vol. in-4°, v. br.

Taches.

251 Grundlage des Naturrechts nach Principien der Wissenschaftslehre von J. G. Fichte. *Jena*, 1796, 2 vol. in-8°, d. r. v. brun.

252 Brieven over het natuurregt aan Paulus van Hemert, naar aanleiding van W. Bilderdijks korte ontwikkeling der gronden van het natuurrecht, door J. Kinker. *Amsterdam*, 1823, in-8°, d. r. v. rouge.

Envoi de l'auteur à M. le baron de Reiffenberg.

253 Handbuch des positiven Völkerrechts, von Fr. Saalfeld. *Tubingen*, 1833, in-8°, d. r. v. br.

254 Petrini Belli Albensis, Eman. Philib. Conciliarii, de re militari et bello tractatus. *Venetiis, F. de Portonariis*, 1563, in-4°, vélin.

255 Balth. Ayalæ de jure et officiis bellicis, ac disciplina militari libri III. — Accedit Martini Laudensis tract. de bello. *Lovanii, Vryenborch,* 1648, in-8°, vél.

256 Précis du droit des gens, de la guerre, de la paix et des ambassades, par le vicomte de la Maillardière. *Paris,* 1775, 2 vol. en 3, p. in-8°, d. r. bas.

257 L'esprit du citoyen, ouvrage philosophique et politique, par M. Dumas. *Neuchatel, Fauche,* 1783.—Droits de l'homme, par Thomas Paine. *Paris, F. Buisson,* 1791, 2 parties en 1 vol. in-8°, cart.

IV. — DROIT PUBLIC.

A. DROIT PUBLIC EN GÉNÉRAL INTERNATIONAL ET INTERNE. — TRAITÉS GÉNÉRAUX. DICTIONNAIRES, ETC.

258 Dictionnaire universel des sciences morale, économique, politique et diplomatique; ou bibliothèque de l'homme d'État et du citoyen, par L.-L. Castilhon, Sacy, de Pommereul et autres, publié par J.-B. Robinet. *Londres (Neuchâtel),* 1777-1783, 30 vol. in-4°, d. r. v.

259 Annales de législation et de jurisprudence, par Bellot, E. Dumont, Meynier, etc. *Genève,* 1820-1822, 4 parties en 3 vol. in-8°, d. rel. bas.

260 (Isambert). Annales politiques et diplomatiques ou Manuel du publiciste et de l'homme d'État. Introduction. — *Idem.* Manuel du publiciste et de l'homme d'État. *Paris,* 1823-1826, ens. 5 vol. in-8°, dem. r. v.

261 Bibliothèque du jurisconsulte et du publiciste, par Ackersdyck, Ernst et autres professeurs de droit. *Liége, Lemarié,* 1826, 3 vol. in-8°, dem. r. v. rac.

262 Lehrbuch des Vernunftrechts und der Staatswissenschaften, von Carl v. Rotteck. *Stuttgart, Franckh,* 1829-1835, 4 t. en 3 vol. in-8°, dem. r. v. fauve, non rogn.

263 Kritische Uebersicht der neuesten Literatur in dem gesammten Gebiete der Staatswissenschaften; herausgeg. von K.-H.-L. Politz. *Leipzig,* année 1835, 2 tom. en 1 vol. in-8°, dem. r. v. fauve.

B. DROIT MARITIME. — QUESTION DES NEUTRES.

264 Institution au droit maritime, ouvrage complet sur la législation maritime, par Boucher. *Paris, Imbert,* 1805, gr. in-4°, dem. r. v.

265 Il consolato del mare, comprendono tutti gli statuti et ordini, disposti da gli antichi per ogni cosa di mercantia e di navigare (traduction en hollandais à côté). *Leyden,* 1704, in-4°, v. br.

266 Io. Seldeni mare clausum seu de dominio maris libri duo. *Londini, Meighen,* 1635, in-fol., figg., d. rel. vél.

267 (C.-P. Pattyn.) Mare liberum ex jure naturæ, gentium et civili assertum, vindicatum, redivivum. *Mechliniæ,* s. d. in-12, v. br.

Avec note de M. d. J.

268 Le Commerce maritime fondé sur le droit de la nature et des gens, traduit du latin de M. Pattyn (par d'Hermanville). *Malines,* 1727, in-12, v. br.

269 Io. Loccenii de jure maritimo et navali, libri tres. *Brux., de Dobbeleer,* s. d. in-8°, v. f.

Avec la signature de G. Wynants.

270 Staatkundige bedenkingen betreffende het zeewezen der onderscheidene volken van Europa. Naar Arnould. *In den Haag, Van Cleef,* 1798, in-8°, d. rel. v.

271 Algemeene verhandeling van de heerschappij der zee, en een compleet lichaam van de zee-rechten, uit het engelsch. vertaald, door P. Le Clercq. *Amsterdam, Onder de Linden,* 1757, in-4°, fig., v. f.

272 Essai sur l'admission des navires neutres dans nos colonies (par Fr. Véron de Forbonnais). *Paris,* 1756, in-8°, v. f.

273 Verhandeling over het recht van commercie tusschen onzijdige en oorlogvoerende volken, door A. Ploos van Amstel, met aanhangsel. *Amsterdam,* 1760, in-8°, dem. r. bas.

274 La liberté de la navigation et du commerce des nations neutres, pendant la guerre, considérée selon le droit des gens. *Londres* et *Amsterdam,* 1780, in-8°, d. r. v.

275 Essais sur divers sujets relatifs à la navigation et au commerce pendant la guerre, par M. de Steck. *Berlin, Nicolai,* 1794.
— Dissertatio juridico politica, de neutralitate tempore belli, quam defendet C. T. J. de Constant Rebecque. *Lugd. Batav., van Leeuwen,* 1829. —Specimen juridicum inaugurale, de transfugis reddendis, quod submittit Corn. Le Clercq. *Ibid., Haak,* 1823, in-8°. d. r. v.

276 Essai concernant les armateurs, les prises et surtout les reprises, par M. de Martens. *Gottingue,* 1795, in-8°, bas. rac.

277 Du Commerce des neutres en temps de guerre, trad. de Lampredi, par J. Peuchet. *Paris, Agasse,* 1802, in-8°, d. r. bas.

278 Mémoire sur la conduite de la France et de l'Angleterre à l'égard des neutres. *Paris, Galland,* 1810, in-8°, dem. r. v. vert.

279 Proeve over de vrijheid des zeehandels, en de waarde der nationale nijverheid, door Pieter Vreede. *'s Gravenhage, wed° J. Allart,* 1824, 2 part., en 1 vol. in-8°, d. rel. v. br.

280 Compleat collection of all the articles and clauses relating to the marine, in the treaties between Great-Britain and other States. *London,* 1760, in-8°, v. jasp. à fil.

C. HISTOIRE DES TRAITÉS DE PAIX, D'ALLIANCE, ETC. — RECUEILS. — MÉMOIRES, NÉGOCIATIONS, CORRESPONDANCES DIPLOMATIQUES, ETC. — MATIÈRES DIVERSES DE DROIT INTERNATIONAL.

281 Des principes des négociations, pour servir d'introduction au droit public de l'Europe, fondé sur les traités, par l'abbé de Mably. *La Haie,* 1767, in-12, v. f.

282. Le droit public de l'Europe, fondé sur les traités, par l'abbé de Mably. *Genève,* 1764, 3 vol. p. in-8°, veau rac.

283 Grundriss einer diplomatischen Geschichte der Europäischen Staatshandel und Friedensschlüsse seit dem Ende des XV° Jahrh. bis zum Frieden zu Amiens, von G. F. von Martens. *Berlin,* 1807, in-8° dem. r. v. vert.

284 Joh. J. Moser. Versuch des neuesten Europäischen Völker-Rechts in Fridens und Kriegs-Zeiten, vornemlich aus denen Staatshandlungen seit 1740. *Francf. am Main,* 1777-80, 10 vol. in-8, dem. r. bas. rac.

285 Europäisches Völkerrecht in Friedenszeiten, mit Anwendung auf die teutschen Reichsstände, von K. G. Günther. *Altenburg,* 1787-92, 2 vol. in-8°, dem. r. v.

286 Joh. J. Moser, Beytrage zu dem neuesten Europäischen Völckerrecht in Fridens-Zeiten. (Tübingen) 1778-80, 5 vol. — Idem in Kriegs-Zeiten. *Ibid.,* 1779-81, 3 vol.; ens. 8 vol. in-8°, dem. r. v. rac.

287 Système maritime et politique des Européens, pendant le dix-huitième siècle; fondé sur leurs traités de paix, de commerce et de navigation, par le cit. Arnould. *Paris, Bailleul,* 1797, in-8° d. r. v.

288 Diplomatisches Archiv für Europa. Urkunden-Sammlung mit histor. Einleitungen, herausgegeben von L. Lüders. *Leipzig,* 1819-20, 3 tom. en 4 vol. in-8°, dem. r. bas. verte.

Incomplet de la première partie du tome II et de la deuxième partie du tome III.

289 Droit des gens moderne de l'Europe, par J. L. Klüber, *Stuttgart,* 1819, 2 part. en 1 vol. in-8°, dem. r. bas. rac.

290 Précis du droit des gens moderne de l'Europe, fondé sur les traités et l'usage, par G. Fr. de Martens. *Gottingue,* 1821, in-8°, dem. r. v.

291 Erzahlungen merkwürdiger Falle des neueren europäischen Völkerrechts in einer practischen Sammlung von Staatsschriften aller Art in teutscher und französischer Sprache, von G. Fried. v. Martens. *Gottingue, Schroder,* 1800-02, 2 t. 1 vol. in-4°, d. r. v.

292 Causes célèbres du droit des gens, rédigées par Ch. de Martens. *Leipzig, F. A. Brockhaus,* 1827, 2 vol. in-8°, dem. r. v. bl.

293 Cours diplomatique ou tableau des relations extérieures des puissances de l'Europe, par G. Fr. de Martens. *Berlin,* 1801, 3 vol. in-8°, v. m.

294 J. Du Mont et J. Rousset. Corps universel diplomatique du droit des gens, ou recueil des traités de paix, de trève, d'alliance, etc., qui ont été faits en Europe depuis Charlemagne jusqu'à présent *Amsterdam, Brunel,* 1726-31, 8 vol. — Histoire des anciens traités jusqu'à Charlemagne, par Barbeyrac. *Ibid.,* 1739, 2 tom. en 1 vol. — Supplément au corps diplomatique avec le cérémonial diplomatique des Cours de l'Europe. *Ibid.,* 1739, 4 vol. — Histoire des traités de paix du XVIIe siècle, par S. Y. de Saint-Prest. *Ibid.,* 1725. — Négociations secrètes touchant la paix de Munster et d'Osnabrug, par J. Leclerc. *La Haye, Neaulme,* 1725-26, 4 tom. en 2 vol. Ensemble 20 tom. en 17 vol. in-fol. en veau jaspé, tranche marbrée.
Exemplaire complet et bien conditionné.

295 Recueil in 4°, d.-rel. v. f.
Renferme :
Generalen staet van de saecken in Christenheyt, *Amsterd.,* 1642. — Noodigh bericht voor de Vrede handelaers tot Munster, *s. l.* 1646, et 15 autres pièces concernant le traité de Munster, en français et en flamand.

296 Die Urkunden der Friedensschlüsse zu Osnabrück und Münster, nach auth. Quellen. *Zürich, Hanke,* 1848, in-8°, demi-rel. veau.

297 Recueil historique d'actes, négociations, mémoires et traitez, depuis la paix d'Utrecht jusqu'à présent, avec le procès entre la Grande-Bretagne et l'Espagne (supplém. du t. XIII), publié par M. Rousset. *La Haye,* 1728-1740, 21 t. en 23 v. in-12, veau fauve.

298 Recueil des principaux traités d'alliance, de paix, de trève, etc., conclus par les puissances de l'Europe depuis 1761 jusqu'à présent, par G. Fr. de Martens. *Gottingen,* 1791-1833, ens. 22 vol. in-8°, bas. racin.
Collection composée comme suit :
Recueil, etc., de 1761 à 1801, 7 vol. — Supplément, 4 vol. — Second supplément (Nouveau Recueil), 1808-1819, 4 vol. — Id. de 1808 à 1822, par le neveu de M. Martens, 2 vol. — Supplément par M. Saalfeld, 1822-31, 5 vol.

299 Nouveaux suppléments au recueil de traités et autres actes remarquables, depuis 1761 jusqu'à présent (1839), par G. F. de Martens et Fr. Murhard. *Gottingue,* 1839-42, 3 vol. — Nouveau recueil de traités de paix, etc., par les mêmes auteurs. Nouv. série, 1826-39. *Ibid.*, 1837-41, 7 vol. — Nouveau recueil général, continué par Fr. Murhard et Ch. Samwer., de 1840 à 1857. *Ibid.*, 1843-58, 16 vol. — Table générale, chronolog. et alphabét. (jusqu'en 1839). *Ibid.*, 1837-43, 2 vol. Ens. 28 vol. in-8°, dem. r. v. fauve, n. rogn.

300 Recueil des traictés de confédération et d'alliance, entre la couronne de France et les États estrangers, depuis 1621. *Amsterdam, P. Van Dyck* (à la sphère) 1672, p. in-8°, veau br.

301 Recueil de traités de paix de Ryswyck. *La Haye, Moetjens,* 1697, in-12, v. br.
Dans le même volume :
Préliminaires de paix entre les rois de France depuis Charles VII, par Amelot de la Houssaye, et Catalogue chronol. des traités contenus dans le recueil de F. Léonard.

302 Histoire du traité de Westphalie, ou des négociations qui se firent à Munster et à Osnabrug, par le P. Bougeant. *Paris, Didot,* 1751, 6 vol. in-12, v. f.

303 Recueil d'actes authentiques des conventions préliminaires conclues à Reichenbach, entre Sa Majesté le Roi d'Hongrie et de Bohême. *La Haye,* 1790-91, in-8°, vél. Table et plusieurs pièces manuscrites par M. de Jonghe.

304 Pièces officielles relatives aux préliminaires de Londres et au traité d'Amiens (1802). *Paris, Garnery,* 1803, in-8°, d. r. bas.

305 Abrégé de l'histoire des traités de paix entre les puissances de l'Europe, depuis la paix de Westphalie, par M. Koch. *Basle, J. Decker,* 1796-97, 4 vol. in-8°, d. r. bas. rac.

306 Histoire abrégée des traités de paix, entre les puissances de l'Europe, depuis la paix de Westphalie, par feu M. Koch, continué jusqu'en 1815 par F. Schoell. *Paris, Gide,* 1817-1818, 15 vol. in-8°, bas. rac.

307 (F. Schoell.) Congrès de Vienne. Recueil de pièces officielles

relatives à cette assemblée, des déclarations qu'elle a publiées, des protocoles, etc., rangés par ordre chronologique. *Paris*, 1816-18, 6 vol. in-8°, d. r. v. bleu.

308 Acte du congrès de Vienne, du 9 juin 1815, avec les pièces qui y sont annexées, publié par Fr. Schoell. *Paris,* 1815, in-8°, demi r. bas. rac.

309 Actes du congrès de Vienne. *Bruxelles, Weissenbruch,* 1819, gr. in-4°, d. r. veau violet.

310 Acten des Wiener Congresses, in den Jahren 1814 und 1815, herausgeg. von J. L. Klüber. *Erlangen, Palm,* 1815-35, 9 vol. in-8°, bas. rac. (Quelques légères taches de rousseur).

311 Uebersicht der diplomatischen Verhandlungen des Wiener-Congresses, insonderheit über Angelegenheiten des teutschen Bundes, von J. L. Klüber. *Francfort am Main,* 1816, 3 part. en 1 vol. in-8°, d. r. v.

312 Résultats des guerres, des négociations et des traités qui ont précédé et suivi la coalition contre la France. *Paris, Baudouin,* 1803, in-8°, d. r. bas. Tache au titre.

313 Précis des négociations entre la France et Saint-Domingue, par M. Wallez. Paris, 1826, in-8°, d. r. bas.

314 Mémoire historique, politique et diplomatique sur la navigation du Rhin, 1828. in-fol. d. rel. bas. v.

Ms. de 158 pp. de la main de M. de J. C'est probablement un travail personnel.

315 Code diplomatique des aubains ou du droit conventionnel entre la France et les autres puissances, par J. B. Gaschon. *Paris, Foucault,* 1818, 2 tom. en 1 vol., in 8°, d. r. v. bleu.

316 Recueil de déductions, manifestes, traités, etc., rédigés pour la cour de Prusse, par le comte de Hertzberg, de 1756 à 1778. *Berlin, J. Unger,* s. d., 2 vol. in-8°, d. r. bas.

317 Traités publics de la royale maison de Savoie avec les puissances étrangères depuis la paix du Château-Cambresis jusqu'à nos jours, publiés par le comte Solar de la Marguerite. *Turin, impr. Roy.,* 1836, 5 vol. gr. in-4°, d. r. veau fauve, non rogné.

D. TRAITÉS, ETC., INTÉRESSANT PLUS PARTICULIÈREMENT LA BELGIQUE ET LES PAYS-BAS.

318 Recueil des principaux traités conclus par les souverains des Pays-Bas, depuis l'an 1468 jusqu'en 1543, in-4°, dem.-rel., v. rac.

> Ms. de 232 feuillets, écrit. du XVIe siècle. Renferme les traités de Péronne, 1468; de Paris, 1465; d'Arras, 1482; de Tours, 1489; de Senlis, 1493; de Cambray, 1508; de Madrid, 1526; de Cambray (dit des Dames), 1529; traité entre René de Lorraine et Philippe le Beau, 1501; traité entre Philippe le Beau et Charles d'Egmont, duc de Gueldre, 1505; traité entre Ferdinand d'Arragon et Philippe de Castille, 1506; entre Charles-Quint et le bey de Tunis, 1535; trève avec le Danemarck, 1540; traité de Venloo, 1543.

319 Recueil van de tractaten, gemaeckt en gesloten tusschen de H. Staten Generael der Vereenighde Nederlanden ter eenre, ende verscheyde Koningen, Princen en Potentaten ter andere zyde. (1576-1777). *s'Gravenhage, Schelte* (1726-1777), 2 vol. in-4°, vél.

320 Recueil de traités de paix conclus entre divers États, et principalement entre l'Espagne et les Provinces-Unies, depuis 1609 jusqu'en 1742. 13 pièces imprimées aux Pays-Bas, in-4°, dem. rel. bas. rouge.

321 Relation de ce qui concerne la négociation de paix ou trève entre les commis des députez des Estats des provinces obéissantes de S. M. d'une part et les députez des Estats des provinces rebelles de l'autre. Ensemble de plusieurs particularitez touchant l'estat du pays. (1632-1633), in-fol., dem. rel., v. rac.

> Ms. d'une bonne écriture.

322 Vertoogh van S. Exc. Antoine de Brun, raet van S. M. van Spagnien tot Munster. *Dordrecht, J. Verhaghen,* 1647 (2 éditions diff.). — Extr. uyt het register der Resolutien der Staten-Gen. *Alckmaer,* 1646. — Discours tenu par M. Brun, etc., 1651, et autres pièces relatives au traité de Munster, in-4°, cart., dos en toile.

323 Instructien voor de gedelegueerde rechters in de Chambre mi-partie, bij de Heeren Koningh van Spaignen, ende

Staten-Generael der Vereenighde Nederlanden te samen geërigeert. *'s Graven-Hage, wed. van. J. Van Wouw*, 1656, in-4°, v. f.

324 Recueil de pièces; en 1 vol. in-4°, vél.

> Renferme :
> Traicté de paix d'Aix-la-Chapelle, 1668. —*Idem*, en flamand. — Mémoire de M. de Lyonne au Roy... 1668. — Traitté de paix de Nimègue, 1678. — Mémoire aux Estats, par de Castel Moncayo, 1684. — Traitté de paix de Ryswick, 1697. — Convention entre la France et l'Espagne, à Lille, 1699, etc.

325 Mémoires politiques pour servir à la parfaite intelligence de l'histoire de la paix de Ryswick, par Du Mont. *La Haye*, 1699, 4 vol. in-12, v. fauve.

> Titres avec estampilles.

326 Recueil de traités relatifs aux négociations de paix conclue à Ryswyck, *La Haye*, 1797, p. in-8°. fig. d. r. v. rac.

> A la fin du volume se trouve : *Historie der gravelike regering in Holland, waerbij de oorsprong der Nederlandsche troublen door Viglius.* Frontispice gravé.

327 Actes et mémoires des négociations de la paix de Nimègue. (*A la sphère.*) *Amsterdam, Abrah. Wolfgang*, 4 t. en 7 vol. — Histoire des négociations de Nimègue, par de Saint-Disdier. (*A la sphère.*) *Suivant la copie imprimée à Paris, chez Cl. Barbin*, 1680, ens. 8 vol. in-12, vél.

328 Procès-verbal entre les procureurs des deux Roys devant les commissaires de leurs Majestez deputez à la conférence de Courtray. *s. l.*, 1681, p. in-12, vél.

> Piqûres.

329 Verzameling van tractaten tusschen de Staten Generaal der Vereen. Nederl. en de regeringen van Algiers, Tunis, Tripoli, Marocco, Portugal, enz. 1713-1771, in-4°, d. rel. bas.

330 Actes, mémoires et autres pièces authentiques concernant la paix d'Utrecht, par Casimir Freschot. *Utrecht, Van de Water*, 1714-1715, 6 vol. in-12, v. br.

331 Beschrijvinge van het recht en de gesteltenisse der Barrière, Zodanig als die aan de vereenigde Nederlanden met plegtige traktaaten verzekerd is, door J. T. La Fargue. *'s Gravenhage, de Cros*, 1746, in-8°, d. r. v.

332 Convention entre l'Impératrice et le Roy Très-Chrétien concernant les limites des Pays-Bas, 1769. — Ordonnance sur l'exécution de la Convention de 1769. — Convention (même sujet) de 1779 et l'ordonnance d'exécution de 1780. — Notes sur ces Conventions, par M. d. J. — Traité entre le Roi et le Prince-Évêque de Liége, au sujet des limites, 1772. — *Idem,* du commerce mutuel de 1772. — Articles ultérieurs convenus entre les deux souverains, (manuscrit).—Convention entre l'Impératrice et l'évêque de Liége sur les limites (manuscrit de M. d. J.). En 1 vol. in-4°, avec table manuscrite et 2 cartes, d. r. v. bleu.

333 Traité entre S. M. Très-chrétienne et S. A. le Prince-Évêque de Liége, concernant quelques échanges, les limites, le commerce mutuel, et la liberté des communications de leurs Etats respectifs, du 24 mai 1772, etc., avec les conventions ensuivies. *Liége, Plomteux,* 1777, in-fol. dem. r. v.

334 Recueil de traités politiques territoriaux et de commerce, concernant le royaume des Pays-Bas. In-18, d. rel. bas.
Recueil composé.

335 Recueil de traités de délimitation des frontières du royaume des Pays-Bas, conclu avec la France, la Prusse, le Hanovre, etc., de 1815 à 1825, et d'autres traités avec l'Angleterre, concernant les colonies, l'Espagne, etc, de 1815. En 1 vol. in-fol., d. rel.

336 Neerlands betrekkingen met andere staten, volken en mogendheden, enz., uit officiele bronnen, 1813-1817, door J. Piek Van Langen. *Dordrecht, Blussé,* 1818, in-8°, v. rac.

337 Recueil des traités politiques, territoriaux et de commerce, concernant le royaume des Pays-Bas, de 1814 à 1830. Bruxelles, Ad. Wahlen, 1839-1843, 3 vol. in-16, d. rel., dos et coins de mar. vert.

E. TRAITÉS DE DIPLOMATIE. — FONCTIONS, DROITS ET PRIVILÉGES DES AMBASSADEURS ET DES CONSULS.

338 Système de la diplomatie; rédigé préalablement en ébauche, par le Dr Winter. *Berlin,* 1830, in-8°, d. r. v. bleu.

339 Discours sur l'art de négocier, par Pecquet. *Paris, Nyon,* 1737, in-8°, v. f.

340 Discours sur l'art de négocier, par Pecquet. *Paris, Nyon,* 1737. — Même ouvrage. *La Haye, Van Duren,* 1738, in-8°, d. r. v.

341 De la manière de négocier avec les souverains, du choix des ambassadeurs, etc., par M. de Callières. *Londres,* 1750, 2 vol. p. in-8°, v. rac.

342 Europäisches Gesandschaftsrecht, von F. X. von Moshamm. *Landshut,* 1805, in-8°, d. r. v. rac.

343 Cours de style diplomatique, par H. Meisel. *Paris, Aillaud,* 1826, 2 vol. in-8°, d. r. bas. rac.

344 Dictionnaire ou manuel-lexique du diplomate et du consul, par Fern. de Cussy. *Leipzig, Brockhaus,* 1846, p. in-8°, d. r. v. fauve et coins.

345 Kèrukeion, sive legationum insigne; in duos libr. distributum, auth. Fr. de Marselaer. *Antverp., Guil. à Tongres,* 1618, in-4°, vél.
Première édition. Rare.

346 Fred. de Marselaer. Legatus. Libri duo. *Antverpiae, Plantin,* 1626. — Legatus, opus Car. Paschalii. *Parisiis, Plantiniana, apud Perier,* 1612, in-4°, v. br.

347 Fred. de Marselaer, Legatus. *Antverpiae, Plantin,* 1666, in-fol. v. br.
Avec le portrait de l'auteur gravé par C. Galle, d'après A. Van Dyck.

348 L'ambassadeur et ses fonctions, par M. de Wicquefort. Avec des réflexions sur les mémoires pour les ambassadeurs (par Galardi). *Cologne, Marteau,* 1690, 2 vol. in-4°, v. f.
Piqûre au 1er volume.

349 Le parfait ambassadeur, composé par D. Ant. de Vera et de Cunniga, traduit en français. *Leide, Haak,* 1709, 2 vol. in-12, v. br.

350 Traité des ambassades et des ambassadeurs. *Rotterdam, Hofhout,* 1726, in-8°, d. r. v.

351 Traité du juge compétent des ambassadeurs, tant pour le civil que pour le criminel, traduit de Bynkershoek, par J. Barbeyrac. *La Haye,* 1723, in-8°, d. r. bas.

352 Manuel diplomatique ou précis des droits et des fonctions des agents diplomatiques, suivi d'un recueil d'actes et d'offices, par Ch. de Martens. *Paris, Treuttel et Würtz,* 1822, in-8°, bas. rac.

353 Dictionnaire des chancelleries diplomatiques et consulaires à l'usage des agents politiques français et étrangers..., par L. J. A. de Moreuil. *Paris, Renouard,* 1855, 2 vol. in-8°, d. r. v. fauve, non rogné.

354 Essai sur les consuls, avec les traités de commerce et de navigation les plus récents, par Mrs de Steck. *Berlin,* 1790, in-8°, d. r. bas.

355 On the origin, nature, progress and influence of consular establishments, by D. B. Warden. *Paris,* 1813, in-8°, d. r. v.

356 De la juridiction des consuls de France à l'étranger, et de leurs devoirs et obligations, par Laget de Podio. *Paris,* 1826, in-8°, d. r. v.

357 Le parfait covrtisan dv comte Baltazar Castillonnois, es deux langues, respondans par deux colomnes, de la trad. de Gabr. Chapuis. *Lyon, L. Cloquemin,* 1580, p. in-8°, v. rac.
<small>Piqûre de vers aux premiers feuillets.</small>

358 Il ceremoniale historico e politico, utilissima a tutti gli Ambasciatori e ministri publici, di Greg. Leti. *Amsterdamo,* 1685, 6 vol. in-8°, fig. de blasons, v. br.

359 Almanach des ambassades ou liste générale des ambassadeurs, conseillers, secrétaires, etc., de l'Europe, l'an 1803, par A. C. Wedekind. *Bronsvic,* s. d., in-12, dos en toile.

DROIT PUBLIC INTERNE.

A. PARTIE THÉORIQUE.

360 Politicarum dissertationum syntagma. Autore Joh. Loccenio. *Amstelodami, Janssonius,* 1644, in-12. vél.

361 Jus naturæ œconomicum et politicum, auctore Car. Gott. Mullero. *Jenæ, vid. Crœheriana,* 1744, in-8°, v. f.

362 Ulr. Huberi de Jure civitatis libri tres cum commentariis Nic. de Lyncker, cura J. Christ. Fischeri. *Francofurti,* 1752, in-4°, v. f.

363 Éléments de la politique ou recherche des vrais principes de l'économie sociale, par de Buat. *Londres,* 1773, 6 vol. d. rel. in-8°.

364 Du droit public et du droit des gens, ou principes d'association civile et politique, par J. J. B. Gondon. *Paris, Brasseur,* 1807, 3 vol. in-8°, d. r. v.

365 Principes politiques, par C. J. M. Lambrechts, sénateur. *Paris, Marchant,* 1815, in-8°, dem. r. v.
Mouillure.

366 Grundzüge der Politik, oder Entwickelung der Hauptgrundsätze des innern und äussern Staatskunst, von H. B. v. Weber. *Tübingen,* 1827, in-8°, dem. r. v. violet.

367 Applications de la morale à la politique, par Joseph Droz. *Louvain, Michel,* 1829, in-8°.

368 L'ordre essentiel et politique des puissances. *Sans titre,* 3 part. en 1 vol. in-8°, dem rel. bas. rac.

B. DE LA SOCIÉTÉ POLITIQUE. — PRINCIPES ET SYSTÈMES DE GOUVERNEMENT.
AUTEURS ANCIENS ET MODERNES.

369 Carol. Morgenstern, de Platonis republica commentationes III. *Halis Sax.,* 1794, in-8°, cart.

370 La république de Cicéron, d'après le texte inédit, découvert et commenté par M. Mai, avec une traduction française par M. Villemain. *Paris, Michaud,* 1823, figure et fac-simile, 2 vol. in-8° d. r. bas. rac.

371 Franc. Patricii, Senensis, de institutione reipublicæ libri novem. *Parisiis, Gorbinus,* 1569, in-8°, v. f.

372 Les six livres de la République de J. Bodin, ensemble une apologie de René Herpin. *Paris, Jacq. du Puys,* 1583, p. in-8°, d. r. bas.
Quelques pages soulignées à l'encre.

373 Des corps politiques et de leurs gouvernements, par le président de Lavie, *Lyon, Duplain,* 1766, 3 vol. in-12, v. f.

374 Georgi Ossolinsky de Ossolin, Palatinidis Povlachiæ monarchia, sive de optimo reipublicæ statu oratio. *Lovanii, J. C. Flavii,* 1614, p. in-4°, vélin, figure de P. de Jode.

375 Disputatio politica de rebus publicis in genere, aut. Er. Nisson. *Helmst.*, 1651. — Id. de oligarchia, aut. V. Cruger, *Ibid.*, 1643. — Id. de mutationibus rerum publicarum, aut. W. Engelbrecht, *Ibid.*, 1635, en 1 vol. in-4°, d. r. v.

376 Arn. Clapmarii, de arcanis rerum-publicarum libri sex, illustrati a Joan. Corvino. *Amsterodami, L. Elzevir,* 1641, 2 t. en 1 vol., p. in-16, vél.

377 Ulr. Huberi, Institutionis reipublicæ liber singularis. *Franequeræ, Strickius,* 1698, in-8°, v. f.

378 L'ordre naturel et essentiel des sociétés politiques, par Le Mercier de la Rivière. *Londres* et *Paris, Desaint,* 1767, in-4°, d. rel. v. — Le même ouvrage. *Londres,* 1767, 2 vol, in-12, v. fauve.

379 Du Contrat social ou principes du droit politique, par J.-J. Rousseau. *Amsterdam, M. M. Rey,* 1762, p. in-8°, v. rac.

Édition originale.

380 Supplément au Contrat social, par P. Ph. Gudin. *Paris,* 1792, in-12, d. r. bas.

381 De l'ordre social, suivi d'un traité sur l'argent, le commerce, etc., par M. le Frosne, *Paris, Debure,* 1777, in-8°, v. br.

382 Recherches sur la condition civile et politique des femmes, depuis les Romains jusqu'à nos jours, par Ed. Laboulaye. (Mém. couronné). *Paris, Durand,* 1843, in-8°, d. r. v. bleu, non rogné.

383 Le Socialisme et ses promesses, par J.-J. Thonissen. *Bruxelles, Jamar,* 1850, 2 t. en 1 vol. in-12, port., d. rel. v. rouge.

H. SCIENCE DU GOUVERNEMENT ET ART DE GOUVERNER.

384 La science du gouvernement, par M. de Réal. *Aix-la-Chapelle, Paris, libr. associés, Amsterdam, Arkstée, etc.,* 1761-65, 8 vol. in-4°, v. br.

385 Recherches sur la science du gouvernement, par M. le comte Jos. Gorani. Trad. de l'italien. *Paris, Guillaume, etc.,* 1792, 2 t. — Lettres sur la révolution française, par J. Gorani.

Ibid., 1793. — Lettres au roi d'Angleterre et au Stathouder de Hollande, par le même, 1793, 2 vol. in-8°, v. f.

386 Discours sur le gouvernement, par Algernon Sidney. Trad. de l'anglois par P. A. Samson. *La Haye, Van Dole*, 1755, 4 vol. in-12, v. f.

387 Du gouvernement civil, par Locke, trad. de l'anglois, par L. C. R. D. M. A. D. P. (David Mazel). *Amsterdam, B. Vlam*, 1780, in-12, v.

388 Du pouvoir exécutif dans les grands états, par Necker. *S. l.*, 1792, 2 vol. in-8°, d.-r. bas.

389 Lettres sur les dangers de changer la constitution primitive d'un gouvernement public, écrites à un patriote hollandais. *Londres,* 1792, in-8°, d.-r. bas.

390 Discours politiques et militaires du sieur de la Noue. Recueillis et mis en ordre par le sieur de Fresnes. *Basle,* 1591, gros vol. p. in-12, d.-r. maroq. brun. Au dos du titre un portrait collé.

391 Della ragione di stato, libri dieci. Del Sig. Giov. Botero. *Milano, Pontio,* 1598. — Aggiunte di Gio. Botero alla sua ragion di stato, con una relatione del mare. *Pavia, Viani,* 1598. — Modo d'usar il bossolo per pigliar piante de luoghi murati, e non murati. Descritto da D. Apollinar Calderini. *Milano, Malatesta,* 1598, in-8°, vél.

392 Les résolutions politiques ou maximes d'estat, du Sr Jean de Marnix, baron de Potes. *Bruxelles, Mommart,* 1612, in-4°, vél.

393 Hieronymi Cardani proxeneta, seu de prudentia civili liber. *Lugd. Batav., ex off. Elzeviriana,* 1627, p. in-12, vél.

394 Cincqvante discovrs de matière d'estat de feu Messire Gvilliamme de Willaert, chevalier, reveues par son germain Jacques de Willaert. *Bruxelles, G. Schoevarts,* 1632, in-8°, d.-r. v. fauve et coins.
Écriture sur le dos du titre.

395 Le ministre d'estat avec le véritable usage de la politique moderne, par de Silhon. *Paris,* 1665, in-12, veau br.

396 Institutions politiques, par le baron de Bielfeld. *La Haye,*

Gosse, 1760, 2 t. en 1 vol. in-4°, v. f., portr. gravé par Houbraken.

397 Le même ouvrage *Leyde, Luchtmans,* 1767, 3 vol. in-8°, dem.-rel. v. fauve.

398 Le même ouvrage *Liége, Bassompierre,* 1768, 2 vol. in-8°, portr. v. f.

399 Recherches sur l'origine du despotisme oriental. Ouvrage posth. de M. B. I. D. P. E. C. (Nic. Ant. Boulanger). *S. l., (Genève),* 1761, in-12, v. jaspé. fil.

400 Le même ouvrage. *Londres,* 1762, in-12, veau.

401 Essai sur le despotisme (par de Mirabeau). *Londres,* 1776, in-8°, d.-r. bas.

402 Les maximes du gouvernement monarchique (par de Buat). *Londres,* 1778, 4 vol. in-8°, v. br.

403 Tactique des assemblées législatives, suivie d'un traité de sophismes politiques, extraits des œuvres de J. Bentham, par Et. Dumont. *Paris, Bossange,* 1822, 2 vol. in-8°, d.-r. v. bleu.

IV. — DU SOUVERAIN. — DES POUVOIRS POLITIQUES.

404 De l'origine et autorité des roys (par H. Du Boys). *Paris, Foüet,* 1604, p. in-12, vél.
Mouillé, écriture sur le titre.

405 Joan. Marianæ, de rege et regis institutione, libri III.—Idem, de ponderibus et mensuris. *Typis Wechelianis,* 1611, 2 part. en 1 vol., p. in-8°, v. br.

406 J. Lipsii, Politicorum sive civilis doctrinæ, libri VI, qui ad principatum maxime spectant, et de una religione. *Vesaliæ Clivor.,* 1671, p. in-16, bas. brune.

407 J. Lipsii Politica, dat is, Regeringe van landen en steden... verduytsch door M. E. B. *Delft, A. Gerritsen,* 1623, in-12, vélin.

408 Le prince selon Dieu et les hommes, démontré par l'Écriture Sainte, par les SS. Pères et par les plus célèbres historiens profanes, par Phil. Jos. Le Roux. *Bruxelles, Strychwant,* 1730, in-fol., portr., v. br.

409 Traité de l'autorité des rois, touchant l'administration de l'Église, par M. Talon. *Amsterdam, Pain,* 1700, in-8°, v. br.

410 Traité de l'autorité des rois, touchant l'administration de l'Église, par le Vayer de Boutigny. *Londres,* 1753, in-8°, dem.-rel. v. rac.

411 Principe fondamental du droit des souverains (par Le Roy de Barincourt), *Genève,* 1788, 2 vol. in-8°, v. rac.

412 Institution d'un prince, ou traité des qualitez, des vertus et des devoirs d'un souverain, par l'abbé Duguet. *Londres, Nourse,* 1743, in-4°, v. f.

V. — MÉLANGES DE POLITIQUE.

413 De l'origine et des progrès de l'esprit révolutionnaire, par un ancien ministre du roi de France. *La Haye, Frank,* 1833, in-8°.

414 Observations sur la nature de la liberté civile, sur les principes du gouvernement, etc., par Richard Price. *Rotterdam, Hofhout,* 1776, in-8°.

415 Verhandeling van de vryheit in den burgerstaat. *Leyden, S. Luchtmans,* 1737, plusieurs figures sur cuivre ajoutées, in-8°, vélin de Hollande.

416 Geschiedkundig tafereel van het liberalismus van ouden en lateren tijd. Uit het hoogduitsch, van W. T. Krug. *Amsterdam. Diederichs,* 1825, in-8°.

417 Traité sur la tolérance (par Voltaire, à l'occasion de la mort de Jean Calas). *S. l.,* 1764, in-12, d. r. v.
Restaurations au haut de quelques feuillets.

418 Histoire de la politique des puissances de l'Europe, depuis le commencement de la Révolution française jusqu'au congrès de Vienne, par le comte de Paoli-Chagny. *Paris, Deterville,* 1817, 4 vol. in-8°, d. rel. v.

419 Les intérêts présents des puissances de l'Europe, par M. J. Rousset. *La Haye, Moetjens,* 1733-1735, 2 t. en 3 vol. in-4°, veau brun.
Édition sans les passages retranchés.

420 De la restauration politique de l'Europe et de la France, par M. de Flassan. *Paris, Dentu,* 1814, in-8°.

421 Projet d'une organisation politique pour l'Europe, ayant pour objet de procurer une paix générale et perpétuelle... par le comte de Paoli-Chagny. *Hambourg,* 1818, in-8°, demi-rel. veau bleu.

422 Die Staatensysteme Europa's und Amerika's seit dem J. 1783, dargestellt von K. H. L. Pölitz. *Leipzig, Hinrichs,* 1826, 3 vol. in-8°, d. rel. v.

423 Le Caffé politique d'Amsterdam, ou entretiens familiers d'un François, d'un Anglois, d'un Hollandois et d'un cosmopolite, par C. E. D. Roonptsy (R. A. Pellissery). *Amsterdam,* 1778, 2 vol. in-8°, d. r. v.

424 De Kerk en de Staat in wederzijdsche betrekking, volgens de geschiedenis; door Wilhelm Broes. *Amsterdam, van der Hey,* 1830, 3 vol. in-8°, d. rel. v. rac.

425 Observations sur les libertés de l'Église Belgique. *Bruxelles,* 1827. — Dissertation sur la puissance civile et religieuse. *Bruxelles, Tarlier,* 1826. — Des prêtres, de leur doctrine et de leur conduite. *Bruxelles,* 1816. — Dissertation sur les concordats, par Lanjuinais. *Liége,* 1827. — De l'état actuel du clergé en France, par C. et A. Allignol. *Liége,* 1844. — Lettre au P. Jules III, par trois évêques réunis à Bologne, en 1553. *S. l.,* 1827. — in-8°, d. toile angl.

426 Lettres sur la liberté de religion et sur les théo-démocrates ou les jésuites modernes. *Amsterdam,* 1829. — De la violation des cimetières, par L. F. de Robiano de Borsbeek. *Louvain,* 1824, in-8°, dem. toile.

427 De l'autocratie de la presse, et des moyens d'organiser son action périodique et commerciale..., par G. L. B. (Libri-Bagnano). *La Haye,* 1834, in-8°, demi-reliure, veau bleu, non rogné.

428 De la peine de mort en matière politique, par F. Guizot. *Paris, Béchet,* 1822. — Quelques idées sur les poursuites et procédures criminelles, sur l'institution des jurés, etc., par Billacoys de Boismont. *Lille, Danel,* (an XIII), in-8°, veau fauve racines.

429 Esquisse historique sur les langues, considérées dans leurs rapports avec la civilisation et la liberté des peuples, par un Belge. (J. B. J. Plasschaert). *Bruxelles, De Mat,* 1817. — Essai sur la noblesse, les titres et la féodalité, par J. B. J. Plasschaert. *Bruxelles, De Mat,* 1818. — Aperçu de la cité, ou la noblesse chez les Romains et chez les Français. *Paris, Mongie,* 1817. — In-8°, d.-r. v. f.

La première pièce porte un envoi autographe de l'auteur. On sait que les deux brochures de Plasschaert, devenues rares aujourd'hui, attaquaient vivement les tendances du gouvernement hollandais et qu'elles obtinrent un grand succès.

430 Les loisirs du chev. d'Eon de Beaumont sur divers sujets importans d'administration. *Amsterdam,* 1774, 13 vol. in-8°, portr., vélin vert.

431 Ouvrages politiques et philosophiques d'un anonyme. *Londres, Soc. typogr.,* 1776, in-8°, cart.

432 Staatkundige geschriften, nagelaten door Sim. van Slingelandt. *Amsterdam,* 1784, 4 vol. in-8°, dem. rel.

433 Vues d'un solitaire patriote, (par Férou, bernardin). *La Haye, Clousier,* 1784, 2 tom. en 1 vol., p. in-8°, figg., demi-rel. veau bleu.

434 Essai sur les supériorités naturelles et politiques, par P. P. Pompéi-Paoli. *Paris, Delaunay,* 1827, in-8°.

435 Paroles d'un croyant, par de la Mennais. *Bruxelles,* 1834. — Réponse d'un chrétien... par l'abbé Bautain. *Ibid.,* 1834. — Paroles d'un voyant, par Ch. Faider. *Ibid.,* 1834, en 1 vol. in-12, d.-r. v. brun.

436. Pensées d'un prisonnier, par le comte de Peyronnet. *Brux., Dumont,* 1834, 2 tom. en 1 vol., petit in-8°, demi-reliure veau brun.

B. PARTIE POSITIVE.

DROIT PUBLIC DE PLUSIEURS ÉTATS. — COLLECTION DE CHARTES.

437 Études sur les constitutions des peuples libres, par J. C. L. Simonde de Sismondi. *Bruxelles, Dumont,* 1836, 3 tom. en 1 vol. gr. in-8°, dos et coins en maroq. rouge, non rogn. (*Schavye*).

438 Principes généraux du droit politique dans leur rapport avec l'esprit de l'Europe et avec la monarchie constitutionnelle, par M. J. P. Pagés. *Paris*, 1817, in-8°, d.-rel., bas. verte. Taché.

439 Constitutions des principaux états de l'Europe, et des États-Unis de l'Amérique, par M. de la Croix. *Paris, Buisson*, 1793-1801, 6 vol. in-8°, v. rac., dentelle.

440 Principes du droit public français, par J. F. Hanf. *Maestricht, Nypels*, an IX, in-8°.

441 Principes du droit public français, par J. F. Hanf. *Maestricht*, an IX. — Essais sur la constitution du royaume de France, par Courvoisier. *S. l.*, 1792. — Projet de Constitution. *Paris, Bauduin*. — Constitution de la république Béninienne ou modèle d'une constitution républicaine, par Ruelle. *Paris*, 1815. — In-8°, d.-rel. bas.

442 Histoire du droit public ecclésiastique françois, où l'on traite de sa nature, ses variations et sa décadence, avec la dissertation sur le droit des souverains, touchant l'administration de l'Église, par M. D. B. (du Boulay). *Londres (Paris)*, s. d. 1750, 2 vol. en 1, gr. in-4°, v. br.

443 Droit public français, ou histoire des institutions politiques des Gaulois... jusqu'en 1789, etc., par J. B. J. Pailliet. *Paris, Kleffer*, 1822, fort volume in-8°, demi-reliure veau fauve.

444 Maximes du droit public françois, (par l'abbé Mey). 2ᵉ éd., augmentée par Maultrot, Aubry, etc. *Amsterdam, Rey*, 1775, 6 vol. in-12, v. f.

445 Droit public de France, ouvrage posth. de l'abbé Fleury, publié par J.B. Daragon. *Paris, vᵉ Pierres*, 1769, 2 vol. in-12, v. f.

446 Droit public ou gouvernement des colonies françoises, par M. Petit. *Paris, Delalain*, 1771, 2 vol. in-8°, d. rel.

447 Collection complète des ouvrages publiés sur le gouvernement représentatif et la constitution de la France, par Benjamin de Constant. *Paris, Plancher*, 1818, 4 vol. in-8°, d.-rel. basane rac.

448 Constitution de la République Française, et lois y relatives. *Liége, Bassenge,* an IV, in-12.

449 La Constitution française, décrétée par l'Assemblée Nationale Constituante, aux années 1789, 1790 et 1791, acceptée par le Roi le 14 sep. 1791. *Paris, Didot,* 1791, p. in-16, maroq. rouge, aux armes de M. d. J. doublé de soie bleue, non rogné. (*Simier.*)

Exemplaire sur peau de vélin, provenant de la bibliothèque Van Gobbelschroy, (n° 91 du Catalogue).

450 Traité des apanages, avec les lois sur la liste civile et la dotation de la couronne, par M. Dupin. *Paris, Joubert,* 1835, p. in-8°, bas. noire.

451 Droit public d'Allemagne, par M. Jacquet. *Strasbourg, Kürssner,* 1782, 6 vol. in-8°, d. r. v.

452 Oeffentliches Recht des teutschen Bundes und der Bundesstaaten, von J. L. Klüber. *Frankfurt,* 1822, 2 vol. in-8°, veau rac. non rog.

453 Exposé du droit public en Allemagne, par E. H. de S. (Schwarskopf). *Genève, J. J. Paschoud,* 1821, in-8°, d.-r. v.

454 Ph. R. Vitriarii. Institutiones juris publici romano-germanici selectae; access. aurea bulla, instrum. pacis Westphalicae, etc. *Lugd. Bat., Boutestem,* 1723, in-8°, v. br.

455 H. Gunt. Thulemarii tractatio de bulla aurea, argentea, plumbea et cerea in genere, nec non in specie de aurea bulla Caroli IV imp. *Francofurti ad M., Bencard,* 1697, in-fol., fig. vél.

Légères piqûres en marge.

456 Die kaiserliche Wahlkapitulation von Franz des Zweyten, mit Anmerk, von F. A. Schmelzer. *Helmstadt,* 1793. — Protokoll des kurfürstl. Wahlkonvents zu Frankfurt, 1792. *Francf.,* 1792. — Die Wahlcapitulation des Kaisers Leopold des Zweiten. *Hildburgh,* 1791. — In-4°, vél.

457 Quellen-Sammlung zu dem oeffentlichen Recht des teutschen Bundes (mit Fortsetzung) von J. L. Klüber. *Erlangen,* 1830, in-8°, d. rel.

458 Der Deputations-Recess, mit histor. geogr. und statist Erläuterungen von Ad. C. Gaspari. *Hamburg,* 1803, 2 tom. en 1 vol. in-12, d.-r. v. bleu.

459 Joh. Jac. Mosers. Teutsches Staats-Recht. *Nürnberg, J. Stein,* 1737, 2 tom. en 1 vol. in-4°, fig., v. br.

460 Aurea Bulla Caroli IV Romanorum Imp. etc. *Lovanii, Rotarius,* 1551. — Decreta Cæsareæ Majestatis, ordinumq. Imperii in comitiis Augustanis a. 1551. *Lovanii, id.,* 1551, in-4°, vél.

Légères mouillures.

461 Burc. Gotth. Struvii Corpus juris publici Imperii romano-germanici. Éd. 3ᵃ, *Jenæ, Bielckius,* 1738, in-4°, port. et fig. v. f.

462 Capitulation harmonique de M. Müldener, continuée jusqu'au tems présent : ou traduction et concordance de toutes les capitulations des Empereurs, (par Besset de la Chapelle). *Paris, Guérin,* 1750, 3 part. en 1 vol. in-4°, v. f.

463 Io. Steph. Pütteri elementa juris publici germanici. *Goettingæ, Bossiegel,* 1760, in-8°, v. br.

464 J. J. Schmaussens. Corpus juris publici, S. R. Imperii, enthalt, Grund-Gesetse nebst Auszuge der Reichs-Abschiede und Vergleiche, durch G. Schumann. *Leipzig,* 1759, fort vol. in-8°, figure, v. br.

465 Corpus juris Confœderationis germanicæ, oder Sammlung der Quellen des deutschen Bundesrechts, herausgeg. von G. von Meyer. *Francf.,* 1822, in-8°, d.-r. bas.

466 The Constitution of England, in which it is compared both with the republican form of government, and the other monarchies in Europe. By J. L. De Lolme. *London, Allman,* 1822, in-12, d. toile angl.

467 Compendious digest of the statute law, comprising the substance of Parliament-acts from Henry III to George III, by T. W. Williams. *London,* 1787, in-8°, v. jasp.

Titre endommagé et quelques notes manuscrites.

468 Défense des constitutions américaines ou de la nécessité d'une balance dans les pouvoirs d'un gouvernement libre, par John Adams, avec notes de M. de la Croix. *Paris, Buisson,* 1792, 2 vol. in-8°, d.-r. bas. rac.

469 Constitucion federal de los Estados Unidos Mexicanos, sancionada por el congreso de 1824. *Imprenta en Palacio de los Estados*, 1824, p. in-fol. bas. à dent.

BELGIQUE ET PAYS-BAS.

INTRODUCTION. — HISTOIRE.

470 Traité de droit public, ou exposition méthodique des principes du droit public de la Belgique, par F. G. Thimus. *Liége, Dessain,* 1844-46, 2 t. en 1 v. g. in-8° d. r. mar. bl.

471 Primæ lineæ collegii diplomatico-historico-politici, sistentes vetus jus publicum belgicum historice enarratum, auctore A. Kluit. *Lugd. Bat.*, 1780, in-8°, d.-r. v. bleu.

472 Recueil choisi de pièces diverses, concernant la constitution, la situation publique et les affaires du duché de Brabant (de la fin du siècle dernier), 20 pièces en 1 vol. in-8°, cart.

473 Collection de documents sur les anciennes assemblées nationales de la Belgique; publiée par ordre de la Chambre des Représentants. Actes des États Généraux de 1600 et de 1632, recueillis et mis en ordre par M. Gachard. *Bruxelles, Deltombe,* 1849-53, 2 vol. in-4°, d.-r. toile.

474 Études sur les constitutions nationales (Pays-Bas Autrichiens et Pays de Liége), par Ch. Faider. *Bruxelles, Wouters,* 1842, in-8°, d.-r. v. bleu.

475 Coup-d'œil historique sur les institutions provinciales et communales en Belgique, par Ch. Faider. *Bruxelles*, 1834, in-8°, d.-r. v. fauve.

ORDONNANCES, EDITS, PLACARDS ET COMMENTAIRES.

476 Recueil d'anciennes ordonnances, statuts et coutumes belgiques. *Liége, Dauvrain,* 1829, 2 vol. in-8°, d.-r. veau.

477 Recueil des placcards, ordonnances, règlements, décrets, et autres documens authentiques recueillis par le conseiller Charlier, de 1766 à 1794. 7 vol. in-folio, d.-r. veau fauve, portrait à l'encre de Chine ajouté.

Collection précieuse de pièces authentiques, imprimées et manus-

crites, qu'il serait impossible de réunir de nos jours en aussi grand nombre. — Le dernier volume renferme une table générale; les pièces sont d'ailleurs rangées par ordre chronologique.
Bel exemplaire.

478 Recueil de placarts, ordonnances, etc., des Princes Souverains des Pays-Bas, publiés de 1609 à 1732, (plus un placard de 1539, réimprimé en 1664, et un de 1573). *Bruxelles,* 7 vol. in-fol. vél. avec tables ms.
Recueil précieux.

479 Liste chronologique des édits et ordonnances des Pays-Bas autrichiens, de 1700 à 1794, 3 vol. — Item., de la principauté de Liége, de 1684 à 1794. — Item., de Stavelot et de Malmédy, de 650 à 1793. *Bruxelles,* 1851-58, 5 vol. — Procès-verbaux de la commission pour la publication des anciennes lois et ordonnances de la Belgique. *Ibid.,* 1848-52, tom. I et II. Ens. 7 vol. in-8°, d.-r. v. bleu ; tom. III, liv. 1-3 en ff.

480 Le même ouvrage, avec notes de M. d. J.
Idem broché.

481 Le même ouvrage (deuxième partie), 1781-1794. *Bruxelles,* 1858, in-8°, d.-r. v. bleu. — *Bis,* broché.

482 Recueil de pièces, 1 vol. in-4°, en veau brun. Renferme :
Ordinantie, style ende maniere van procederen van den souvereynen Raede in Brabandt. *Brussel, Velpius,* 1672. — Règlement op 't stuck van suspectatie, en de Wederlegginghe van rechters. *Ibid.,* 1697. — *Id.* Tot Kortere administratie ende expeditie van justitie. *Ibid.,* 1691. — *Id.* Over de beden, subsidien, ende andere publique lasten van Brabant. *Ibid.,* 1687. — *Id.* Tot beter directie van de saecken van Justicie, 1611. — *Id.* Nopende het comptoir-generael der secretarissen van souvereynen Raede. *Ibid.,* 1726. — *Id.* Op 't stuck van de bosschen ghelegen onder den quartiere Arckel lande van Mechelen. etc., *Mechelen,* 1715. — Nouveau règlement pour le Conseil de Brabant. *Bruxelles, Velpius,* 1682.
Notes Mss.

483 Ordonnances, statuts, stile et manière de procéder faits et décrétez par le roi don Philippe II pour son grand conseil (le 8 août 1559) ; avec plusieurs ordonnances et règlements jusques à l'an 1719. *Bruxelles, t'Serstevens,* 1721, in-4°, v. br.

484 Ordinantien eñ statuten dye de keyserlijcke Maiesteyt in zynder teghenwoordicheyt op den vii dach octobris, int jaer

ORDONNANCES.

MCCCCCXXXI, heeft doen lesen eñ verclaerē den Staten van sinen Lande van herwaerts over, eñ de welcke aldaer uitgeroepen eñ gepubliceert zyn gheweest optē xv dach nov. daeraenvolgende, so om te extirperē ende te verdrivē de Lutheraensche eñ andere gereprobeerde sectē, eñ te versiene op de ongeregelchaeyt vāder muntē, als om ordine te stellen op die policie vandē voirseyde landen, tot der ghemeyn welvaert en de comoditeyt van dien. *A la fin : Gheprint T'antwerpen, by mi Willem Vorsterman, in 't jaer* 1531, p. in-4°, figure sur bois au titre, de 14 ff., caract. goth., demi-toile.

<small>Pièce fort rare et intéressante ; malheureusement l'exempl. est fatigué et jauni.</small>

485 Ordonnancyen ende statuten, by der keyzerlicker Maiesteyt ghedaen publyceeren in tiaer MCCCCC vier en veertigh, den xviij dagh decembris. *Ghedruckt te Ghend by Joos Lambrecht*, lettersteker, 1544, de 4 ff. goth. — By den Keyser... (fragment d'une ordonnance contre les hérétiques, les mauvais livres)... *Gheprint t'Antwerpen... s. d.* (1540), sign. D = Eij., 8 ff. in-4°, goth., d.-r. veau.

<small>La première pièce est une ordonnance sur la presse ainsi que sur les curés qui n'observent pas leurs devoirs.</small>

486 Ordonnances statutz et edict de l'empereur Charles V... publiées au conseil de sa Maieste le xxviij iour de novembre, 1541. *Bruxelles, Marc Martin*, 6 ff. — La même ordonnance, traduite en flamand. *Ibid. id.*, 10 ff. — Ordinances et statutes... donnes en la ville d'Utrecht le xxx iour de janvier 1546, publié en consistorie de la Chambre du Conseil... *Imprimé en Anvers de par la Vefve*, 1546, 3 ff. in-4°, d.-r. v. f. — Ordonnances sur le fait de la justice, les homicides, etc.

<small>Les deux premières pièces ont au verso des derniers feuillets, la grande et belle marque typograph. de Jaques de Liesvelt d'Anvers.</small>

487 Lordonnance et edict de lempereur Charles le Quint, renouvellé à Bruxelles le xxviime de may 1550, sur le port et usaige des draps de soye. *Imprimé à Louvain, par Servais Sassenius*, 1550, de 4 ff. — La même ordonnance, trad. en flamand. *Ibid., id.*, 4 ff., in-4°, d.-r. v. fauve.

<small>Quelques notes manuscrites.</small>

488 Nyeuwe ordinantie ende mandement vande Keyserlycke Maiesteyt, hoe ende in wat manieren zynder Maiesteyt ondersaten, coopluyden, scippers.... gehouden zyn voirtaene huere scepen toe te reedene, equipperen, ende versien..... *Loeven, Servaes van Sassen,* (1551), de 20 ff. in-4, d.-r. v. f.
   Renouvellement de l'ordonnance de 1549.

489 By den Keyser in zynen Rade. *Ghedruct Thantwerpen, by my Jan Mollyns* (1554), in-4°, goth., de 4 ff., d.-r. v. bleu.
   Défense de laisser paître les bœufs et chevaux dans les forêts et prairies des couvents.

490 Ordonnance, edict et decret du Roy nostre Sire sur le faict de la justice criminelle es Payz Bas. *Anvers, C. Plantin,* (1570), in-4°, v. br. (Notes manuscrites et une piqûre à la marge des dern. feuill.).
   Ajouté : Deux sentences militaires, de 1755, en manuscrit.

491 Placcart et ordonnance du Roy touchant le renouvellement de la date de l'an... au premier iour de janvier, et ce commencera pour la première fois au 1er janvier qui se comptera en l'an 1576. *Anvers, Plantin,* 1575, in-4°, de 4 ff., dem. rel.

492 Octroy der Co. Ma. gheobtineert by den ghelande van Spierenbrouck ende Hingerbrouck, enz. hun verleent a° 1555. *Antw.* — Octroy generael. van den Eegael af tot Eyckervliet; enz. — Id. van den Broecklanden van Bornhem, Hinghene ende Weerdt ghegunt a° 1586, en a° 1606. *Antwerpen, H. Verdussen,* 1612. — Ordonnantie ende statuyt Sconincx opt maken, erigeren, enz., van den dycken van Merlemont ende Speyers polders. *Ghendt, by Jan Van den Steene,* 1576. — Octroy, enz., tot hervattinge vander dyckagien ende lande van der Zype. *Thantwerpen, Henrich Van der Loe,* 1571, in-4°, cart.
   Placards relatifs aux polders et aux endiguements. L'avant-dernière pièce n'est pas citée dans la *Bibliographie Gantoise*.

493 Opene briefven van octroy voor de ghegoeyde van de herdyckte landen van d'oostzyde van der vaert van Willebroeck. *Thantwerpen, Dan. Vervliet,* 1594, in-4°, de 3 ff., d.-r. v. vert.

494 Nieuwe liste van het recht van licenten, datmen voortaen

ORDONNANCES.

betalen sal voor alle toegelaten ende ghepermitteerde waeren, ende coopmanschappen, etc. *Bruessel, R. Velpius*,
1597, in-4°, demi-rel. v.

495 Ordonnance et Édict perpétuel des Archiducs nos princes souverains pour meilleure direction des affaires de la justice,
en leurs pays de pardeça, émané le 12 de juillet 1611.
Gand, Graet, 1672, in-fol., demi-rel. v.

496 Ordonnance et édict perpétuel des Archiducs nos princes souverains pour la meilleure direction des affaires de la justice,
du 12 juillet 1611, avec les interprétat., par J. B. de Steen-
bergen. *Bruxelles, t'Serstevens,* in-fol., d.-r. v. bl.

497 Nouveau commentaire sur l'Édit perpétuel, du 12 juillet
1611. *Lille, Henry,* (1770), in-12, v. f.

498 Commentarius ad edictum regium de recusationibus judicum
datum Bruxellis 25 maii 1669. Authore Ig. Fr. Hameda
(vulgo De La Hamaide). *Lovanii, Zangrius,* 1706, in-4°, v. f.

499 Projet d'une nouvelle ordonnance pour l'ordre judiciaire aux
Pays-Bas, 2 vol. in-8°, v. rac.
Ms. d'une très belle écriture : 377 et 429 pages.

500 Ordonnantie op den brand, voor de hoofd-banken Holset,
Vaels en Vylen gearresteerd den 18 dec. 1780. *Maestricht,
Van Gulpen,* in-4°, demi-rel.

501 Instructions générales pour la Chambre des Comptes de l'Empereur et Roi, aux Pays-Bas. Émanées le 9 décembre 1786.
Bruxelles, Flon, 1787, in-fol. d. rel. v.

502 Verzameling van Placcaeten, Ordonnantien en Charters van
Brabant, vergadert door A. Anselmo, J. B. Christyn en
J. M. Wouters. *Antw. en Brussel,* 1648-1790. — Livre des
placcarts, etc., émanés depuis l'an 1670 jusqu'en 1736, par
J. M. Wouters, *Bruxelles,* 1737, ens. 16 vol. in-fol., v. f.

503 Generaele tafel van de placcaerten, ordonnantien, reglementen, enz., de welcke te vinden zyn in de Placcaert-Boecken
van Brabant, t'sedert het j. 1040 tot het j. 1738, in-fol.,
d. rel. v.
Avec corrections et additions manuscrites.

504 Recueil des différents placcarts, ordonnances, représentations, événements et autres annotations, etc., 1751, in-4°, v. rac.
   Ms. de 316 pages, d'une très-belle écriture. Concerne la ville de Bruxelles et le Brabant.

505 Recueil d'ordonnances des États de Brabant, de résolutions de l'assemblée générale, d'ordonnances et manifestes de l'Empereur, des Princes-Gouverneurs, et autres pièces relatives aux événements de 1790 à 1792, 2 vol. in-fol. d. r. v.

506 Nieuwe ordonnantie ende instructie voor de hondersto-lieden van de wijcken binnen der stadt van Brussele. *Brussel, Mommaert*, 1600, in-4°, d. toile angl.

507 Règlement du Roy pour la ville de Nivelle, 1663. *Bruxelles, Velpius*, 1663. — *Idem*, de 1676. *Ibid.*, 1677, in-8°, d.-r. v.

508 Ordonnantie ghemaeckt by onsen ghenadighen H. den Coninck tot directie op de policije ende administratie van de stadt van Lier. *Antwerpen, Wesens*, 1654, in-4°, d. rel. bas.

509 Verzameling van Placcaeten van Vlaenderen (vergadert door J. A. Varenbergh, Serruys en anderen). *Ghendt en Brussel,* 1629-1786, 12 vol. — Generalen index of begryp der materien (1152 tot 1763) door J. Ph. de Wulf. *Gendt,* 1766, 1 vol. Ens. 13 vol. in-fol. en veau fauve.

510 Index van de principaelste puncten begrepen in den eersten, tweeden ende derden Placcaet Boecken van Vlaenderen. In-fol., dos en toile.
   Ms. continué jusqu'à l'année 1742.

511 Table générale des placards, ordonnances, règlements, actes, décrets, instructions et traités contenus dans les cinq tomes des placards de Flandres, dressée selon l'ordre alphabétique des matières. In-fol., d. rel. v. f.
   Table ms. d'une fort bonne conservation et faite avec soin.

512 Oude keuren ende privilegien verleend aen de provincie van Vlaenderen ende den lande van Waes. *Gend,* 1787, in-fol. d.-r. v. rac. n. rogn. reliure neuve.
   Recueil de 24 pièces, qui n'ont jamais été dans le commerce et qu'on trouve rarement ensemble. — Le titre de cet exemplaire est factice, il en est ainsi du reste de tous les exemplaires.
   Une table écrite de la main de M. d. J. se trouve à la fin du volume.

513 Copies exactes des chartres originelles, concernant les priviléges accordés à la province de Flandres en différentes années. *Gand, v° Goesin,* 1787, in-8°, dos et coins en maroq. violet, tête dor., non rogné.

<small>A la fin du volume une pièce manuscrite de M. d. J. ajoutée.</small>

514 Verzameling van originele charters, privilegien en keuren van de provincie van Vlaenderen, enz. zoo in de archieven van het land van Waes, als ter greffie van de h. schepenen en in de archieven der stadt Ghend berustende. (*Ghend, Poelman,* 1789), in-fol., demi-rel. v.

<small>Titre factice, table manuscrite.</small>

515 Le même ouvrage, demi-rel. v.

<small>Titre manuscrit.</small>

516 Nouvelle ordonnance et modération du Roy sur le fait des loix et coustumes du Comté de Namur du 27 sep. 1564; item, les ordonnances, styl et maniere de proceder..... *Namur, J. van Milst,* 1645, in-8°, veau jaspé à fil, (*aux armes de M. d. J.*) reliure neuve.

517 Recueil tant des placarts de Sa Majesté, de S. Exc. le prince de Gavre, gouverneur du conseil, que des édits et avis du magistrat de la ville de Namur, depuis l'évacuation des François en 1749 jusqu'en 1754. *Namur,* 1750 et suiv., 4 vol. in-fol., v. br.

<small>Titres factices et tables manuscrites.</small>

518 Recueil d'ordonnances, placards, édits, etc., émanés pour le pays, duché de Luxembourg et comté de Chiny, de 1531-1784, 3 vol. in-fol., d.-r. veau rac., reliures neuves, titres ajoutés.

<small>Recueil unique de documents manuscrits et imprimés, formé par M. J. B. Waeken, avocat au Conseil de Luxembourg, plus tard président de Chambre à la Cour de Liége jusqu'en 1830. Les tables sont rédigées et écrites par le même jurisconsulte.
Bel exemplaire.</small>

519 Recueil de pièces, 1 vol. in-4°, veau brun.

Renferme :

<small>Recueil d'édits, ordonnances, déclarations et règlements, concernant le duché de Luxembourg et comté de Chiny. *Luxembourg, Chevalier,* 1691. — Ordonnance du Roy sur le faict du ject et collecte de</small>

l'ayde accordée à S. M. *Ib.* 1698. — Édit des archiducs sur le fait des bois. *Ib.* — Ordonnance sur le même fait. 1724. — Ordonnance de S. M. sur le fait de la chasse et de la pêche. 1732. *Ib.* — Interprétation sur plusieurs articles de l'ordonnance qui précède. *Ib.* — Règlement pour la maréchaussée, 1736. *Ib.* — Ordonnance sur l'entretien des chemins de traverse, 1738. *Ib.*
Notes manuscrites, par le cons. de Berg, pour la plupart interfoliées.

520 Recueil de pièces, in-4°, veau brun.

>Renferme les mêmes pièces que le précédent volume, sauf les 6e et 8e, remplacées par : Interprétation de l'ordonnance sur la chasse, 1733. — Ordonn. du Roy qui défend la distilation des eaux-de-vie de grain, 1734, et 3 autres ordonnances.

521 Ancien droit belgique. Analyse chronologique des chartes, coutumes, édits, etc., qui, depuis l'an 1200, ont régi les diverses localités qui composaient le comté de Hainaut, par J. B. Bivort. *Bruxelles, Decq,* 1846, g. in-8°, d. rel. v. bleu.

522 Hannoniæ leges comitis Balduini Sexti, anni MCC. — *S. l.,* 1783, in-4°, d. toile angl.

523 Le même ouvrage, gr. in-4°, demi toile.

524 Recueil de plusieurs placarts fort utiles au pays de Haynau, et qui conduisent à l'éclaircissement de plusieurs chartes dudit païs. *Mons, de la Roche,* 1701, in-4°, v. br.

525 Le même ouvrage, in-4°, v. br.

526 Le même ouvrage, suivi de : Décrets de la cour aux plains plaids tenus le 1er jour du mois de juin 1699, — et des ordonnances du Roy sur l'obéissance et discipline de ses troupes, in-4°, v. br. (Interfolié de quelques notes manuscrites.)

>Ces dernières pièces manquent dans presque tous les exemplaires de ce recueil.

527 Ordonnances de S. M. qui fixent les qualités requises pour être admis à la Chambre de la Noblesse des États de Hainaut. *Mons, Varret,* 1769. — Règlement pour l'admission aux États de Hainaut. *Ib.,* 1781, in-4°, demi-reliure toile anglaise.

528 Placcards, édits et ordonnances concernant les chartes générales du Haynaut. *Douay, Derbaix,* 1771, gr. in-4°, d.-r. v. fauve, non rogné.

529 Recueil de placards, décrets, édits, ordonnances, règlemens, etc. du païs de Hainau, où se trouve inséré le règlement donné à ceux de Soignies, le 23 oct. 1690. *Mons, Wilmet,* 1787, in-8°, v. f.

530 Règlement donné à ceux de Soignies, le 23 octobre 1690. Auquel les maires et échevins de toutes les communautés du pays de Hainaut doivent se conformer dans leurs assiettes de tailles. *Mons, Wilmet,* 1766, in-8°, veau fauve. — *Idem,* veau fauve.

531 Recueil contenant les édits et règlemens faits pour le Païs de Liége et Comté de Looz, par les Évêques et Princes, en matière de police et de justice; priviléges, concordats et traitez, etc., avec notes, par G. de Louvrex, augm. par Baud. Hodin. *Liége, Kints,* 1750-52, 4 vol. in-fol. v. f.

532 Recueil des ordonnances de la principauté de Liége, par M. L. Polain. Troisième série, 1684-1794. Premier volume. *Bruxelles, Devroye,* 1855, in-fol., pap. vergé, dem. rel. et coins en maroq. rouge du Levant.
Bel exemplaire en parfait état.

533 Le même ouvrage. *Brux.,* 1855, in-fol. broché.

ROYAUME DES PAYS-BAS.

534 Bijdragen tot de huishouding van staat in het Koningrijk der Nederlanden, verzameld ten dienste der Staten Generaal, door Gysbert Karel van Hogendorp. *'sGravenhage, erven J. Allart,* 1818-25, 10 vol. in-8°, portr., d. rel. v.

535 Opuscules de M. J. D. Meyer, avocat, en 1 vol. in-8°, dem. toile.
Renferme :
De la nécessité d'une haute-cour provisoire. *La Haye.* — Het loterijspel, zedelijk beschouwd, door A. D. Meyer. *Amst.* 1827. — Pleidooi in zake van Lodew. Bonaparte graaf van St. Leu, tegen den officier van justitie, te Haarlem uitgesproken, Maart 1820.

536 Recueil de pièces, en 1 vol. in-8°, dem. rel.
Renferme :
Loi fondamentale du Royaume des Pays-Bas, 1817. — Journal offi-

ciel n° 17. — Règlement pour les États de Brabant, et autres pièces de législation administrative.

537 Recueil de pièces, en 1 vol. in-8°, dem.-toile.

Renferme :

H. W. Tydeman, Verhand. over de beoefening van het regt in Nederland. *Leyden.* 1819. — S. P. Lipman, Essai sur les surséances. *Amsterd.* 1827. — J. D. Meyer, de la nécessité d'une haute-cour provisoire. *La Haye.* — Coup-d'œil sur la nouvelle législation civile. *Brux.* 1820.

538 Examen approfondi de la loi fondamentale donnée au royaume des Pays-Bas par le Roi Fréderic-Guillaume Ier. *Cologne, Aedenkoven*, 1815, in-8°, d.-r. bas.

539 Courtes dissertations sur quelques intérêts religieux, politiques, etc., et examen du projet de loi fondamentale, rejeté par les Belges. *S. l.*, 1816, p. in-8°, dem.-rel.

540 Journal officiel du Gouvernement de la Belgique, (et du Royaume des Pays-Bas). *Bruxelles, Weissenbruch*, 1814-17, tomes I à XI, en 12 vol. in-8°, dem.-bas.

541 Recueil de lois, arrêtés et conventions du gouvernement des Pays-Bas, depuis 1815 jusqu'en 1830. — Lois sur la taxe des barrières, de différentes époques, en 1 vol. in-folio, en vélin.

BELGIQUE DEPUIS 1830. — CONSTITUTION. — DOCUMENTS PARLEMENTAIRES. — LOIS GÉNÉRALES, ETC.

542 Discussions du Congrès national de Belgique, 1830-31, mises en ordre et publiées par le chevalier Em. Huyttens, précédées d'une introduction et suivies de plusieurs actes relatifs au gouvernement provisoire.... *Bruxelles, Wahlen*, 1844-45, 5 vol. gr. in-8° à 2 col., d.-v. vert.

Bel exemplaire.

543 Indépendance de la Belgique, (1830-1839). Recueil complet des rapports officiels, discours, etc., sur les négociations au sujet de l'indépendance de la Belgique. *Bruxelles, Remy*, 1839, 3 vol. in-8°, d.-maroq. vert et coins, tête dorée, fil. sur les jonctions, non rogné.

LOIS GÉNÉRALES.

544 Rapports faits à la Chambre des Représentans, le 23 novembre 1842, sur le traité entre la Belgique et les Pays-Bas, par le ministre des affaires étrangères. Cartes. *Brux., Devroye,* 1842, atlas in-fol., cart.

545 Annales parlementaires de Belgique. — *Chambre des Représentants.* Sessions de 1852 à 1859, et session extraordinaire de 1859. 8 vol. — *Sénat.* Sess. de 1852 à 1859 et session extraordinaire de 1859. 8 vol. *Bruxelles,* Ens. 16 vol. in-folio, d.-v. fauve.

546 Documents parlementaires.—A. Recueil de rapports et autres pièces diplomatiques, imprimées par ordre du Congrès national et de la Chambre des Représentans, 1831-1843, 4 vol. in-8°, d.-v. fauve. — B. Recueil de pièces imprimées par ordre de la Chambre des Représentants, session de 1831-34, en feuilles incompl. Sessions de 1835-1859, en 111 vol. in-fol. d.-v. fauve. Sess. de 1859-60 en livraisons. (La session de 1858-59 en feuilles, est incompl. des numéros 202-203). — C. Table décennale alphabétique des pièces imp. par ordre de la Chambre, de 1831-1850. *Brux.,* 1849-52, 2 part. en 1 vol. in-12, d.-v. fauve.—D. Recueil de pièces imprim. par ordre du Sénat : Sess. de 1831-34, en feuill. inc., sess. de 1834-59, en 13 vol. in-fol., d.-veau fauve. *Bruxelles, Devroye.*—En tout 124 vol. in-fol., 4 vol. in-8°, et 1 vol. in-12, en d.-v. fauve, reliure uniforme.

Très-bel exemplaire.

547 Documents parlementaires. Recueil de pièces imprimées par ordre de la Chambre des Représentants. Sessions de 1835-36 à 1842-43. *Bruxelles, Devroye,* en 41 vol. in-fol., broch. (1 volume en demi-veau fauve).

548 Manuel à l'usage des membres de la Chambre des Représentants (renfermant la Constitution, les lois, etc.). *Bruxelles, Devroye,* 1843, in-12, d.-v. fauve.

549 Constitution de la Belgique, décrétée par le Congrès national, le 7 février 1831. *Bruxelles, Remy,* 1832, in-fol., dos en toile.

550 Loi générale sur les pensions civiles et ecclésiastiques. *Brux.,* 1845.—Loi relative au domicile de secours du 18 févr. 1845. *Ibid.* 1845, en 1 vol. in-8°, d.-toile.

551 Commentaire législatif des trois lois électorales de Belgique, par A. Delebecque. *Bruxelles, Decq*, 1843, gr. in-8°, demi-rel. bas.

552 Manuel renfermant : la constitution de la Belgique, les règlements de la Chambre des Représentants et du Sénat, les lois électorales, etc. Imprimé pour l'usage des membres de la Chambre. *Bruxelles, Devroye*, 1843, in-18, cart.

553 Décrets, arrêtés et dispositions diverses, concernant les honneurs, rangs, préséances, tant civils que militaires, explic. et annot. par P. A. F. Gérard. *Bruxelles, Demanet*, 1843, p. in-8°, portrait ajouté, maroq. vert à compart., dor. s. tr., dent. int. en étui.

Exemplaire en *papier chamois*, avec envoi autographe de l'auteur.

— — Le même ouvrage. *Bruxelles*, 1843, p. in-8°, d.-r. veau rouge.

Exemplaire sur papier vert.

554 Manuel des honneurs, rangs et préséances civils, civiques, militaires...., par P. A. F. Gérard. *Bruxelles*, 1851, p. in-8°, portr., d.-v. rouge.

555 Conférence des observations des cours, tribunaux et du barreau du Royaume sur le projet d'organisation judiciaire. *Bruxelles*, 1831, gr. in-4°, d.-rel.

556 Manuel de l'ordre judiciaire du Royaume de Belgique, contenant les lois, arrêtés...., par H. J. Ghiesbreght. *Bruxelles, De Mat*, années 1833 (première) à 1837, 5 t. en 4 vol. in-12, d.-v. bleu.

557 Listes-affiches des électeurs pour la formation des Chambres, pour les villes d'Anvers, Bruges, Gand, Liége, Louvain, Mons, Namur et Tournay. Élections de 1845. — — Liste-affiche des électeurs communaux de Bruxelles, arrêtée en 1841. 2 vol. in-fol., d.-rel., bas. verte.

558 Règlement du Sénat de Belgique. *Bruxelles, Stapleaux*, 1851, in-18, d.-rel. v. br.

559 Table des matières des 40 premiers numéros du Bulletin des actes du gouvernement provisoire de la Belgique. Sans tit., in-8°, dos en parchem.

Rare.

LOIS GÉNÉRALES. 69

PROVINCES-UNIES. — ROYAUME DE HOLLANDE. — ROYAUME DES PAYS-BAS DEPUIS 1830.

560 C. H. Trotz, Oratio inauguralis de jure fœderati Belgii publico. *Traj. ad Rhen.*, 1755, in-4°, dem.-rel.

561 Verhandeling over den oorsprong der rechten van Holland en Zeeland, door L. P. van de Spiegel. *Goes*, 1769, in-8°, d.-r.

562 Specimen antiqui juris publici Belgici inaugurale, de Imperii forma, sub comitibus Hollandiæ, dissertat. auct. E. J. A. van Bylandt. *Lugd. Bat.*, 1830, gr. in-4°, d.-v. bleu.
Bel exemplaire en *grand papier* de cette dissertation très-estimée.

563 Recueil de placards concernant la chasse et les forêts, en 1 vol. in-4°, vélin.
Placcaet van wegen S. E. Frederick Henrick op... 't jaghen, vanghen, enz. *'sGravenhage*, 1628. — Placcaet... van de klinghen, enz. *Ibid.*, 1628. — *Idem*, 1623. — Acte van wegen... heer Mauritz,.. op de placcaten van de wildernisse, enz. *Ibid.*, 1623. — Placcaet... op 'tjaghen, vanghen, enz. *Ibid.*, 1622. — Placcaet... op de vonnissen van de houtvesterye. *Ibid.*, 1623. — Placcaet op 't stuck van 't visschen, enz. *Ibid.*, 1624. — Placcaet op 't maecken ende stellen van voghel-koyen, enz. *Ibid.*, 1604. — Placcaet op 't stuck van de wildernisse, enz. *Ibid.*, 1601. — Placcaet van prince Mauritz... op het jaghen, vanghen, enz. *Ibid.*, 1595.—Placcaet beroerende de conservatie vant bosch van 's Gravenhaghe. *Ibid.*, 1595, enz.

564 Groot charterboek des graaven van Holland, van Zeeland en heeren van Vriesland : beginnende met de eerste en oudste brieven van die landstreeken, en eindigende met den dood van o. graavinne, Jacoba van Beyere. Verzaemeld door Fr. Van Mieris. *Leyden, vander Eyk*, 1753-1756, 4 vol. in-fol., v. f.

565 Recueil van alle placaten, ordonnantien, resolutien, instructien, lysten en waarschouwingen, betreffende de admiraliteyten, convoyen, licenten, en verdere zee-saaken. *'sGravenhage, Scheltus*, 1701-1780, 13 vol. in-4°, vél.

566 Recueil de pièces, en 1 vol. in-4°, vélin cordé.
Renferme :
Keyserlycke statuyten, ordonnantien, costuymen ende ghewoonten, ende bysonder elcker stadt rechten, principalyck den keys. landen aengaende. *'sGraven-Hage, wed. van Wouw*, 1648. — Institutiones

imperiales. Een gherechtigh oorspronck der keys. rechten, van Th. Murner. *Ibid.*, 1648. — Manier om een proces te voeren... met noch seker tractaet crimineel. Door Jac. Salwechterum. *Ibid.*, 1648.

567 Ordonnantie ende maniere van procederen voor den gerechte van Amsterdam. *Amsterd.*, 1667, in-12, vélin.
Mouillure.

568 Reglement wegens de inrigting van het justitie-weezen in het hertogdom Gelder, 1786. — Idem, idem, of manier van procederen by den souv. hove van justitie in het aandeel van z. k. m. van Pruissen. *Gelder, Bontamps,* 1786, 2 part. en 1 vol. in-fol., dem. rel.

569 Groot placaat en charter-boek van Vriesland... verzamelt door G. T. baron thoe Schwartzenberg en Hohenlansberg. *Leeuwarden, Coulon,* 1768-1773, 2 vol. in-fol., v. f. fil.

570 Projet de constitution pour le peuple batave. *Bruxelles, Gaborria,* 1796, in-8°, br.

571 Staats-regeling voor de bataafsche republiek en reglementen voor de byzondere departementen. *Amsterdam, Allart,* 1802, in-12, dem. v. vert.

572 Naukeurige en duidelyke verklaring over de statuten, ordonnantien, reglementen en costumen van rechte in Frieslandt, door Domin. Hamerster. *Leeuwarden, Ferwerda,* 1745-1753, 2 vol. in-4°, v. br.

V. SCIENCES ÉCONOMIQUES ET ADMINISTRATIVES.

A. TRAITÉS GÉNÉRAUX D'ÉCONOMIE POLITIQUE.

573 Traité de la richesse des princes et de leurs états : et des moyens simples et naturels pour y parvenir, par C. C. d. P. d. B. *Paris, Legras,* 1722-23, 3 vol. in-12, v. br.

574 La science du bonhomme Richard, trad. de l'anglois, (de Franklin, par Quétant et Lécuy). *Paris, Bastien,* 1778, in-12, d. r. v.

575 Lettres de M*** (Gaudet) à différentes personnes sur les finances, les subsistances, les corvées, les communautés religieuses, etc. *Amsterdam, Rey,* 1778, in-12, v. f.

SCIENCES ÉCONOMIQUES.

576 Recherches sur la nature et les causes de la richesse des nations, trad. de l'anglois de Smith, par Roucher. *Neuchâtel, Fauche-Borel,* 1792, 5 vol. in-12, cart.
577 Traité d'économie politique et de commerce des colonies, par P. Fr. Page, *Paris, Brochot,* an ix-x, 2 vol. in-8°, d. r. v.
578 Joh. Georg Büsch's Sämmtliche schriften. *Wien, Bauer,* 1813-18, 16 vol. in-8°.
579 Traité d'économie politique auquel se trouve joint un épitome des principes fondamentaux de l'économie politique, par J. B. Say. *Paris, Deterville,* 1819, 2 vol. in-8°, d. r. v.
580 Des principes de l'économie politique et de l'impôt, par David Ricardo; trad. de l'anglais par F. S. Constancio, avec des notes par J. B. Say. *Paris, Aillaud,* 1819, 2 vol. in-8°, d. r. v.
581 Principes d'économie politique, considérés sous le rapport de leur application pratique, par T. R. Malthus, trad. de l'anglais par F. S. Constancio. *Paris, Aillaud,* 1820, 2 vol. in-8°, d. r. v.
582 Lettres à M. Malthus, sur différents sujets d'économie politique, par J. B. Say. *Paris, Bossange,* 1820, in-8°, dem. v.
583 Principes d'économie politique, par A. de Carrion-Nisas, fils. *Paris, Raymond,* 1825, in-12, d. r. v.
584 Précis élémentaire d'économie politique, précédé d'une introduction historique, et suivi d'une biographie des économistes, par Adolphe Blanqui. *Paris,* 1826, in-24, bas. fil.
585 Traité élémentaire d'économie politique, par le comte Ferd. de Hamal. *Bruxelles,* 1844, in-12, dem. v. fauve.
586 De la liberté du travail ou simple exposé des conditions dans lesquelles les forces humaines s'exercent avec le plus de puissance, par Charles Dunoyer *Liége, Leroux,* 1846, g. in-8°, d. rel. v. f.

B. TRAITÉS GÉNÉRAUX DE DROIT ADMINISTRATIF.

587 Principes d'administration publique, par C. J. Bonnin. *Paris,* 1812, 3 tom. en 2 vol. in-8°, dem.-v. fauve.
Mouillure au tome II.

588 Répertoire de l'administration et du droit administratif de la
 Belgique, par C. de Brouckere et F. Tielemans. *Bruxelles,
 Weissenbruch,* 1834-1856, tomes I à VIII, in-8°, dem.-rel.

TRAITÉS PARTICULIERS D'ADMINISTRATION.

ORIGINE, ORGANISATION ET ADMINISTRATION PROVINCIALE ET COMMUNALE. — MÉMORIAUX
ADMINISTRATIFS, ETC. — COMMUNES, PAROISSES, ETC. — POLICE. — ANNUAIRES.

589 Résumé des rapports sur la situation administrative des provinces et des communes de Belgique, pour 1840, présenté
 au Roi par le ministre de l'intérieur. *Bruxelles, Vandooren,*
 1841, in-fol.

590 Extraits du rapport décennal sur la situation administrative
 du Royaume, (1841-1850). — Cultes. — Police et sûreté publique. *Bruxelles,* 2 vol. in-fol. brochés.

591 Exposé de la situation administrative de la province d'Anvers.
 Années 1834 à 1857, 8 vol. in-8°, d.-rel. v.

592 Rapports sur l'administ. et la situation des affaires de la ville
 d'Anvers. Années 1836 à 1855, 6 vol. in-8°, d.-r. mar. viol.

593 Exposition de la situation administrative du dép^t. de la Dyle au
 1er germinal an VIII et au 1er germinal an XIII, par Doulcet-
 Pontécoulant, préfet, *Bruxelles, Weissenbruch,* an XIII.—Extrait du mémoire statistique du dép^t. de la Dyle, adressé par
 le préfet au ministre de l'intérieur, en l'an X, in-8°, d.-r. bas.

594 Recueil des actes administratifs du Brabant méridional, de
 1814 à 1817, 1 vol. — Bulletin administratif (ou mémorial
 depuis 1823), de 1817 à 1840. *Bruxelles,* ens. 43 vol. in-8°,
 brochés. (11 vol. en dem.-rel. bas.)

595 Exposé de la situation administrative de la province de Brabant, années 1836-1859. *Bruxelles,* 1836-1859, 17 vol. in-8°,
 dem.-v. fauve.

596 — — Le même ouvrage, années 1836-1837 et 1846,
 3 vol. in-8°, dem. rel.

597 Exposé de la situation de la province de la Flandre orientale,
 fait le 3 juillet 1821. *Gand,* 1821, in-8°, maroq. rouge à
 dent. sur plat.

598 Exposé de la situation de la province de la Flandre orientale, années 1817-1857. *Gand,* relié en 13 vol. in-8°, dem.-veau fauve non-rogn.
Exemplaire de belle condition.
599 Recueil des actes administratifs de la province de Hainaut, années 1819 à 1827. 3 vol. in-8°, d.-rel. v.
600 Rapports sur l'administration de la province de Hainaut, de 1822 à 1829, suivis de discours et de règlements administratifs, en 2 vol. in-8°, dem.-bas. rouge.
601 Exposé de la situation administrative du Hainaut, de 1831 à 1859. *Mons,* 12 vol. in-8°, dem.-veau fauve, n.-rogn.
Bel exemplaire.
602 Répertoire administratif du Hainaut, ou analyse par ordre alphab. des arrêtés et règlements de l'administration provinciale, suivi de deux tables, par J. B. Bivort; introduction par Ch. Delecourt. *Mons, Leroux,* 1838, in-8°, dem.-veau fauve, n. rogn.
603 Exposé administratif de la situation de la province de Liége, années 1830 à 1856. *Liége,* reliés en 8 vol. in-8°, dem.-veau fauve, n. rogn.
604 Rapport sur la situation administrative de la province de Limbourg, fait au ministre de l'intérieur. *Hasselt,* 1833. — Exposé de la situation administrative de la province de Limbourg, années 1836 à 1856 inclus. *Liége, Hasselt,* 1836-1856, 21 t. en 8 vol. in-8°, d.-rel. v. f.
Collection complète.
605 Exposé de la situation administrative de la province de Luxembourg. *Arlon, Bourgeois,* 1846 à 1853, 8 vol, in-8°.
606 Code administratif de la province de Namur. *Namur, Gérard,* 1827, in-8°, d.-rel. v. rac.
607 Exposé de la situation de la province de Namur, années 1830-1856. *Namur,* relié en 7 vol. in-8°, dem.-v. fauve, n.-rogn.
608 Compte rendu par l'administration centrale du dép^t. de la Meuse-Inférieure, depuis le 24 frim. an IV, jusqu'au 15 flor. an V, in-4°, cart.
609 Annuaire industriel et administratif de la Belgique, publié par l'établissement géographique de Bruxelles, 1832-1833

(1ʳᵉ et 2ᶜ années). *Bruxelles, Van der Maelen,* 2 vol. in-8°, dem.-bas. bleue.

610 Législation des paroisses en Belgique, recueil des lois, décrets, etc., par L. Bon. *Bruxelles, De Mat,* 1842, in-8°, dem.-bas. bleue.

611 De la police des décès et des inhumations, par une commission, etc., M. Sauveur, rapporteur. *Bruxelles, Demortier,* 1843, in-8°, cart.
Extrait du Bulletin de l'Académie de médecine.

612 Dictionnaire de police municipale, ou recueil analytique et raisonné des lois et règlements concernant la police administrative de la Belgique, par P. J. F. Van Bersel. *Bruxelles,* 1842, gr. in-8°, dem.-toile.

TRAITÉS PARTICULIERS D'ÉCONOMIE POLITIQUE.

A. STATISTIQUE. — THÉORIE, STATISTIQUE GÉNÉRALE ET PARTICULIÈRE.

613 Historia statisticæ adumbrata, scripsit Fr. Jos. Mone. Praemissa est oratio de optimo genere tractandæ statisticæ. *Lovanii, Michel,* 1828, in-4°, d.-rel. bas.

614 Théorie de la statistique, traduite de l'allemand et du latin de F. J. Mone, et augmentée d'additions, de notes et d'une biographie par Emile Tandel. *Louvain, Vanlinthout.* 1834, in-8°, d.-rel. v. bleu.

615 La statistique d'après feu M. Wagemann, professeur à Liége, par J. A. H. Michiels van Kessenich. *Ruremonde, Romen,* 1846, 6 tom. en 3 vol. in-12, d.-v. fauve.

616 Manuel de statistique ethnographique universelle, précédé d'une introduction théorique, par Xav. Heuschling. *Brux.,* 1847, gr. in-8°, d.-v. bleu.

617 Allgemeine Uebersicht der Staatskräfte von den sämtlichen europäischen Reichen und Ländern, mit einer Verhältniss-Charte von Europa. Von Aug. Fried. W. Crome. *Leipzig, Fleischer,* 1818, in-8°, cart. — *Idem.* d.-v. jaune, non rogné.

618 Recherches sur la population, les naissances, les prisons, etc., dans le Royaume des Pays-Bas, par A. Quetelet. *Bruxelles,* 1827. — Id. sur la reproduction et la mortalité de l'homme

aux différents âges, par A. Quetelet et Ed. Smits. *Ibid.*, 1832, en 1 vol. in-8°, d.-v. plats en toile.

619 Statistique nationale. Développement des trente-et-un tableaux publiés par la commission de statistique, et relatifs aux mouvements de la population dans les Pays-Bas, par Ed. Smits. *Bruxelles,* 1827. — Essai sur l'indigence dans la Flandre orientale, par de Keverberg. *Gand,* 1819. — De la colonie de Fredericks-Oord, traduct. d'un manuscrit du général Van den Bosch, par de Keverberg. *Gand,* 1821, fig., en 1 vol. in-8°, dem. reliure, veau.

620 Deuxième recueil de tableaux, publiés par la commission générale de statistique. *La Haye,* 1829, gr. in-8°, d.-v.

621 Recueil de documents statistiques sur la Belgique. *Bruxelles, Van der Maelen,* 1833, in-8°, fig. et carte, d.-v. vert.

Dans le même volume: Relevé de la population du royaume, (1831). — Tableaux des patentables de la Belgique, 1830. — Mémorial de l'établissement géograph. de Bruxelles, 1831. — Fragment de la correspondance (du même établissement), etc.

622 Essai sur la statistique générale de la Belgique, par Xav. Heuschling, et publié par Ph. Van der Maelen. *Bruxelles,* 1838, in-12, carte et tableaux, d.-v. vert.

623 — — Le même ouvrage. *Bruxelles,* 1841, in-8°, d.-v. fauve.

624 Documents statistiques sur le royaume de Belgique, recueillis et publiés par le ministre de l'intérieur. *Bruxelles, Tarlier et De Mat,* 1827-40, première à cinquième publication, en 1 vol. in-8°, et 3 vol. gr. in-4°, d.-v. fauve.

Comprend les documents statistiques depuis l'érection du Royaume des Pays-Bas en 1815.

625 Statistique générale de la Belgique. Exposé de la situation du Royaume. (Période décennale de 1841-1850). Publié par le ministre de l'intérieur. *Bruxelles, Lesigne,* 1852, in-folio, demi-toile.

626 Statistique de la Belgique. Mines, usines minéralurgiques, machines à vapeur. Rapport au Roi. *Bruxelles,* 1842. — Population, mouvement de l'état-civil, pendant l'année 1841. *Ibid.,* 1843. — Tableau général du commerce avec les pays étrangers, années 1840, 1842, 1843, 1845, 1853. *Bruxelles,*

1841-54, 5 vol., ens. 7 vol. in-fol. br. et reliés. (*Bis*, année 1840 du tableau du commerce).

627 Statistique de la Belgique. Population. Relevé de 1831 à 1840; mouvement de l'état-civil de 1840 à 1850. *Brux.*, 1842-51, 8 vol. — Hospices et bureaux de bienfaisance, 1853. *Ibid.*, 1856, 1 vol. — Territoire du Royaume. Première publication. *Ibid.*, 1839, 1 vol. — Mines, usines, etc., *Ibid.*, 1842, 1 vol.; ens. 11 vol. in-fol. d.-v. bleu.

628 Statistique du département de Sambre-et-Meuse, par le cit. Jardrinet. *Paris, Le Clere.* an x, in-8°, carte et plans, d.-rel. v.

B. POPULATION, RICHESSE, LUXE, OUVRIERS, CLASSES INFÉRIEURES, SUBSISTANCES, PAUPÉRISME, MENDICITÉ, CHARITÉ PUBLIQUE, ÉTABLISSEMENTS D'HUMANITÉ, HOPITAUX, HOSPICES, MONTS-DE-PIÉTÉ, ADMINISTRATION DE LA JUSTICE, PRISONS.

629 L'ami des hommes, ou traité de la population, (par le marquis de Mirabeau et Quesnay). *Avignon, (Paris, Hérissant)*, 1758, 4 part. en 5 vol. — Théorie de l'impôt, (par le marquis de Mirabeau), 1760. — Doutes proposés à l'auteur de la théorie de l'impôt, (par Pesselier). *S. l.*, 1761.—Ens. 7 v. in-12, v. f.

630 Recherches sur la population des généralités d'Auvergne, de Lyon, de Rouen et de quelques provinces et villes du Royaume, avec des réflexions sur la valeur du bled tant en France qu'en Angleterre, depuis 1674 jusqu'en 1764, par M. Messance. *Paris, Durand,* 1766, in-4°, d.-rel. v. br.

631 Mouvement de la population dans le Royaume des Pays-Bas. *La Haye,* 1827, gr. in-8°, dem.-v.

632 Recherches sur la population, les prisons, les dépôts de mendicité, etc., dans le Royaume des Pays-Bas, par A. Quetelet, *Bruxelles,* 1827, in-8°, dem.-rel.

633 Recueil. Volume in-4°, dem.-rel.
   Renferme :
   De l'influence du libre arbitre de l'homme, par M. Quetelet, avec une lettre autographe. — Id. sur les anciens recensements de la popul. belge. — Bases d'un projet de loi sur les monts-de-piété. — Statistique des monts de piété. — A la fin, une lettre autogr. de M. Arnould.
   Exempl. provenant de la biblioth. de M. de Reiffenberg.

634 Documents relatifs à la tarification du pain et de la viande, etc. *Bruxelles, imprim. du Moniteur,* 1847, gr. in-4°, dem.-rel. basane.

635 Considérations sur les principaux moyens d'améliorer le sort des classes ouvrières, par Arrivabene. *Bruxelles, Lelong,* 1832, in-8°, d.-toile angl.
Découpure au titre.

636 Enquête sur le travail et la condition physique et morale des ouvriers employés dans les manufactures de coton, à Gand; par J. Mareska et J. Heyman. *Gand, Gyselynck,* 1845, in-8°, d.-rel. bas.
Extr. des annales de la Société de médecine de Gand.

637 Ministère de l'Intérieur. Enquête sur la condition des classes ouvrières et sur le travail des enfants. *Bruxelles, Lesigne,* 1848 (1846), 3 vol. in-8°, d.-rel. v. bleu.

638 Mémoire sur la condition des classes ouvrières et sur le travail des enfants, par le conseil central de salubrité publique de Bruxelles. *Bruxelles, Lesigne,* 1846, in-8°, d.-rel. bas.

639 Mémoire sur la condition des ouvriers et le travail des enfants dans les mines, manufactures et usines de la province de Liége, par la commission médicale de la province. *Brux., Lesigne,* 1847. — Rapport sur la condition des ouvriers et le travail des enfants dans les manufactures, mines et usines de la province, (par le Dr Fossion). *Liége, Oudart,* 1845, en 1 vol. in-8°, d.-rel. bas.

640 Travaux de la commission royale pour l'amélioration du sort des classes ouvrières et indigentes du pays. *Bruxelles,* 1847, gr. in-8°, dem.-v. rouge.

641 Des institutions de prévoyance et des sociétés de secours mutuels. *Bruxelles, Lesigne,* 1847, in-8°, dem.-rel.

642 Verhandeling over de armoede in eenige staten in Europa, door R. Scherenberg en H. W. Tydeman, (1820), in-8°, dem.-toile.
Mémoire couronné.

643 Du paupérisme, par A. P. Mémoire couronné par la Société des sciences, etc., du Hainaut. *Mons, Hoyois,* 1844, in-8°.

644 Mémoire sur les moyens de corriger les malfaiteurs et fainéans à leur propre avantage et de les rendre utiles à l'état, par le vic. Vilain XIIII. *Gand, de Goesin,* (1775), gr. in-4°, fig., v. fauve à fil.

645 Mémoire sur les moyens de corriger les malfaiteurs et les fainéants à leur propre avantage, et de les rendre utiles à l'état, par le vicomte Vilain XIII, publié de nouveau par Ch. Hip. Vilain XIIII. *Bruxelles, Méline,* 1841, in-8°, portrait et fig., dos et coins en maroq. bleu, n. rogné.

646 Rapport général au Roi, sur la création, les progrès et l'état actuel de la maison de travail de charité, établie à Gand, pour la répression de la mendicité. *Gand, Fernand,* 1818, in-4°, d. toile angl.

647 Geschiedkundige nasporingen omtrent den toestand der armen, en de bedelarij, door J. C. W. Le Jeune. *'sGravenhage, Giunta d'Albani,* 1816, in-8°, d.-v.

648 Essai sur l'indigence dans la Flandre Orientale, par le baron de Keverberg. *Gand, Houdin,* 1819, in-8°, d.-rel. bas.

649 Verslag over den staat van het armwezen in het Koningrijk. 1826 en 1827. *'sGravenhage en Brussel,* 1828-29, 2 vol. in-8°, cart.

650 Rapports sur les institutions de bienfaisance du royaume, en 1825 et 1826. *Bruxelles et La Haye,* 1827-28, 2 vol. in-8.

651 Loi relative au domicile de secours, du 18 février 1845, suivie de l'exposé des motifs, des rapports et discussions. *Bruxelles,* 1845, in-8°.

652 Recueil de pièces concernant l'établissement d'un azile de bienfaisance, à Vilvorde, pour les mendiants invalides. *Brux., de Boubers,* an IX. — Id. sur les établissements des ateliers publics et du refuge, ouverts à Bruxelles et à Vilvorde, pour l'extinction de la mendicité. *Ibid.* an X. — In-4°, demi-toile.

653 Préfecture de la Dyle. Recueil de pièces administratives sur les établissements des ateliers publics et du refuge ouverts à Bruxelles et à Vilvorde. *Bruxelles,* an X, in-8°.

654 Tableau statistique de la maison de détention et du refuge de Vilvorde, présenté à Sa Majesté Louis Napoléon Ier, roi de Hollande, par N. J. Rouppe. *Bruxelles, Leduc*, (1808), in-4°, d.-rel. v.

<small>Note biographique sur N. J. Rouppe, bourgmestre de Bruxelles, par M. de Jonghe.</small>

655 De l'existence légale des institutions charitables créées par des particuliers, (par le bar. d'Anethan). *Bruxelles*, 1849. — Idem, deuxième lettre, (du même auteur). *Ibid.*, 1849. — Des droits et devoirs des congrégations hospitalières de femmes. Troisième lettre, (du même), 1849. — Un mot sur quelques idées... quatrième lettre, (du même), 1849. — La charité est-elle libre en Belgique? 1851. — Examen du projet de la loi sur la charité, par M. Nothomb et par M. le baron d'Anethan, 1856, en 1 vol. in-8°, dem.-toile.

656 La main-morte et la charité, par Jean van Damme (Frère-Orban). *Bruxelles, Labroue*, 1854, in-8°, dem.-v. violet.

657 La question de la charité et des associations religieuses en Belgique, par E. Ducpétiaux. *Bruxelles, Decq*, 1858, in-8°, dem.-v. bleu.

658 Tableau de la charité chrétienne en Belgique, ou relevé des œuvres de bienfaisance dues princip. à l'usage des libertés constitut. de 1831, par le chan. de Haerne. *Bruxelles*, 1857, avec tableaux statist., in-8°, dem.-veau bleu.

659 L'hostel Dieu ou il est traicté de l'antiquité et noblesse de l'hospitalité; des premiers hospitaux de l'église et des plus fameux des Pays-Bas, composé par le V. P. David Charlart. *Douay, Mairesse*, 1643, in-12, dem.-maroq. vert.

<small>Indiqué comme *rare*, par la *Bibliographie Douaisienne*.</small>

660 Royaume de Belgique. Statistique des hospices et des bureaux de bienfaisance, d'après les budgets de l'exercice 1853. *Bruxelles, Lesigne*, 1856, t. g. in-4°.

661 Rapport de la commission chargée de proposer un plan pour l'amélioration de la condition des aliénés en Belgique. Enquête avec plans et pièces à l'appui. *Bruxelles, de Mortier*, 1842, in-fol. fig. dem.-v. fauve.

662 Considérations sur les maisons d'aliénés en Belgique par le

chan. P. J. Maes. *Bruges, v. d. Casteele*, 1845, carte, in-8°, dem.-v. fauve.

663 Mémoire sur les moyens pour prévenir les erreurs dangereuses des enterremens précipités, par P. J. B. Prévinaire. *Brux., Flon,* 1787, in-4°, portr., veau fauve à fil., tr. dor.

664 Discours sur les monts de piété qui en ces Pays Bas pourroient estre dressez au grand soulagement des excessives usures que l'on y paye présentement aux Lombards, composé par Silvestre Scarini. *Anvers, Nutius,* 1585, in-4°, d.-r. v.
<small>Pièce rare non citée dans l'*Essai sur les Nutius*. Mentionnée par M. De Decker, dans son excellent travail sur les monts-de-piété en Belgique.</small>

665 Antidotum adversus calumniosos et venenosos libellos Joannis Lillers : seu discursus tres de usura videlicet montibus pietatis, authore Davide a Mauden. *Lovanii, Hastenius,* 1627, in-4°, vél.

666 L'usure ensevelie ou defence des monts de piété de nouveau erigez aux Païs-Bas, par J. Boucher, avec une repartie à J. D. L. M. prétendu docteur en théologie. *Tournay, Quinque,* 1628, in-4°, port. de l'infante Isabelle en carmélite, d.-r. bas.
<small>Quelques piqûres et une marge enlevée.</small>

667 Reiglement sur l'institution du mont de piété de la ville de Dinant, par l'authorité de S. Alt. Ferdinand, evesque de Liége *Liége, J. Tournay,* 1644, in-4°, de 7 ff., dem.-v. brun.
<small>Mouillure.</small>

668 Deduction du présent estat et disposition des affaires des monts de piété de pardeçà en l'an 1649. *S. l.,* de 12 ff. in-4°, dem.-v. vert.

669 Etudes historiques et critiques sur les monts-de-piété en Belgique, par P. De Decker. *Bruxelles,* 1844, in-8°, dem.-v. fauve, n. rogné.

670 Marci Zuerii Boxhornii de trapezitis, vulgo longobardis, qui in Fœderato Belgio mensas fœnebres exercent, dissertatio. *Lugd. Batav., Commelinus,* 1640, in-8°, cart.

671 Recueil des circulaires, instructions et autres actes émanés du Ministère de la Justice. II° série, (1814-30), 3 vol. —III° série, (1830-58), 8 vol. *Bruxelles, Weissenbruch,* 1849-51, 11 vol. gr. in-8°, dem.-v. fauve.

ÉCONOMIE POLITIQUE. 81

672 Compte de l'administration de la justice civile, pendant les années 1832-1843. *Brux.*, 1837-45, 2 vol. — Idem, de la justice criminelle. 1831-1843. *Ibid.*, 1835-49, 3 vol.; ens. 5 vol. in-fol. dem.-rel. v. fauve.
<small>Tache au premier volume.</small>

673 Compte de l'administration de la justice criminelle en Belgique, pendant les années 1836, 1837, 1838 et 1839, présenté au Roi par le ministre de la justice. *Bruxelles, impr. du Moniteur*, 1843, gr. in-4°, d.-rel. v.

674 Études sur le système pénitentiaire en France et en Belgique, par E. van Hoorebeke. *Gand, Hoste*, in-8°, dem.-rel.

675 De l'état actuel des prisons en Belgique, par P. F. J. Brogniez, *Bruxelles, Deprez-Parent*, 1835, in-8°.

676 Débats du congrès pénitentiaire de Bruxelles. Session de 1847. *Bruxelles, Deltombe*, 1847, in-8°, demi-reliure veau fauve.

677 Voyage en Belgique et conférences sur les divers systèmes d'emprisonnement, par B. Appert. *Bruxelles*, 1848, 2 tom. en 1 vol. in-8°, portr., dem.-rel. v. fauve.

678 Mémoire concernant la maison de correction de Vilvorde, in-fol. br.
<small>Ms. de 9 feuillets, bonne écriture de la fin du siècle passé.</small>

679 Essai sur le gouvernement des prisons, par M. de Hauregard. *Namur, Gérard, S. d.* — Quelques mots pour faire suite à l'essai sur le gouvernement des prisons, par le même. *Ib.*, 1842. — Réforme des prisons. Rapport des commissaires chargés de la direction de la prison de Pentonville, (1843-44). Extrait du *Moniteur belge. Bruxelles*, 1844. 3 t. 1 vol. in-8°, d.-rel. v. rouge.

680 Mémoire à l'appui du projet de loi sur les prisons, présenté à la Chambre des Représentants en 1844. *Bruxelles*, 1845, in-8°, fig., dem.-rel. v. fauve.

681 Des progrès et de l'état actuel de la réforme pénitentiaire et des institutions préventives aux États-Unis, en France, en Suisse et en Belgique, par Ed. Ducpétiaux. *Bruxelles, Hauman*, 1837, 3 vol. p. in-8°, et atlas in-8°, dem.-rel. chagrin bleu, non rogn.

682 Mémoire à l'appui du projet de loi sur les prisons, présenté à la Chambre des Représentants de Belgique, le 3 décembre 1844. *Bruxelles, Weissenbruch,* 1845, gr. in-8°, plans, d.-rel. v. f.

C. INSTRUCTION PUBLIQUE. — CONSIDÉRATIONS GÉNÉRALES. — ENSEIGNEMENT PRIMAIRE. MOYEN, SUPÉRIEUR.

683 Essai sur l'histoire de l'instruction publique en Belgique, jusqu'à nos jours, par Théod. Juste. *Bruxelles,* 1844, in-8°, dem.-rel. v. bleu, non rogné.

684 De l'instruction publique en Hollande, par Victor Cousin. *Bruxelles,* 1838, 2 tom. en 1 vol. in-12, dem.-rel. v. bleu.

685 Mémoire sur l'instruction publique en Belgique, 1774, in-fol., dem.-rel. v. vert.
    Ms. de 123 feuillets d'une très-belle écriture, avec corrections autographes de l'auteur.

686 Plan provisionnel d'études pour les professeurs dans les écoles publiques aux Pays-Bas, 1777. — Règlement et directions provis. pour le collége Thérésien de Bruxelles. — Idem, changements ou nouveau projet pour le même collége, en manuscrit; en 1 vol. in-4°, v. br. *aux armes d'Autriche.*

687 De l'éducation en Belgique ou réflexions sur le plan d'études adopté par S. M. pour les colléges, suivies du développement du même plan (par Lesbroussart). *Bruxelles, Lemaire,* 1783, in-12, v. br. à fil. dor. sur tr. aux armes de M. d. J.

688 Brieven over den aard en de strekking van hooger onderwijs; uitgegeven door Ph. W. Van Heusde. *Utrecht, Altheer,* 1829, in-8°, demi-veau.

689 De l'instruction, ouvrage destiné à compléter les connaissances, par F. C. Turlot. *Mons,* 1825, in-8°, v. porph. à fil.

690 Essai sur la liberté de l'enseignement, et sur les principes généraux d'une loi organique de l'instruction publique. Précédé d'un coup-d'œil sur la situation actuelle du Royaume des Pays-Bas; par Adolphe Bosch. *Bruxelles,* 1829, in-8°.

691 Réflexions sur l'instruction; suivies d'un mode d'enseigne-

ment méthodique, par J. B. Van den Broeck. *Liége,* 1833, in-8°, dem.-rel.

692 Essai sur l'instruction primaire, et en particulier sur les écoles gratuites de Gand, par C. J. Van Nérum. *Gand, Annoot-Braeckman,* 1838, in-8°.

693 Ueber Staats-und Landwirthschaftliche Academien und deren Verbindung mit Universitäten, von Dr E. Baumstark. *Greifswald,* 1839, in-8°, demi-v. f. (*Bauzonnet-Trautz*).

694 Exposé des vrais principes sur l'instruction publique, dans ses rapports avec la religion, par Mgr. Van Bommel, évêque de Liége, 2e partie. *Liége, Kersten,* 1840, in-8°, cart.

695 Die Aufsicht des Geistlichen über die Volksschule, nach den Grundsätzen des deutschen Schulrechts, von Karl Kirsch. *Leipzig, Reclam,* 1840, in-8°, demi-v. rouge, non rogné.

696 Rapport sur les écoles du royaume. *Bruxelles,* 1827. — Idem, sur l'état des institutions de bienfaisance en 1825 (franç. et holl.). *Bruxelles,* 1827, gr. in-8°, dem.-rel.

697 Recueil de pièces; 1 vol. in-8°, demi-toile.
Renferme :
Essai sur l'éducation. *Bruxelles,* 1825. — Essai sur le monopole de l'enseignement. *Anvers,* 1829. — Coup-d'œil sur l'état de l'instr. publique en Hollande. *Paris,* 1810. — Nouv. réflexions de rendre nationale l'éducation et l'enseignement. *Bruxelles,* 1816.

698 Recueil de pièces, contenant les réponses des commissions d'instruction et des députations des états-provinciaux à la demande : s'il convient dans l'intérêt d'une bonne instruction de permettre que des personnes munies de certificats de capacité, se fixent à leur gré, comme instituteurs particuliers, etc. *La Haye, impr. de l'État,* 1830, in-8°.

699 Idem. — Généalogie de l'instruction moderne, par M. V. H... *Gand, Van Ryckegem,* 1829. — Traité politique de l'éducation publique, par d'Herbigny. *Bruxelles, Tarlier,* 1830, in-8°, demi-rel. v.

700 Recueil de pièces relatives à l'enseignement; en 1 vol. in-8°, dem.-rel.
Renferme :
Essai sur la liberté de l'enseignement, par A. Bosch. *Bruxelles,* 1829. — Des systèmes actuels d'éducation du peuple, par de Robiano de

Borsbeek. *Ibid.*, 1819. — Droits du prince sur l'enseignement public. *Gand*, 1827. — Mémoire sur les abus dans l'enseignement supérieur, par P. F. Verhulst. *Bruxelles*, 1831. — Utilité de l'instruction industr., par Marlin. *Huy*, 1828. — Het gelijktijdig onderwijs en onderling onderwijs, door J. Pietersz. *Brussel*, 1828. -- Redevoeringen, door J. J. Fontier. *Turnhout*, 1829.

701 Observations sur le titre III du projet de loi relatif à l'instruction publique et sur le rapport de la section centrale, par Philar. Durosoir (Adolphe Roussel). *Bruxelles, Berthot*, 1835, gr. in-8°, dem. rel. v. violet.

702 De l'état de l'instruction primaire et populaire en Belgique, par Ed. Ducpétiaux. *Bruxelles, Meline*, 1838, 2 vol. in-16, v. rac.

703 Discussion de la loi sur l'instruction primaire du 23 septembre 1842, d'après le *Moniteur belge*. *Bruxelles*, 1843, gr. in-8°, dem.-rel. v. rouge, non rogné.

704 Mémoire et projet de loi sur l'organisation de l'enseignement moyen adressés aux Chambres législatives de France et de Belgique, par M. P. E. Gasc. *Paris, Labitte*, 1846, in-8°.

705 État des fondations de bourses pour études et d'instruction publique dont le gouvernement a prononcé le rétablissement. *Bruxelles*, 1846, in-4°, obl., dem.-toile.

706 État de l'instruction primaire en Belgique. Rapport décennal de 1830 à 1840, présenté aux Chambres législatives. *Bruxelles*, 1842, gr. in-8°, dos et coins en maroq. rouge du Levant, tête dor., fil. s. l. jonct., non rogn.

Exemplaire sur *papier porcelaine blanc*.
— Idem, pap. ord., in-fol. demi-bas.

707 État de l'instruction moyenne en Belgique, 1830-1842. Rapport présenté aux Chambres par le ministre de l'intérieur. *Bruxelles, Devroye*, 1843. — État de l'instruction primaire en Belgique, 1830-1840. *Ibid.*, 1842. — État de l'instruction supérieure en Belgique, 1830-1843. *Ibid.*, 1843, 2 vol. — *Idem*, de l'enseignement supérieur pendant l'année 1841. *Bruxelles*, 1842; ens. 5 vol. in-fol., dos et coins en maroq. rouge, dor. en tête, fil. s. l. jonctions (*Schavye*).

Exemplaire *superbe et unique*, imprimé sur *papier porcelaine blanc*.

708 Enseignement moyen. Concours général. Année scolaire 1840-

ÉCONOMIE POLITIQUE.   85

1841. *Bruxelles, Remy,* 1841, in-8°, dos et coins en maroq. rouge du Levant, dor. en tête, non rogné.
Fort bel exemplaire sur *papier porcelaine blanc.*

709 État de l'instruction supérieure en Belgique, rapport présenté aux Chambres, par M. Nothomb. Années 1794 à 1843. *Bruxelles,* 1844, 2 vol. *sur papier porcelaine bleu.* —État de l'instruction primaire en Belgique. (Rapport décennal) 1830-1840. *Bruxelles,* 1842, *sur papier porcelaine bleu.* — Rapport sur la situation de l'instruction primaire, 1843-1845. *Bruxelles,* 1847, 2 vol. *sur papier fort de Hollande.* — État de l'instruction moyenne en Belgique, (par le ministre Nothomb), 1830-1842. *Bruxelles, Devroye,* 1843, *sur papier porcelaine bleu.* — Concours général de 1840-1841. (Enseignement moyen). *Bruxelles,* 1841, *sur papier porcelaine bleu, non glacé.* Ens. 7 vol. gr. in-8°, dos et coins en maroq. rouge du Levant, dor. en tête, fil. s. l. jonct., non rogné.— (*Schavye*).

710 De school- en letterbode, of bydragen ter bevordering van onderwys, letterkunde en geschiedenis, 1844 (première année) et 1845. *St. Truiden,* 2 vol. in-8°, d.-r. veau rouge.

711 70 brochures relatives à l'enseignement public en Belgique : loi organique, programmes des cours, discours, rapports, etc., in-8°.

712 25 brochures relatives à l'enseignement dans les Pays-Bas, sa situation, son organisation, etc., in-8°.

D. INDUSTRIE, ASSOCIATIONS. — COMMERCE, HISTOIRE, TRAITÉS. — AGRICULTURE, MANUFACTURES, BREVETS, EXPOSITIONS, MINES, TRAVAUX PUBLICS, CHEMINS DE FER, ROUTES, CANAUX. — COLONIES.

713 Handboek voor staatsmannen, kooplieden en fabrikanten, of statistiek tafereel der nederlandsche nijverheid, door J. J. de Cloet, vertaald door P. van Griethuizen. *Utrecht, S. Alter,* 1826, in-8°, dos en toile.

714 Annuaire industriel et administratif de la Belgique. *Bruxelles, Vander Maelen,* 1832, 2 part. en 1 vol. in-8°, d.-r. v.
1re année, seule parue.

715 Almanach administratif et industriel de Bruxelles, année 1835. *Bruxelles,* in-12, carte, dem.-rel. v. fauve.

716 Annuaire de l'industrie belge, première année, 1848. *Bruxelles, Decq,* 1848, in-12, dem.-rel. v. rouge.

717 Collection de quarante-cinq statuts de sociétés financières, industrielles, etc. de la Belgique. *Bruxelles,* 1836-1837, en 1 vol. in-8°, dem.-rel.

718 Collection des statuts de toutes les sociétés anonymes et en commandite par actions de la Belgique, par L. F. B. Trioen. *Bruxelles, chez l'auteur,* 1839, 2 t. 1 vol. gr. in-8°, d.-rel. v. br.

719 La Belgique agricole, manufacturière et commerciale, et des moyens d'améliorer sa position, par Ant. Peeters. *Anvers, Vᵉ de Lacroix,* 1839, in-8°.

720 De l'industrie en Belgique, sa situation actuelle; causes de décadence et de prospérité, par N. Briavoinne. *Bruxelles, Dubois,* 1839, 2 vol. in-8°, dem.-rel. v. bleu.

721 Ministère de l'intérieur. Enquête sur l'industrie linière. *Brux.,* 1841, 2 vol. gr. in-4°, dem.-rel. v. fauve.

722 Études sur l'industrie, le commerce, la marine et la pêche nationale en Belgique, par Martial Cloquet. *Bruxelles,* 1842, in-8°, figure, dem.-rel. v. bleu.

723 Création de la propriété intellectuelle. De la nécessité et des moyens d'organiser l'industrie, de moraliser le commerce... par Jobard. *Bruxelles, De Mat,* 1843, gr. in-8°, d.-r. v. fauve.

Tiré à 100 exemplaires.

724 Nouvelle économie sociale, ou monautopole industriel, artistique, commercial et littéraire, par Jobard. *Paris,* 1844, in-8°, dem.-toile.

725 Catalogue indiquant les noms et domiciles des fabricants du royaume, avec une désignation sommaire des produits de leur industrie envoyés à l'exposition de Gand en 1820. *Gand, de Busscher,* 1820, in-8°, dem.-rel. v. br.

726 Rapport du jury de l'exposition des produits de l'industrie et des arts de Tournay. *Tournay, Casterman,* 1824, in-8°, d.-toile anglaise.

727 Rapport sur l'exposition de l'industrie française de 1839, par Jobard. *Bruxelles,* 1841, 2 vol. in-8°, d.-r. veau vert.

728 La Belgique industrielle, compte-rendu de l'exposition des produits de l'industrie en 1835, par Faure, Gressin-Dumoulin et Valérius. *Bruxelles,* 1836, in-8°, figg. d.-r. v. bleu.

729 Catalogues des expositions de l'industrie nationale, en 1830, 1835 et 1841, 3 vol. — Rapport du jury sur l'exposition de 1835, rédigé par Gachard. *Bruxelles;* ens. 4 vol. in-8°, dem.-rel.

730 Revue de l'exposition des produits de l'industrie nationale, en 1841, par E. Perrot. *Bruxelles,* 1841, in-8°, d.-r. v. bleu.

731 Rapports du jury et documents de l'exposition de l'industrie belge, en 1841. *Bruxelles,* 1842, gr. in-8°.

732 Rapports du jury et documents de l'exposition de l'industrie belge, en 1847. *Bruxelles, Hayez,* 1848, in-8°, maroq. vert du Levant, à compart., au milieu les armes de M. d. J., dent. int. tr. dor. (*Schavye.*)

Très-bel exemplaire, offert par M. Schavye à M. d. J. Au bas du dos se trouve le nom de l'artiste, « A M. Th. de Jonghe. »

733 Catalogue des produits de l'industrie malinoise à l'exposition de 1838. *Malines,* in-8°, maroq. rouge à fil., dor. s. tr.

734 Trente-cinq brochures relatives à l'industrie, sa situation, les expositions de ses produits, la législation qui la régit, etc., in-8°.

735 De la situation de l'industrie du fer en Prusse (Haute-Silésie), ou mémoire sur les usines à fer de ce pays, par A. Delvaux de Fenffe. *Liége,* 1844, in-8°, carte et tableaux, chagr. bleu à fil., dor. s. tr., papier vélin.

736 Élémens du commerce (par de Forbonnais). *Leyde,* 1754, 2 vol. in-12, d.-rel.

737 Lex mercatoria rediviva : or the merchant's directory. Being a complete guide to all men in business, by Wyndham Beawes. *London, Baldwin,* 1761, in-fol. v. f.

738 Instruction concernant la tenue des livres en parties doubles et les changes étrangers, par Miteau de Blainville. *Bruxelles, Lemaire,* 1784, in-8°, v. rac.

739 Neues Handlungs-Lexikon in deutschen, französischen und italiänischen Rubriken, für junge Kaufleute und Contoristen, von Martin Euler. *Carlsruhe,* 1790, 2 part. 1 vol. in-8°, cart.

740 Beiträge zur Kenntniss und Beförderung des Handels und der Schiff-fahrt, herausgeg. von B. S. v. Nau. *Mainz,* 1818-1822, 2 vol. in-4°, d.-rel. bas. rac.

741 Traité général du commerce, contenant des observations sur le commerce des états de l'Europe, les cours de change, etc., par Sam. Ricard. *Paris, Nicolle,* an VII, 3 vol. in-4°, v. rac.

742 Dictionnaire du citoyen, ou abrégé histor., théoriq. et pratiq. du commerce (par Lacombe de Prézel). *Amsterdam,* 1762, 2 t. en 1 vol. in-8°, d.-rel. v.

743 Essai politique sur le commerce, par M*** (Melon). *Amsterd., Changuion,* 1735, in-8°, v. br.

744 Essai sur la nature du commerce en général (par de Cantillon). *Londres,* 1755, in-12, v. br.

745 Théorie des traités de commerce entre les nations, par Bouchaud. *Paris,* 1777, p. in-8°, d.-rel. v. rac.

746 De la balance du commerce et des relations commerciales extérieures de la France, dans toutes les parties du globe, par le Cit. Arnould. *Paris,* an III, 2 tom. en 1 vol. in-8°, d.-r. v. fauve.

747 Les intérêts des nations de l'Europe, développés relativement au commerce (par Accarias de Serionne). *Leide,* 1767, 4 vol. in-12, v. rac.

748 Le commerce et le gouvernement, considérés relativement l'un à l'autre, par l'abbé de Condillac. *Amsterdam, Jombert,* 1776, in-12, cart.

749 De la richesse commerciale, ou principes d'économie politique, appliqués à la législation du commerce, par J. C. L. Simonde de Sismondi. *Genève, Paschoud,* 1803, 2 v. in-8°, d.-rel. veau. *Rare.*

750 Recueil de pièces relatives à la liberté illimitée du commerce des grains. Publié par ordre du Roi. *La Haye, imprimerie d'État,* 1823, in-8°, d.-rel. v. br.

Le même, en hollandais, *Ib.*

751 Essai sur la liberté du commerce maritime et sur le mérite de l'industrie nationale, trad. du holl. de P. Vreede. *La Haye,* 1824, p. in-8°, d.-rel.
752 Ansicht von dem Zustande und Aussichten des freien Handels und der freien Colonisirung, von John Crawfurd, übersetzt von D^r. H. Fick. *Leipzig,* 1830, in-8°, d.-rel.
753 De la liberté commerciale du crédit et des banques avec projet d'une banque générale du crédit et de l'industrie, par Louis B. Gastaldi. Turin, Mussano, 1840, in-8°, demi-rel. bas. bleue.
754 Essai sur les ports francs, par F. L. A. Ferrier. *Bayonne, Fauvet,* an II, in-8°, d.-rel. bas. blanche.
755 Mémoire concernant le commerce de la viande de boucherie, par un magistrat du Parlement de Dauphiné. *Grenoble, Faure, S. d.*, in-8°, d. r. v.
756 Code du commerce de terre et de mer, ou conférences sur les lois..., par J. Ch. Poncelin. *Paris,* 1800, 2 tom. en 1 vol. in-12, maroq. rouge, dent. s. plat, tr. dor.
757 Lois, décrets et ordonnances relatifs au commerce, émanés de l'admin. centrale des Deux-Nèthes, an v; gr. in-4°, cart.
758 Histoire du commerce et de la navigation des anciens, par M. Huet. *Paris, Coustelier,* 1727, in-8°, v. f.
759 Résumé de l'histoire du commerce et de l'industrie, par Ad. Blanqui. *Paris,* 1826, in-12, v. rac.
760 Dissertatio de Batavorum mercatura levantica, auth. D. W. Canneman. *Hag. Com.,* 1839, in-8°, dem.-rel. veau vert.
761 Den vervaerlycken oost-indischen eclipsis vertoont aen de vereenichde provincien door de participanten der O. I. Compagnie, over de groote abusen.... *Ghedrucht in 't jaer* 1625, in-4°, dem.-toile.

 <small>Dans le même volume : *Den langh verwachten donder-slagh voorsien en voorseyt in den oost-indischen eclipsis. Tot Een-Stadt, anno...*</small>

762 Recueil des pièces touchant la Compagnie générale établie dans les Pays-Bas autrichiens pour le commerce et la navigation aux Indes, par lettres patentes de S. M. Imp. et C., du 19 décembre 1722, in-4°, dem.-rel., v. f.

 <small>Recueil factice comprenant 19 pièces, avec un titre général manuscrit.</small>

763 Réfutation des arguments avancés de la part des directeurs des Comp^es d'Orient et d'Occident des Provinces-Unies, contre la liberté du commerce des habitants des Païs-Bas, sujets de S. M. dans les climats éloignés (par F. Mac Neny). *Brux., Fricx*, 1723, in-4°, cart.

764 Recueil de pièces, en 1 vol. in-8°, dem.-rel.

    Renferme :

    Doutes sur la liberté de l'Escaut, réclamée par l'empereur, par le comte de Mirabeau. *Londres, Faden* (1784), carte. — Dissertation sur l'ouverture de la navigation de l'Escaut, par M. Linguet. *Bruxelles, Le Franc*, 1784. — Nouvelles considérations, du même. *Ibid.*, 1784. — Lettres à l'auteur des considérations, etc., par le quaker de Lillo (Baret). *Bergen-op-Zoom*, 1785. — Précis politique sur les différends qui se sont élevés entre l'empereur et les États-Généraux, relativement à l'Escaut. *Bruxelles, Pion*, 1785. — Observations sur l'état actuel de la république des Provinces-Unies, et sur la liberté de l'Escaut. *La Haye* et *Bruxelles*, 1784. — Die Gerechtigkeit und das allgemeine europaische Staatsinteresse bey dem Streite über die Oeffnung der Schelde, von Joh. Aug. Schlettwein. *Giessen, Krieger*, 1785.—Étonnement de l'Europe, ou examen des différents, etc., *Francfort*, 1785. — Lettre sur l'invasion des Prov.-Unies, au comte de Mirabeau, et sa réponse. *Bruxelles*, 1787.

    (Notes de M. d. J.)

765 Kurze geographisch-historische Erläuterung un des Handels und der jezigen Lage der oesterreichischen und denen vereinigten Niederlanden wegen Eröfnung der Schelde. *Hamburg*, 1785, in-8°, cart., dem.-toile angl.

766 Recueil de pièces authent. relatives aux affaires de la ci-devant société imp. asiatique de Trieste, gérées à Anvers, 1787. *S. l.*, in-4°, dem.-rel. veau bleu.

767 Recueil des mémoires sur le commerce des Pays-Bas autrichiens, suivi d'un recueil des pièces relatives à la pêche nationale. *Impr. des nations*, 1787, in-8°, dem.-rel. v.

768 Mémoire par lequel il est démontré que les États-Généraux des sept Provinces-Unies, n'ont plus aucun droit d'empêcher les habitants des Pays-Bas autrichiens, de naviguer, de faire le commerce et d'acquérir des nouvelles possessions dans les Indes orientales et occidentales, sur les côtes d'Asie, d'Afrique et d'Amérique, par M. de Raucour, dit Wyns de

Raetshoven, seigneur haut-justicier de Jenneville, etc., 1787, in-8°, maroq. rouge, d. s. tr., fil.

<small>Ms. d'une très-belle écriture. Ce mémoire est inédit, croyons-nous. M. de Raucour a publié en 1787 : Digression sur les vrais intérêts des Pays-Bas autrichiens, br. in-8°.</small>

769 Recueil de 26 pièces concernant la situation du commerce, de l'industrie et des finances des Pays-Bas autrichiens, à la fin du xviii° siècle, in-8°, dem.-rel. v.

770 Tableaux généraux du commerce de la Belgique avec les pays étrangers, de 1831 à 1840, dressés et publiés par le ministre de l'intérieur. *Bruxelles, Vandooren,* 1836-1842, 7 vol. gr. in-fol.

771 Recueil de brochures relatives à l'industrie et au commerce, principalement des Pays-Bas, in-8° et in-4°.

772 Verhandeling over de oorzaken van het verval des nederlandschen handels en de middelen tot herstel of uitbreiding van denzelve, door J. van Ouwerkerk de Vries. *Haarlem,* 1827, in-8°, d.-rel. mar. bleu.

773 Beleuchtung des Kampfes über Handelsfreiheit und Verbotsystem in dem Niederlanden. *Amsterdam, Diederichs,* 1828, in-8°, d.-rel. bas.

774 Notice sur le commerce de la côte occidentale de l'Amérique du sud, et sur le commerce avec Manilla. Janvier 1836. *Bruxelles, Van Dooren,* in-8°, p. vélin, d.-rel. v. fauve.

775 Verhandelingen over den oost-indischen handel, door G. K. Van Hogendorp. *Amsterd., Doll,* 1801, in-8°, demi-toile. (*Atteint par l'humidité*).

776 Verhandeling over den handel en scheepvaart, door Fried. von Bouchenröder. *'sGravenhage, Giunta d'Albani,* 1816, in-8°, cartonné.

777 Bijdragen tot een overzigt van Nederlands zeevaart en handel, door J. A. Drieling. *'sGravenhage,* 1829, in-8°, demi-rel. basane.

778 Grondregelen eens volmaakt koopmans systema : nevens den beginselen der koopmans wetenschap, met de daar by gevoegde historie van den koophandel, te water en te land,

door C. Gunth. Ludovici. *Amsteld., Doorwaart,* 1771, in-4°, d.-rel. v.

779 Gedachten over den Chinahandel en den theehandel, tot oprigting eener societeit. *Rotterdam,* 1824, in-8°, d.-toile.

780 Artikel brief van de geoctroycerde Nederl. oost-indische compagnie. *Amst.,* 1747. — Instructie voor de eerste gezagvoerders, etc. *Amst., A. Wor.* — Verboterde instructie van de eygenschap der winden. *Ib.,* 1748. — Ordre wegens het houden der dagregisters. — Instructie voor de schippen, voor de chirurgyn, et autres pièces concernant la navigation aux Indes. In-fol. cart., dos en parch.

781 Essai sur la police générale des grains, sur leurs prix et sur les effets de l'agriculture, (par Herbert). *Berlin,* 1755, in-12, veau fauve.

782 Essai patriotique ou mémoire pour servir à prouver l'inutilité des communaux, sur l'agriculture, etc., par le baron Scott. *Genève, P. Simon,* 1775, in-8°, d.-rel. bas.

783 Plan pour l'amélioration de l'agriculture et des plantations dans les Pays-Bas autrichiens, présenté à S. M. l'empereur et roi, par L. J. Van den Schrieck, noble patricien de la ville de Louvain (vers 1780). In-fol., d.-rel. v. bleu.

Ms. de 12 feuillets, avec un plan colorié.

784 Mémoires et documents relatifs au défrichement des bruyères et terrains incultes dans les provinces du Hainaut et du Brabant, 1772, 1773. In-fol. cart., toile.

Recueil de diverses pièces manusc. en autographes et en copies. La première est une consulte du conseil privé, relative aux défrichements, suivie de quatre lettres de Crumpipen au chancelier de Brabant. Suit un projet d'ordonnance, un protocole, etc. Enfin, des observations sur les pièces précédentes, observations écrites en minute, probablement par le chancelier lui-même.

785 Essai sur l'état de la culture belgique et sur les moyens de la perfectionner. *Londres et Nivelles, Plon,* 1784, in-8. (Deux exemplaires.)

786 Memorie of vertoog van Is. Thys, over het uytgeven en tot culture brengen der vage en inculte gronden in de meyerye van s'Hertogenbosch. *Tot Mechelen, Hanicq,* 1792, in-8°, fig., d.-rel. v.

787 Etat de l'agriculture dans le royaume des Pays-Bas, pendant les années 1818-1820. *La Haye,* 3 parties. — Mémoire sur l'établissement des mérinos dans la province de Liége, par J. M. Calès. *Liége,* 1821. — Observations sur un essai de carte géologique de la France, des Pays-Bas..., par d'Omalius d'Halloy. *Paris,* 1823, carte. — Essai sur la noblesse, les titres et la féodalité, par J. B. J. Plasschaert. *Bruxelles,* 1818, en 1 vol. in-8°, demi-rel.

788 Improved agriculture, and the suppression of smuggling, property-tax, and poor's-rates; with the maintenance of rents, cheapness of living, including a sketch of the flemish system, by F. Vanderstraeten. *London, Longman,* 1816, in-8°, d.-rel. bas.

789 Manuscrit inédit sur les bois et forêts, par feu M. le bar. H. J. Michiels van Kessenich. *Venloo,* 1847, p. in-8°, d.-rel. v.

790 Congrès agricole de Belgique, réuni à Bruxelles, le 21-24 septembre 1848. *Bruxelles, Deltombe,* 1848, in-8°.

791 Du défrichement des bruyères et des moyens de coloniser à l'intérieur 100.000 habitants de la Flandre, par Fréd. Digand. *Anvers,* 1849, in-8°, bas. brune, dor. s. pl. et s. tr.
Avec signature de l'auteur.

792 Mémoire sur le défrichement des landes, par le citoyen H. van der Mey. *Anvers,* in-8°, cart.

793 12 brochures sur l'état de l'agriculture dans le royaume des Pays-Bas et à Java, de 1814 à 1829, in-8°.

794 Recueil de brochures sur l'agriculture et l'horticulture : colonisation, drainage, expositions, traités divers, in-4° et in-8°.

795 Recueil des lois et règlements, en vigueur en Belgique, sur les brevets d'invention, par Varlet. *Bruxelles, Remy,* 1838, in-8°, d.-rel. bas. rouge.

796 Répertoire général des inventions avec brevets, et notice de ces objets d'invention. *Paris,* 1806, in-12, dos en toile.

797 Description des machines et procédés consignés dans les brevets d'invention, tombés dans le domaine public. *Bruxelles,* 1839, 2 tom. en 1 vol. gr. in-8°, fig., d.-rel. v. vert.

798 Questions du droit public sur les mines, par M. Gendebien. *La Haye,* 1816, in-8°, dem.-rel. bas.

799 Études minérales. Mines de houille de l'arrondissement de Charleroi, par Eug. Bidaut. *Bruxelles, Decq,* 1845, gr. in-4°, fig., dem.-rel. v. rouge.

800 Des moyens de soustraire l'exploitation des mines de houille aux chances d'explosion. *Bruxelles,* 1840, figg., in-8°, d.-rel. v. fauve.
> Premier volume de la collection in-8° des mémoires de l'Académie de Bruxelles.

801 Recueil de 10 pièces officielles. Rapports sur les mines, les chemins de fer, etc., en portefeuille.

802 19 pièces relatives aux mines, à leur législation, exploitation, aux secours à porter aux ouvriers mineurs, etc. in-8°.

803 Réflexions sur la corvée des chemins, ou supplément à l'essai sur la voierie, (par Duclos). *La Haye* et *Paris, Nyon,* 1762, in-12, v. f.

804 Coup-d'œil sur la législation des chemins publics, dits vicinaux, ou recueil de lois sur cette matière depuis 1520, avec notes par Ange Angillis. *Bruges,* 1819, in-8°, dem.-rel.

805 Discours sur l'influence des chemins de fer présenté au premier congrès scientifique belge ouvert à Liége, le 1er avril 1836, par M. Jullien, de Paris, in-fol., dem.-rel. v. f.
> Ms. autographe, avec diverses pièces concernant le congrès scientifique de Liége, dont les travaux sont restés inédits. Une longue note de M. de J. en donne l'historique.

806 Mémoire à l'appui du projet d'un chemin à ornières de fer, à établir entre Anvers, Bruxelles, Liége et Verviers, par les ingénieurs Simons et De Ridder. *Bruxelles, Lejeune,* 1833, in-8°, plans.
> Devenu rare.

807 Bedenkingen over den ijzeren spoorweg van Amsterdam naar Keulen, en andere bijdragen tot de gedachten over den handel. *Delft,* 1834, 2 part. en 1 vol. in-8°, d.-r. bas. r.

808 Le chemin de fer belge, ou recueil des mémoires et devis pour l'établissement du chemin de fer d'Anvers et Ostende à Cologne, par Simons et De Ridder. *Bruxelles, Lacrosse,* 1839, gr. in-8°, plans et profils, dem.-rel. v. br.

809 Le railway national de Belgique ou analyse du rapport sur les chemins de fer belges, par Désiré Tack, 1re partie. *Gand,* 1840, in-8°, dem.-rel.

810 Recueil de documents officiels relatifs au chemin de fer de l'état, depuis son établissement jusqu'en décembre 1841. *Bruxelles, Devroye,* 1841, fort vol. in-fol., dem.-rel. veau f.

811 Tableau de l'état actuel et des progrès probables des chemins de fer de l'Allemagne et du continent européen, par P. de Bourgoing. *Paris,* 1842, in-8°, dem.-rel.

812 Travaux publics en Belgique, 1830-1839. Chemins de fer et routes ordinaires. Rapport présenté aux Chambres, en 1839, par M. Nothomb. *Bruxelles,* 1840, in-8°.

813 Ministère des travaux publics. Cahiers des charges, de 1839 (première année), à 1844. *Bruxelles,* 18 vol., in-fol, d.-r. v. fauve.

Le tome II de l'année 1840 manque.

814 28 brochures relatives aux travaux publics en Belgique : chemins de fer, canalisations, irrigations, in-fol., in-4° et in-8°.

815 42 brochures sur l'établissement des chemins de fer et leur organisation en Belgique, in-8°.

816 Mémoire sur l'établissement d'une communication entre Bruxelles et Charleroy, au moyen d'un canal, par A. J. Barthélemy. *Bruxelles, Rampelbergh,* 1817, in-8°, fig., d. toile angl., grand papier.

Avec planches dessinées et lavées.

817 Extrait du vol. 89 de l'Histoire de Tournay, par Hoverlant de Bauwelaere, concernant le projet d'un canal pour joindre la Meuse à la Moselle. 1828, in-12, dem.-toile.

818 Projet de canalisation du Petit-Schyn d'Anvers à Wyneghem et sa jonction à à la Petite-Nèthe, (par E. Riche). *Anvers, De Cort,* 1839, gr. in-4°, carte, dem.-rel. bas. bleue.

819 La navigation de la Belgique vers Paris. Études faites pour effectuer en Belgique la jonction des bassins de la Meuse et de l'Escaut, etc. Rapport présenté aux Chambres, le 24 février 1840. *Bruxelles, veuve Remy,* 1840, in-fol., d.-r. bas. verte.

820 La Meuse. Études faites par ordre du gouvernement belge. *Bruxelles, Devroye,* 1843, 5 partie en 1 vol. in-fol., carte, dem.-rel. bas. — Idem, dem.-rel. v. bleu.

821 Rapport et mémoires sur la colonisation de l'Abyssinie, présentés au gouvernement belge, par M. Blondeel de Culenbroeck, 1839-1842, in-fol., dem.-rel. v. rac.
<small>Recueil de pièces autographiées qui n'ont pas été mises dans le commerce.</small>

822 Aperçu général philosophique et politique de l'état actuel des établissements des Pays-Bas aux Indes orientales, 1825, par M. Th. de Jonghe, in-4°, dem.-rel. v. rac.
<small>Ms. autographe, comprenant 232 pages et des tables statistiques. C'est un travail intéressant, exécuté par M. de Jonghe lorsqu'il était attaché au ministère des affaires étrangères à la Haye. Par sa position qui lui donnait accès aux sources officielles, l'auteur était à même de donner à son livre le grand mérite de l'exactitude.</small>

823 Reglement op den geneeskundigen dienst bij de troepen der nederlandsche kolonien, 10 sept. 1815. *s'Gravenhage,* 1815, in-8°, pap. fort, bas. rouge, tr. dor.

824 De l'état actuel de la traite des noirs, trad. de l'anglais. *Londres, Schulze,* 1821, in-8°.

E. FINANCES, ORGANISATIONS, BUDGETS, LOIS DE FINANCES, REVENUS PUBLICS, IMPÔTS, CRÉDIT PUBLIC, BANQUE, POIDS ET MESURES, POSTES, DOUANES.

825 Jac. Bornitii aerarium, sive tractatus politicus de aerario sacro, civili, militari. *Francofurti, Beckerus,* 1612, in-4°, dem.-toile.

826 Réflexions politiques sur les finances et le commerce, (par Du Tot). *La Haye,* 1738, 2 vol. — Examen du livre intitulé : Réflexions politiques sur les finances et le commerce, (attribué à Deschamps). *Ibid.,* 1740, 2 vol. ; ens. 4 vol., in-12, veau fauve à fil., dor. s. tr.

827 Réflexions politiques sur les finances et le commerce, (par Du Tot). *La Haye, Van Dole,* 1760, 2 tom. en 1 vol. in-8°, dem.-rel. v.

828 Le réformateur, ou nouveau projet pour régir les finances, augmenter le commerce, la culture des terres, (par Cliquot

de Blervache). *Paris, Société des libr.*, 1757, 2 part. en 1 vol. in-12, v. f.

829 Mémoires pour servir à l'histoire générale des finances, par Deon de Beaumont. *Amsterdam*, 1760, 2 tom. en 1 vol., p. in-8°, dem.-rel.

830 Traité de la circulation et du crédit (par Is. de Pinto, publié par C. G. F. Dumas), avec addition. *Amsterdam, Rey*, 1771, in-8° d.-rel. v. n. rog.

Les additions manquent souvent.

831 Observations politiques, morales et experimentées sur les vrais principes de la finance, par J. V. D. Hey. *Londres*, 1784, in-8°, demi-rel. v.

832 Essai politique sur le revenu public des peuples de l'antiquité, du moyen âge, des siècles modernes, et spécialement de la France et de l'Angleterre, depuis le milieu du xve siècle jusqu'au xixe, par Ch. Ganilh. *Paris, Giguet*, 1806, 2 vol. in-8° dem.-r. v.

833 Essai sur le principe fondamental de l'intérêt... et ses rapports avec la morale, par J. D. Meyer. *Amsterdam*, 1809, in-8°, dem.-rel.

834 La question monétaire, par Jules Malou. *Bruxelles*, 1859. — A. Hennau, Aperçus sur le système monétaire belge. — Idem, quelques vues sur l'émission d'une nouvelle monnaie d'or en Belgique, *Bruxelles*, 1839, 3 pièces en 1 vol. in-8°, demi-rel. toile.

835 Recueil traitant des affaires des finances des Pays-Bas autrichiens et qui en détaille les revenus et la dépense, etc., in-4°, d.-rel. v. rac.

Ms. de 160 pages « L'auteur de ce recueil curieux, qui est de la plus grande rareté, est le baron de Sotelet, etc. » (Note de M. Voisin au cat. Van Hulthem, tome VI, p. 120). Ce mémoire fut composé sur les ordres de la Cour de Vienne, en 1734.

— — 1 vol. in-fol., v. jaspé.
Ms. de 142 pages. Bonne copie.

— — 1 vol. in-fol., v. jaspé.
Ms. de 174 pages. Bonne écriture.

— — 1 vol. gr. in-fol. v. rac.
Bonne écriture.

836 Réflexions sur les finances de la Flandre (par M. Vilain XIIII), S. l., 1755, in-8°, v. br., aux armes de Cobenzl, rel. restaurée.

Ouvrage rare dont il n'a été imprimé qu'un petit nombre d'exemplaires qui n'ont pas été vendus, mais donnés à quelques membres du gouvernement et à un petit nombre de membres des États (Note de Van Hulthem. Cat. n° 24874).

— — *Idem*, dos et coins en maroq. brun.

837 Réponse aux réflexions imprimées sur les finances de la Flandre, in-fol. v. rac.

Ms. de 163 pages d'une bonne main. Le vicomte J. J. Ph. Vilain XIIII, membre du conseil de Flandre, avait fait paraître en 1755 ses *Réflexions sur les finances de Flandre*. Il avait envoyé de ce livre, aujourd'hui très-rare, un exemplaire au clergé, châtellenies et métiers de la Flandre et à quelques particuliers. Les députés des États se croyant attaqués dans leur honneur par cette publication, chargèrent le conseiller pensionnaire de la ville de Gand, P. T. Pycke, d'y faire une réponse en leur nom. Cette réfutation, écrite d'une manière très-vive, est extrêmement rare. Il résulte d'une lettre citée au catal. Van Hulthem, VI, 184, que « cette réponse n'a jamais été imprimée : elle a été présentée à Vienne et à Bruxelles en manuscrit, mais elle a eu le sort de la suppression dans le moment qu'elle a paru, avec défense sous des peines rigoureuses de la produire, même dans des entrevues particulières. » M. Van Hulthem disait que la copie qu'il en avait acquise à la vente de Melle D'Yve était la seule qu'il eût jamais vue. Cependant une autre copie se trouvait dans la bibliothèque de M. de Pélichy Van Huerne.

D'après une note écrite en tête du volume, le manuscrit ci-dessus a été exactement copié sur la minute originale de l'auteur. On y a joint un cahier renfermant une préface et un épilogue qui se trouvaient dans la copie vendue à la mortuaire du comte de Nény.

838 Traité des charges publiques par rapport à la province de Brabant et à celle de Limbourg, par messire comte Goswin de Wynants, en son vivant conseiller, etc., in-fol. v. rac.

Ms. bien conditionné.

— — *Idem*, v. rac. de 376 pp.

839 Traité des tailles, vingtièmes et autres charges publiques, etc., par G. v^{te} de Wynants. Avec les notes de Malfait, in-fol., d.-rel. v. rac.

Ms. de 200 ff. environ. Bonne copie faite en 1725.

840 Registre du produit et des charges des domaines de Flandres, Namur et Hainaut, in-fol. d.-rel. v. rac.

Volumineux ms. d'une belle main, contenant les recettes, état des cens, rentes, noms des receveurs, etc., avec grandes cartes figuratives.

841 Dits doude geleyde thertogē van Brabant der tolcameren van Loeven toebehoert, dat mē nemē sal bynnē den palen van Brabant te water ēn te lande... vernijeuwet optenyers ten dach van Junio anno 1523, p. in-4° obl., demi-rel. bas.

> Ms. de 21 ff. sur vélin. Tarif authentiqué des droits perçus dans le duché de Brabant pour la conduite des marchandises. Instructions diverses à l'usage d'un receveur des tailles. Ce carnet a été fait pour le receveur de Heyst. En 1636 il appartenait au collecteur de l'octroi de la porte de Laeken.

842 Conditien op de welcke men biedt te pachten meest biedende de naeste, van wegen de geestelyke ende leden 's landts van Vlaenderen, alle de middelen ende rechten der selve provincie, gedaen tot Brussel den 18 feb. 1702, *Gendt, de Goesin* (1777), in-8°, v. br. dentelle, aux armes de Brabant.

843 Verzameling van officieele stukken betrekkelijk het twistgeding der hollandsche schuld, met Frankrijk (1816), *Amsterd.* 1818, in-8°, dem.-rel.

844 Geschichtliche Darstellung der niederländischen Finanzen seit der wiedererlangten Selbstständigkeit des Staates in 1813. *Amsterdam, Diederichs,* 1829. — Des vices du système fiscal et financier du royaume des Pays-Bas, par H. J. G. François. *Bruxelles,* 1 vol., demi-rel. bas. n.

845 Exposé historique des finances du royaume des Pays-Bas, depuis 1813, traduit de l'allemand. *Bruxelles,* 1829 (avec supplément). — La même pièce en allemand (l'original). *Amsterdam,* 1829, en 1 vol. in-8°, demi-rel. v. fauve.

846 Réglement général sur l'administration des finances dans le royaume des Pays-Bas, du 24 novembre 1824, in-fol, demi-rel. v. rouge.
Titre factice manuscrit.

847 Compte général de l'administration des finances, rendu pour l'année 1830. — Note explicative sur le compte rendu par l'administration des finances pour l'année 1831, 1 vol. in-fol.

848 Documents sur le système des assurances par l'état, *Bruxelles,* 1847-49, 2 tom. en 1 vol. in-fol. demi-rel. v. fauve.

849 Documents (officiels) sur le système des assurances par l'État.

Brux., 1847-49, 2 tom. en 1 vol. — Résumé de la situation des provinces de Belgique pour 1840, 1 vol. — Enquête sur l'industrie linière, 2 vol. *Bruxelles,* 1841; ens. 4 vol. gr. in-fol. et in-4°, demi-rel.

850 Recueil administratif (du ministère des finances) des lois, arrêtés et décisions concern. les contributions, les accises, la douane, etc., années 1830 à 1833, 3 vol. — Tables de 1823 à 1834 du recueil administratif. *Bruxelles, Balleroy,* 1835. Ensemble 4 vol. in-8°, demi-rel. bas.

851 Aperçu historique des finances néerlandaises, de 1830 à 1833, suivi d'observations sur la loi fondamentale néerlandaise. *Bruxelles, Méline,* 1835, in-12, demi-rel. v. bleu.

852 Algemeene begrooting van staatsbehoeften over den j. 1808 en 1810. *In den Haag, st.-druk.*, 1808-1810, 3 vol. in-4°, dem.-rel. v.

853 Calculs servant de base au budget général de l'état pour l'année 1819 (Pays-Bas). In-fol.

854 État de la situation du budget général des dépenses (des Pays-Bas). Exercice 1822, in-fol., cart.

855 Recueil de brochures sur des questions et opérations financières diverses, in-4° et in-8°.

856 15 brochures concernant la banque de Belgique et la Société Générale de Bruxelles, in-8°.

857 Traité général des emprunts contractés par toutes les puissances de l'Europe, par L. F. B. Trioen. *Bruxelles,* 1839, p. in-8°, dem.-rel. toile.

858 Generale staat van de vijf- en twintig jarige loting der kans-biljetten van de uitgestelde schuld, lopende van 1825 tot 1849. *'s Gravenhage, Lands-drukkerij,* 1825, in-8°, d.-r. b.

859 Memoria del ramo de la hacienda federal de los Estados Unidos Mexicanos, leida en la Camara de Diputados por el ministro, y en la de Senadores, 1827, *Mexico,* 1827, gr. in-8°.

860 Statistique comparative des octrois communaux de Belgique, pendant les années 1828, 1829, 1835 et 1836, publiée par le ministre de l'intérieur. *Bruxelles, Vandooren,* 1839, gr. in-fol.

861 Considérations sur l'impôt, princip. des douanes et du moyen le plus convenable de le remplacer. *Bruxelles,* 1789. — Des impositions et de leur influence sur l'industrie agricole et commerciale et sur la prospérité publique, par M. Christian. *Paris,* 1814, en 1 vol. in-8°, cart.

862 Esquisse historique et élémentaire sur la contribution foncière et le cadastre, par R. Van Breugel. *Bruxelles, Brest Van Kempen,* 1828, in-8°, dem.-rel. bas. verte.

863 De belastingen, vooral die van den handel, in verband beschouwd met het algemeen volksbelang, door A. Elink Sterk. *Delft en Amsterdam, Bruins,* 1828, in-8°, dem.-rel., bas. bleue.

864 Specimen historico-juridicum de vectigalium ac tributorum in Hollandia historia tempore reipublicae, auth. G. E. J. Berg. *Amstelod.,* 1834, in-8°, dem.-rel. v. rouge.

865 Traité des négociations de banque et des monnoyes étrangères, par Et. Damoreau. *Paris,* 1727, in-4°, pl. de monnaies, v. br.

866 Dictionnaire universel des poids et mesures anciens et modernes, contenant des tables des monnaies de tous les pays, par Horace Doursther. *Bruxelles, Hayez,* 1840, in-8°, dem.-rel., veau fauve, non rogné.

867 Tables de conversion ou réductions des anciens poids et mesures de Bruxelles, Louvain, Hal, Nivelles, Diest, Tirlemont, Wavre, avec leur explication et leur usage, par Ghiesbreght. *Bruxelles, Weissenbruch* (an x), in-8°.

868 Dictionnaire postal de la Belgique, ou résumé alphabétique et chronologique des lois, etc., en matière de postes, de 1789 à 1845, par A. Hochsteyn. *Bruxelles, Stapleaux,* 1846, 2 vol. gr. in-8°, demi-rel. v. fauve.

869 Tarif pour la levée des droits d'entrée, sortie et transit, dans le païs, duché de Luxembourg, et comté de Chiny, augmenté du transit par la Moselle. *Luxembourg, Kleber,* 1767, in-4°, v. rac. fil. dentelle.

870 Algemeen tol-tarif, voor alle havens en grens-tolhuisen des russischen ryks, uitgenoomen Astrachan, Orenburg en

Siberiën, vervaerdigd in 1782 (avec trad. russe et anglaise), *Amsterdam, Rosart,* 1784, in-4°.

871 Essai sur la suppression des douanes..., par Gruyer, *Hambourg* et *Bruxelles;* 1788, in-8°, demi-rel. v. fauve.

872 Code des contributions directes, douanes et accises de la Belgique, en vigueur au 1ᵉʳ août 1852. *Bruxelles, Stapleaux,* 1852, in-8°, demi-rel. v. bleu.

873 Tarif belge des droits d'entrée, de sortie et de transit au 1ᵉʳ juillet 1844, mis en rapport avec les tarifs des Pays-Bas, de France, d'Angleterre, etc. Recueil publié par le ministre de l'intérieur. *Bruxelles,* 1844, in-folio, demi-rel. bas.

II. — DROIT CIVIL ET CRIMINEL.

GÉNÉRALITÉS.

874 Encyclopédie de jurisprudence, ou dictionnaire complet de jurisprudence civile, criminelle, canonique, etc., de toutes les nations de l'Europe, *Bruxelles, de Boubers,* 1777-81, t. I à VIII (A-Bat), 8 vol. in-4°, demi-r. v.

875 Car. Ant. de Martini, Ordo historiæ juris civilis, *Bruxellis, M. Lemaire,* 1788, in-8°, demi-rel. bas. rac.

876 Vocabulorum juris utriusque, ex variis ante editis, præsertim ex Alex. Scoti et alior. opera B. Ph. Vicat, *Neapoli, Gravier,* 1760, 4 vol., in-8°, v. f.

877 La raison de la loi mise en évidence, par la simple exposition de ses motifs, par F. M. Vermeil. *Paris,* 1791, in-12, v. br.

878 Traités de législation civile et pénale, extraits de J. Bentham, par Et. Dumont. *Paris, Bossange,* 1820, 3 vol. in-8°, avec tableaux, demi-bas.
Le titre du tome I est taché.

879 Leitfaden der Entwickelung der philosophischen Prinzipien des bürgerlichen und peinlichen Rechts, von Gottl. E. Schulze. *Göttingen, Römer,* 1813, in-8°, cart.

880 Les règles du droit civil, traduites en français avec des explications et des commentaires, par J. B. Dantoine. *Brusselles, Stryckwant,* 1742, in-4°, v. f.

881 Les lois civiles relativement à la propriété des biens, trad. de l'italien, par M. S. D. C. (Seigneux de Correvon), augmenté de quelques remarques, par de Felice. *Yverdon,* 1768, in-8°, cart.

882 Traité des délits et des peines, trad. de l'italien (de Beccaria), par M. C. D. L. B. (E. Chouillou de Lisy). — Commentaire sur le livre des délits et des peines (par Voltaire). — *Paris, Bastien,* 1773, in-12, v. f.
Exemplaire offert par le traducteur.

883 Traité des violences publiques et particulières, par Max Murena, trad. par Pingeron (texte italien en regard). *Paris, Delalain,* 1769, in-12, v. f.

884 Loix pénales, par Dufriche de Valazé. *Alençon, Malassis,* 1784, in-8°, v. f.

885 Des loix pénales, par M. de Pastoret. *Paris, Buisson,* 1790, 2 vol. in-8°, cart.

886 Si la torture est un moyen seur à vérifier les crimes secrets; dissertation morale et juridique, par Aug. Nicolas. *Amsterdam, Wolfgang,* 1681, in-8°, v. f.

887 Traité des preuves judiciaires, extrait des manuscrits de Jérémie Bentham, par Et. Dumont. *Paris, Bossange,* 1823, 2 vol. in-8°, demi-rel. bas.
Titre du tom. I taché.

888 Traité des crimes, par J. Ant. Soulatges. *Toulouse, Birosse,* 1762, 3 vol. in-12, v. f.

III. DROIT ROMAIN.

INTRODUCTION ET HISTOIRE. — DICTIONNAIRES, MANUELS.

889 Seduardus, sive de vera jurisprudentia ad regem, libri XII, opus Joach. Hopperi; adj. de institutione principis. *Antverpiæ, Plantin, apud viduam,* 1590, fig. — Julii Pacii a Beriga, synopsis seu œconomia juris utriusque, tam civilis quam canonici. *Argentor., L. Zeltneri,* 1620. — Celebriorum distinctionum tum philosophicarum tum theologic. synop-

sis, auth. H. L. Castanaeo. *Augustoritii Picton.* 1619, en 1 vol. in-fol. vélin.

<small>Dans le premier de ces ouvrages se trouve une grande et très-curieuse estampe allégorique composée par Hopperus, et gravée par Abr. De Bruyn. Édition rare.</small>

890 De usu et authoritate juris civilis Romanorum in dominiis principum christianorum libri duo, auth. Arth. Duck. *Lugd. Batav., ex off. Elseviriorum,* 1654, p. in-12, vél.

891 De l'influence du christianisme sur le droit civil des Romains, par Troplong. *Louvain, Fonteyn,* 1844, in-8°, demi-reliure v. bleu.

892 Opuscula varia de latinitate jurisconsultorum veterum, edidit Carol. A. Dukerus. *Lugd. Bat.,* 1711, p. in-8°, dem.-rel. v. rac.

893 Ulr. Huber eunomia romana sive censura censuræ juris Justinianæi. *Amstelodami, Horreus,* 1724, in-4°, v. br.

894 Jos. Aurelii de Januario respublica jurisconsultorum. *Neapoli, Musca,* 1731, in-4°, portr., v. f.

895 Barn. Brissonii de verborum quæ ad jus civile pertinent significatione, locupletatum opera Jo. Gottl. Heineccii. *Halæ Magdeb., imp. Orphanotrophei,* 1743, in-fol., v. br.

896 Jo. Henr. Christ. de Selchow elementa antiquitatum juris romani publici et privati. *Gottingæ, vid. Ab. Vandenhoeck,* 1757, in-8°, v. f.

897 Esprit des loix romaines, trad. du latin de J. V. Gravina, par Requier. *Amsterdam et Paris, Saillant,* 1766, 3 vol. in-12, veau fauve.

898 Grundriss eines Systems des gemeinen Civilrechts zum Behuf von Pandecten-Vorlesungen, von Arnold Heise. *Heidelberg, Mohr,* 1816, in-8°, cart.

899 Einleitung in das Römisch-Justinianeische Rechtsbuch, oder Corpus juris civilis romani, von Ernst Spangenberg. *Hannover, Hahn,* 1817, in-8°, d.-r. v.

900 Introduction à l'étude du droit romain, trad. de F. Mackeldey, par L. Étienne, revue et augmentée par L. A. Warnkoenig. *Mons, Leroux,* 1826, in-8°, dem.-rel.

901 Vorschule der Institutionen und Pandekten, von Dr. L. A. Warnkönig. *Freiburg,* 1839, in-8°, demi-rel. v. brun.
902 Car. Sigonii de antiquo jure populi romani libri XI, accessit præter observationes Latini Latinii animadversiones Jo. G. Grævii. *Lipsiæ et Halæ,* 1715, 2 vol. in-8°, v. br.
903 Civilistisches Magazin von Hugo. *Berlin, Mylius,* 1810-13. — Id. Lehrbuch der Geschichte des römischen Rechts bis auf Justinian. *Ib.,* 1820; ens. 6 tom. en 4 vol. in-8°, cart.
904 Henr. Brencmanni historia pandectarum, accedit gemina dissertatio de amalphi. *Trajecti, v. d. Water,* 1722, in-4°, figg. de facsimile, v. br., rel. restaurée.
905 Histoire de la jurisprudence romaine, contenant son origine et ses progrès depuis la fondation de Rome jusqu'à présent, par Mᵉ Antoine Terrasson. *Paris, Cavelier,* 1750, in-fol., v. br.
906 Jo. Aug. Bachii historia jurisprudentiæ romanæ. Novis observat. auxit Aug. Corn. Stockmann. *Lipsiæ, Barthius,* 1807, in-8°, demi-rel. v.
907 Précis de l'histoire du droit romain, par E. Gibbon, trad. revue par L. A. Warnkoenig. *Liége,* 1821, in-8°, demi-rel.
908 Histoire du droit romain, par Gust. Hugo, trad. de l'allemand par Jourdan, revu par F. Poncelet. *Paris, Corby,* 1822, 2 vol. in-8°, cart.
909 Geschichte des römischen Rechts in Mittelalter, von F. C. von Savigny. *Heidelberg,* 1815, 2 vol. in-8°, demi-rel. v.
910 Histoire du droit romain au moyen âge, par F. C. de Savigny ; traduite de l'allemand par Ch. Guénoux. *Paris, Mesnier,* 1830, 2 vol. in-8°, demi-rel. v.
911 Le même ouvrage. *Paris, Hingray,* 1839, 4 vol. in-8°, d.-rel. v. jaune, non rogné.
912 H. Fagel, dissertatio de origine et usu juris romani in Hollandia, nec non J. C. van der Hoop, dissertatio de necessario romani juris... *Hag. Comit.,* 1779, in-8°, demi-rel. v. vert.
913 Joh. Calvini, Wetterani, Lexicon magnum juris cæsarei simul et canonici, feudalis, edid. D. Gothofredius et Herm. Vulteius. *Genevæ, Chouet,* 1689, in-fol., velin cordé.

914. Generale regulen en dispositien van de beschreve romeynsche rechten, uyt het latyn vertaeld, door K. v. A. (Aller) met byvoeginge der definitien. *Rotterdam,* 1655, in-12, v. br.

915. Juris civilis compendium autoris incerti. *Lovanii, typ. acad.*, 1761, in-12, v. br.
   Édition du *Brachylogus* donnée par M. de Nelis. (Extr. d'une note de M. de J.).

916. C. G. Hauboldi, institutiones juris romani litterariæ. *Lipsiæ,* 1808, tom. I, in-8°, cart.

917. Institutionum juris romani lineamenta, quæ prælectionibus habendis adumbravit L. A. Warnkoenig. *Leodii,* 1817, in-8°, demi-rel. (interfolié de papier blanc).

918. System des Pandekten-Rechts, von A. Fr. J. Thibaut. *Jena, Mauke,* 1818, 3 tom. en 1 vol. in-8°, demi-rel. v.

919. Doctrinæ pandectarum lineamenta, adumbravit Chr. Gottl. Haubold. *Lipsiæ, Hinrichsius,* 1820, in-8°, demi-rel. v.

920. Lehrbuch des heutigen römischen Rechts, von. D. Ferd. Mackeldey. *Giessen, Heyer,* 1818, in-8°, demi-rel. v.

921. — — Le même ouvrage, 4ᵉ édition. *Giessen, Heyer,* 1822, in-8°, cart.

922. Institutiones juris romani privati, auctore L. A. Warnkoenig. *Leodii, Desoer,* 1825, in-8°, demi-rel.
   Envoi autographe de l'auteur.

923. Commentarii juris romani privati, in usum academ. praelectionum, auct. L. A. Warnkoenig. *Leodii, Desoer,* 1825-19, 3 vol. in-8°, demi-rel. bas.
   Quelques taches au tome III.

IV. — DROIT ROMAIN AVANT JUSTINIEN. — DROIT DE JUSTINIEN. — TEXTES, COMMENTATEURS, INTERPRÈTES.

924. Jurisprudentia vetus ante-Justinianea, ex recensione et cum notis Ant. Schultingii, edid. G. H. Ayrer. *Lipsiæ, Weidmann,* 1737, in-4°, d. r. v.

925. Jus civile antejustinianeum, a societate jurisconsultorum curatum, præfatus est Gust. Hugo. *Berolini, Mylius,* 1815, 2 vol. in-8°, d. r. v.

DROIT ROMAIN.

926 Theodosiani codicis genuina fragmenta ex codice palimpsesto edita, disposuit Dr. E Puggaeus, acced. variae lectiones. *Bonnae,* 1825, in-8°, demi-toile.

927 Imp. Justiniani institutionum libri IIII. Adjecti sunt ex digestis tituli de verborum significatione, et de regulis juris. *Amstelod.,* 1638, pet. in-16, vél.

928 Les institutes de l'Emp. Justinien, trad. en françois, avec le texte latin à côté, enrichies d'observations par Cl. Jos. de Ferrière. — Histoire du droit romain, par le même. *Paris, Durand,* 1773-83, 7 vol. in-12, v. f.

929 Le premier livre des Instituts de Justinien, traduit et expliqué par Cahuac. *Douay, Simon,* 1788-89, 2 t. 1 vol. in-12, d.-r. bas.

930 Quinquaginta librorum digestorum sive pandectarum juris cæsarei tomus primus : quod vulgo digestum vetus appellant. — Eorumdem tomus tertius, quod vulgo digestum novum appellant. — *Parisiis, Guillarda,* 1540, 2 vol. in-8°, vélin.

931 Pandectarum juris civilis libri L. (Edid. Ant. Syphrianus). 8 vol. — Novellarum constitutionum Justin. quæ extant, Greg. Haloandro interpr. 1 vol.—Codicis Justiniani libri XII. 4 vol. *Lugdini, Rouillius,* 1551, ens. 13 vol. p. in-16, v. br., tr. dor.

932 Ἰστιτουτα Θεοφιλου ἀντικενσωρος. Institutiones Theophilo antecessore, græco interprete. Paratitla et notæ ad eundem Theophilum, Dion. Gothofredo authore. (*Genevæ*), *Crispinus,* 1620, in-4°, vél.

933 Theophili antecessoris paraphrasis græca institutionum cæsarearum, cum notis Nannii, Fabroti, etc., edid. G. O. Reitz, cum glossario græco-lat. *Hague. Com.,* 1751, 2 vol. gr. in-4°, fig., dem.-rel. v. fauve.

934 Theophili antecessoris, institutionum libri IV. *Lovanii,* 1761, 2 vol. in-12, v. m.

935 And. Alciati, in digestorum sive pandectarum lib. XII commentarius. Ejusdem interpretatio in L. Bona fides. ff. depositi. *Lugduni, Gryphius,* 1538, in-fol., d.-r. v.

936 Jos. Averanii interpretationum juris libri quinque. *Lugd. Batav.*, *Van der Eyk*, 1753, 3 vol. in-8°, portr. d.-r. v.

937 Jo. Bouricii et Jac. Bouricii opera juridica. *Amstelod.*, *Boom*, 1701, in-4°, v. f.

938 Jo. Brunnemanni commentarius in quinquaginta libros pandectarum, opus adauctum a Sam. Strykio. *Lugduni, Thenet,* 1714, 2 t. en 1 vol. in-fol., v. br.
— — Commentarius in codicem Justinianeum. *Lugd. Bat., Thenet,* 1715, in-fol. v. br.

939 Annotationes Gul. Budaei in quatuor et viginti pandectarum libros. *Basileæ, Volffius*, 1534. — Ejusd. altera editio annotationum in pandectas. *Ibid.*, 1534, in-8°, vél. cordé, à fermoirs.

940 Nic. Burgundi quæ de jure fecit opera omnia. *Bruxellis, de Dobbeleer*, 1700, in-4°, v. f.

941 Commentarius Pauli Busii in universas pandectas Justiniani cum differentiis consuetudinum communium et juris canonici. *Daventriæ, Columbius*, 1656, 2 part. en 1 vol. in-4°, vél.

942 Corn. Van Bynkershoek opera omnia. *Lugd. Batav., Luchtmans,* 1767, 2 vol. in-fol. v. f., beau portr. gravé par Houbraken.

943 Arn. Corvini jurisprudentiæ romanæ summarium, seu codicis Justinianei methodica enarratio. *Amstelod., apud Elzevirios,* 1655, in-4°, vél.

944 Jac. Cujacii, opera omnia ex editione C. A. Fabroti, cum indice generali et novis additionibus. *Neapoli, Mutio,* 1722-27, 11 vol. in-fol., portr., veau br.

Première édition de ce recueil estimé; elle renferme les *Variantes* de Merille, les *Observations* de Robert et une ample table, additions qui ne sont pas dans l'édition de Paris de 1658.

945 Philippus Decius in tit. ff. de regulis juris, cum addition. Hier. Cuchalon et annotat. Car. Molinæi *Lugduni, Vincentius,* 1549, in-8°, d.-r. v.
Taché.

946 Les loix civiles dans leur ordre naturel, le droit public, et legum delectus, par M. Domat, augm. par M. de Hericourt, avec notes de Bouchevret, Berroyer et Chevalier. *Paris, Durand,* 1767, 2 t. en 1 vol. in-fol., v. f.

947 Hugonis Donelli commentarii ad titulos codicis de pactis et transactionibus; accessit Fr. Hotomani disputatio de pactis. *Coloniæ Agripp., Gymnicus,* 1574, in-8°, v. f.

948 Commentarius ad titulum institutionum de actionibus. *Antverpiæ, Plantinus,* 1584, in-8°, v. f.

949 Commentariorum de jure civili libri XXVIII, Scip. Gentilis posteriores libros supplevit. *Francofurti, apud Wecheli her.,* 1596-97, 4 t. en 2 vol. in-fol., vél.
Incomplet.

950 Donellus enucleatus, sive commentarii Hug. Donelli de jure civili in compendium redacti, cum notis Osvaldi Hilligeri. *Antverpiæ, Bellerus,* 1642, 2 vol. — Idem, commentariorum de jure civili, (X, XIII-XVI). *Francofurti, Wechel,* 1595; ens. 3 vol. in-fol. vélin.

951 Ant. Faber. Opera juridica. *Lugdini* et *Genevæ,* 9 vol., in-fol., vélin cordé.
Comprenant :
Jurisprudentiæ papinianæ scientia, *Lugd.*, 1658. 1 vol. — De erroribus pragmaticorum, *Ibid.*, 1658, 2 vol. — Comment. in pandectas. *Lugduni et Aurelianæ*, 1659-1666, 5 tom. en 4 vol. — Codex fabrianus, *Lugd.*, 1649. — Conjecturae juris civilis. *Genevæ*, 1630.

952 Ausführliche Erläuterung der pandecten nach Hellfeld, ein Commentar von D. C. F. Glück, fortgesetzt von Ch. Fr. Mühlenbruch. *Erlangen, Palm,* 1797-1843, 43 vol., et Register, 3 vol. in-8°, dem.-rel. v.

953 Gaii institutionum commentarii IV, e codice rescripto biblioth. veronensis nunc primum editi; accedit fragmentum veteris jurisconsulti de jure fisci. *Berolini, Reimer,* 1820, in-8°, dem.-rel. v.

954 Scholien zum Gaius. Von Dr Ed. Gans. *Berlin, Dümmler,* 1821, in-8°, cart.

955 Notæ subitaneæ ad Gaii institutionum commentarios, auct. H. R. Brinkmanno. *Slesvici,* 1821. — Dissert. de hereditate legitima ex lege XII tabularum, auth. Minguet. *Mosaci,* (1828); en 1 vol. in-8°, dos en toile.

956 Jac. Gothofredi opera juridica minora, sive libelli, tractatus, orationes et opuscula rariora et præstantiora, quæ simul

inservire poterunt Thesauri juris supplemento, cum praefatione Christ. H. Trotz. *Lugd. Batav., Langerak,* 1733, in-fol., portr., v. f.

957 Seerpii Gratama prælectiones ad prolegomena. et partem primam institutionum justinianearum. *Groningæ, Van Bolhuis,* 1818, in-8°, demi.-rel. v.

958 Petri Gudelini commentariorum de jure novissimo libri sex; accessit. M. Wittebort in authoris obitum oratio funebris. *Antverpiæ, Verdussius,* 1620, in-fol., portr., rel. antiq. en bois gaufré.

959 Franc. Hotomani observationum in jus civile libri IX. — Ejusd. responsionum amicabilium libri II. *(Parisiis), hered. Vignon,* 1589, in-fol., dem.-rel.
Piqûre.

960 Jo. Gottl. Heineccii recitationes in elementa juris civilis secundum ordinem institutionum. *Lovanii, typ. acad.,* 1785, 2 vol. in-12, v. f.

961 Jo. Gottl. Heineccii antiquitatum romanarum jurisprudentiam illustrantium syntagma, secundum ordinem institutionum Justiniani digestum, edid. Ch. G. Haubold. *Francofurti ad Moenum, Broennerus,* 1822, in-8°, dem.-rel. v.

962 Repetitio juris ex positionibus Ulr. Huberi ad institutiones et titulos singulares pandectarum. *Franequeræ, Strickius,* 1698, p. in-12, v. br.

963 Ulr. Huberi positiones juris, secundum institutiones et pandectas, edid. Zach. Huber. *Amstelædami, L'Honoré,* 1733, in-8°, v. f.

964 Zach. Huber dissertationum libri tres. *Traj. ad Rhen., Vonk Van Lynden,* 1740, in-4°, cart.

965 Ulr. Huberi prælectionum juris civilis tomi tres, secundum institutiones et digesta Justiniani; accedunt Christ. Thomasii additiones, et Lüd. Menckenii remissiones ad jus Saxonicum. *Francofurti, Gleditsch,* 1749, 3 tom. in-4°, portr., v. br.

966 Henr. Vrinschotii responsa sive consilia juris; adjiciuntur ejusdem tractatus VII de rescriptis gratiæ.... cum casibus seu quæstionibus aliquot, opera Val. Andreæ. *Bruxellæ, Mommartius,* 1653, in-fol., v. br.

967 Processus criminalis, sive prælectiones Elberti Leonini in librum nonum codicis. Opera Jo. Phil. Steinhaussen editæ. *Coloniæ Agripp., Clypeus,* 1604. — Chronologica tam Romanorum pontificum quam Imperatorum historia, studio P. Theod. Petreii. *Ibid., a Brachel,* 1626, 2 part. en 1 vol. in-4°, v. br.

968 Sim. Van Leeuwen censura forensis theoretico-practica, id est, totius juris civilis romani, usuque recepti, et practici methodica collatio. *Lugd. Bat., Luchtmans,* 1741, 2 part. en 1 vol. in-fol., v. br.

969 Greg. Majansii disputationes juris. *Lugd. Batav., Van der Eyk,* 1752, 2 tom. en 1 vol. in-4°, v. f.

970 De criminibus ad lib. XLVII et XLVIII. dig. commentarius Ant. Matthæi. *Amstelodami, J. Waesberge,* 1661, in-4°, vél.

971 Ægidii Menagii juris civilis amœnitates. *Luteciæ Parisiorum, G. de Luyne,* 1664, in-8°, dem.-rel. maroq. vert.

Tache et légères découpures aux 2 premiers feuillets.

972 Em. Merillii in quatuor libros institutionum imperialium commentarii, opera Cl. Mongin concinnata, cum præfat. C. H. Trotz. *Traj. ad Rhen., Broedelet,* 1739, in-4°, vél.

973 Ant. Mornacii opera. Observationes in libros digestorum. — Observationes in libros codicis. — Feriæ forenses et elogia illustr. togatorum Galliæ. — Recueil d'arrêts du Parlement de Paris, de 1588 à 1620. — *Lutetiæ Paris., Montalant,* 1721, 4 vol. in-fol., v. br.

974 Ger. Noodt opera omnia; accessit Jo. Barbeyracii vitæ auctoris narratio. *Lugd. Batav., Langerak,* 1735, 2 vol. in-fol. portr., v. br.

Bel exempl., grand de marges.

975 Julii Pacii isagogicorum in institutiones imperiales, digesta, codicem, decretales, cum notis a Ger. a Wassenaer. *Trajecti ad Rhen., Zyll,* 1680, in-8°, vél.

976 Petri Peckii opera omnia. *Antverpiæ, Verdussius,* 1647, in-fol., rel. antiq. en bois gaufré, à fermoirs.

Légères piqûres.

977 Petri Peckii, in tit. dig. et cod. ad rem nauticam pertinentes commentarii. Acced. notæ Arn. Vinnii. — Item, Jus navale Rhodiorum græco-lat. *Lugd. Batav., Wyngaerden,* 1647, in-8°, vél.

978 Ant. Perezii institutiones imperiales, erotematibus distinctæ, atque explicatæ. *Amstelodami, Elzevir,* 1673, p. in-8°, v. b.

979 Le même ouvrage. *Adelphi, Holl,* 1666, in-12, vél.
Piqûres.

980 Ant. Perezii, prælectiones in duodecim libros codicis Justiniani Imp. *Amstelodami, Elsevir,* 1671, 2 vol. in-4°, v. br., fil.

981 Ant. Perezii, commentarius in quinque et viginti digestorum libros. *Amstelod., Elzevir,* 1669, in-4°, v. br.

982 Quæstiones juris romani, tam in quatuor institutionum libros, quam in præcipuos digestorum titulos. *Lovanii, Baumans,* 1817, in-12, cart.

983 Seb. Schelkens, paratitla pandectarum. *Franequeræ, Gyselaar,* 1686, in-8°, v. f.

984 Gasp. Schifordegheri, opera juridica. *Oppenhem. et Francofurti,* 1610-13, 3 tom. en 1 vol. in-fol., veau br. dor. s. pl.

985 Corpus juris, ofte kort begryp van alle titulen van de 50 boecken digestorum Justiniani, door Jac. Spoors. *Delf, Waelpot,* 1658, p. in-12, vél.

986 Petri Stockmans opera omnia. *Bruxellis, De Dobbeleer,* 1695, in-4°, v. f.
On y a intercalé plusieurs pièces manuscrites.

987 Les mêmes œuvres. *Brux., de Griech,* 1700, in-4°, portr. v. f.

988 Georgii Adami Struvii syntagma jurisprudentiæ, secundum ordinem pandectarum concinnatum, cum additionibus Petri Mülleri. *Francofurti, Hoffmannus,* 1738, 3 vol. in-4°, portr., veau fauve.

989 Diod. Tuldeni opera juridica. *Lovanii, Denique,* 1702, 4 vol. in-fol. veau. br.

990 D. Viglii Zuichemi commentaria in decem titulos institutionum juris civilis. *Leovardiæ, Sybonis,* 1643, in-8°, v. f.

DROIT ROMAIN.

991 Arn. Vinnii Jurisprudentiæ contractæ sive partitionum juris civilis, libri IV. *Rotterdami,* 1663, in-4°, v. br.
992 — — In quatuor libros institutionum imperialium commentarius. *Amstelod.*, 1703, in-4°, v. br.
993 P. Voet, in quatuor libros institutionum imperialium commentarius. *Ultrajecti, Ribbius,* 1668, 2 vol. in-4°, v. br.
994 Jo. Voet commentarius ad pandectas. *Hagæ Comitum, Van Dole,* 1734, 2 vol. in-fol., v. br.
995 — — Compendium juris juxta seriem pandectarum, adjectis differentiis juris civilis et canonici. *Lugduni Batav., Lopez,* 1682, in-8°, vél.
996 A. D. Weber's Erläuterungen der Pandekten nach Hellfeld, herausg. v. A. W. L. Weber. *Leipzig, Kohler,* 1820, 2 vol. in-8°, cart.
997 Abrah. a Wesel, opera omnia. *Amstelodami, Boom,* 1701, 3 p. en 1 vol. in-4°, v. f.
998 Matth. Wesenbecii commentarii in pandectas juris civilis et codicem Justinianeum, cum notis R. Bachovii. *Amstelodami, de Zetter,* 1665, in-4°, v. br.
999 J. O. Westenbergii principia juris secundum ordinem digestorum. *Berolini,* 1814, 2 vol. in-8°, v. rac.
1000 J. J. Wissenbachii in libros VII priores codicis Justiniani repetitæ prælectionis commentationes cathedrariæ. *Franequeræ, Horreus,* 1701, in-4°, portr., v. br.
1001 Henr. Zoesii commentarius in codicem Justinianeum, accurante. Mart. Naurath. *Coloniæ Agripp., Metternich,* 1697, in-4°, v. br.
1002 — — Commentarius ad digestorum seu pandectarum juris civilis libri L; illustr. H. A. Poringo. *Bruxelles, F. Foppens,* 1718, in-fol., portr., v. br.

TRAITÉS SPÉCIAUX DE DROIT ROMAIN PUR OU APPLIQUÉ AU DROIT FRANÇAIS, ALLEMAND, ETC.

1003. Tractatus de præsumptionibus And. Alciati, cum annotationibus Jo. N. Arelatani. *Coloniæ Agripp., Gymnicus,* 1580, in-8°, v. br.
Piqûre en marge.

1004 Repetitio de inofficioso testamento, quam... discutiendam proponit D. Nicolaus Bacon Bruxellensis. *Lovanii*, (1766). — A M. Nicolas Bacon aveugle, au jour qu'il prend ses degrés de licence ès droits, etc. (pièce de vers, signée J. D.).— Restauratæ ædis regiæ Bruxellis inscriptio, cui adjectæ... notæ aliquot. *Bruxellis, Jorez,* (1768). — Liste des présidens et conseillers du Grand-Conseil, depuis l'an 1726; en 1 vol., in-fol., demi-rel. toile angl.

1005 Barth. Bersani tractatus de pupillis, eorum privilegiis et juribus. *Lugduni, Anisson,* 1705, in-fol., v. f.

1006 De causæ probatione dissertatio, auctore Aug. Bethmann-Hollweg. *Berolini, Schade.* 1820. — Ever. Dupont, disquisitiones in commentarium IV institutionum Gaii, recenter repertarum. *Lugd. Batav., Luchtmans,* 1822, 1 vol. in-8°, demi-rel. v.

1007 Tractatus de indiciis homicidii ex proposito commissi, et de aliis indiciis homicidii et furti, ad legem final. ff. de quæstionibus. M. A. Blanci. *Lugduni,* 1547, p. in-8°, vél.
Noms raturés sur le titre.

1008 Verginii de Bocatiis tractatus singularis de interdicto uti possidetis, etc. *Osnabrugi, Schwanderus,* 1675, in-4°, vél.

1009 Cam. Borelli tractatus de compromissis. *Francofurti,* 1600, in-8°, vél.

1010 Dissertatio juridica inauguralis de agnitione liberorum naturalium, aut. Gust. Bosquet, Bruxell. *Lugd. Bat.*, (1824), in-8°, tiré in-4°, v. rac. à fil.

1011 Dissertatio juridica circa fideicommissum in testamento comitis J. W. de Brederode, conatus est J. A. Van der Muelen. *Ultrajecti,* 1689, in-8°, vél.

1012 Joh. Brunnemanni consilia sive responsa academica, ex schedis authoris collecta a Sam. Strykio. *Francofurti, Schrey,* 1677, in-fol., v. br.

1013 Tractatus juridicus de processu fori legitime instituendo et abbreviando, litigiorumque anfractibus præscindendis, a Jo. Brunnemanno. *Lipsiæ*, 1659. — Ejusdem tractatus succinctus de cessione actionum et versuris. *Francofurti,*

1698. — Ejusdem de processu concursus creditorum prælectiones publicæ, notis illustr. a Sam. Strykio. *Ibid.,*
1697. — Ejusdem tractatus de concursu, cumulatione
et transmissione actionum, *Ibid.,* 1703, en 1 vol. in-4°,
vélin.

1014 Phil. Brusselii tractatus de conditionibus testamentorum,
contractuum et pactorum; nec non Paulus Duran, de conditionibus et modis impossibilibus ac jure prohibitis, contractibus et testamentis adscriptis. *Francofurti, Michahel,*
1700, 2 part. en 1 vol. in-4°, v. br.

1015 Barth. Cæpollæ tractatus de servitutibus, accedunt D. M.
Laudensis et Jo. Superioris commentarii ad leges singulas
de servitutibus, et Ant. Matthæi disputationes de servitutibus VII. *Amstelodami,* 1686, in-4°, v. br.

1016 Julii Caponi tractatus de dote spectata tum quoad suam
substantiam, tum quoad sua privilegia. *Coloniæ Allobr.,
Bousquet,* 1733, in-fol., v. br.

1017 Fr. Cencinii additiones aureæ ad. Alph. de Olea tractatum de
cessione jurium et actionum; quibus accedunt tractatus
Jo. a Sande, J. Brunnemanni, etc. *Genevae, Cramer,* 1723,
in-fol., v. br.

1018 Jo. Dechkeri, dissertationum juris, et decisionum libri duo;
cui accessere opiniones ac decisiones conformes, quæ post
mortum authoris prodiere. Colligente J.-B. Christyn.
Bruxellis, de Dobbeleer, 1686, in-fol., portr. par C. Galle,
v. brun.

1019 De ratiociniis administratorum et computationibus variis
aliis tractatus, auctore D. Pr. Munnoz de Escobar. *Goudæ,
Van der Hoeve,* 1662, in-8°, v. br.

1020 Recueil de trois thèses de droit romain et de droit français,
soumises à la discussion publique, par J. G. J. Ernst.
Bruxelles, Mailly, 1810-13, 1 vol. in-4°, demi-rel. bas.

1021 Andr. Fachinei controversiarum juris libri tredecim. *Coloniæ
Agripp., Hieratus,* 1626, 2 vol. in-4°, vél.

1022 Hect. Felicii tractatus de communione seu societate, etc., cum
notis H. Boxelii. *Gorinchemi, Vink,* 1666, in-4°, vél.

1023 De pactis nuptialibus sive capitulis matrimonialibus tractatus, per Joh. P. Fontanella elaborati, tomi duo. *Genevæ, Chouët,* 1659, 2 tom. en 1 vol. in-fol., v. br.

1024 Tractatus novus et plenus de laudemiis, auctore Georgio Frantzkio. *Ienæ, Birchnerus,* 1628, in-4°, v. br. fil.

1025 Tractatus de substitutionibus in duas partes distinctus, Vinc. Fusario authore. *S. l., Crispinus,* 1633, in-fol., veau br., gaufré.

1026 Pauli Gallerati de renuntiationibus tractatus, III tomis distinctus. *Genevae, Widerhold,* 1678, 3 part. en 1 vol. in-fol., v. rac.

1027 Ueber römisches Obligationenrecht ins besondere über die Lehre von den Innominatcoutracten und dem Jus poenitendi, von Dr Eduard Gans. *Heidelberg, Mohr,* 1819. — Suivi de thèses juridiques de l'université de Louvain, 1829-30, in-8°, demi-rel. v.

1028 Jo. Garsiæ de expensis et meliorationibus commentarius; Cui accesserunt Jo. Garsiae a Saabedra tractatus. *Marpurgi Cattorum,* 1614, in-4°, veau fauve.

1029 Elementa juris cambialis a Jo. Gottl. Heineccio. *Amstelodami,* 1742, in-8°, v. f.

1030 Ulr. Huberi digressiones Justinianeæ. Insertus est de jure in re et ad rem quod dicitur, tractatus, *Franequeræ,* 1688, in-4°, vél. gauffré.

1031 Zach. Huber, de casibus enucleatis quæstionum forensium ex jure romano ac hodierno, liber singularis. *Franequeræ,* 1712, in-4°, vél. cordé.

1032 S. R. Jauchii meditationes criticæ de negationibus, ex pandectis Florentinis et novissim. auctoris censura et recenti opera. *Amstelod.* 1728, in-8°, v. br.

1033 P. Leon. Jensii aphorismi de legatis. *Lugd. Batav.,* 1730, in-4°, vél.

1034 P. Pancr. Krauss medulla laudemiorum. *Jenæ, Bauhoferus,* 1678, in-4°, v. f.

1035 Elberti Leonini emendationum sive observationum libri VII.

Arnhemii, Jansonius, 1610, in-4°, v. f., d. s. tr., *aux armes de Brabant.*

Piqûres.

1036 Repetitio de publicis privatisque conventionibus e civili e gentium jure deprompta, graecorum et latinorum sententiis illustratis, auth. J. B. L. Maria Ruraemundensi. *Lovanii,* (1727), in-folio, dem. toile.

Avec une très-grande planche allégorique.

1037 Ant. Matthæi collegia juris sex. *Franekeræ, Deuring.,* 1647, in-4°, v. br.

1038 — — Disputationes de successionibus, de matrimoniis et de tutelis. *Ultraj.,* 1652. — De judiciis disputationes, ejusd. auth. *Amstelod.,* 1665; ens. 2 vol. in-12, v. br.

1039 — — Disputationes de obligationibus, de criminibus, de servitutibus et aliquot miscellaneæ. *Ultrajecti,* 1660, in-12, vél.

1040 — — Miscellaneæ exercitationes. *Lugd. Batav.,* 1678, in-8°, vél.

1041 — — Observationes rerum judicatarum et tractatus singulares de communione bonorum et de officio judicis. *Lugd. Batav.,* 1676, in-12, vél.

1042 — — De auctionibus libri duo. *Antverpiæ,* 1680, in-4°, v. br.

1043 Ant. Merendæ controversiarum juris libri XXIV, præfationem adjecit C. Robert, edidit J. M. Van Langendonck. *Bruxellis, De Vos,* 1745-46, 4 t. en 6 vol. in-fol., portr., v. br.

1044 Pauli Montani tractatus novus de jure tutelarum et curationum, edid. Balth. Montanus. *Hagæ Comitis, Tongerloo,* 1680, in-4°, v. f.

1045 Practica quotidiana Petri Sanz Morquechi de divisione bonorum, etc. *Francofurti,* 1607, in-4°, v. br.

Manque la fin de la table.

1046 Barth. Musculi de successione conventionali et anomala. *Osnabrugi,* 1675, 3 part. — Errores pragmaticorum de renunciatione hereditatum filiarum illustrium, disputavit Chr. Dan. Donaucr. *Halæ*, 1729. — Dissertatio de debito bonorum subsidio, quam proponit Henningus Siedel. *Jenæ*, 1716; en 1 vol. in-4°, v. f.

1047 Alph. de Olea, tractatus de cessione jurium et actionum, in quo insertæ sunt additiones, adjec. C. A. de Luca spicilegium. *Lugduni*, 1740, 2 t. en 1 vol. in-fol., v. f.
Légère piqûre en marge.

1048 Ever. Ottonis dissertationum juris publici et privati pars prima; accedit orationum trias. *Trajecti ad Rhenum, Visch*, 1723, in-4°, vél.

1049 Gabr. Palæoti Bonon. tractatus singularis de nothis spuriisque filiis; accessit tractatus de libera hominis nativitate seu de liberis naturalibus, autore Ponto Heutero. *Hagæ Comitis, Verhoeve*, 1655, in-8°, vél.

1050 M. Ant. Peregrini tractatus frequentissimus de fideicommissis præsertim universalibus; additæ sunt remissiones ad consil. tract. et decis. ejusd. auctoris, auctore Casp. Lonigo. *Norimbergæ*, 1725, in-fol. v. br.

1051 Lucæ Van de Poll de exheredatione et præteritione romana atque hodierna liber singularis. *Amstelodami, Halma*, 1700, in-4°, v. f.

1052 Lud. Postii tractatus mandati de manutenendo, sive summariissimi possessorii interim, et S. Rotæ Romanæ decisiones. *Lugduni, Liberal*, 1674, 2 parties en 1 vol. in-fol., veau brun.

1053 Tribonianus, sive errores Triboniani de poena parricidii, auctore Jo. Fr. Ramos. *Lugd. Batav.*, 1728, in-4°, fig. vélin.

1054 Tractatus de unione prolium Jac. Rickii; adjectus quoque tractatus Ant. Contii de pactis futuræ successionis. *Coloniæ Agripp.*, 1660, in-8°, v. br.

1055 Franc. Rocci de navibus et naulo. — Item, de assecurationibus notabilia, et ejusd. selecta responsa. *Amstelodami, Halma*, 1708, in-8°, vél.

1056 And. Rutcovii Cteticae, id est, de modis acquirendi, libri duo. *Amstelod., Ludov. Elzevirium*, 1650, in-12, veau fauve à fil., rel. neuve.

Non rogné, mais un peu taché.

1057 Fr. Rygerbos observationum juris romani fasciculus. *Amstelodami, Wor,* 1743. — Observationum juris civilis romani liber singularis, (auctore Pauw). *Hagæ Comitum,* 1743; en 1 vol. in-8°, d.-r. v.

1058 Opera omnia juridica Joannis et Frederici a Sande, cum additionibus et elucidationibus J. Burgers, L. Goris, A. Schotani, aliorumque. *Antverpiæ, Parys,* 1674, in-fol. veau brun.

1059 Das Recht des Besitzes, von Fr. C. von Savigny. *Giessen, Heyer,* 1818, in-8°, d.-r. bas.

1060 Joh. Schilteri praxis juris romani, in foro germanico juxta ordinem edicti perpetui et pandectarum Justiniani; cum præfatione nova Chr. Thomasii. *Francofurti ad. M.,* 1733, 3 t. en 1 vol. in-fol., v. br.

1061 Tractatus de jure pascendi publico et privato, a Jo. Chr. Schütz. *Francofurti ad M.,* 1732, in-4°, v. br.

1062 Ant. Schultingii dissertationes de recusatione judicis, pro rescriptis Imperatorum Romanorum, de transactione super controversiis. *Lugd. Batav.,* 1714, in-4°, v. br.

1063 Georgii Schultzens arboris consanguinitatis et affinitatis brevis expositio. *Argentorati* 1718, in-8°, veau fauve.

1064 Das römische Privatrecht in seiner Anwendung auf teutsche Gerichte, als Leitfaden zu den Vorlesungen über die Pandecten, von Albrecht Schweppe. *Altona, Hammerich,* 1819-20, in-8°, d.-r. v.

1065 Dissertatio juridica ad titulum pandectarum de fideicommissariis libertatibus, quam subm. D. Tieboel Siegenbeek. *Lugd. Batav., Herdingh,* 1828, in-4°, cart.

1066 Jo. a Someren opera juridica, scilicet tractatus de jure novercarum et repræsentationis. *Bruxellis, T'Serstevens,* 1719, 2 t. en 1 vol. in-8°, v. br.

1067 Corn. Swanenburch de jure adcrescendi, libellus posthumus; accedit Petri Cunæi laudatio funebris. *Lugd. Batav.,* 1631.

— Cypr. Regneri de injustitia quarundam legum romanarum libri duo et apologia pro manibus P. Cunæi. *Ibid., Livius,* 1640 ; en 1 vol. in-24, vél.

1068 Alex. Trentacinquii practicarum resolutionum juris libri tres. *Francofurti,* 1663, in-fol., v. br., fil.

1069 Em. R. Valeron tractatus de transactionibus. *Antverpiæ, Verdussen,* 1681, in-4°, v. br.

1070 De rebus dubiis et quæstionibus in jure controversis, tractatus XX, Nic. Valla authore. *Francofurti, Hassœus,* 1596, in-8°, vél.

1071 Résolutions des doutes de droict et de practique, tirées des plus belles loix de tout le droict romain, des arrests souverains du Parlement, etc., réduites en françois par J. Corbin. *Lyon, Ancelin,* 1608, in-8°, vél.

1072 Arn. Vinnii selectarum juris quæstionum libri duo, et Sim. Vinnii orationes duæ. *Lugd. Batav., Voorn,* 1660, in-24, vélin.

1073 —   — Selectarum juris quæstionum libri duo. *Francofurti,* 1733. — J. G. Heineccii in Arn. Vinnii commentarium in quatuor libros institutionum annotationes. *Ibid.* 1736, en 1 vol. in-4°, v. br.

1074 —   — Tractatus quinque de pactis, jurisdictione et collationibus, acc. Sim. Vinnii orationes. *Trajecti ad Rhen., Van de Water,* 1722, in-4°, v. br.

1075 Mobilium et immobilium natura, auctore Paulo Voet. *Ultrajecti, Ribbius,* 1714, in-8°, v. br.
Piqûres.

1076 Pauli Voet de statutis eorumque concursu, liber singularis. *Bruxelles, t'Serstevens,* 1715, in-8°, v. f.

1077 Joh. Voet de erciscunda familia liber singularis. *Bruxellis, T'Serstevens,* 1717, in-8°, v. br.

1078 Jo. Van de Water observationum juris romani libri tres. *Trajecti Batav., Van de Water,* 1713, in-4°, v. br.

COLLECTIONS DE TRAITÉS RELATIFS AU DROIT ROMAIN ANCIEN ET MODERNE.

1079 Thesaurus juris romani, continens rariora meliorum interpretum opuscula; cum præfatione Everardi Ottonis. *Trajecti ad Rhem., Broedelet*, 1733-1735, 5 vol. in-fol., v. br.

1080 Guil. Marani opera omnia, cum auctoris vita B. Medonio scriptore et præfat. Ch. H. Trotz. *Trajecti ad Rhen., Broedelet*, 1741, in-fol., portr., v. f.

1081 Ger. Meerman. Novus thesaurus juris civilis et canonici. *Hagæ-Comit.*, 1751-1753, 7 vol., veau brun. — Supplementum novi thesauri juris civilis, edidit J. L. B. de Meerman. *Ibid.*, 1780, broché. Ens. 8 vol. in-fol.
Le tome VIII manque à beaucoup d'exemplaires.

1082 Jurisprudentia romana et attica : continens varios commentatores, qui jus romanum et atticum explicarunt et illustr.; cum præfatione Jo. Gottl. Heineccii. *Lugd. Batav., Verbeek*, 1738-1741, 3 vol. in-fol., v. br., fil.

1083 Tractatus de jure protimiseos Matthæi de afflictis et Baldi de ubaldis. Item Rob. Marantæ disputationes ejusd. argum. Item, commentariolus M. Mantuæ de contrahend. empt. *Francofurti*, 1575, in-8°, v. rac.

DROIT ROMAIN APRÈS JUSTINIEN.

1084 Barbarorum leges antiquæ cum notis et glossariis, accedunt formularum fasciculi et selectæ constitutiones medii ævi; collegit, plura notis et animadversionibus illustr. F. Paulus Canciani. *Venetiis*, 1781-1792, 5 vol. in-fol, figg., dos et coins en maroq. rouge, n. rogn. (*Schavye*).
Bel exemplaire de ce recueil recherché.

DROIT DES PAYS-BAS.

A. DROIT ANCIEN ET MODERNE. — INTRODUCTION, TRAITÉS GÉNÉRAUX.

1085 Verhandeling over het roomsch recht in de Oostenrycksche Nederlanden, door G. G. T. Verhoeven, koopman tot Mechelen, 1782, in-fol., dem-rel. v. f.
Ms. autographe de l'auteur. Ce mémoire obtint au concours acadé-

mique de 1782 un accessit ex æquo avec ceux de Heylen, de Hettema et de d'Outrepont. Celui de Rapedius fut couronné. Tous ces travaux furent publiés par l'Académie. (Longue note de M. de J.).

1086 Ant. Matthæi parœmiæ Belgarum jurisconsultis usitatissimæ : access. additiones continentes jus et praxim tam in bonis allodialibus quam feudalibus. *Bruxellis, De Dobbeleer,* 1694, in-4°, v. f.

1087 Annotationes ad Antonii Matthæi parœmias Belgarum jurisconsultis usitatissimas, auct. J. J. Van Hasselt. *Neomagi,* 1780, in-8°, dem.-toile.

1088 Precis des institutions du droit Belgique, principalement au ressort du parlement de Flandres. *Bruxelles, 't Serstevens,* 1733, in-12, veau rac.

1089 Institutes de droit ou sommaire de jurisprudence canonique, civile, féodale et criminelle pour les pays de Liége, de Luxembourg et autres, par M. Sohet. *Bouillon, Foissy,* 1772, (cinq parties) en 1 vol. gr. in-4°, demi-rel. veau non rogné.

1090 Het recht domaniael van S. M. in Brabant, door D. F. Martinez. *Brussel,* 1729, 2 vol. — Ordinantie, style ende maniere van procederen in Brabant. *Ibid.*, 1733. — Kort begryp van placcaerten ende ordonnantien. *Ibid.*, 1734; ens. 4 vol. in-12, veau br.

1091 Woorden-tolk of verklaring der voornaamste onduitsche en andere woorden, in de hedendaagsche rechtspleginge voorkoomende, door Thymon Boey. *'s Graavenhaage, Gaillard,* 1773, 2 tom. en 1 vol in-4°, veau f.

1092 Handleiding tot de hedendaagsche rechtsgeleerdheid der Vereenigde Nederlanden, door J. Munniks. *Amsterdam,* 1776, in-8°, pap. fort, veau jaspé à fil., dor. s. tr.

1093 Cinquante-trois brochures de jurisprudence, relatives à des questions de droit ancien et nouveau, à l'administration de la justice, à son histoire, principalement en Belgique, in-8°.

1094 Recueil de brochures de jurisprudence, d'administration et d'organisation judiciaire, principalement en ce qui concerne la Belgique, in-8°.

DROIT DES PAYS-BAS.

COUTUMES, STATUTS LOCAUX ET COMMENTAIRES.

1095 Ancien droit Belgique, ou précis analytique des lois et coutumes observées en Belgique avant le Code civil, par Eug. Defacqz. Tome premier, (seul paru). *Bruxelles,* 1846, in-8°, dem.-rel. v. bleu.

1096 Jan Bottelgier heeft dit boeck gemaeck gheheeten Somme ruyrael, sprekende van allen rechten, enz. *T'hantwerpen, gheprent by my Claes de Grave, anno MCCCCC en XXIX,* in-fol., goth., à 2 colonn., v. rac.

<small>Cette édition rare est mentionnée dans le Catal. de Hœufft. Quelques piqûres.</small>

1097 Brabandts recht dat is generale costumen van den lande van Brabandt, midtsgaders van Limborgh, en den lande van Mechelen, door J.-B. Christyn. *Antwerpen, Knobbaert,* 1682, 2 vol. in-fol., v. br.

1098 Corte lyst van de principaelste articulen der generaele costuymen van Brabant. — Annotatien op de costuymen. — Sommaires des résolutions du Conseil de Brabant. — Res judicatæ celebriores. — Mémoire au sujet de l'entretien des Églises. — Lettre de M. (d'Outrepont) à l'abbé Ghesquière, sur les dîmes, et plusieurs autres pièces, in-fol. dem.-rel., v. fauve.

<small>Ms. considérable, d'une bonne écriture, renfermant une foule de documents intéressants.</small>

1099 Remarques sur le Commentaire de Louis Le Grand, sur la coutume de Troyes, à l'usage des Pays-Bas Autrichiens et principalement du duché de Brabant, par de Wynants. *Bruxelles, Ermens,* 1777, in-fol., v. f.

<small>Partie première, seule publiée.</small>

1100 Codex Brabanticus, seu corpus juris edictalis Brabantiæ et Limburgiæ, redactore J. Verloo. *Bruxellis, Pauwels,* (1781), in-fol., v. f.

1101 De lant core in damañie van Bruessele. — Het recht van Uckele. — Cuere van Alsenberge ende van Roode. — Regule juris civilis, in-4°, d.-r. cuir de Russie.

<small>Ms. de 1461, sur papier.</small>

1102 Costuymen der stadt van Bruessele, in-fol., d.-rel. v. rac.
Copie manuscrite du xviie *siècle avec annotations marginales.*

1103 Statutum architutelæ urbis Bruxellensis commentat. et quœstionibus, nec non decisionibus illustratum, cura J. B. Huygens. *Bruxellis, de Dobbeleer,* 1700, in-4°, veau brun.

1104 Les droits et coutumes de la ville de Bruxelles, recueillis par J. B. Christyn. *Bruxelles,* 1762, 3 vol. in-12, v. br.

1105 Notæ additæ eis quas edidit J. B. Christineus ad consuetudines Bruxellenses cum additionibus nuperrime eis adjectis (a J. B. Charlier), in-4°, dem.-rel. v. f.
Gros manuscrit d'une belle écriture.

1106 Annotata ad consuetudines Bruxellenses, per D. D. Gosw. de Wynants en Car. Swarts, collecta per D. P. Fr. de Valeriola, in-4°, dem.-r. bas.
Ms. de 208 pages.

1107 Explanatio art. 274-278 legis municipalis Bruxellensis qua vindicatur... repræsentationem in infinitum æque in linea collaterali ac in linea descendenti. Accedunt variæ aliæ discussiones, in-4°, dem.-rel. v. f.
Ms. de 286 et LI pages. d'une très-belle écriture, avec quelques vignettes délicatement dessinées à la plume, par J. B. Charlier.

1108 Analysis jurium et consuetudinum ditionis Uckelensis alias die Hooft-Bancke tot Uccle, in-4°, dem.-rel. v. brun.
Ms. du siècle passé, d'une bonne écriture.

1109 Les coustumes de la ville de Louvain et du ressort dicelle. — Ordonnances et statuts de la chambre des orphelins, in-4°, dem.-rel. v. viol.
Ms. de 151 pages. Bonne écriture.

1110 Costuymen der stad Loven, ende van haere ressorte. *Loven,* 1791, in-12, dem.-rel.

1111 Costuymen der stad van Loven ende van hueren resorten, in-fol., v. br.
Ms. de 186 pages, écriture du xviie *siècle.*

1112 Annotata varia ad consuetudines Lovanienses, in-fol., veau fauve.
Ms. d'une bonne main.

1113 Observationes ad novas consuetudines civitatis et agri Nivellensis decretas 1ᵃ sept. 1611. Præcedunt observationes præliminares, etc., (a J. B. Charlier, in supr. curia Brab. consil.) in-4°, dem.-rel. v.

Ms. d'une belle écriture.

1114 Rechten ende costumen van Antwerpen. *t'Antwerpen, Chr. Plantyn*, 1582, avec plan de la ville. — Ordonnantie ende verhael van den styl ende maniere van procederen te Antw. *Ibid., id.*, 1582, en 1 vol. p. in-fol., d.-r. bas. bleue.

1115 Coustumen, usancien ende stijl van procederen der stadt van Mechelen. *Antwerpen, by Michielen van Hoochstraeten*, 1535. — Additie, ampliatie ende declaratie van de costumen, usancien... *Ibid.*, (1541); en 1 vol. in-4°, demi-rel. veau.

Première édition, très-rare des coutumes de Malines. (Note du Catal. Van Hulthem).

1116 Costumen, usancien, ende stijl van procederen der stadt, vryheyt, ende jurisdictie van Mechelen. *Mechelen, P. Draecx, (Antwerpen, Marten de Ridder)*, 1535, in-8°, v. br.

1117 P. Christinæi in leges municipales civitatis ac provinciæ Mechliniensis commentaria ac notæ. *Antverpiæ, Verdussen*, 1671, in-fol., v. br.

1118 Rechten ende Costuymen der hooft-bancke van Santhoven, in S. M. Souveraine Rade van Brabant gedecreteert, den 13 juli 1664. *Antwerpen*, 1727. — Ordonnantien en de statuten van keuren ende breucken, by mijne H. die Schouteth ende mannen van Leene ons H. des Coninckx in S. hooft-bancke van Santhoven. *Antwerpen;* en 1 vol. in-4°, vél.

1119 Forme et manière de procéder et coutumes du pays de Daelhem, in-fol., cart.

Ms. de 12 feuillets du xviiᵉ siècle.
Ces coutumes sont restées inédites jusqu'à ce jour. (Note de M. de J.)

1120 Les coustumes et loix des villes et des chastellenies du comté de Flandre, trad. en françois, avec les notes de L. Vanden Hane, publ. par Le Grand. *Cambray, Douilliez*, 1719, 3 vol. in-fol., v. br.

126   JURISPRUDENCE

1121 Compilatie ofte byeenvoegsel van de decretementen der costumen van Vlaenderen, en interpretatie op de costume van Ipre. *Tot Ypre, s. d.*, p. in-8°, dem.-rel.

1122 Phosphorus seu elucidatio juris statutarii vel civilis Flandriæ ac præsertim Iprensis, auctore Petro Vander Espt, in-fol., d.-rel. v.

Ms. de 368 pages d'une bonne main, du milieu du siècle passé.

1123 Verzameling van costumen, 14 vol. in-8°, v. brun.

Costumen ende wetten der stad Gendt. — Id. van Brugghe. — Id. de la Flandre française, 2 vol. — Costumen van Ipre. — Id. van Aelst. — Id. van Audenaerde. Id. van den landen van Waes. — Id. van Veurne. — Id. van Nieuport. — Id. van Assenede. — Id. van Cortrycke (avec notes par L. van den Hane).—Generaele tafel op de costumen van Vlaenderen, door Laur. van den Hane; opgemaekt door J. E. de Jonghe. 2 vol. *De Gendt, Goesin*, 1765-1782.
Bel exemplaire.

1124 Generaele tafel van de materien begrepen in de gedecreteerde costumen van Vlaenderen, door van den Hane... vermeerdert door J. E. De Jonghe. *Gendt, De Goesin*, 1780, 2 t. 1 vol in-8°, d.-rel. v.

1125 Costuyme van den leenhove ende casteele van den Auderburg van Ghendt, in-4°, vél.
Bonne copie du xvii° siècle.

1126 Costumen van den lande van Waes, ghedecreteert by H. Doorl. Hoogheden, den 16° maye 1618. *Ghendt, Van Steene*, 1620, in-4°, d.-toile angl.
Souillures.

1127 Recueil de pièces, 1 vol. in-4°, dem.-rel. v.
Renferme :
Costumen van den Lande van Waes, ghedecreteert in 1618... *Ghendt, J. van Steen*, 1620, frontisp. gravé. — Ordonnantien opt beleyden van den processen tot Antwerpen, 1564. *Antw., Silvius*, 1576. — Ordonnancie opten brande... *Ibid., C. Plantyn*, (1581).—Coustuymen ende maniere... van Nyvele. *Brussel*, 1611. — Coustumes generales de Cambray et du Cambrésis. *Douay, L. de Wind*, 1574. — Instructie op 't heffen van den impost... *Antw., Plantyn*, 1581. — Articles et conditions du traicté entre mgr. le prince de Parme... et la ville de Bruxelles, le x de mars 1585. *Brux.*, 1587. — Conditions de la vente des seigneuries, terres et revenuz du domaine de S. M. *Bruxelles, Velpius*, 1643, et autres pièces.

1128 Costumen, wetten ende statuten der stede ende poorterye van Ipre, met de notulen van van den Hane. *Gendt, De*

Goesin, 1769. — Wetten, costumen, keuren ende usantien van de zale ende casselrye van Ipre. *Gendt, id.*, en 1 vol. in-8°, v. br.

1129 Costumen ende ceuren den stede van Oostende gheconfirmeert den 10sten martii 1611. *Ghendt, Van den Steene,* 1619, in-4°, d.-r., toile angl.

Mouillures et restaurations.

1130 Introduction aux chartes et coutumes du pays, et comté d'Haynaut, et autres pièces, in-4°, dem.-rel. v.

Ms. de 270 pages, d'une bonne écriture, du xviiie s.

1131 Institution du droit coutumier du pays de Hainaut, par André Boulé. *Mons, Hoyois*, (1740), 2 tom. en 1 vol. in-4°, v. fauve à fil.

1132 — — Le même ouvrage. *Mons*, (1780), 2 tom. en 1 vol. in-4°, demi-rel. toile.

1133 Dictionnaire onomastique des chartes du pays et comté de Hainaut, de l'année 1619, par le comte J. de St Genois. *S. l.*, 1782, in-8°, dos et coins en maroq. bleu, tête dor., fil. sur les joinct., n. rogné.

1134 Loix, chartres et coustumes du pays de Haynnau. *Imprimé à Anvers, par moy Michel de Hoochstrat, pour Jehan Pissart..., à Mons; mil chincq cens trente chincq.*; 2 ff. prelim. et texte de 42 ff. gothique à longues lignes (le prem. feuill. signé *x*-ii). — Modifications aux loix, chartres, etc. *Ib., id.*, 1535, de 19 ff. goth. à longues lignes, en 1 vol. in-fol., veau raciné, dos à petits fers Padeloup.

Exemplaire à grandes marges, avec notes manuscrites d'une main ancienne.

1135 Loix, chartres et coustumes du noble pays et conte de Haynnau, qui se doibvent observer et garder en la souveraine et haulte court de Mons, etc... *Imprime pour Jehan Pissart, libraire demourant à Mons en Haynnau... Mil Dxl.* (1540), goth., titre et prélim. 8 pp.; texte 152 pp.; au verso du titre, l'écusson des douze Pairies du Hainaut. — Loix, chartres et coustumes du chieflieu de la ville de Mons, etc... *Ibid., id., MDxl.*; titre (même grav. au verso) et table 5 pp.; texte 69 pp.; feuillet blanc, au recto la vignette du titre. — Coustumes et usaiges de la ville, eschevinaige, banlieu et chieflieu de Vallenchiennes. *Imprime...*, *ibid.*, *id. MDxl.*, etc., titre (au verso l'écusson) et prélim., 12 pp.; texte 68 pp.; en 1 vol in-4°, dem.-rel. veau rac. (Bien conservé, sauf quelques marges d'en haut un peu courtes, et des notes marginales).

<small>Volume rare. Ces pièces ont été imprimées à Anvers par Michel Van Hoochstraten. V. la *Bibliogr. Montoise*, page 39. La description qu'en donne cet excellent travail, offre une différence légère avec la nôtre pour les deux premières pièces ; le nombre des *feuillets prélim.* indiqué, est celui des pages.</small>

1136 Loix, chartes et covstvmes dv pays et comté de Haynnav, qvi se doivent observer et garder en la sovveraine court à Mons.... *Mons, Ch. Michel*, 1608, de 7 ff. prélim. et 1 f. blanc; texte 160 pp. — Decretz de la souveraine covrt à Mons, servantz à l'interpretation de la charte et coustume du pays de Haynnau, oultre ceux comprins en la premiere impression d'icelle charte. *Mons, C. Michel*, 1608, titre et 14 ff. non chiffrés. — Loix, chartes et covstvmes dv chef-liev de la ville de Mons, et des villes resortissantes audict chef-lieu. *Ibid., id.*, 1608, titre et prelim., 5 pp.; texte 36 ff., chiffrés 1 à 56; 3 pp. de table. — Ordonnances et provisions decretées par le souverain chef-lieu dudit Mons... *Ibid., id.* 1608, de 12 ff. non chiffr. — Pointz et articles conceuz tant par renforcement de la covrt à Mons, que par les trois membres de ces Estatz de ce pays... *Ibid., id.*, 1608, de 12 ff. non chiffrés. —Decretz des archiducz povr le souverain chef-lieu de Mons du XX° de mars, 1606. *Mons, id.*, 1608, de 8 ff. non chiffrés; en 1 vol. p. in-8°, dem.-rel. veau rac. (*Les premières pages tachées*).

<small>La première de ces pièces a 160 pages de texte, elle est indiquée dans la *Bibliogr. Montoise* (n° 104), comme n'ayant que 152 pages.—La dernière pièce y est annoncée sous la date de 1606; la présente édition de 1608 paraît avoir échappé aux recherches de M. Rousselle.</small>

1137 Les chartes nouvelles du pays et comté de Hainaut, avec notes de Fortius. *Mons, Migeot*, 1735, 2 vol. in-4°, v. f.

<small>Interfolié de papier blanc.</small>

1138 Remarques sur les coutumes du Hainaut, in-fol., dem.-rel. v. Ms. de 250 pages environ, du siècle passé. Avec des annotations tant sur l'origine du pays et comté de Hainaut que sur les mœurs des habitants ainsi que sur leurs anciennes loix et usages avant l'an 1200.

1139 Chartes du Hainaut de l'an 1200, en langue gauloise, françoise et latine, avec des notes..., par N. J. G. Delattre. *Mons, Hoyois*, 1822. — Chartes, loix et coutumes du pays et comté de Hainaut, de l'an 1410. *Ibid.*, 1776, en 1 vol. in-8°, dem.-rel. veau fauve,

1140 Loix, chartes et coutumes du chef-lieu de la ville de Mons, et des villes et villages y ressortissans. *Mons, De la Roche*, 1700, in-4°, v. br.

1141 Les loix, chartres et coutumes anciennes du souverain chef-lieu de la ville de Mons. *Mons, Varret*, 1739, in-4°, dem.-rel. toile angl.

1142 Loix, chartres et coutumes du chef-lieu de la ville de Mons, augm. de plusieurs décrets, priviléges, etc. *Mons, Wilmet*, 1761, in-12, veau f.

1143 Interprétations sur chaque chapitre des chartes du chef-lieu de la ville de Mons. — Décrets du souverain chef-lieu de Mons, etc., in-4° dem.-rel. v. rac.

Ms. de 316 pages sans la table.

1144 Loix, chartres et coutumes du village de Wodecque. *Mons, Wilmet*, 1757, in-18, dem.-toile.

1145 Les coustumes, stilz, et usaiges de l'esschevinaige de la ville et cité de Tournay, povoir et banlieu d'icelle. *Anvers, impr. par Nuyts, pour De la Forge, libraire de Tournay*, MDLIIII. (Sign. A. — Iij, caract. goth.). — Coustumes et usaiges de la ville, taille, banlieu et eschevinaige de Lille. Anvers, *J. de Ghele, pour Villant libr. en Lille*, 1556. (Sign. A. — H. iv, caract. goth.), p. in-4°, veau f.

Deux ouvrages extrêmement rares. Le premier est, selon toute probabilité, l'édition *princeps* des coutumes de Tournai. Ces coutumes avaient été revisitées, et autorisées le 5 septembre 1553 et du contexte du privilége concédé au libraire de la Forge, il semble résulter que jusques-là il n'avait existé que des copies manuscrites.

Le 2e ouvrage porte un frontispice gravé en bois, au recto du dernier feuillet la marque de l'imprimeur Van Ghelen et au v° une fleur de lys surmontée du mot *Lille*. L'exemplaire est de bonne conservation, sauf quelques mouillures légères, et une petite déchirure au f. J. du 1er ouvrage, lequel est aussi assez court de marges.

Ils manquent tous deux au catal. Van Hulthem.

1146 Coustumes du bailliaige de Tournay et Tournesis, in-fol., dem.-rel. v. f.
Copie manuscrite du XVIIe siècle.

1147 Les coutumes, stils et usages de l'échévinage de la ville et cité de Tournay, pouvoir et ban-lieu d'icelle, avec diverses chartres, priviléges, etc... *Tournay, Jovenau*, 1778, gr. in-4°, dem.-rel. v. rac.

1148 Consuetudines patriæ et comitatus Lossensis, per Servatium Haeghen scabinum de Vliermal, etc., ab a° 1580, in-fol., dem.-rel. v.
Ms. d'une bonne écriture du siècle passé.

1149 Coutumes et ordonnances du pays et comté de Namur, augmentées des édits politiques de la ville de Namur. *Malines, Van der Elst*, 1733, 2 part. en 1 vol. in-4°., v. br.

1150 Coutumes et extrait des ordonnances du pays et comté de Namur. *Bruxelles, Moris*, 1757, p. in-8°, v. br.

1151 Question de droit concernant les coutumes de Namur, par X. Lelièvre. *Namur*, 1852, in-8°, dem.-rel. v. bleu.

1152 Utilité des contrats de mariage, ou de la société conjugale, dans les pays qui étaient ci-devant régis par la coutume de Namur, par M. J. Fallon. *Namur, Martin*, 1804, in-12, dem.-rel.

1153 Beiträge zur Geschichte und Quellenkunde des Lütticher Gewohnheitsrechts, von Dr L. A. Warnkönig. *Freiburg*, 1838, in-8°, dem.-rel. chagr. vert, non rogn.

1154 Les Eburons liégeois, les hauteurs, droits, priviléges et libertés des maîtres jurez et conseil et XXXII mestiers de la cité de Liége. *Liége*, 1678, in-4°, dem.-rel.

1155 Chartes et priviléges des bons métiers de Liége. (*Liége,* 1730), 2 tom. en 1 vol. in-fol., blasons sur bois, veau br., rel. restaurée.
Sans titres. Exemplaire de bonne conservation.

1156 Alphabetische Anzeige der vorzüglichsten Quellen zur Kenntniss der Rechte und Gewohnheiten des Herzogthums

Luxemburg und der Grafschaft Chiny, von deren Vereinigung mit der Franken-Republik, von Fr. Müller. *Trier, Rodt,* 1825, in-8°, dem. rel. bas.

1157 Coutumes générales des pays, duché de Luxembourg et comté de Chiny. *Luxembourg,* 1692. — Ordonnance et édit des archiducs, pour meilleur direction des affaires de la justice... *Ibid.,* 1692, en 1 vol., p. in-12, veau br.

1158 Nouveau stile pour l'instruction des procédures et l'administration de la justice dans le duché de Luxembourg et comté de Chiny, décrété à Luxembourg, le 2 juin 1756. *Luxembourg, Kleber,* 1756. — Neue Gerichts und Process-Ordnung für das Hertzogthum Lutzemburg und die Graffschafft Chiny. *Ibid.,* 1757, in-8°, v. f., d. s. tr.

1159 Réformations, statuts et coustumes du duché de Bouillon. *Liége, Barnabé,* 1719, in-4°, dem.-rel. v. rac.

1160 Essai d'un système du droit coutumier Luxembourgeois, précédé d'une introduction, par J. P. Ferron. *Luxembourg,* 1853, in-8°, dem.-rel. v. bleu, n. rogn.

1161 Dissertatio de origine diversarum consuetudinum localium regni nostri, auth. J. A. Vandievoet. *Lovanii,* 1827, in-8°, dem.-rel. v.

1162 Charterboek der hertogen van Gelderland en graaven van Zutphen, behelzende de handvesten, privilegien, enz., beginnende met de oudste brieven tot op de afzwering van Philips II, door Pieter Bondam. *Utrecht,* 1783, 4 part. en 1 vol., in-fol., figg. de sceaux, dem.-rel., veau fauve.
Légère mouillure.

1163 Hantvesten, privilegien, willekeuren ende ordonnantien der stadt Aemstelredam. *S. l.,* 1613, fig. — Id. van Weesp, Muyden en Naerden. *S. l.,* 1613. — Id. van Monnickendam ende Waterlandt. *S. l.,* 1613. — 't Boeck der zeerechten, inhoudende dat hoochste ende oudtste Gotlandtsche water-recht. *S. l.,* 1613, en 1 vol. in-fol., veau br., d. s. plat.
Reliure restaurée.

1164 Gelrische landt en stadt-rechten in 't over quartier van Ruremonde, met eenen appendix. *Venlo, Korsten,* 1740, in-fol., veau f.

1165 Disputatio historica juris publici de imperantis circa aggeres in Gelria jure..., auth. H. C. A. Thieme. *Arnhemiæ,* 1843, in-8°, maroq. rouge à fil., tr. dor.

1166 Costumen, usantien, policien ende styl van procederen, der stadt van Utrecht, met aanmerkingen, door W. Vandermuelen. *Utrecht, Broedelet,* 1709, in-fol., portr., v. f.

1167 Statuta et consuetudines diœceseos Vianensis et Ameydensis tam in civilibus quam criminalibus causis; opera Jo. Andr. Van der Muelen. *Trajecti ad Rhen.*, 1685, in-4°, veau fauve.

1168 Landtrecht van Averissel (Overyssel). Tho samen gebracht unde uthgelecht dör Melchioren Winhoff. *Gedruckt tho Deventer by Simon Steenberch,* anno 1559, p. in-8°, dem.-rel. chagr. bleu. (Tache au titre et légèrement mouillé).
 Rare. Malheureusement l'exemplaire est incomplet des feuillets H, J 8, et du cahier aa.

1169 Asega-Buch ein alt-friesisches Gesetzbuch der Rüstringer, herausgegeben von T. D. Wiarda. *Berlin, Nicolai,* 1805, in-4°, dem.-rel. v. bleu.

1170 Friesische Rechtsquellen, von Dr Karl von Richthofen. *Berlin, Nicolai,* 1840, gr. in-4°, dos et coins en maroq. rouge, dor. en tête, fil. s. l. jonct., n. rogn.

1171 Heedensdaegse rechts-geleertheyt, soo elders als in Frieslandt gebruikelyk, door Ulrik Huber. *Leeuwaarden, Nauta,* 1699, 2 vol. in-4°, vél.

1172 Rechtsgeleerde verhandel. over 't vlotrecht van Westfriesland en Noord-Holland, door F. Van der Vorm. *Amsterd.,* 1743, in-4°, vél.

1173 Verhandeling over het regt van beklemming of overdragt in de provincie Groningen door A. P. Driessen. *Groningen, Oomkens,* 1824, in-8°, dem.-rel. v. bleu.

TRAITÉS PARTICULIERS SUR DIFFÉRENTES MATIÈRES DE DROIT.

A. DROIT CIVIL ANCIEN ET MODERNE.

1174 Institutions du droit belgique par raport tant aux XVII provinces, qu'au pays de Liége, avec une métode pour étudier la profession d'avocat, par M. Ghewiet. *Lille, Cramé*, 1736, in-4°, v. br.

1175 G. de Ghewiet. Institutions du droit belgique. *Brux., Moris*, 2 vol. — La jurisprudence des Pays-Bas Autrichiens, par R. A. du Laury. *Ibid.*, 1761 ; ens. 4 vol. p. in-8°, v. br.

1176 Digesta belgica cum observationibus ad usum fori Brabantini, authore D. Balthazaro Mertens, cum addit. D. God. Dom. Van Veen, 3 v. in-fol., v. f.
   Ms. très-volumineux, probablement autographe et inédit.

1177 Jus civile brabantinum juxta ordinem codicis Justinianei, cum observ. ad usum fori, authore D. Balthasaro Mertens cum addit. D. G. D. Van Veen, 4 vol. in-fol., v. rac.
   Ms. de la même main que l'ouvrage précédent. Le premier volume portant pour titre spécial : *Chronologia belgica ab imperatoribus romanis*, comprend une histoire des Pays-Bas, depuis la conquête romaine jusqu'au commencement du xve siècle. Cet ouvrage et le précédent forment un immense travail juridique, embrassant tout le droit civil et la jurisprudence en vigueur en Belgique au commencement du siècle passé.

1178 Institutiones juris civilis scripti et non scripti collectæ partim ex textu Justiniani, partim ex usu Belgii, opera N. Chamart. *Lovanii, Moris, s. d.,* in-12, v. f.

1179 Jus civile Leodiense, in-4°, d.-r., mar. vert.
   Ms. du xviie s. Dictionnaire de droit.

1180 Praxis rerum civilium, auctore Jodoco Damhouderio, illustr. annotationibus Nic. Thuldæni. *Antverpiæ,* 1617, in-4°, v. br.

1181 Jud. Damhouderii patrocinium pupillorum, accedit ejusd. subhastationum compendiosa exegesis. *Brugis, Wydts,* 1730, 2 vol. in-8°, v. br.

1182 Disquisitio de jure bastardorum, id est quomodo et quatenus bastardi succedunt, etc. (a J. B. Charlier, in supr. curiâ Brab. consil.). In-4°, dem.-rel. v.
   Ms. d'une très-belle écriture. Charmante vignette à la plume en tête de la première page.

1183 Centuria consiliorum Elb. Leonini, acc. oratio de bello, de religione et pace, per Belgium. *Antverpiæ, Plantinus,* 1584, in-fol., v. br.

1184 Nic. Vander Hooch sive ab Alto, singularia juris. *Antverpiæ, G. a. Tongris,* 1621, in-8°, v. f.

> Ouvrage peu connu et assez curieux : l'auteur y traite des questions hardies et des cas puérils, tels par ex. que ceux-ci : de deux voitures qui se rencontrent dans une voie étroite, laquelle doit aller en arrière? — Si l'on peut expulser de son domicile un artisan voisin d'une école, à cause du tapage qu'il fait, etc. Les questions traitées sont au nombre de cent. Nic. Van der Hooch, né à Harlem, était avocat au conseil de Malines, et mourut en 1624. L'ouvrage ci-dessus est précédé d'une dédicace à l'archevêque Boonen, et de plusieurs pièces de vers et d'anagrammes latins par des avocats malinois en l'honneur de leur confrère.

1185 Ant. Anselmo. Codex belgicus. Commentaria ad Perpetuum Edictum. — Consultationes seu resolutiones. — Tribonianus Belgicus. *Antverp.* et *Bruxellis,* 1649-71, 4 vol. in-fol. veau br.

1186 Jo. Wamesii responsorum sive consiliorum ad jus forumque civile pertinentium centuriæ sex. *Antverpiæ, Woons,* 1641-66, 6 t. en 3 vol. in-fol., portr., v. f.

> Piqûre en marge du 3ᵉ volume.

1187 Notata in decisiones Petri Stockmans, authore Cl. D. Guil. de Wilde, in supr. Brab. cons. consiliario, in-fol., v. rac.

> Ms. très-bien conditionné. Guillaume, (alias Wauthier Emmanuel), de Wilde était natif de Turnhout, et fut nommé membre du Conseil de Brabant, par lettres patentes du 20 nov. 1750. Il mourut le 7 oct. 1768. Nous pensons que ce travail est inédit.

1188 J. Uffelii connubialis consultatio quâ prœcipiæ quæritur, an conjugium longissimi pœne temporis cohabitatione... confirmatum. *Antwerpiæ,* 1611, in-8°, vélin.

1189 Tractatus juridicus de arrestis, a Davide Mevio. *Bruxellis, Strychwant,* 1729, in-4°, v. rac.

> Piqûres.

1190 Alle de wercken van Pieter Bort, advokaet, begrepen in seven tractaten; uitgeg. door J. Le Long. *Leiden,* 1731, portrait, in-fol., v. br.

1191 De nagelate werken van Pieter Bort. *Utrecht, Besseling,* 1745, in-fol., v. f.

1192 Pratique du retrait et reprise selon l'esprit des loix, coûtumes et usages de la province et comté de Hainau, par Fr. Cogniaux. *Mons, Wilmet,* 1744, in-4°, v. br.

1193 Observationes et res judicatæ ad jus civilis Leodiensium, Romanorum, aliarumque gentium canonicum et feudale, a D. Car. de Mean, ed. G. de Louvrex. *Leodii, Kints,* 1740-1741, 8 t. en 4 vol. in-fol., v. brun.

1194 Controversiæ forenses, in quibus selectiores juris et praxis quæstiones, in variis patriæ Leodiensis tribunalibus in disputationem adductæ, auth. G. Fr. de Heeswyck. Pars prima. *Leodii, Kints,* 1742. — Dissertationes canonicæ de origine, jurisdictione et officio archidiaconorum ecclesiæ cathedralis Leodiensis, operâ ejusdem. *Ibid.,* 1742; en 1 vol. in-fol., v. br.

1195 Nic. Everhardi a Middelb. consilia sive responsa. *Antwerpiæ, Verdussius,* 1643, in-fol., portr., v. br.

1196 Tractatus de legibus abrogatis et inusitatis in Hollandia vicinisque regionibus, auctore S. a Groenewegen Vander Made. *Lugd. Batav.,* 1649, in-4°, v. br.

1197 Tractaet van testamenten, codicillen, legaten en andere acten, getranslateert door W. van Aller. *Rotterdam,* 1656. — Tractaet van testamentaire actien, begrypende legitime en andere portien. *Ibid.,* 1656. — Playdoy uyt Annaeus Robertus. *Ibid.,* 1648. — Papon, van complaincten. *Ibid.,* 1648; en 1 vol. p. in-8°, v. br.

1198 Christ. Rodenburgii tractatus de jure conjugum, cum tractatione præliminari de jure, etc. *Trajecti ad Rhen.,* 1653, in-4°, vélin.

Avec la signat. de J. F. Christyn.

1199 Abrah. de Pape, observationes ad consilia jurisconsultorum Batavicorum. *Lugd. Bat.,* 1702-1703, 2 vol. in-12, veau brun.

1200 Henr. Brouwer, de jure connubiorum libri duo. *Delphis, Beman,* 1714, in-4°, v. br.

1201 Verhandelingen van staatszaken, door Corn. van Bynkershoek, in 't nederduytsch overbragt, door Matth. de Ruusscher. *Amsterdam,* 1740-1747, 2 vol. in-8°, v. rac.

1202 Verhandelingen over burgelyke rechtszaaken, door Corn. van Bynkershoek. *Amsterdam, Tirion,* 1747, 2 vol. in-8°, portr. gravé par Tanjé, v. rac.

1203 Tractatus de jure nundinarum, (auct. P. G. Donker). *Amstel.*, 1776, in-8°, dem.-rel. v. rouge.

1204 Thom. Herbai, rerum quotidianarum, liber singularis. *Leovard.*, s. d., in-12, vélin.

1205 Thèses de droit soumises à la discussion publique, par M. H. Espital. *Bruxelles*, 1811, in-4°, cart., d. s. tr.

1206 Dissertatio de forma donationum tam inter vivos quam ex testamento, auth. J. J. van Oldeneel van Oldenzeel. *Trajecti ad Rhen.*, 1826, in-8°, d.-r. v.

1207 Dissertatio de matrimonio ejusque impedimentis, auct. J. B. Ph. de Jonghe. *Leodii*, 1823, in-4°, dos et coins en mar. rouge du Levant, tête dor., fil. s. l. jonct.

1208 — — Le même ouvrage.—Thèses proposées à la discussion publique, par L. J. A. de Roovere, 1807. *Bruxelles*, en 1 vol. in-4°, dem.-rel.

1209 Jaarboeken voor de Israeliten of Joden binnen het koningrijk Holland. *Amsterdam*, 1808 (pages 1-58, tout ce qui a paru), in-8°, dem.-rel.

1210 Nederlandsche pandecten of verzameling van wetten in het koningrijk der Nederlanden, door W. Y. van Hamelsveld. Tome I. *Delft*, 1827, in-8°, dem.-rel. v. rac.

1211 Staatsblad der vereenigde Nederlanden, voor de jaren 1813 en 1814, met het register. *s'Gravenh.*, *lands-drukkery*, en 1 vol. in-8°, dem.-rel. v. rac.

1212 Bijvoegsel tot het staadsblad van het koningrijk der Nederlanden of besluiten, enz., welke niet in het staatsblad zijn opgenomen. *Dordrecht et Gorcum* (années 1813-1830, met algemeen register over de jaren 1813-1822), 1816-1837, 17 tom. en 42 vol. in-8°, dem.-rel. bas. rac.

1213 Handleiding tot de kennis van het staatsbestuur in het koningrijk der Nederlanden, of alphab. register der vaderlandsche wetten en besluiten, (door Dan. van Zeldam Ganswyck). *Dordrecht*, 1826-1828, 4 tom. en 5 vol., veau rac. à fil.

1214 Primæ lineæ juris civilis Hollandici, in primis secundum codicem Napoleonticum, a Nic. Smallenburg. *Lugd. Bat.*, 1820, in-8°, dem.-rel.

1215 Recueil de pièces, 1 vol. in-8°, dem.-rel. toile.

Renferme :
D. Hooft, Verzameling van advyzen over het wetboek van koophandel. *Amst.*, 1826. — Gewysden van het Hoog Geregtshof te s' Gravenhage. — J. C. Nierstrassz, Dissertatio de advocatis. *Lugd.*, 1829.

1216 Wetboek Napoleon, ingerigt voor het koningrijk Holland. *'s Gravenhage*, 1809, in-8°, cart.

1217 Burgerlijk wetboek voor het koningrijk der Nederlanden. *S. l. n. d.*, (1820), in-fol., dem.-rel. bas.

Projet de code civil présenté aux Chambres sous le gouvernement des Pays-Bas.

1218 Recueil des lois et actes généraux du gouvernement en vigueur dans le royaume des Pays-Bas. II° série, (1814-1819), 9 vol. — Idem, III° série, (1819-1830), 20 vol. ; ajouté tome XXI, conten. : Reglement voor de koninkl. militaire akademie, 1828. — Reglement voor s' Ryks stoeteryen. — Ordonnances sur les marches des troupes. — Wet op de instelling des militaire Willems orde. — Règlement pour la composition de la régence de la ville de Bruxelles, et autres pièces, avec table manuscr. — tom. XXII : Reglementen op het justitie wezen, handel en scheepvaart en geneeskundige dienst in de kolonien van 1815 en 1816, avec table manuscrite. — Idem. IV° série : Décrets du Congrès national de Belgique et du pouvoir exécutif, (1830-1836), 13 vol. ; ens. 44 vol in-8°, dem.-rel. uniforme en bas. rac.

1219 J. J. Drault, Table générale de la première série du Recueil des lois. *Bruxelles*, 1824. — L. P. Poswick, Répertoire général des lois et arrêtés insérés au Journal officiel et dans la Gazette générale. *Liége*, 1818, 2 vol. in-8°, d.-rel.

1220 Pasinomie ou collection complète des lois, décrets, arrêtés et règlements généraux de la Belgique, par MM. Delebecque, Plaisant, etc. Introduction à la première série, 1 vol. ; II° série, 1814-1830, 9 vol. et un vol. de tables ; III° série,

1830-1858, 28 vol. et 2 vol. de tables. *Bruxelles, Bruylant-Christophe*, ens. 41 vol. in-8°, dem.-rel. v. fauve.
Bel exemplaire.

1221 Table générale alphabétique de la jurisprudence belge de 1814 à 1833. *Bruxelles, Tarlier,* 1835, gr. in-8°, dem.-rel. veau fauve.

1222 Tableau chronologique des lois et décrets publiés dans la Belgique depuis 1794 jusqu'à 1814 (servant de table au Recueil publié par Huyghe), par E. Cuypers. *Bruxelles,* 1828, in-8°, dem.-rel. bas. rac.

1223 Burgerlijk wetboek. Officiele uitgave. *s'Gravenh.,* 1837, in-8°, dem.-rel. v. vert, n. rogn.

1224 Het burgerlyk wetboek, uit het fransch vertaeld en uitgelegd, (met de wyzigingen voor België), door C. Ledeganck. *Gent, Hoste,* 1844, in-8°, dem.-rel. v. fauve, non rogné.

1225 Code civil expliqué par la jurisprudence des cours et tribunaux de Belgique et de l'étranger, par P. A. F. Gérard. *Bruxelles, Rozez,* 1859, gr. in-8°, portr. ajouté, dos et coins en maroq. rouge.

DROIT CRIMINEL. — DROIT MILITAIRE. — DROIT MARITIME.

1226 Du droit pénal au xiii° siècle, dans l'ancien duché du Brabant, considéré en lui-même et dans ses rapports avec le droit public, par E. Van Coetsem. *Gand, Hebbelynck,* 1857, in-8°, dem.-rel. v.

1227 Iets over het oude strafregt in Belgie, gevolgd door eenige notabele decisien van vroegere tyden, (door Cannaert). *Brussel, Luneman,* 1826, fig., in-8°, dem.-rel. v.

1228 Bydragen tot het oude strafregt in Belgie, door Cannaert. *Brussel, Van Kempen,* 1829, in-8°, dem.-rel. bas.

1229 Bydragen tot de kennis van het oude strafrecht in Vlaenderen, verrykt met vele onuitgegevene stukken, door J.-B. Cannaert. *Gand, Gyselynck,* 1835, in-8°, figg., dem.-rel. v. fauve.

1230 Olim, procès des sorcières en Belgique, sous Philippe II et le gouvernement des Archiducs, par J.-B. Cannaert. *Gand,* 1847, in-8°, figg. par Onghena, dem.-rel. v. fauve.

1231 Geschiedenis des heksenprocessen, bijdrage tot den roem des Vaderlands, door Jac. Scheltema. *Haarlem, Loosjes,* 1828, in-8°, port. au titre, dos et coins en cuir de Russie, fil. sur les jonctions.

1232 Analise de tous les édits, règlements et décrets pénaux émanés pour le duché de Brabant, depuis la chartre du duc Jean, 1312, jusqu'à l'année 1788, par P. J. B. O'Kelly, in-4°, v. jaspé. (dos renouvelé).
Ms. d'une bonne écriture, copie signée par l'auteur.

1233 Notes sur le chapitre quatorzième des ordonnances du conseil de Brabant touchant les procès criminels, in-4°, veau racine.
Ms. intéressant : c'est un véritable traité de style criminel ; il renferme des détails très-curieux sur la torture, et sur la manière dont on l'appliquait en Belgique au siècle dernier.

1234 Bern. Zieritzii ad Caroli constitutionem criminalem notæ et observationes nomico-politicæ. *Francofurti,* 1625, in-4°, vélin.

1235 Nemesis Carolina sive Imp. Caroli V leges capitales, G. Remo illustr. *Montibus Hannoniæ, Vid. S. De la Roche,* 1673, in-8°, v. f.

1236 Jo. Paulli Kressii commentatio succincta in constitutionem criminalem Caroli V Imp. *Hanoveræ,* 1730, in-4°. vél.

1237 Danielis Clasenii commentarius in constitutiones criminales Caroli V. *Lipsiæ,* 1718, in-4°, v. f., fil.

1238 Code criminel de l'empereur Charles V, vulgairement appelé la Caroline, (par Vogel). *Maestricht,* 1779, in-4°, v. f.

1239 Practycke in criminele saecken ghemaeckt door Joost Dedamhouder van Brugge. *Utrecht, J. Van Waesberge,* 1642, figg. en bois. — Ordinancie des Conincx op 't stuck van criminele justicie. *Rotterdam,* 1642 ; en 1 vol. in-8°, v. rac.

1240 Institutionum criminalium libri duo in archigymnasio romano conscripti a Dom. Antonio Valeriola Valentino. Anno 1712, in-4°, vél.
Ms. de 412 pages. Au commencement et à la fin du volume on trouve quelques petites pièces de vers latins et espagnols.

1241 Observations sur des matières de jurisprudence criminelle, traduit de Paul Risi. *Maestricht*, 1776, in-8°, veau fauve.

1242 Règlement provisionnel pour la procédure criminelle dans les Pays-Bas Autrichiens. *Bruxelles, Hayez*, 1787, in-8°, avec comment. manuscrits, (par M. Charlier), sur pap. interfolié, dem.-rel. v.

1243 Projet du code pénal du royaume des Pays-Bas. — Idem, en hollandais. *Bruxelles, Weissenbruch*, 1827, in-8°, dem.-rel. v.

1244 Observations sur le projet de révision du code pénal, présenté aux Chambres belges, suivies d'un nouveau projet, par J. J. Haus, *Gand, De Busscher*, 1835, 3 vol. in-8°, dem.-rel., non rogn.

1245 Des vices de la législation pénale Belge, et des améliorations qu'elle réclame, par le chev. de Le Bidart de Thumaide. *Mons, Hoyois*, 1843, in-8°, maroq. rouge, dor. s. plats et s. tr.

Envoi autogr. de l'auteur au baron d'Arnim, ministre de Prusse à Bruxelles.

1246 — — Le même ouvrage. — Des améliorations que réclame la législation pharmaceutique belge, par le même. *Liége*, 1844, in-8°, dem.-rel. v. rouge.

1247 Considérations à l'appui d'un projet de réforme du code d'instruction criminelle, par E. Van Hoorebeke. *Bruxelles, Van Dale*, 1846, in-8°, dem.-rel. v. bleu.

Exemplaire en papier de Hollande.

1248 Écrit inédit (dissertation) sur la complicité, par J. A. H. Michiels Van Kessenich. *Ruremonde*, 2 tom. en 1 vol. — Cahiers du cours de droit criminel donné par P. J. Destriveaux, professeur de droit criminel, par J. A. H. Michiels Van Kessenich, étudiant à l'université de Liége, en 1821 à 1823 et plus tard avocat de 1823 à 1826. *Ib.*, 1853, 2 tom. en 1 ; ens. 2 vol. p. in-8°, dem.-rel. v. bleu.

1249 Procès de Constant Polari, condamné le 8 mars 1834, pour cause de vol des diamans et joyaux de la princesse d'Orange, publié par P. N. Arntzenius. *La Haye, Lejeune*, 1835, portrait, 2 vol. in-8°, dem.-rel. v. vert.

Taches de rousseur.

1250 Verhandeling der lyfstraffelyke misdaaden en haare berechtinge, naar Carpzovius, vertaald door D. Van Hogendorp. *Amsterdam*, 1772, 2 vol. in-4°, front., dem.-rel. v. rac.

1251 Verhandelinge over de misdaden en derselver straffen, door Moorman, gevolgt door J. J. Van Hasselt. *Dordrecht, Blussé*, 1772, in-4°, dem.-rel. v.

1252 Crimineele advysen, door verscheide voornaeme Nederlandsche rechtsgeleerden over gewichtige gevallen, door J. M. Barels. *Amsterdam*, 1778, in-4°, v. f.

1253 Geschiedkundige aanteekeningen betrekkelijk de lijfstraffelijke regtsoefening te Amsterdam in de xvie eeuw, door J. Koning. *Amsterd.*, 1828, in-8°, dem. v. vert.

1254 Verhandeling over de oude wijze van strafvordering in Gelderland, Holland en Zeeland, in de xiiie en xive eeuw, door L. P. C. Van den Bergh. *Leiden, Luchtmans*, 1842, in-8°, dem.-rel. v. fauve.

1255 Alle de copyen van indagingen, alsmede alle de gedichten op de tegenwoordige tyd toepasselyk, (1730). 2 parties en 1 vol. in-8°, dem.-rel. v. fauve.

Sans titre général, qui manque aux deux parties. Très-rare.

1256 Annuaire militaire de la Belgique. Années 1836, 1841-1858. *Bruxelles*, 18 vol. in-8°, portr., dem.-rel. différentes.

L'annuaire de 1836, en maroq. bleu, dor. s. pl. et sur tranches ; — les années 1836, 1846, 1848-51, en papier fort ou vélin.

1257 Privilèges des juges militaires sur les juges paganicques et de ceux-cy sur les militaires, où sont repris plusieurs placcarts et ordonnances au fait de l'administration desd. justices avec le sentiment de quantité de jurisconsultes, (1720), in-fol., dem.-rel. v. rac.

Ms. de 200 pages, bonne écriture.

1258 Observations de l'état militaire et son économie au département des Païs-Bas, pour l'année 1754. In-4°, v. fauve.

Ms. en bonne écriture du temps.

1259 Conduite des tribunaux militaires, representée à S. Exc. par les Estats de la province de Flandres. *S. l. n. d.*, in-4°, de 140 pp., dem.-rel. v.

1260 Recueil de tous les arrêtés, circulaires et règlements relatifs à l'administration de l'infanterie belge, (par A. Boulade). *Gand*, 1835, in-8°, dem.-rel. v. bleu.

1261 Manuel de justice militaire, par P. A. F. Gérard. *Mons*, 1837 (exempl. en papier jaune). — Id., supplément au Manuel. *Bruxelles*, 1839 (papier ordin.); ens. 2 vol. in-12, cartonn.

1262 Corps de droit pénal militaire, contenant les lois et arrêtés, l'instruction provisoire, le règlement de discipline, les formules usuelles..., par P. A. F. Gérard. *Bruxelles, Van Dale,* 1847, 2 vol. in-8°, dos et coins en maroq. rouge du Levant, non-rogné.

Exemplaire en papier de Hollande.

1263 Code de justice et de discipline militaires, par P. A. F. Gérard. *Brux., Rozez,* 1851, in-12, dem.-rel. v. br.

1264 Service territorial, provincial, de place et de garnison; règlements expliqués et annotés par P. A. F. Gérard. *Bruxelles,* 1855, in-12, dem.-rel. v. rouge.

1265 Règlement pour le service de garnison, expliqué par P. A. F. Gérard. *Bruxelles, Rozez,* 1859, in-12, dos en toile.

1266 Considérations sur le système de défense et sur l'organisation de l'armée en Belgique, par P. A. Huybrecht. *Bruxelles, Decq,* 1851, in-8°, dem.-rel. v. fauve.

1267 Recueil de rapports militaires et des matières qui peuvent servir à leur rédaction, suivi de l'itinéraire du colonel Dufour. *Bruxelles,* 1845, in-8°, cartes, bas. brune, dor. s. pl. et s. tranches.

1268 J. J. Van Hasselt, de judicio militari, of onderrigt op t'houden van krygsraad in de Nederlanden. *Arnh.*, 1762. — Idem, over 't gezag en jurisdictie der militairen. *Ibid.*, 1763, 2 vol. in-4°, dem.-rel.

1269 Abrégé du service de campagne, tel qu'il a été fait pendant la dernière guerre par les troupes de l'État, par J. L. Bosc de la Calmette (franç. et holl.). *Maestricht*, 1785. — Regeling van den geneeskundigen dienst by de troupes in de colonien. *S. l.*, 1802, en 1 vol. in-8°, dem.-rel. v. v.

1270 Code militaire pour l'armée de terre des Pays-Bas. *La Haye, Allart,* 1816, in-8°, dem.-rel. bas.

1271 Algemeen register op het Recueil militair, bevattende de wetten en besluiten betreffende de Nederl. landmagt, voor de jaren 1813-24, door A. Keurenaer. *s'Gravenhage, Van Cleef,* 1827, in-8°, dem.-rel. bas.

1272 Recueil de pièces, en 1 vol. in-4°, cart.
Zee-politie der Vereenigde Nederlanden, door Joh. Tjassens. *'s Gravenhagen* 1669. — 't Boeck der zee-rechten, enz. *Amsterdam,* 1678. — Extract uyt het register van de Willekeuren der stadt Amsterdamme, enz. *Ibid.*, 1678. — Een tractaet van avarien, by Quintyn Weytsen. *Ibid.*, 1678, et autres pièces.

C. DROIT FÉODAL. — TRAITÉS SUR LES DÎMES (1).

1273 Beau traicté de la diversité de nature des fiefs en Flandres. *Gand, Annoot-Braeckman,* 1839, grand in-8°, dem.-rel. v. bleu.
Publié d'après un manuscrit du XVIe siècle, par M. Jules Ketele.

1274 Consultations et advis prins es Universitez, Consaux, etc., de la part du prince Charles duc de Croy, contre la princesse Catherine de Gonsaga, duchesse de Longueville. *Louvain, Rivius,* 1608, in-4°, vél.

1275 Leenboek van den lande van Waes, in-fol., parchemin.
Ms. de 220 feuillets. Copie faite par J. Ramont, greffier du pays de Waes, en 1708, d'après les ordres de F. P. baron de Booneem, grand-bailli de la cour féodale dudit pays.
Très-important pour l'histoire des familles.

1276 Dissertatio juris epideictica pro illustr. Domino Guilhelmo de Meleun, principe d'Espinoy, etc., scripta a Johanne Deckner. *S. l.*, 1633, in-fol. vél.
Mémoire qui est devenu extrêmement rare et qui n'est pas cité par Foppens.

1277 Motifs et raisons de droict par Messire Philippe Albert de Rodoan, chev. baron de Fontaine Levesque, contre Messire Philippes de Herselles, seigneur de Monsbroucq, (signé

(1) Pour la législation nobiliaire voyez la partie *Héraldique*.

J. B. Tservrancx), et autres pièces concernant ledit procès, in-fol. cart., parch.

Ms. du XVIIᵉ s.

1278 Mémoire pour haut et puissant seigneur Philippe Gabriel Joseph Maurice d'Alsace, d'Henin, prince de Chimay, etc., contre haute et puissante dame Elisabeth Pauline de Gand, de Mérode et de Montmorency, comtesse de Lauraguais, etc. (1783), in-fol. cart., dos en toile.

Ms. de 323 pp. Mémoire signé J. B. Van Everbroeck, loco Verachter. Relatif à la vente des seigneuries de Liedekerke, Denderleeuw, Vreyeneygendom, Cattem, etc.

1279 Tractatus de feudi hollandici, frisicique occidentalis origine et successione, auctore D. Cornel. Neostadio. *Hag. Com.*, 1667, in-4°, dem.-rel. bas.

1280 De jure gladii tractatus et de toparchis qui exercent id in diœcesi Ultrajectina, auct. Ant. Matthaeo. *Lugd. Batav.*, 1689, in-4°, v. fauve.

1281 Commentarien ghemaeckt by J. B. de Clerck op de leen- rechten gheschreven by M. Phil. Wielant. *Ghendt, Danchaert,* 1699, in-fol., v. f.

1282 Pauli Voet de duellis, licitis et illicitis, liber singularis. *Brugis, Wydts,* 1728, in-8°, v. f.

1283 Commentarien gemaekt by Mr. J. B. de Clerck, op de Leen- rechten geschreven by Ph. Wielant, President van den Raed van Vlaenderen. *Tot Gendt, De Goesin,* 1771, in-8°, veau.

1284 Histoire de l'aliénation, engagère, et vente des seigneuries, domaines et juridictions du duché de Brabant, de Limbourg, et pays d'Outre-Meuse. Recueilly par Mᵉ Jacques Le Roy. *S. l. n. d.,* in-fol. d.-r. v.

1285 Démonstration de la nullité des recours empris au Conseil de Brabant par le baron de Cortembach, contre le doyen et chapitre de l'Église Cathédr. de Liége, au sujet de la maison et biens de la Rochette. *Liége, de Milst,* in-4°, vélin, chiffre doré au plat.

A la fin de l'exemplaire : *Imperialis territorii et juris ecclesiæ Leodiensis in dominium de Fleron et castrum de la Rochette. Leodii, s. d.*

1286 Het Emsiger Landregt, van het jaar 1312; naar een oudfriesch handschrift, met aanteekeningen door M. Hettema. *Leeuwarden*, 1830, in-8°, fac-simile, dem.-rel. v. vert, n. rog.

1287 Recherches sur l'origine et la nature des droits connus anciennement sous les noms de droits de premières nuits, de markette..., par J. J. Raepsaet. *Gand, Houdin*, 1817, in-8°, dem.-rel. v. fauve.

1288 Disputatio de homagio, et obsequiis quæ domino directo debent vasalli, defendet D. Gualt. Xav. comes a Dietrichstein. *Lovanii*, in-8°, v. br.

1289 Essai historique sur l'origine des dixmes, (par d'Outrepont) .*S. l.*, 1780. — Lettres historiques et critiques pour servir de réponse à l'essai qui précède, (par l'abbé Ghesquière). *Utrecht*, 1784. — Défense de l'essai historique, etc., (par d'Outrepont). *Liége*, 1785. — La vraie notion des dîmes, etc., (par l'abbé Ghesquière). *Liége, Lemarié*, 1785, in-8°, d.-r. bas.

1290 Examen de la question si les décimateurs ont l'intention fondée en droit à la perception de la dîme en Flandre... *Gand*, 1780. — De tempore et causa diminutionis jurisdictionis in materia decimarum. *Leodii*, 1778, ens. 2 vol. p. in-8°, v. porphyre.

1291 Observations histor. et critiques sur la brochure : Examen de la question si les décimateurs ont l'intention... à la perception de la dîme, (par Ghesquière). *Bruxelles*, 1780, p. in-8°, v. br.

1292 Factum pour les directeurs des villages du païs du Franc de Bruges, au sujet des dixmes : contre les ecclésiastiques et autres, prétendans icelles dixmes, (par L. Lootyns). *S. l.* 1688, in-fol., dem.-rel.

1293 Refutation d'un imprimé intitulé : Factum pour les directeurs des villages du pays du Franc de Bruges au sujet des dixmes contre les ecclésiastiques. *S. l. n. d.*, in-fol., d.-r. bas.

1294 Vonnissen gegeven in den Souv. Raede van Brabant verclaerende de pataten vry van thiende, als oock ghedecreteerde desisteringhen over de selve materie. *S. l.*, 1769, et plusieurs autres pièces concernant les dîmes, in-fol., d.-r. bas.

D. Procédure. — Notariat

1295 Praxis rerum civilium, prætoribus, proprætoribus, consulibus, magistratibus... auct. Jod. Damhouderio, Brugensi : ejusdem Enchiridion parium.... *Antverpiæ, J. Bellerus,* 1569.—Praxis rerum criminalium, ejusd. auth. *Ibid., id.,* 1570, figg. sur bois, in-4°, peau de truie, reliure neuve, imitation parfaite des reliures du xvi° siècle.

<small>Exemplaire à très-grandes marges et de bonne condition, sauf quelques taches.—Ouvrages recherchés à cause des singulières figures sur bois, qui se trouvent en tête de chaque chapitre.</small>

1296 Manier van procederen in civile en criminele saken, door Sim. Van Leeuwen en H. Verduyn. *Brussel, t'Serstevens,* 1733, in-8°, v. f.

1297 Tractaet van grondt-proceduren, ofte uyt-werckinghe van de actie hypothecaire, door P. en G. Cuypers. *Brussel, t'Serstevens,* 1713, in-4°, v. br.

1298 Règlement (et instruction) pour la procédure civile dans les Pays-Bas Autrichiens. *Bruxelles,* 1787. — Generaele instructien voor de gerichten van justicie.... *Ibid.,* 1787, 2 vol. in-8°, dem.-rel. v.

1299 Formulier van requesten volgende den styl ende practycke van den Rade van Brabant, in-fol., dem.-rel. v. bleu.

<small>Ms. de 95 pages, écriture du xvii° siècle.</small>

1300 Pratique du souverain conseil de Brabant. — Observations concernant ce qu'on peut accorder en qualité de maître aux requêtes. — Extr. du resolutieboek. — Confirmatie van de privilegien van Moll, 9 april 1631. — Rechten der begraeffenissen van S¹ Michael en Gudula te Brussel, etc., etc., 1 vol. in-f. cart.

<small>Ms. de différentes mains.</small>

1301 Practycke van den Raede van Brabant, in-fol., v. f. gaufré.
<small>Ms. du xvii° siècle, d'une très-belle main.</small>

1302 Ordonnantie, style ende maniere van procederen van den souvereynen Raede geordonneert in Brabandt. *Brussel, Velpius,* 1672; et autres ordonnances sur le même sujet, in-4°, v. br.

1303 Practycke, stiel ende maniere van procederen in den Raede van Brabant, door J. E. Loovens. *Brussel, Lemmens,* 1745, 3 vol. in-fol., v. br.

1304 Notes sur le chapitre 14 de l'ordonnance du conseil de Brabant de 1604 traitant les procès criminels. — Item. Tractatus de publicis judiciis. — Item. Titulus 50 decisionum manuscriptarum de publicis judiciis, authore D° Goswino de Wynants, in-fol., v. rac.
Ms. de XXIII et de 242 pages, copie d'une très-belle main.

1305 Het vlaems-settingh-boecxken inhoudende d'oprechte practycke vande vlaemsche pointinghen ende settinghen, ghetrocken uyt de placcaeten ende ordonnantien. *Ghendt, J. V. d. Kerchove,* 1694, in-4°, v. br.

1306 Den styl van procederen onderhouden in den Raede van Vlaenderen, in-fol., parchemin.
Ms. du siècle dernier.

1307 Stile van procederen ter halle en lande van Beveren soo in criminele als civile saeken, enz., mitsgaeders het verclaeren van de sallarissen ende diensten toecomende Baillifs, Stathouders, enz., in-fol., dem.-rel. v.
Ms. du XVII° et du XVIII° s. Bonne écriture.

1308 Dictionnaire de pratique pour le pays d'Haynaut, in-4°, dem.-v. fauve.
Ms. de 409 pages, d'une bonne écriture de la fin du siècle dernier.

1309 Style et manière de procéder pardevant le conseil souverain de Hainaut, avec l'ordonnance du 11 oct. 1769. *Mons, Wilmet,* 1769, in-8°, v. f.

1310 La méthode de plaider devant Messieurs les Échevins de Liége, par Guillaume de Kerchove, in-fol., dem.-rel. bas.
Ms. de deux mains, du XVII° et du XVIII° siècle, copie d'un traité d'ancienne pratique judiciaire du pays de Liége, rédigée en vieux français. Ce volume renferme aussi les statuts, priviléges, coutumes, etc., de la bonne ville de Huy.

1311 Statuts et ordonnances touchant la manière de procéder au pays de Liége par Ger. de Groisbeck. *Liége, s. d.* — Recueil des points marqués pour coutumes du pays de Liége, par P. de Mean. *Ibid?,* en 1 vol. in-12, dem.-rel.

1312 Description des ouvrages de houillerie avec une explication des termes de l'art qu'un chacun deveroit savoir afin de fuir plus sérieusement les procès qui se forment si légèrement pour cette matière et qui se présentent au tribunal de Messieurs les Eschevins de la souveraine justice de la cité et païs de Liége, in-8°, dem.-rel. v. rac.

Ms. de 388 feuillets (le premier manque), avec dessins.

1313 Forme et manière de procéder en criminel, par J. G. Thielen. *Herve*, 1789, in-8°, cart.

1314 Recueil de pièces, 1 vol. in-4°, v. br.

Nederlandtsche practycque van verscheyden civile en criminele questien, door Bernhard van Zutphen. *Utrecht*, 1642. — Copie wten mandemente op die leengoeden, enz. *Antwerpen*, 1520. — Les ordonnances, statutes, et edictz, que l'emp. Charles V^e a faict publier, en la ville de Bruxelles, l'an 1540. *Bruxelles*, 1540. — Opene brieven verclaerende tot wat prys, enz., van gout ende zilver men sal moghen ontlasten de hooftpenninghen van renten, enz. *Bruessel*, 1601. — Articuli pacis et confederationis inter Regem Hispan. et Archid. Austriæ, et Regem Angliæ, 1604. *Ibid.*, 1604. — Traicté de paix entre S. M. C. et les Estats Généraux du Païs-Bas. *Bruxelles*, 1648, et autres pièces.

1315 Practyk judicieel, ofte instructie op de forme van procederen voor hoven ende recht-bancken, door Ger. van Wassenaer. *Utrecht*, 1660, in-4°, vél.

1316 Wetboek op de regterlijke instellingen en regtspleging in Holland. (*s'Hage*), 1809, in-8°, d.-r. v.

1317 Ars notariatus, dat is : konste en styl van't notarischap. *Antwerpen, Jacops*, 1668. — Notarius publicus, dat is, de practycke ende oeffeninghen, der notarisen, door S. van Leeuwen. *Ibid.*, 1668, en 1 vol. in-12, vél.

1318 La morale du notariat, considéré dans son utilité sociale, par Martroye. *Bruxelles*, 1842, in-8°, dem.-rel. bas.

Envoi autographe de l'auteur.

1319 Liste alphabétique des notaires, décédés ou démissionnaires de l'arrondissement de Bruxelles, département de la Dyle. *Bruxelles, Weissenbruch*, 1812, in-4°, dem.-rel. toile.

1320 Historie van het notarisschap, behelzende den oorsprong, enz., mitsgaders de Engelsche praktyk, door M. van der Schelling. *Rotterdam*, 1745, in-8°, dem.-rel. v. fauve.

ARRÊTS NOTABLES DES COURS SOUVERAINES. — CONSULTATIONS, MÉMOIRES. —
MOTIFS DE DROIT.

1321 Practicarum quæstionum rerumque in supremis Belgarum curiis actarum et observatarum decisiones, auct. D. Paulo Christinæo. *Antverpiæ, Verdussen,* 1671, 6 t. en 3 vol. in-fol., v. br.

1322 La jurisprudence des Pais-Bas Autrichiens, établie par les arrêts du grand conseil de Malines, etc., recueillis par Mᵉ R. A. Du Laury. *Bruxelles, t'Serstevens,* 1717, in-fol., veau br.

1323 Arrêts du Grand-Conseil de Malines, recueillis par de Coloma, et diverses pièces intéressantes, recueillies par J. B. Hony. *Malines,* 1781, 2 vol. in-8°, v. br. à fil.

1324 Decisionum Curiæ Brabantiæ sesqui-centuria, authore Petro Stockmans. *Bruxellis, Foppens,* 1670, in-fol., veau f. fil.
    Interfolié, avec notes manuscrites.

1325 Supremæ curiæ Brabantiæ decisiones recentiores, authore Gosw. comite de Wynants. *Bruxelles, Foppens,* 1744, in-fol., portr., v. brun, rel. restaurée.

1326 Advysen, consultatien, opinien en resolutien verzamelt door den heere Vincentius Franciscus Franckheim, raedsheer ordinaris by den Souvereine Raede van Brabant, 2 v. in-fol., dem.-rel. v. rac.
    Mss. d'une haute importance. C'est le registre officiel renfermant les causes dans lesquelles Franckheim avait fait l'office de *relator* ou rapporteur. Ces causes sont au nombre de 83 pour le premier volume, et de 97 pour le second. Les rapports sont autographes et suivis très-souvent des avis motivés, également autographes, de chacun des conseillers. Plusieurs pièces authentiques sont intercalées dans les volumes. « Vincent François Franckheim, natif de Dunkerque, d'abord conseiller et juge de l'amirauté de Flandre, fut nommé conseiller maître des requêtes ordinaire au conseil souverain de Brabant par lettres patentes données à Madrid, le 8 octobre 1661. Comme il était étranger, le conseil fit de vives représentations contre cette nomination. Il était fils de Philippe François Franckheim, et celui-ci était neveu par sa mère du célèbre Aubert le Mire. » (Extr. d'une note de M. de J.).

1327 Jurisprudence de Flandres, ou arrêts recueillis par Dubois d'Hermaville, de Baralle, de Blyc, etc. — Arrêts du Grand

Conseil résidant à Malines ; recueil de consultations choisies de M. Waymel du Parcq. *Lille, Lehoucq,* 1777, 6 t. en 5 vol. in-4°, v. f.

1328 Recueil d'arrêts notables du Parlement de Tournay. — Idem, du Parlement de Flandres (par Pinault). *Valenciennes et Douai,* 1702-1715, 4 t. en 2 vol. in-4°, veau fauve.

1329 Elenchus practicarum et juridicarum quæstionum, auctore Jo. Lambreghts. *Bruxellis,* 1639. — Jo. Caramuel de Lobkowitz motivum juris de card. de Richelieu erga universum ordinem authoritate et potestatè, publicabat Gasp. Jongelinus. *Antwerpiæ,* 1638, in-4°, vél.

1330 Series facti et motivum juris pro causa pendente indecisa in consilio privato R. M. pro parte R. D. Henrici Van den Zype abbatis S. Andreæ juxta Brugas, adversus R. D. abbatem S. Panthaleonis. *S. l. n. d.,* (1642) in-4°, veau br. fil. dent.

1331 Procès entre J. Fr. Della Faille, baron de Nevele et Alb. Ern. Della Faille, d'une part, et les Religieuses Urselines de Bruxelles, d'autre. *Ypres,* 1685. — Jansenismus omnem destruens religionem. *Coloniæ Agripp.,* 1693. — Disputatio politico-juridica de jure publico et privato, quam suscipit Jo. Ant. Widman. *Lovanii,* 1698, in-8°, v. br.

1332 Decisio Brabantina super famosissima quæstione, qua quæritur, utrum matrimonio, absque pactis dotalibus contracto, etc., auctore Jo. Van der Muelen. *Ultrajecti,* 1698, in-4°, vél.

1333 Motivum juris Dom. Petri Govarts supplicantis, adversum Dom. abbatem Tongerloënsem cœterosque venerabiles viros ejusdem cœnobii canonicos, et sacerdotes. *Bruxellis, de Dobbeleer,* 1705, in-4°, dem.-rel. v. violet.

1334 Motifs tirés du fait et du droit dans la cause arbitrale entre l'avocat fiscal de l'évêque de Liége et l'avocat fiscal de S. M. I. souv. des Pays-Bas. *S. l.,* 1731, in-fol., d.r.

1335 Deductie van reght voor François Collin, als vader ende momboir over syne vier minderjaerige kinderen, tegens jonckor G. N. J. Dewitte. *Brussel,* 1736, in-folio, v. br.

1336 Sentences rendues au Conseil Souverain de Brabant dans la cause de Ludger Janssens, prêtre de la compagnie de Jésus au collége de Bruxelles, accusé, d'une part, contre Rambout van Vianen, Michel de Velder, Jean Cauwé, Josse Roosen, accusateurs et faux témoins, d'autre part. Jouxte les copies imprimées à Bruxelles, 1746, in-4°, demi-rel. toile.

1337 Mémoire de l'avocat Sartorius, pour servir de suite à la cause célèbre de H. E. Sartorius, son frère, exécuté le 3 mars 1779. *Londres,* 1779, in-12, dem.-rel. toile.

1338 Mémoire et consultation sur la légitimité de la princesse Albertine de T'Serclaes-Tilly. (*Bruxelles*), 1784, 2 pièces en 1 vol in-4°, d.-r. bas.

1339 Wahrhafte und beurkundete Erzählung der von Philip Ernst regierende Grafen zu Schaumburg Lippe gegen Georg. Freyh. von Mönster-Beck gemachten Verschwörung, Aufwiegelung und attentirten Meuchelmords, nebst der in Brüssel gesprochenen Sentenz. *S. l.,* 1789, in-8°, dem.-rel. toile anglaise.

1340 Recueil de mémoires touchant les affaires les plus célèbres, portées devant les cours souveraines des Pays-Bas, de 1734 à 1789, suivis de quelques autres pièces, 2 vol. in-4°, et 1 vol. in-fol., d.-r. v.

1341 Abrégé histor. du procès du comte J. Fr. Thesauro, né à Dixmude, contre les comtes Antif et V. A. Thesauro, en Piémont, décidé en sa faveur par le sénat de Turin. *Ipres, Moerman, s. d.* — Bruni a Cussanio, filiationis ac successionis in causa locumtenentis P. O. Thesauri et alior. contra Petrum Thesaurum... decisio; en 1 vol. p. in-8°, dem.-rel. v. bleu.

1342 Mémoire pour Mons. le duc Charles L. A. F. Emmanuel, duc de Looz-Corswarem, colonel au service de S. M. le roi des Pays-Bas, appelant : contre le duc Joseph Arnold de Looz-Corswarem, soi-disant prince en Rheina-Wolbeck, intimé. (Texte allem. et français), in-folio, de 119 pp. demi-reliure v. bleu.

1343 Deductie voor de edele abdye van Voorst tegen de regeering der princelycke stad Brussele. (Mémoire du xviiie siècle), in-fol., cart.

Titre factice en manuscrit.

1344 Recueil des déductions, arrêts, etc., relatifs à des contestations entre le magistrat de Bruxelles et de Louvain et divers corps de métier, pendant le xviiie siècle, in-fol., v. f.

1345 Recueil de mémoires et motifs de droit en français et en flamand relatifs à des causes soumises aux cours souveraines des Pays-Bas pendant le xviiie siècle, 16 vol. in-fol., veau et vélin.

Collection très-précieuse, formée probablement par M. Charlier. On y a ajouté une foule de notes, d'observations, de mémoires, etc., en manuscrit.

1346 Recueil de motifs de droit, factums, mémoires, etc., du xviiie siècle, concernant principalement les Pays-Bas, gros vol. in-4°, vél.

Renfermant plusieurs pièces importantes.

1347 Recueil de mémoires, etc., concernant particulièrement le Hainaut, in-fol. dem.-rel.

Recueil de pièces fort curieuses. On y trouve entr'autres : Mémoire pour établir la preuve de l'existence de la rente de quatre cerfs forcourus, due par S. M. au seneschal de Hainau (le prince de Ligne).— Mémoire pour P. M. G. de Henin Liétard d'Alsace contre Catherine Cadran, Marie Agnès de Rasse, Pierre Ignace Dumortier, etc. (1789) — etc., etc.

1348 Recueil de motifs de droits, mémoires, etc., mss. et imprimés, in-fol., d.-rel. v.

On y trouve entr'autres : Dissertation histor. et chronol. sur la légitimité des droits de seigneurie... qu'ont les abbé, prévôt et abbaye de S. Sépulcre de Cambray contre messieurs les curés et chapelains de la susdite église, etc. (vers 1763).

1349 Recueil choisi de mémoires et de factums produits devant la cour supérieure de Bruxelles, et quelques autres pièces, de l'an iv à 1824, in-4°.

Recueil factice avec titre et table manuscrits.

1350 Trente-cinq brochures de jurisprudence : questions de droit, plaidoyers, mémoires, in-4° et in-8°.

1351 Les hermites conquérans ou méthode carmélite d'acquérir.

S. l., 1705. — Réfutation du livret. Les hermites conquérans... *Liége, s. d.*; en 1 vol. in-12, dem.-rel.

Démêlé des plus désopilants entre « monsieur le conseiller Beeckman et les Révérends Pères du couvent des Carmes de devant Visé, » au sujet d'une rente de huit muids d'épautre, d'un capital de 311 florins, 7 patars, etc. Le style, l'orthographe, les invectives, tout est à l'avenant. « Si vous ne cessez vos saillies, écrit un défenseur des RR. PP. au conseiller, et si vous ne reparez le tort que vous leur faites, sachez qu'au premier rencontre, je voirai si vôtre épée est aussi bonne que vôtre langue. »

Ces deux pièces sont rares.

1352 Mémoire pour la commission des hospices et jugement contre l'abbé d'Ysembart. *Bruxelles*, 1815, in-8°, d.-r. toile.

1353 Mémoires juridiques sur le procès entre J. P. Matthieu et la ville de Bruxelles (au sujet des pillages en 1830-1831); en 1 vol. in-4°, demi-reliure.

1354 Recueil de mémoires relatifs à des causes judiciaires des tribunaux des Pays-Bas, in-4° et in-8°.

1355 Decisiones posthumæ curiæ provincialis Trajectinæ, per Wilh. Radelantium collectæ. *Trajecti*, 1637, in-4°, vél.
Piqûre.

1356 D. Jac. Coren, observationes rerum in Senatu (Hollandiæ, Zelandiæ, etc.) judicatarum. Item consilia quædam. *Hagæ Comitis, Maire,* 1642, 2 part. en 1 vol. in-4°, v. br.

1357 Sententien en gewezen zaken van den hoogen en provincialen Raad in Holland, Zeeland et West-Vriesland. *Rotterdam*, 1662, in-4°, v. f.

1358 Utriusque Hollandiæ, Zelandiæ, Frisiæque curiæ decisiones. Item tractatus de feudi Hollandici, etc., auctore Corn. Neostadio. *Hagæ-Comitis,* 1667, in-4°, v. br.

1359 Consultatien, advyzen en advertissementen, gegeven ende geschreven bij verscheiden treffelijke rechtsgeleerden in Holland. *Rotterdam,* 1661-1670, 6 vol. in-4°, v. br.

1360 Ant. Matthæi observationes rerum judicatarum a supr. Ultrajecti revisionis consessu. *Lugd. Batav.,* 1673, in-12, veau brun.

1361 Utrechtsche consultatien, dat is decisoire, ende andere advisen, instructien, ende advertissementen van rechten. *Utrecht,* 1676-1700, 3 vol. in-4°, vél.

JURISPRUDENCE

1362 Nederlands advys-boek, inhoudende verscheide consultatien en advysen, door J. van den Berg. *Amsterd.*, 1694-1707, 4 vol. v. br. — Kort begryp van de vier deelen van het advys boek. *Ibid.*, 1704. — Nieuw nederl. advys boek. *s'Hage,* 1769. — Kort begryp der ses deelen... *Amst.*, 1696; ens. 7 vol. in-4°, en veau et en vélin.

1363 Het rooms-hollands-regt, waar in de roomse wetten met het huydendaagse Neerlands regt, etc., door Sim. van Leeuwen. *Amsterdam, Boom,* 1720, in-4°, portr., v. br.

1364 Zach. Huber, observationes rerum forensium ac notabilium, in suprema Frisiorum curiâ judicatarum. *Leovardiæ,* 1723-1727, 2 vol. in-4°, vél.

1365 Vyf deelen van consultatien, advysen ende advertissementen, door Joh. Schrassert. *Harderwyck, Brinkink,* 1740-1754, 5 t. en 3 vol. in-4°, v. f.

1366 Nieuwe hollandsche consultatien, advertissementen van regten, memorien en andere schrifturen van voorname regtsgeleerden, verzamelt door G. De Haas. *'sGravenhage,*1741, in-4°, v. f. fil.

1367 Verzameling van stukken voor en tegen Onno Zwier van Haren; acte van beschuldiging en verdediging. *Leeuwarden en s'Gravenhage,* 1760-62, en 1 vol. in-fol., dem.-rel.

DROIT FRANÇAIS.

A. HISTOIRE. — TRAITÉS GÉNÉRAUX. — LOIS ANCIENNES. — ORDONNANCES.

1368 De l'origine et des progrès de la législation française, ou histoire du droit public et privé de la France, jusqu'à la Révolution, par Bernardi. *Paris, Bechet,* 1816, in-8°, dem.-rel. v. vert.

1369 Essai sur l'histoire externe du droit dans la Gaule et dans la Belgique sous la période franque et la période féodale, par E. V. Godet, *Liége, Desoer,* 1830, in-8°, dem.-rel. v. rouge.

1370 Geschichte der fronzösischen Gerichts-Verfassung vom Ursprung der fränkischen Monarchie bis zu unseren Zeiten, von J. P. Brewer. *Dusseldorf,* 1835, 2 vol. in-8°, dem.-rel. veau fauve, n. rog.

1371 Origines du droit français cherchées dans les symboles et formules du droit universel, par Michelet. *Bruxelles,* 1838, 2 tom. en 1 vol. in-12, dem.-rel. v. fauve.

1372 Travaux sur l'histoire du droit français par feu Henri Klimrath, mis en ordre et avec préface, par L. A. Warnkoenig. *Paris, Joubert,* 1843, 2 vol. in-8°, carte, dem.-rel. v. bleu.

1373 Französische Staats- und Rechtsgeschichte, von L. A. Warnkoenig und L. Stein. *Basel, Schweighauser,* 1846, 3 vol. gr. in-8°, cartes, dos et coins en mar. br. du Levant, n. r.

1374 Indice des droicts roiaux et seigneuriaux des plus notables dictions, termes de l'estat, de la justice, etc., en France, par Fr. Ragneau. *Paris, Chevalier,* 1609, in-4°, vélin.

1375 Institution au droit françois, par M. Argou. *Paris, Mariette,* 1730, 2 vol. in-12, v. br.

1376 Règles du droit françois, par Cl. Pocquet de Livonnière. *Paris, Coignard,* 1756, in-12, v. f.

1377 Dictionnaire de droit et de pratique, conten. l'explication des termes de droit, d'ordonnances, de coutumes et de pratique, par C. J. de Ferrière *Paris,* 1771, 2 vol. in-4°, veau brun.

1378 Glossaire de l'ancien droit français contenant l'explication des mots vieillis ou hors d'usage, par Dupin et Edouard Laboulaye. *Paris, Durand,* 1846, in-12, dem.-rel. v. br.

1379 Ph. Bugnyon, legum abrogatarum et inusitatarum in omnib. terris regni Franciæ tractatus. *Bruxellis,* 1702, in-fol., veau brun.

1380 Le conseil de Pierre de Fontaines ou traité de l'ancienne jurisprudence française; nouv. éd., d'après un manuscrit du xiii° siècle, avec notes et des variantes, par M. A. J. Marnier. *Paris, Durand,* 1846, in-8°, dem.-rel. v. fauve à petits fers Padeloup.

1381 Leges salicæ illustratæ : illarum natale solum demonstratum, cum glossario salico, auct. G. Wendelino. *Antverp., ex off. Plantin.,* 1649, in-fol., carte, dem.-rel. v. f.

1382 Lois salique ou recueil contenant les anciennes rédactions de cette loi et le texte connu sous le nom de Lex emendata, avec des notes, par J. M. Pardessus. *Paris, imp. royale,* 1843, gr. in-4°, dem.-rel. v. fauve.

1383 Die Lex Salica und ihre verschiedenen Recensionen, von E. A. Feuerbach. *Erlangen,* 1831, in-4°, d.-r. toile angl.

1384 Capitularia Regum Francorum, additae sunt Marculfi Monachi et alior. formulae veteres et notae doctissim. virorum, Steph. Baluzius edidit, curante P. de Chiniac. *Parisiis, Quillau,* 1780, 2 vol. in.fol., frontisp., v. rac.
Exempl. bien conservé de la meilleure édition.

1385 Caroli M. Imp. et synodi Parisiensis sub Ludovico scripta, de imaginibus, edita a Joan. Tilio et P. Pithoeo. *Francofurti,* 1595, in-8°, vél.
Le titre général manque.

1386 Explication du Capitulaire De Villis, par M. Guerard. *Paris, Didot,* 1853, in-8°, dem.-rel. v. vert.
De la Bibliothèque Boissonade, et avec *dédicace* manuscrite de l'auteur.

1387 Karoli Calvi et successorum aliquot Franciae regum capitula, Jac. Sermondus notis illust. *Parisiis, Cramoisy,* 1623, in-8°, dem.-rel.

1388 Marculfi Monachi, aliorumque auctorum, formulae veteres, editae ab Hier. Bignonio, accessit liber legis salicae, opera et studio Theod. Bignonii. *Parisiis, Seb. Cramoisy,* 1665, in-4°, portr., dem.-rel. v. rac., reliure neuve.

1389 Recueil des édits, déclarations, lettres-patentes, etc., enregistrés au Parlement de Flandres; des arrêts du Conseil d'État, etc. (1668 à 1789). *Douay,* 1785-90, 11 vol. in-4°, c.

1390 Traité de l'administration de la justice, par Jousse. *Paris, Debure,* 1771, 2 vol. in-4°, v. f.

1391 Nouveau commentaire sur l'ordonnance civile du mois d'avril 1667, par Jousse. *Ibid.*, 1772, 2 vol. in-12, veau. fauve.

1392 Nouveau commentaire sur les ordonnances des mois d'août 1669 et mars 1673, et sur l'édit du mois de mars 1673 touchant les épices : par M... (Jousse). *Ibid.*, 1756, 2 part. en 1 vol. in-12, v. br.

1393 Ordonnance de Louis XIV pour les armées navales et arcenaux de marine. *Paris, Michallet,* 1689, in-4°., v. br.
Un nom découpé au titre.

1394 Conférences des ordonnances de Louis XIV avec les anciennes ordonnances du Royaume, le droit écrit et les arrêts, avec annotations, par Ph. Bornier. *Paris*, 1719, 2 vol. in-4°, veau brun.

1395 Instruction pour la réformation et conservation des eaux et forests (de 1669). *Paris, de Sercy*, 1682, in-12, v. f.

1396 Ordonnance du Roi, concernant la marine (25 mars 1765). *Paris, impr. royale*, 1766, in-12, v. f.

1397 Ordonnances et règlements concernant la marine. *Paris, imp. royale*, 1786, in-4°, dem.-rel. v.

1398 Recueil de jurisprudence civile du pays de droit écrit et coutumier par ordre alphabétique, par G. du Rousseaud de La Combe. *Paris*, 1753, 2 part. en 1 vol. in-4°, v. br.

1399 Code du fabricant, ou résumé sommaire des principaux règlements concernant les arts et métiers. *Abbeville*, 1788, in-12, cart.

B. Coutumes.

1400 Méthode générale pour l'intelligence des coutumes de France, par Paul Challine. *Douai, Derbaix*, 1765, in-12, v. f.

1401 Institutes coutumières de M. Loisel, avec des notes nouvelles, par E. de Laurière. *Paris, Gosselin*, 1710, 2 vol. in-12, v. f.

1402 Anciennes loix des François, conservées dans les coutumes angloises, recueillies par Littleton et Houard. *Rouen, Le Boucher*, 1779, 2 vol. in-4°, d.-r. v.

1403 Traités sur les coutumes anglo-normandes, publiées en Angleterre, depuis le XI° jusqu'au XIV° siècle, par Houard. *Rouen, Le Boucher*, 1776, 4 vol. in-4°, portr., v. f.
Beau portrait de Louis XVI, jeune, par N. Le Mire, d'après J. Ph. Duplessis.

1404 Les livres des Assises et des usages dou Reaume de Jerusalem, sive leges et instituta regni Hierosolymitani, primum edidit E. H. Kausler, vol. I. *Stuttgardiae, Krabbe*, 1839, gr. in-4°, fac-simile, dem.-rel. toile, n. rogné.

1405 Assises du Royaume de Jérusalem, (textes français et italien), conférées entre elles, ainsi qu'avec les lois des Francs, les capitulaires..., publiées sur un manuscrit de Saint-Marc de Venise, par Vict. Foucher. *Rennes, Blin,* 1839-41, 2 part. en 1 fort vol. in-8°, dem.-rel. v. fauve, n. rogn.

1406 B. d'Argentré, commentarii in patrias Britonum leges, seu consuetudines generalis antiq. ducatus Britanniæ, edid. C. d'Argentré. *Parisiis,* 1640, in-fol., portr. par Th. de Leu, frontisp., v. rac.

1407 Consuetudines ducatus Burgundiæ, fereque totius Galliæ, commentariis D. Barth. a Chassenæo illustratæ. *Genevæ, Crispinus,* 1616, in-fol., v. br.

1408 Coutume générale des pays et duché de Bourgogne, avec le commentaire de Taisand. *Dijon,* 1698, in-fol., v. br.

1409 Quelle est l'origine des droits de main-morte dans les provinces qui ont composé le premier royaume de Bourgogne (dissertat. cour.), par Dom Grappin. *Besançon, Couché,* 1779, in-8°, v. fauve.

1410 Coustumes generales du conte Dartois, nouuellement decretées. Avec grace de Lempereur. *On les vend en Arras par Jehan Bourgeois, libraire,* 1553, p. in-8°, mar. bleu, tr. dor. dent. (*Delanoé jeune*).

<small>Cet ouvrage comprend 152 ff. caract. goth. Ce rarissime produit des anciennes presses artésiennes provient de la biblioth. de M. A. Treutesaux. Il n'est pas cité par Brunet. (Extr. d'une note de M. de J.) Le titre et quelques feuillets ont été habilement restaurés.</small>

1411 Coutumes générales d'Artois, avec des notes, par Adrien Maillart. *Paris, Le Clerc,* 1756, in-fol., v. f.

1412 Coutumes de la ville, banlieu et chef-lieu de Valenciennes, revue et corrigée sur l'original. *Valenciennes,* 1708, p. in-8°, dem.-rel. v. rac.

1413 Les coutumes de la ville et chef-lieu de Valenciennes, homologuées ès années 1540 et 1619. *Mons, Hoyois,* 1776, 2 part. en 1 vol. in-8°, v. f.

1414 Coutumes et anciens règlements de la ville et échevinage de Douai. *Douai,* 1828, p. in-8°, dem.-rel. v. bleu.

1415 Coutumes du bailliage d'Amiens, vol. de 344 pp. gr. in-4°, dos en toile, sans titre général.

DROIT FRANÇAIS. 159

1416 Coutumes des duché, bailliage et prévôté d'Orléans et ressort d'iceux... avec notes par M. Pothier. *Paris, Debure,* 1780, in-4°, v. br.

1417 Coutumes générales et particulières du bailliage de Vermandois, conférées ensemble, avec notes et observations, par Claude de la Fons. *Metz, Bouchard,* 1688, p. in-12, v. f.

1418 Coutume du bailliage de Troyes, avec les commentaires de Louis Le Grand. *Paris, Montalant,* 1737, in-fol., v. f.

1419 Notes de l'avocat P. G. Malfait sur l'ouvrage de M. D'Outrepont, ayant pour titre : Remarques sur le commentaire de M. Louis Le Grand, sur la coutume de Troyes. — Notulæ D^{ni} Malfait ad decisiones D^{ni} Wynants, in-4°, v. marbré.

Ms. de 224 pages, d'une très-bonne écriture. Longue note de M. de Jonghe, sur le *célèbre* jurisconsulte Malfait.

1420 Corps et compilation de tous les commentateurs anciens et modernes sur la coutume de Paris, par Cl. de Ferrière, avec observations de Le Camus. *Paris, Osmont,* 1714, 4 vol. in-fol., portr. et carte, v. br.

1421 Les loix des bâtiments suivant la coutume de Paris, par Desgodets, notes de Goupy. *S. l. (Paris),* 1769, in-12, v. f.

1422 Traitez de la représentation, du double lien, etc., par rapport à toutes les coutumes de France, par Fr. Guyné. *Paris, Montalant,* 1727, in-4°, v. f.

1423 Traitez sur le droit d'indemnité des seigneurs, et le temps de sa prescription ; et sur la légitime des pères et mères et autres ascendans en pays coutumier, par M. J. Marais. *Paris, Morel,* 1696, in-12, v. br.

1424 Recueil de pièces, en 1 vol. in-8°, dem.-rel.
Renferme :
Recherche sur l'origine de la règle coutumière (Gerhardi). *Strasbourg, Konig,* 1767. — Dissertatio de repræsentatione ab intestato, auth. A. Vandertaelen. *Lovanii,* 1830. — Id. de representatione ex jure hodierno, auth. Hauman. *Ibid.,* 1830. — Aanmerkingen over het zoogenaemd enkel en dubbel verband, door J. M. Barels. *Amsterdam,* 1772. — Dissertatio de rescindenda hereditatis divisione, auth. Alex. Bastin. *Lovanii,* 1829. — Id. de universitatibus ex jure romano, auth. H. L. Van Ophem. *Ibid.,* 1829. — Id. de usufructu adcrescendo, auth. A. F. El. Lelièvre. *Ibid.,* 1827.

C. TRAITES SUR TOUTES LES MATIÈRES DE DROIT, COLLECTIONS D'OEUVRES DE JURISCONSULTES.

1425 Recueil de consultations sur diverses matières, par Fr. de Cormis. *Paris, Montalant,* 1735, 2 vol. in-fol., portrait, veau br.

1426 Les œuvres de feu Gilles Le Maistre, publ. par Cl. Bernard. *Bruxelles, Foppens,* 1662, in-8°, v. br.

1427 Car. Molinæus. Opera quæ extant omnia. *Parisiis,* 1681, 5 vol. in-fol., veau fauve.
<small>Bonne édition des œuvres de ce célèbre jurisconsulte; elle a été donnée par Fr. Pinson. Exempl. bien conditionné, sauf une légère piqûre à la marge du tome V.</small>

1428 Les œuvres de C. Le Bret. *Paris, Osmont,* 1689, in-fol., veau br.

1429 Les œuvres de M° Charles Loyseau. *Lyon,* 1701, in-fol., veau fauve.

1430 Les œuvres de M° Guy Coquille, sieur de Romenay, contenant plusieurs traitez touchant les libertez de l'Église gallicane, l'histoire de France et le droit françois. *Bordeaux, Labottière,* 1703, 2 vol. in-fol., v. f.

1431 Œuvres de Claude Henrys, contenant son recueil d'arrêts, ses plaidoiers et harangues, avec des observations, par B. J. Bretonnier. *Paris, Emery,* 1738, 4 vol. in-fol., v. f.

1432 Les œuvres de Jean Bacquet, augm. de plusieurs questions et décisions, par Cl. de Ferrière et par Cl. Jos. de Ferrière. *Lyon, Duplain,* 1744, 2 vol. in-fol., v. f.

1433 Œuvres de Scipion du Perier, augm. par D. L. T. *Avignon, Joly,* 1759, 3 vol. in-4°, v. br.

1434 Œuvres de feu M. Cochin. *Paris, Cellot,* 1760-1766, 6 vol. in-4°, portr., v. f.

1435 Pothier. Traités sur différentes matières de droit civil; œuvres posthumes et autres œuvres du même auteur. *Paris, Debure,* 1774, 7 vol. in-4°, portrait, v. br.

D. ARRÊTS, PLAIDOYERS, MÉMOIRES.

1436 Dictionnaire des arrêts ou jurisprudence universelle des Parlemens de France et autres tribunaux, par P. Jac. Brillon. *Paris, Cavelier,* 1727, 6 vol. in-fol., v. br.

1437 Journal du palais, ou recueil des principales décisions de tous les Parlemens et Cours souveraines de France (par Cl. Blondeau et G. Gueret). *Paris, Thierry,* 1701, 2 vol. in-fol., v. f.

1438 Questions notables de droit, décidées par plusieurs arrests de la cour du Parlement, par Cl. Le Prestre, avec un traité des mariages clandestins, par G. Gueret. *Paris, Coignard,* 1679, in-fol., portr., v. br.

1439 Recueil de plusieurs notables arrests du Parlement de Paris, pris des mémoires de Georges Louet, par Jul. Brodeau. *Paris, Thierry,* 1693, 2 vol. in-fol., v. br.

1440 Journal des principales audiences du Parlement, avec les arrêts qui y ont été rendus, par J. Du Fresne, Fr. Jamet de la Guessière et autres. *Paris, de Nully,* 1733-1754, 7 vol. in-fol., veau fauve.

1441 Arrests notables du Parlement de Dijon, recueillis, par Fr. Perrier, avec des observations par Guill. Raviot. *Dijon, Augé,* 1735, 2 vol. in-fol., v. f.

1442 Arrests remarquables du Parlement de Toulouse, par J. de Catellan. *Toulouse, Caranove,* 1740, 2 vol. in-4°, v. br.

1443 Arrests du Parlement de Flandre sur diverses questions de droit, de coutume et de pratique, par Jacques Pollet. *Lille, Danel,* 1716, in-4°, v. br.

1444 Decisiones Sequanorum senatus Dolani, auctore Jo. Grivello. *Antverpiæ,* 1618, in-fol., v. br., aux armes de Gand.

1445 Mémoire au conseil, contenant l'extrait de toutes les clauses des acts, contracts et traitez concernants l'affaire d'entre M. le prés. de Bercy, aiant les droits cedez de M. le duc de Guise et M. Philippe Croy Chimay d'Aremberg, pour avoir advis sur les questions qui en résultent. *S. l. n. d. (Paris,* 1672?) in-fol., dem.-rel. bas.

1446 Actes de notoriété donnés au Châtelet de Paris par J. B. Denissart. *Paris, Desaint,* 1769, in-4°, v. br.

1447 Œuvres diverses de M. Patru, contenant ses plaidoyers, harangues, etc. *Paris, Clouzier*, 1714, gr. in-4°, v. br.

1448 Œuvres du chancelier d'Aguesseau. *Yverdun*, 1772-1775, 10 t. en 12 vol. in-8°, v. f.

1449 Œuvres choisies de J. M. A. de Servan. *Liége, Collardin*, 1819, 2 vol. in-8°, v.

1450 Procès de Barth. Tort-de-Lasonde, accusé de conspiration contre l'état et de complicité avec Dumouriez. *Paris, Réal*, an v, in-4°, dem.-rel. bas.

TRAITÉS PARTICULIERS SUR DIVERSES MATIÈRES DE DROIT CIVIL.

1451 Recueil par ordre alphabétique des principales questions de droit qui se jugent diversement dans les différents tribunaux du Royaume. *Paris, Emery*, 1726, in-12, v. br.

1452 Recueil par ordre alphabétique des principales questions de droit, qui se jugent diversement, par Bretonnier. *Paris, Rabuty*, 1771, 2 vol. in-12, v. f.

1453 Traité de la preuve par témoins en matière civile, conten. le commentaire de M. J. Boiceau, sur l'ordonnance de Moulins, avec le traité de la preuve par comparaison d'écritures, de M. Le Vayer, par Danty. *Paris, Delalain*, 1769, in-4°, v. f., fil.

1454 Traité de la mort civile, par Mᵉ Fr. Richer. *Paris, Durand*, 1755, in-4°, v. f.

1455 Traité des servitudes des héritages rustiques et urbains ; de l'usage et de l'usufruit, par L. Astruc. *Paris, Buchet*, 1775, in-12, cartonné.

1456 Traité des servitudes réelles, à l'usage des Parlements du Royaume, et aussi de la Flandre Impériale et d'une partie de l'Allemagne, par Lalaure. *Paris, Herissant*, 1777, in-4°, veau brun.

1457 Traité des donations entre-vifs et testamentaires, par J. M. Ricard ; avec la coutume d'Amiens commentée par le même auteur, et traité de la révocation des donations. *Paris, David*, 1734, 2 vol. in-fol., v. br.

1458 La jurisprudence des donations entre-vifs, par Pierre Roussilhe. *Avignon, Niel,* 1785, 3 vol. in-12, v. f.

1459 Traité des testaments, codicilles, donations à cause de mort, et autres dispositions de dernière volonté, par Furgole. *Paris,* 1777, 4 vol. in-4°, v. f.

1460 Traité des successions, divisé en quatre livres, par Denis Le Brun. *Paris, Guignard,* 1692, in-fol., v. br.

1461 Traité des conventions de succéder, ou successions contractuelles, par J. Boucheul. *Poitiers, Faulcon,* 1727, in-4°, veau br.

1462 Traité de la subrogation de ceux qui succèdent au lieu et place des créanciers, par Ph. Dernusson. *Paris,* 1723, in-4°, v. br.

1463 Traitez de la légitime, de la représentation et des secondes noces, par G. de la Champagne. *Paris, Robustel,* 1720, in-12, v. f.

1464 Les institutions au droit de légitime, par Pierre Roussilhe. *Avignon, Delaire,* 1770, 2 vol. in-12, v. f.

1465 Commentaire de l'ordonnance de Louis XV sur les substitutions (août 1747), par Furgole. *Paris, Herissant,* 1767, in-4°, v. f.

1466 Questions concernant les substitutions, avec les réponses des Parlements et Cours souveraines du Royaume, et des observations du Chancelier d'Aguesseau (par Dalles et Vitrac). *Toulouse,* 1770, in-4°, v. f.

1467 Traité des substitutions fidéicommissaires, avec des notes sur l'ordonnance de 1747, par Thévenot d'Essaule de Savigny. *Paris, Moutard,* 1778, in-4°, v. f.

1468 Traité des institutions et des substitutions contractuelles, par E. de Laurière. *Paris, Guignard,* 1715, 2 vol. veau br.

1469 Traité des contrats de mariage, par Guerin de Tubermont. *Paris, Beugnié,* 1722, in-12, v. br.

1470 Code matrimonial, ou recueil complet de toutes les loix canoniques et civiles de France (par Ridant et Camus). *Paris, Herissant,* 1770, 2 vol. in-4°, v. f.

1471 Contrat conjugal, ou loix du mariage, de la répudiation et du divorce (par Le Scène des Maisons). *Neuchatel,* 1783, in-8°, d.-r. v.

1472 Justification des usages de France sur les mariages des enfants de famille, faits sans le consentement de leurs parents, par P. Le Merre. *Paris,* 1687, in-12, v. br.

1473 Traité de la communauté de biens, entre l'homme et la femme, conjoints par mariage, par Ph. Derenusson. *Paris, Bobin,* 1692, in-fol., v. br.

1474 Traité des gains nuptiaux et de survie, qui sont en usage dans les païs de droit écrit, par A. G. Boucher d'Argis. *Lyon,* 1738, in-4°, v. f.

1475 Traité de la communauté entre mari et femme, avec un traité des communautez ou societez tacites, par D. Le Brun, publié par Louis Hideux. *Paris,* 1734, in-fol. veau brun.

1476 Traité des propres réels, réputez réels et conventionnels, par de Renusson. *Paris, Gosselin,* 1700, in-4°, v. br.

1477 — — Le même ouvrage. *Paris, Brunet,* 1700, in-4°, veau brun.

1478 Traité des retraits. *Paris, Cellot,* 1779, in-8°, v. f.

1479 Traité des droits de lods et ventes, selon le droit commun du Royaume, par B. L. Molières-Fonmaur. *Lyon, Perisse,* 1783, 2 t. en 1 vol. in-4°, v. f.

ANCIEN DROIT CRIMINEL. — POLICE. — PROCÉDURE.

1480 La practique judiciaire, civile et criminelle de France, par J. Imbert; augm. par Guénois et Automne. *Paris,* 1627. — Enchiridion ou brief recueil du droict escrit, publ. par les mêmes. *Ibid.,* 1627, en 1 vol. in-4°, v. br.

1481 Nouveau formulaire, ou style de procédure, au Parlement et aux requêtes de l'Hôtel et du Palais. *Paris,* 1738, in-12, veau fauve.

1482 Traicté des peines et amendes, tant pour les matières criminelles que civiles, par J. Duret. *Lyon,* 1606, in-8°, v. f.
Un peu court de marges.

DROIT FRANÇAIS.

1483 Observations et maximes sur les matières criminelles, par A. Bruneau. *Paris,* 1715, 2 t. en 1 vol. in-4°, portr., v. br.

1484 Code criminel ou commentaire sur l'ordonnance de 1670 (par F. Serpillon). *Lyon,* 1767, 4 part. en 2 vol. in-4°, v. f.

1485 Institutes au droit criminel, ou principes généraux sur ces matières; avec un traité particulier des crimes, par P. Fr. Muyart de Vouglans. *Paris,* 1768, in-4°, v. br.

1486 Traité de la justice criminelle de France, par Jousse. *Paris, Debure,* 1771, 4 vol. in-4°, v. f.

1487 Les loix criminelles de France, dans leur ordre naturel, par Muyart de Vouglans. *Paris, Merigot,* 1780, in-fol., v. br.

1488 Essai sur les réformes à faire dans notre législation criminelle, par V*** (Vermeil). *Paris,* 1781, in-12, v. f.

1489 Code du faux, ou commentaire sur l'ordonnance du mois de juillet 1737, par Serpillon. *Lyon,* 1774, in-4°, v. f.

1490 Traité des injures dans l'ordre judiciaire, par F. Dareau. *Paris,* 1776, in-12, v. f.

1491 Essai sur l'usage, l'abus et les inconvénients de la torture, dans la procédure criminelle, par S. D. C. (Seigneux de Correvon). *Lausanne, Grasset,* 1768, in-8°.

1492 Traité de la police, où l'on trouvera l'histoire de son établissement et la description historique et topographique de Paris, par Delamare. *Amsterdam,* 1729, 4 vol. in-fol., figg., v. brun, à dent.

   Ouvrage qu'on recherche à cause des plans de la ville de Paris, depuis l'époque Romaine jusqu'en 1700.

1493 Dictionnaire ou traité de la police générale des villes, bourgs, etc., par Edme de la Poix de Freminville. *Paris, Gissey,* 1758, in-4°, v. f.

1494 Code de la police, ou analyse des règlements de police, par D. (Duchesne). *Paris,* 1757, in-12, v. f.

DROIT FÉODAL.

1495 Traité des fiefs, par Jacquet. *Paris,* 1763, in-12, v. f.

1496 Traitté des fiefs suivant la coutume de Paris. In-fol., veau jaspé, aux armes.

   Ms. d'une très-bonne main.

1497 Traité de la seigneurie féodale universelle, et du franc-alleu naturel, par Furgole. *Paris*, 1767, in-12, v. f.

1498 Inconvénients des droits féodaux (par Boncerf). *Paris*, 1776.
— Plan d'imposition économique et d'administration des finances, par R. des Glannières. *Paris*, 1774, in-8°, v. br. fauve.

1499 Recherches et observations sur les lois féodales, par Doyen. *Paris*, 1779, in-8°, veau rac.

1500 Traité des droits appartenans aux seigneurs sur les biens possédés en roture par Preudhomme. *Paris*, 1781, in-4°, v. f.

1501 Du franc-aleu et origine des droicts seigneuriaux, par Aug. Galland. *Paris, Richer*, 1637, in-4°, v. br., fil.

DROIT MODERNE.

INTRODUCTION. — COLLECTIONS DE LOIS.

1502 Einleitung in das Gesetzbuch Napoleons. *Düsseldorf, Schreiner*, 1808, in-8°, dem.-rel. bas.

1503 Tableaux synoptiques du droit privé par H. Blondeau. *Paris, Bavoux*, 1818, in-4°, dem.-rel. bas.

1504 Introduction à l'étude du Code Napoléon, par F. de Lassaulx. *Paris, Bavoux*, 1812, in-8°, cart.

1505 Analyse raisonnée du droit français, par P. L. C. Gin. *Paris, Garnery*, 1804, 6 vol. in-8°, dem.-rel. v.

1506 Manuel de droit français, contenant les cinq Codes, la charte, les lois, ordonnances sur l'organisation judiciaire, etc., par J. B. G. Pailliet. *Paris, Desoer*, 1819, gr. in-4°, dem.-rel., bas. rac.
Taché au titre.

1507 Code Napoléon annoté des dispositions et décisions ultérieures de la législation et de la jurisprudence, par J. B. Sirey. *Paris, Lacroix, S. d.* (1815), in-4°, dem.-rel. v.

1508 Les sept Codes, contenant la Charte constitutionnelle, la corrélation des articles et tables alphabétiques. *Paris, Roret*, 1830, p. in-32, veau vert gaufré, tr. marbr.

1509 Recueil des proclamations et ordonnances des Représentants du peuple français, près les armées du Nord et de Sambre-et-Meuse, émanés à Bruxelles (du 9 juillet 1794 à 1800). *Bruxelles, Huyghe*, 25 vol. — Recueil des loix de la République française (Consulat), depuis le régime de l'an VIII. *Ibid.*, 13 vol. — Recueil des lois, depuis l'érection de l'Empire. *Ibid.*, 18 vol. — Répertoire de la législation française ou table des 35 volumes du Recueil. *Ibid.*, 1803. — Tarif des frais et dépens qui sont dus aux officiers ministériels. *Ibid.*; ensemble 58 vol. in-8°, dem.-rel. bas.

DROIT CIVIL, CODE ET COMMENTAIRES.

1510 Analyse raisonnée de la discussion du Code civil au Conseil d'État, par de Maleville. *Paris, veuve Nyon*, 1805, 4 vol. in-8°, dem.-rel. v.

1511 Code civil des Français, suivi de tables et d'une concordance. *Brux., Huyghens*, 1804. — Discours et exposé des motifs qui ont déterminé la rédaction de chaque partie du Code civil. *Ibid.*, 1803, 4 vol. — Code de procédure civile. *Ibid.*, 1806. — Code de commerce. *Ibid.*, 1807. — Code d'instruction criminelle et Code pénal. *Ibid.*, 1810, 2 vol.; ens. 9 vol. in-8°, dem.-rel. bas.

1512 Codex Napoleon oder französisches Civil-Gesetzbuch, dargestellt und kommentirt von F. Lassaulx. *Koblenz, Pauli*, 1809-15, 4 vol. in-8°, dem.-rel. v.

1513 Lois civiles ou Code civil intermédiaire formé de la réunion des lois, arrêtés, etc., sur l'état des personnes et la transmission des biens, par J. B. S. et G. S. L.. *Paris, Clament frères*, 1810, 4 vol. in-8°, dem.-rel. v.

1514 Handbuch des französischen Civilrechts, von D. K. Sal. Zachariä. *Heidelberg, Mohr und Zimmer*, 1811, 4 vol. in-8°, dem.-rel. veau.

1515 Cours de Code civil, par Delvincourt. *Paris*, 1819, 3 vol. in-4°, dem.-rel.

1516 Le droit civil français, suivant l'ordre du Code, par C. B. M. Toullier. *Paris, Warée*, 1819-28, t. I à XIII, in-8°, d.-r. v.

1517 Code civil, Code de procédure civile, Code de commerce, Code d'instruction criminelle et Code pénal militaire expliqués, par J. A. Rogron. *Bruxelles, Tarlier,* 1827-32, en 2 vol. gr. in-8°, dem.-rel. v.

1518 Traité des enfants naturels, par Loiseau, avec appendice. *Paris, Bavoux,* 1819, 2 part. in-8°, dem.-rel. v.

1519 Traité des servitudes ou services fonciers, par J. M. Pardessus. *Bruxelles, Stapleaux,* 1822, in-8°, dem.-rel. bas.

1520 Historische Darstellung des französischen Erbrechts. Inaugural Dissertation von Th. A. Warnkoenig. *Basel,* 1847, in-8°, dem.-rel. v. fauve.

1521 Traité des donations, des testaments, et de toutes autres dispositions gratuites, par Grenier. *Bruxelles,* 1826-27, 2 t. en 1 vol. gr. in-8°, dem.-rel. v.

1522 Mémoire sur les institutions contractuelles entre époux, par P. A. F. Gérard. *Bruxelles, Van Dale,* 1844, in-8°, tiré sur grand papier in-4°, dem.-rel. v. fauve.

1523 Instruction facile sur l'exercice de la faculté de disposer à titre gratuit (loi du 4 germinal an VIII), par Bergier. *Paris, Baudouin, s. d.,* in-12, cart.

1524 Commentaire sur la loi des successions, par Chabot de l'Allier. *Paris, Nève,* 1818, 3 vol. in-8°, dem.-rel. v.

1525 Recueil des pièces en 1 vol. in-8°, dem.-rel. v.

Renferme :

Theorie der Erbfolgeordnung nach Napoleons Gesetzbuche, von F. Mackeldey. *Marburg,* 1811. — Esquisse d'un traité sur les obligations solidaires, par Blondeau. *Paris,* 1819. — Thèse de droit français et de droit romain. *Ibid.,* 1819. — Dissertation sur le système hypothécaire, par Barthelemy. *Brux.,* 1806. — Lettre sur le projet de Code civil. *Paris,* an IX. — Seconde lettre. *Ibid.* — Analyse critique du projet de Code civil (par Fournel). *Paris,* an IX. — Dissertation (de droit), par J. B. Kockaert. *Brux.*

1526 Essai sur la prestation des fautes, par Lebrun, avec une dissertation de Pothier sur cet Essai. *Paris, Bavoux,* 1813, in-12, cart.

1527 Thèses de droit français et de droit romain, sur la matière de la vente, par J. B. H. Blondeau. *Paris, Baudouin frères,* 1819, in-8°, dem.-rel. v.

1528 Traité élémentaire, méthodique et complet sur le régime hypothécaire, par Tissandier. *Paris*, 1805, in-8°, cart.
1529 Régime hypothécaire, par J. C. Persil. *Paris, Warée*, 1820, 2 vol. in-8°, dem.-rel. v.
1530 Questions sur les priviléges et hypothèques, saisies immobilières et ordres, par M. Persil. *Paris, Nève*, 1820, 2 vol. in-8°, dem.-rel. v.
1531 Traité des prescriptions suivant les nouveaux Codes français, par F. A. Vazeille. *Riom*, 1822, in-8°, d.-rel. v.

CODE DE PROCÉDURE, CODE PÉNAL, CODE DE COMMERCE, CODE RURAL, CODE MILITAIRE, ETC.

1532 Nouveau style pratique de la République Française, pour l'instruction des procédures en matière civile, par F. J. Montainville. *Trèves, Montainville,* an XII, in-8°, dem.-bas.
1533 Code de procédure civile. Édit. offic. *Paris, Impr. Imp.*, 1806, in-32, v. f.
1534 Code de procédure civile, annoté des dispositions et décisions ultérieures, par J. B. Sirey. *Paris, s. d.*, gr. in-4°, d.-bas.
1535 Dictionnaire textuel, analytique et raisonné du Code de procédure civile et des articles du Code civil qui y sont relatifs, par A. G. Daubanton. *Paris, Buisson,* 1807, 2 tom. en 1 vol. in-8°, dem.-rel. v.
1536 Code administratif, par Fleurigeon : Administration, t. I-II. — Police. 2 vol. *Paris, Garnery,* 1809, 4 vol. in-8°, d.-r. v.
1537 De la justice criminelle en France, par Bérenger. *Paris, L'Huillier*, 1818, in-8°, cart.
1538 Code des délits et des peines, précédé des exposés des motifs. *Paris, Garnery*, 1810, in-8°, d.-r. v.
Notes manuscrites marginales.
1539 Traité-pratique du Code d'instruction criminelle, avec formules, par A. G. Daubanton. *Paris*, 1809, in-8°, cart.
1540 Code d'instruction criminelle, annoté des dispositions et décisions de la législation et de la jurisprudence, par J. B. Sirey. *Paris*, 1817, in-8° tiré in-4°, interfolié, d.-r. v.

1541 Code pénal, annoté des dispositions et décisions de la législation et de la jurisprudence, par J. B. Sirey. *Paris,* 1819, in-8° tiré in-4°, d.-r. v.
<small>Interfolié. — Notes manuscrites.</small>

1542 Code d'instruction criminelle, aus dem französischen übersetzt, von Gottf. Daniels. — Code pénal, id. von Wilh. Blanchard. (Texte français en regard). *Cöln, Keil,* 1812, 2 part. en 1 vol. in-8°, cart.

1543 Dictionnaire raisonné des lois pénales de France, par Bourguignon. *Paris, Garnery,* 1811, 3 vol. in-8°, d.-r. v.

1544 Traité de la législation criminelle en France, par J. M. Le Graverend. *Paris, Impr. Roy.,* 1816, 2 vol. in-4°, d.-r. v. f.

1545 Leçons préliminaires sur le Code pénal, ou examen de la législation criminelle, par Bavoux. *Paris, Bavoux,* 1821, in-8°, cart.

1546 Observations sur plusieurs points importans de notre législation criminelle, par Dupin. *Paris, Baudouin,* 1821, in-8°, cart.

1547 Des principes théoriques de la tentative conférés avec le système adopté par le Code pénal, par L. J. Sautois. *Bruxelles, Lesigne,* 1847, gr. in-8°, d.-rel. v.
<small>Mémoire couronné au concours des Universités de Belgique.</small>

1548 Vingt-deux brochures sur la législation criminelle, la peine de mort, la répression du duel, etc., in-8°, br.

1549 Code de commerce, annoté des dispositions et décisions de la législation et de la jurisprudence, par J. B. Sirey. *Paris, s. d.,* in-4°, d.-r. v.

1550 Traité pratique, formulaire général du commerce intérieur et maritime, d'après le Code de commerce et les Codes Napoléon, par A. G. Daubanton. *Paris, Buisson,* 1808, 2 vol. in-8°, dem.-rel. v.

1551 Notes sur la forme de procéder devant les tribunaux de commerce, et modèles de plusieurs actes à faire pour l'instruction des procès, par Legras. *Paris,* 1807, in-8°, d.-r. v.

1552 État actuel de la législation sur l'administration des troupes, par P. N. Quillet. *Paris, Magimel,* 1811, 3 vol. in-8°, cart.

1553 Code militaire, ou compilation des ordonnances des Roys de France concernant les gens de guerre, par le Sr de Briquet. *Paris, Imp. Roy.*, 1728, 3 vol. in-12, v. jaspé.

1554 Code rural, ou recueil chronologique des décrets de l'Assemblée nationale constituante, qui intéressent plus particulièrement le régime des campagnes. *Paris, Prault,* 1792, in-8°, cart.

RÉPERTOIRES DE JURISPRUDENCE. — ARRÊTS DES COURS. — CAUSES CÉLÈBRES.

1555 État des jugements de cassation rendus depuis le 1er avril 1793 au 29 floréal an VI. *Paris, Imp. Nat.,* an VII, 3 part. en 1 vol. (incompl.)—Bulletin des jugements de cassation en matière civile, an VII jusqu'à 1806. *Ibid.;* ensemble 5 vol. in-8°, dem.-rel. veau.

1556 Jurisprudence des cours de cassation et d'appel sur la procédure civile et commerciale, par Bavoux et Loiseau. *Paris, Perronneau,* 1808-1809, 3 vol. in-8°, dem.-rel. v.

1557 Recueil alphabétique des questions de droit, qui se présentent le plus fréquemment dans les tribunaux, par Merlin. *Paris, Danel,* an XI-XIII, 9 vol.—Supplément. *Ibid.,* 1810, 4 vol.; ens. 13 vol. in-4°, dem.-rel. v.

1558 Jurisprudence du Code civil, par Bavoux et Loiseau. *Paris, Bouzon de Jonay,* 1803-1814, 22 t. en 17 vol. in-8°, d.-r. v.

1559 Merlin. Répertoire universel et raisonné de jurisprudence. *Paris,* 1807-1809, 13 vol. — Additions au Répertoire. *Paris et Bruxelles,* 1821-1825, 5 vol.; ens. 18 vol. in-4°, dem.-rel. veau.

1560 Annales de la législation judiciaire et des tribunaux de l'empire Français, recueillis par Léopold. *Paris, Tardieu,* 1812, in-8°, cart.

1561 Jurisprudence des Cours souveraines sur la procédure, par A. S. G. Coffinières. *Paris, Garnery,* 1812, 5 vol. in-8°, dem.-rel. bas.

1562 Thémis, ou bibliothèque du jurisconsulte, par une réunion de magistrats. *Paris, Baudouin,* 1819-1825, 7 vol. in-8°, dem.-rel. veau.

1563 Journal analytique de jurisprudence. *Bruxelles, Demanet,* 1821-1822, Ire série : t. I, II, III, in-8°, dem.-rel. veau et cart.

1564 Jurisprudence générale du royaume, ou répertoire méthodique de la législation et de la jurisprudence modernes en matière civile, commerciale, criminelle, administrative et de droit public, par Dalloz. *Paris,* 1824-1830, 12 vol. gr. in-4°, dem.-rel. veau fauve, tr. marbr.

1565 Mémoire et pièces justificatives pour Mme A. M. Rogres Lusignan de Champignelles, veuve Douhault, aux magistrats de la Cour de cassation. *Paris, Baudouin,* 1807, in-8°, portrait et tableaux, dem.-rel. bas.

1566 Principes de législation et de jurisprudence, ou table analytique des quinze premiers volumes des décisions notables de ces cours, rapportées par Fournier et Tarte, jusqu'en 1809. *Bruxelles, Mailly,* in-8°, dem.-rel. toile.

1567 Recueil de pièces; en 1 vol. in-8°, dem.-rel. toile.
   Renferme :
   Plaidoyers pour Moutardier et le Clerc, accusés de contrefaçon du Dictionnaire de l'Académie française, par Delamalle. *Paris,* 1803. — Prospectus du Dictionnaire historique, de Chaudon et Delandine. *Ibid.,* 1809. — De la propriété littéraire, ou les plagiaires démasqués, par Prud'homme. *Ibid.,* 1811. — Moyen de parvenir en littérature (contre Malte-Brun), par J. G. Dentu. *Ibid.,* 1811. — — Plaidoyer de M. Marchangy dans la cause de Malte-Brun et le sieur Dentu. *Ibid.,* 1811.

DROIT ALLEMAND, ANGLAIS, ITALIEN, ESPAGNOL.

1568 Jo. Salom. Brunquelli historia juris romano-germanici, accessit dissertatio de linguarum, philosophiæ, etc. *Amstelodami,* 1730, in-8°, vélin.

1569 Deutsche Rechtsalterthümer, von Jacob Grimm. *Göttingen,* 1828, in-8°, dos et coins en cuir de Russie, fil. s. l. jonct.

1570 Deutsche Rechtsalterthümer, von Jacob Grimm. *Göttingen, Dieterich,* 1854, in-8°, dos et coins en maroq. rouge, non rogné.

1571 Deutsche Rechtsgeschichte, von Ferd. Walter. *Bonn, Marcus,* 1853, in-8°, dos et coins en maroq. vert., n. rog.

1572 Beyträge zu den teutschen Rechten des Mittelalters, vorzüglich zur Kunde und Kritik der altgermanischen Rechtsbücher und des Sachsen- und Schwaben-Spiegels, von Ernst Spangenberg. *Halle,* 1822, in-4°, pl. de fac-simile, dos et coins en maroq. vert.

1573 Talhofer. Beytrag zur Literatur der gerichtlichen Zweykämpfe im Mittelalter, von H. Schlichtegroll. *München,* 1817, in-4° obl., 6 planches, d.-r. v.

1574 Corpus juris germanici antiqui, edid. Jo. G. Heineccius. *Halæ Magdeb.,* 1738, in-4°, v. br.

1575 Thesaurus juris derer Grafen und Herren des H. Röm. Reichs von J. Chr. Lünig. *Franckfurt,* 1725, in-fol., fig., vél.

1576 Saxonum leges tres quæ extant antiquissimæ ætate Caroli M. confectæ, notis illustr. Car. G. Gaertner; accessit lex Frisionum cum notis Sibrandi Siccamæ. *Lipsiæ,* 1730, 2 part. en 1 vol. in-4°, vél.

1577 De jure civili et criminali austriacobellico tractatus practicus, das ist : Praktische Abhandlung deren in österreichischen Kriegsgerichten, durch G. J. Kögl de Waldinutzy. *Pressburg,* 1772-74, 2 vol. in-fol., fig., d.-r. v.

1578 J. J. Prehn. Von den Austrägen insbesondere von dem einem Kläger geringern Standes vortheilhaftesten Wege einen Fürsten zu belangen. *Halle,* 1779, in-12, dem.-rel. toile.

1579 Vindication der österreichischen Gesetzgebung und Staatsverwaltung gegen eigenmächtige Verletzungen derselben in der Amts- und Sitten-Verfolgung; zugleich nothgedrungene Ehrenvertheidigung eines Rheinpreussen, von J. W. Herweg. *Trier,* 1830, in-8°, dos en toile.

1580 Breviculum praxis imperialis aulicæ, ex aurea bulla, et capitulatione Imp. Josephi collectum. *Francofurti,* 1709, p. in-12, vél.

1581 J. U. von Cramer. Wetzlarische Nebenstunden, mit Beiträge und Cameriana posthuma; Haupt-Register, in-4°. *Ulm und Augsburg,* 1763-90; ens. 146 tom. en 38 vol. in-8°, reliés et brochés.

1582 Codex civilis judiciarius communis omnibus judicibus constitutis in Bohemia, Moravia, Silesia. *Viennæ*, 1785, in-8°.

1583 — — Le même ouvrage. *Viennæ*, 1785. — Norma universalis judiciaria. *Ibid.*, 1785; en 1 vol. in-8°, d.-r. v.

1584 J. S. Fr. Böhmeri elementa jurisprudentiæ criminalis, et Constitutio criminalis Caroli V. *Halæ Magdeb.*, 1738, in-8°, v. br.

1585 Constitutio criminalis Theresiana, oder der Röm.- kaiserl. zu Hungarn und Böheim königl. Maj. Mariä Theresiä peinliche Gerichtsordnung. *Wien*, 1769, in-fol., maroq. rouge, dor. s. plat, tr. dor. *Aux armes de l'Empire*.

1586 Lehrbuch des gemeinen in Deutschland gültigen peinlichen Rechts, von P. J. A. Feuerbach. *Giessen*, 1808, in-8°, cart.

1587 Ueber den neuesten Zustand der Criminal-Gesetzgebung in Deutschland, von E. J. A. Mittermaier. *Heidelberg, Engelmann*, 1825, in-8°, dem.-rel. toile.

1588 Die eiserne Jungfer und das heimliche Gericht in Königlichen Schlosse zu Berlin, von M. F. Rabe. *Berlin*, 1847, in-8°, figg., dem.-rel. v.

1589 Jo. Jac. Mascovii de jure feudorum in Imperio Romano-Germanico liber. *Lipsiæ, Breithopf*, 1763, in-8°, d.-r. v.

1590 Histor.-jurist. Abhandlung über Abschaffung der Lehns-Verfassung in Frankreich, nebst Abwendung auf die Leibgewinns und andern Abgaben, von Andr. Stündeck. *Crefeld*, 1805, in-8°, dos en toile.

1591 Allgemeines Landrecht für die preussischen Staaten. *Berlin, Decker*, 1794, 3 vol. et 1 vol. de tables, in-8°, d.-r. bas.

1592 Code Frédéric ou corps de droit pour les états de Sa Majesté le Roi de Prusse (attribué à Samuel de Coccéji), traduit de l'allemand. (*Berlin*), 1751, 3 vol. in-8°, v. m.

1593 Erläuterungen über den Code Napoléon und die grossherzoglich badische bürgerliche Gesetzgebung, von Dr. J. N. Fr. Brauer. *Karlsruhe, Müller*, 1809, 6 vol. in-8°, d.-r. bas. rac.

1594 Coup-d'œil sur le Code Napoléon en Allemagne. *Paris*, 1810, in-8°. dem.-rel. bas. rac.

1595 Sämmlung der ältern und jüngern Verordnungen. Zur Erläuterung des ehemals Kurkölnischen, nunmehr herzoglich Arenbergischen Landrechts, bis zum Jahre 1800 einschliesslich. *Dorsten,* 1807, in-12, dem.-rel. v. rac.

1596 Recueil des règlements et arrêtés émanés du commissaire du gouvernement dans les quatre nouveaux départ. du Rhin (texte franc. et allem.). *Mayence, A. Grass* (Bulletins 1 à 100), 7 vol. in-8°, dem.-rel. bas.

1597 Juristische Bibliothek. Recueil de traités divers de jurisprudence allemande. Sans titre, in-8°, dem.-rel. v.

1598 Artis notariatus, hoc est, de officio exercitioque tabellionum tomi duo, *Francofurti, ap. Egenolphium,* 1539, 2 part. en 1 vol. in-fol., d.-r. maroq. bleu.
  Légère mouillure et un coin du titre découpé.

1599 Dissertation historique sur l'ancienne constitution des Germains, Saxons et habitants de la Grande-Bretagne, traduit de feu Gilbert Stuart. *Paris, Maradan* (1794), in-8°, d.-r. v. bleu.

1600 Commentaries on the laws of England, principally in the order of the commentaries of W. Blackstone. *London, J. Butterworth,* 1819, in-8°, dem.-rel. v. fauve.

1601 Commentaires sur les loix angloises de M. Blackstone (traduits par M. D. G***.). *Bruxelles, de Boubers,* 1774, 6 vol. in-8°, v. rac.

1602 Analysis of the laws of England, by Blackstone. *London, Sharpe,* 1821, in-18, d.-r. mar. r.

1603 Droit d'aubaine de la Grande-Bretagne, par C. H. Okey. *Paris,* 1830, in-12, dem.-rel. v. vert.

1604 Lettres sur la Cour de la Chancellerie d'Angleterre et sur la jurisprudence anglaise, par C. P. Cooper. *Bruxelles, Hauman,* 1830, in-8°, dem.-rel. v.

1605 Brief account of the most important proceedings in Parliament relative to the defects in the administration of justice in the Court of Chancery, the House of Lords and the Court of commissioners of Bankrupt, by C. P. Cooper. *London, J. Murray,* 1828, in-8°, dos en toile.

1606 Regulations and instructions relating to H. Majesty's service at sea. *London*, 1747, in-4°, v. br.
    Avec un cahier d'instructions en manuscrit.

1607 Processus informativus, sive de mode formandi processum informativum, F. T. Ambrosino auctore. *Venetiis*, 1610, in-8°, vélin.

1608 Utilis ac subtilis lectura super usibus feudorum Baldi de Perusio. — Rubricæ variæ. — Allegatione Solempnis Doctoris Domini Lapi de Florencia, abreviata per Anthonium de Buto de Bononia, in-fol., mar. rouge à comp., d. s. tr. (rel. anc.).

Très-beau mss. sur papier de 550 pages environ, à deux colonnes, de 60 lignes chacune ; majuscules en rouge et bleu ; deux grandes lettres ornées en or et couleurs. On lit à la fin du 1er *explicit* : Anno D. M.CCC.XCIII sub felici et illustri D. Johi. Galeat, etc., et à la fin du 3e ouvrage : Expliciunt allegationes D. Lapi scriptum per manus Franconis de Gheele. Anno 1436, die 24 junii.
Le volume est d'une conservation parfaite.

1609 Indication sommaire des règlemens et loix de l'archid. Léopold de Toscane. *Bruxelles, De Boubers*, 1779, in-12, fig. veau fauve.

1610 Este es el libro que fezo el muy noble Rey d. Alfonso en las Cortes de Nagera de los Fueros de Castiella. — Cortes que hizo el Rey D. Sancho en Valladolid... año de 1293. — Cofradia que a devocion de N. S. de Salm fundaron en la villa de Caceres, los cavalleros della, y ordenanzas, etc., año de 1383, etc., in-fol., dem.-rel. v. rac.
    Ms. parfaitement conditionné, belle écriture du siècle dernier.

IV. — DROIT CANONIQUE OU ECCLÉSIASTIQUE.

INTRODUCTION. — TRAITÉS GÉNÉRAUX ET SPÉCIAUX. — DICTIONNAIRES, LETTRES DES PAPES, CANONS. — COMMENTAIRES.

1611 Lectura Bartholi de Saxoferrato super primā parte Inforciati. In-fol., mar. rouge, fil.; d. s. tr.

Ms. de 194 feuillets, du XVe siècle, à deux colonnes, chacune de 65 lignes. Grande miniature en tête de la 1re page, majuscules historiées, lettrines, rubriques, etc. Beau volume à grandes marges, bien conservé. Il ne contient que la glose sur les livres 25 à 29 et paraît incomplet.

1612 Arn. Corvini jus canonicum, per aphorismos strictim explicatum. *Amstelodami, Elzevir,* 1663, in-12, v. br.

1613 Schilterus illustratus, seu additamenta ad Jo. Schilteri institutiones juris canonici, opera J. Böhmeri. *Halæ Magdeb.,* 1712, in-8°, vél.

1614 Institution au droit ecclésiastique, par l'abbé Fleuri. *Paris, Mariette,* 1721, 2 vol. in-12, v. f.

1615 Summa jurisprudentiæ sacræ universæ, seu jus canonicum, secundum quinque Decretalium Gregorii P. IX titulos explicatum, edidit R. P. Vitus Pichler. *Aug. Vindel.,* 1728, 2 vol. in-fol., v. br.

1616 Les règles du droit canon, traduites en françois, avec des explications et des commentaires, par J. B. Dantoine. *Bruxelles,* 1742, in-4°, v. f.

1617 Institutes du droit canonique, traduites en françois, avec l'histoire du droit canon, par Durand de Maillane. *Lyon, Bruyset,* 1770, 10 vol. in-12, v. f.

1618 Dictionnaire du droit canonique et de pratique bénéficiale, conféré avec les maximes et la jurisprudence de France, par Durand de Maillane. *Lyon, Duplain,* 1770, 4 vol. in-4°, veau br.

1619 P. J. a Riegger institutionum jurisprudentiæ ecclesiasticæ partes IV, cum compendio et tabulis, edid. Judocus Le Plat. *Lovanii, Michel, s. d.*, 6 vol. in-8°, v. f.

1620 Lehrbuch des Kirchenrechts von Dr F. Walter. *Bonn, Marcus,* 1823, in-8°, cart.

1621 Les définitions du droit canon, contenant un recueil fort exact de toutes les matières bénéficiales suivant les maximes du palais, avec des remarques par F. Perard Castel. *Paris, De Sercy,* 1700, in-fol., v. f.

1622 Corpus juris canonici emendatum et notis illustratum, appendice P. Lancelotti adauctum. *S. l.,* 1650, in-4°, veau br., ant.

1623 Corpus juris canonici, in duos tomos divisum, J. Henn. Boehmer recensuit, notis illustravit. *Halæ Magdeb.,* 1747, 2 vol. in-4°, v. f.

1624 Corpus juris ecclesiastico-civilis seu collectio legum, ad usum scholar. theologicar. Lovanii. Pars I. *Lovanii,* 1829, in-8°, dem.-rel.

1625 (Bonifacius VIII). Sextus et clemētine de tortis. (Au 4° feuill.) : Sexti libri decretalium cōpilatio illustrata lucubrationibus, additamentis clarissimi doct. hironymi clarii brixiani... *Venetiis, per Baptistam de Tortis,* Mcccclxxxxvij. — Clementine. (Au 2° feuill.) : Incipiunt constitutiones Clementis pape quinti una cum apparatu domini Joannis Andree... *Venetiis, per Baptistam de Tortis,* Mcccclxxxxvj, de 104 et 57 ff., 2 parties en 1 vol. gr. in-fol., goth., maroq. rouge, large dent. sur plat, dor. s. tr. (ancienne reliure).

Exemplaire de belle condition. — V. *Hain, Repertorium,* 1. 500, n° 3623.

1626 Jo. Wamesii responsorum sive consiliorum de jure pontificio tomi duo. *Lovanii, Zegers,* 1643, 2 vol. in-folio, portrait, veau br.

1627 Franc. Zypæi opera omnia. *Antverpiæ, Verdussen,* 1675, 2 vol. in-fol., v. br.

1628 Praxis exigendi pensiones contra calumniantes et differentes illas solvere, etc., auct. Aug. Barbosa. *Lugduni, Durand,* 1636. — Jo. D'Avezan, dissertatio de sponsalibus et matrimoniis. *Parisiis, Martinus,* 1661, en 1 vol. in-4°, v. br.

1629 Georg. Ad. Struvii, decisiones sabbathinæ canonicæ et practicæ selectiores de conventionibus et contractibus. *Jenæ, Bielkius,* 1677, in-4°, portr., v. br.

1630 Œuvres de Michel Du Perray. *Paris,* 1726-1762, 20 vol. in-12, veau br.

1631 Traités des prescriptions, de l'aliénation des biens d'église, et des dixmes, par F. J. Dunod de Charnage. *Paris, Briasson,* 1753, in-4°, v. f.

1632 Traités des bénéfices, de Fra Paolo Sarpi, avec des notes. *Amsterdam, Wetstein,* 1692, in-12, v. f.

1633 Traité des droits honorifiques des patrons et des seigneurs dans les églises, par Maréchal, augm. par J. A. Sérieux. *Paris, Nyon,* 1762, 2 vol. in-12, v. f.

1634 Joannis Molani liber de piis testamentis. *Bruxellis, De Vos,* 1738, in-8°, v. f.

1635 Fr. M. Muscettulæ, dissertatio theologico-legalis, de sponsalibus et matrimoniis, cum adnotat. Alex. S. Mazochii. *Bruxellis, E. Flon,* 1771, in-4°, v. rac.

1636 Tractatus selecti de sponsalibus et matrimonio. *Lovanii, Urban,* 1775, in-12, maroq. rouge, dor. sur pl. et sur tr. (anc. rel.).

1637 Dissertationes de sacramento matrimonii potissimum de jure principis in contractum civilem matrimonii. *Londini,* 1778, in-8°, v. f.

1638 De impedimentis matrimonii, accedit collectio declarationum ac decretorum Benedicti XIV. *Lovanii,* 1818, in-12, d.-r. veau br.

1639 Rechtfertigung der gemischten Ehen zwischen Katholiken und Protestanten, von L. van Ess. *Köln, Bachem,* 1821, in-8°, dem.-rel. v.

1640 Recueil de pièces 1 vol. in-8°, dem.-toile.
Renferme :
Richtige Ansicht des christlichen Ehevertrags und der gesetsgebenden Gewalt der Kirche darüber, von L. M. Nellessen. *Aachen,* 1820.— Was ist Katholizismus? oder Rechtfertigung der gemischten Ehen, von L. A. Nellessen. *Ibid.,* 1822. — Coup-d'œil sur le mariage, tout à la fois sacrement et contrat civil, par un Belge catholique. *Bruxelles, De Mat,* 1826. — Dissertatio canonica 2ᵈᵃ de potestate ecclesiæ in statuendis matrimonii impedimentis, aut. L. X. M. Bellofortensis. *Argentor., F. Levrault.* — Dissertation (succincte) sur quelques questions en matière de nullité de mariage, par Sanfourche Laporte. *Bruxelles, Tircher,* 1828.

1641 Recueil de pièces intéressantes sur les deux questions célèbres ; savoir : si un Juif converti au christianisme, peut épouser une fille chrétienne (par le P. Richard). *Deux-Ponts,* 1779, in-8°, dem.-rel. toile angl.

1642 Præludium defensionis FF. Mendicantium pro jure deferendi recta ad suas ecclesias corpora fidelium defunctorum, opera F. Guil. Seguier. *Duaci, De Fampoux,* 1646, p. in-8°, dem.-rel. toile angl.
Cet opuscule n'est pas cité par M. Duthillœul, *Bibliogr. Douaisienne.*

1643 Histoire des perruques, où l'on fait voir leur origine, leur forme et l'irrégularité de celles des ecclésiastiques, par J. B. Thiers. *Avignon,* 1779, p. in-8°, v. br.

JURIDICTIONS ECCLÉSIASTIQUES. — TRAITÉS POUR ET CONTRE LE PAPE ET L'AUTORITÉ ECCLÉSIASTIQUE. — ÉGLISE GALLICANE.

1644 Nova collectio decretorum S. Rituum Congregationis notis illustrata. *Lovanii, Van Overbeke,* 1788, in-8°, d.-r. v.

1645 Instructio ad correspondentes circa diversas expeditiones Datariæ. In-fol., cart.
Ms. de la fin du siècle dernier.

1646 Traité de l'abus et du vray sujet des appellations qualifiées de ce nom d'abus, par Ch. Fevret. *Lyon, De Ville,* 1689, 2 t. en 1 vol. in-fol., portr., v. br.

1647 Nouveau recueil de plusieurs questions notables sur les matières bénéficiales, par F. Perard Castel. *Paris, Osmont,* 1700, 2 vol. in-fol., v. f.

1648 Paraphrase du commentaire de Ch. du Moulin, sur les règles de la chancellerie romaine reçeues dans le royaume de France, par Perard Castel. *Paris, Osmont,* 1700, in-fol., veau fauve.

1649 Les loix ecclésiastiques de France dans leur ordre naturel, et une analyse des livres du droit canonique conferez avec les usages de l'Église Gallicane, par M° L. de Hericourt. *Paris, Mariette,* 1730, in-fol., v. br., fil.

1650 M. Ducasse. Traité des droits et des obligations des chapitres des églises cathédrales. — Idem, la pratique de la jurisdiction ecclésiastique. *Toulouse, Birosse,* 1762, 2 vol. in-4°, v. rac.

1651 Remarques sur le système gallican, ou sur les articles de la déclaration du clergé de France, assemblé en 1682, par le P. S.... *Mons,* 1803, in-8°, dem.-rel. v.

1652 Libertés de l'Église Gallicane, suivies de la déclaration de 1682, par M. Dupin. *Paris, Baudouin,* 1826, in-18, dem.-rel. veau.

1653 Vingt-neuf lettres sur les quatre articles, dits du clergé de France, par le Card. Litta; précédées d'un discours préliminaire, par L. F. de Robiano de Borsbeek. *Louvain, Van Linthout,* 1822, in-8°.

1654 Précis historique et analytique des pragmatiques, concordats, relatifs à la discipline de l'Église en France, depuis Saint-Louis jusqu'à Louis XVIII, par G. Peignot. *Paris, Renouard,* 1817. — Du projet de loi sur le sacrilège, présenté à la Chambre des Pairs, par l'abbé F. de La Mennais. *Paris, Lachevardière,* 1825, et 7 autres pièces relatives aux affaires religieuses en France, in-8°, dem.-rel. v.

1655 Notes sur le Concile de Trente, touchant les points les plus importants de la discipline ecclésiastique et les pouvoirs des évêques, avec une dissertation sur la réception et l'autorité de ce concile en France (par Et. Rassicod). *Cologne, Egmont,* 1706, in-8°, front., v. f.

1656 Tractatus generalis de regalia in quatuor libros distributus, qui primum gallico sermone prodiit (auctore Fr. Caulet). *S. l.,* 1689, in-4°, v. br.

1657 Anton. Florebellus, de auctoritate ecclesiæ... *Coloniæ, Gennepœus,* 1545. — Epistola ad J. Herbrandum theolog. luther., ne de praelio hilariter commisso turpiter fugiat .... scripta a J. Pistorio. *Ibid.,* 1591 ; en 1 vol. in-4°, vél. Rare.

1658 Justini Febronii (J. N. Hontheim) de statu Ecclesiæ et legitima potestate Romani Pontificis liber singularis, ad reuniendos dissidentes in religione christianos compositus. *Bullioni, Evrardi,* 1763, in-4°, v. f.

1659 De potestate Papæ : an et quatenus in reges et principes seculares jus et imperium habeat; Guil. Barclaii liber posthumus. *Mussiponti,* 1609, in-8°, v. rac.

1660 Traité de l'autorité du Pape et des évêques. *Avignon,* 1782, in-8°, br.

1661 Traité de l'autorité du Pape, par M. L... de B... (L'évesque de Burigny) augmenté par M... (de Chiniac de la Bastide). *Vienne (Paris),* 1782, 5 vol. in-12, veau fauve.

1662 Du Pape, et de ses droits religieux, à l'occasion du Concordat, par l'abbé Barruel. *Paris, Crapart,* 1803, 2 vol. in-8°, dem.-rel. veau.

1663 Du Pape, par le comte J. de Maistre. *Louvain, Van Linthout,* 1821, in-8°, portr., dem.-rel. v.

1664 Traité du pouvoir des évêques, traduit du portugais d'Antonio Pereira. *S. l.,* 1772, in-8°, v. f.

1665 Traité des droits de l'état et du prince, sur les biens possédés par le clergé (par Et. Mignot). *Amsterdam,* 1755, 2 vol. in-12, v. f.

1666 De l'autorité du clergé, et du pouvoir du magistrat politique, sur l'exercice des fonctions du ministère ecclésiastique (par Fr. Richer). *Amsterdam (Paris),* 1767, 2 vol. in-12, veau écail. fil.

Déchirures aux derniers feuillets de la table.

1667 De l'autorité des deux puissances (par l'abbé Pey). *Strasbourg,* 1788, 4 vol. in-8°, dem.-rel. v.

1668 Sur les bornes entre les deux puissances, par Krapack. *Londres,* 1792. — Réfutation succincte d'un livre : Traité de l'autorité du Pape, par de Burigny. *Avignon,* 1787 et 5 autres pièces relatives à la polémique et aux affaires du clergé. In-8°, dem.-rel. v.

1669 Du pouvoir des princes sur les églises de leurs états, par N. Rioust. *Amsterdam,* 1817, in-8°, cart.

STATUTS DES ORDRES RELIGIEUX.

1670 Essai historique et critique sur les priviléges et exemptions des réguliers (par l'abbé Riballier). *Venise,* 1769, in-12, dem.-rel. v.

1671 Regula S. Patris Benedicti abbatis, versiculis distincta. *Bruxellis, De Bacher, s. d.,* in-8°, v. br.

1672 Ceremoniale Benedictinum juxta constitutiones congregationis Bursfeldensis, in-4°, v. rac., dos rest.

Ms. de 300 pages. On lit à la fin : Pertinet monasterio Gemblacensi in Brabantia situato, per manus cujusdam fratris monachi de Gardineto scriptus... anno 1501.

1673. CHI SENSUIT LI ORDENANCHE DES OFFICES et del eglise et premiers des aduens ñre signeur, in-4°, dos et coins de mar. rouge, dor. à petits fers (*Schavye*).

Ms. précieux sur peau de vélin, de 119 feuillets, d'une bonne conservation, sauf 1 feuillet légèrement déchiré. Initiales et titres en rouge. Le colophon porte : anno Dⁿⁱ M. CCC. LXXXVII fuit iste liber scriptus.

Ce manuscrit servait à l'usage de l'abbaye de Notre-Dame de Groeninghe près de Courtrai. Il renferme non-seulement l'ordonnance des offices, mais le règlement tout entier de l'abbaye; ainsi il y a les chapitres « de le cuisine, dou refrotoir, del escaufoir, dou doirtoir, de chiaux qui vomissent u sannent p. le neis, » etc., selon la règle de l'ordre de Citeaux.

1674 Livre des observations de l'ordre de Cysteau, appelé vulgairement Liber usuum, escrit par le comandement de madame Magdelaine Farinard, abbesse de Espinlieu à l'usage de tout ses filles, dames et conuers, 1626, in-4°, d.-r. v. rac.

Ms. de 181 pages. A la fin du volume : Sensuivent les observations que doibvent observer les frères conuers de l'Ordre de Cysteau (30 pages).

1675 Sancti Francisci regula. — Sancti Bonaventure vita beati Francisci, in-4°, v. olive, gauffr. aux armes de M. de J.

Deux beaux manuscrits sur vélin du xvie siècle. Le 1er se compose de 47 feuillets. Il est écrit à longues lignes de 33 à la page, sommaires en rouge, capitales enluminées. Le deuxième est écrit à deux colonnes, de 25 lignes, et comprend 118 feuillets. Encadrement fleuragé à l'*incipit* et au chap. 1, sommaires en rouge, lettres ornées. En tête du volume sont ajoutés 6 feuillets en papier contenant : Epistola missa a S. Bernardino Senensi ad omnes subditos, etc.—Den reghel van onsen H. Vader Franciscus-Bulle ons heer en den paus Honorii den III. Ces additions portent la date de 1631.

Sur la garde on lit: Pro refectorio conventus Brugensis. Nullus præsumat auferre a loco absque guardiani facultate et licentia.

1676 La règle du tiers-ordre de la Penitence, institué par le séraphique patriarche Saint-François, par F. R. P. récollet. *Bruxelles,* 1706, in-18, v. br.

1677 La règle du tiers-ordre des Minimes, établi par Saint-François de Paule traduite, par Fr. Giry. *Bruxelles, Vleugart,* 1687, in-12, v. br.

1678 Codex regularum et constitutionum clericalium, in quo forma institutionis canonicorum et sanctimonialium canocice viventium, studio Auberti Miræi. *Antverpiæ, apud Trognæsium,* 1638, 2 t. en 1 vol. p. in-fol., v. br., fil.

1679 Regule der susterē sinter Claren oerdens, p. in-4°, d.-r. v. f.
(Un feuillet a été transposé par le relieur).

Ms. sur vélin de 36 feuillets, du xve siècle, contenant la règle des religieuses Clarisses telle qu'elle fut octroyée par le pape Urbain VI.

1680 Cérémonies du noviciat. Anno 1760, in-8°, v. br.

Ms. très-curieux, contenant dans le plus grand détail les pratiques religieuses du noviciat à l'abbaye de Forêt, près de Bruxelles.

1681 Collectio statutorum quoad disciplinam et mores in XXIX primis congregationibus generalibus Oratorii per provinciam Mechliniensem, in-4°, dem.-rel. bas.

Ms. de 17 feuillets. Extrait, vers 1766, des archives de l'ordre déposées à l'oratoire de Furnes.

1682 Recueil de pièces, touchant la Compagnie de Jésus. *Rome,* 1580 et suiv., 10 vol. p. in-8°, vélin.

Recueil renfermant :
Canones congreg. gener. S. Jesu. *Romæ,* 1581; Idem, 1590. — Constitutiones S. Jesu: *Romæ,* 1615. — Compend. privilegiorum. *Ibid.,* 1584,; Idem, 1606. — Formulæ congregat. *Ibid.,* 1616. — Instructiones et ordinationes toti societati communes. *Neap.,* 1609. — Ordinationes præpositorum generalium... *Romæ,* 1595, Idem, VII^a congregat. generalis. *Romæ,* 1617. — Idem, V^a congreg. *Neap.,* 1603. — Ratio atque institutio studiorum S. Jesu. *Romæ,* 1616. — Litteræ apostolicæ... *Romæ,* 1615. (Ces pièces sont authentiquées et munies du sceau d'un notaire).

DROIT CANONIQUE DE DIFFÉRENTS PAYS.

1683 Jugement impartial sur des lettres de la Cour de Rome, en forme de bref, tendantes à déroger à certains édits du duc de Parme, et à lui disputer sous ce prétexte la souveraineté temporelle (par de Campomanes, traduit par d'Hermilly). *Madrid* (*Paris, Delalain*), 1770, 2 vol in-12, cart.

1684 S. D. N. Pii Papæ VI responsio ad metropolitanos Moguntinum, Trevirensem, Coloniensem, et Salisburgensem super nunciaturis apostolicis. *Leodii, Tutot,* 1790, in-8°, d.-r. v.

DROIT CANONIQUE.

1685 Collectanea super concordatis inter sanctam sedem apostolicam et inclytam nationem Germaniæ, ipso textu concordatorum, per Georg. Branden. *Colon. Agrip., W. Metternich,* 1716, in-4°, v. br.

1686 J. Hen. Boehmeri jus ecclesiasticum Protestantium.—Ejusd. jus parochiale ad fundamenta genuina revocatum. — Indices generales, C. Aug. Boehmer composuit. — *Halæ Magdeb.,* 1756-63, 7 vol. in-4°, portr.. v. f.

MATIÈRES CANONIQUES INTÉRESSANT PARTICULIÈREMENT LES PAYS-BAS.

1687 Statuta consistorialia et reformatio judiciorum spiritualium civitatis patriæ seu ditionis et dioecesis Leodiensis jussu et aucthoritate Ser. et Rev. D. Ernesti, etc. in-4°, v. rac.

Bonne copie du XVIIe siècle.

1688 — — Le même ouvrage, in-4°, veau jaspé.

Ms. du XVIIe siècle, de 148 ff.
Copie faite par le jc^{te} de Fraisne qui était conseiller à la cour allodiale.

1689 Traité du pouvoir irréfragable et inébranlable de l'Église sur le mariage des catholiques, contre le livre : Examen de deux questions importantes, sans nom d'auteur, par Jacques Clemens. *Liége,* 1768, in-4°, dem.-rel. v. rac.

Une note manuscrite en tête de l'exempl. porte que l'ouvrage de J. Clemens a été défendu par Marie-Thérèse, sous peine d'une amende de 300 fl.

1690 Des empêchements dirimant le contrat de mariage, dans les Pays-Bas Autrichiens, selon l'édit de Joseph II, du 28 sep. 1784, par d'Outrepont. *S. l.,* 1787, in-8°, cart.

1691 Recueil de pièces, en 1 vol. in-8°, dem.-rel. bas.

Apologie du mariage chrétien, ou mémoire en réponse au commentaire : des empêchements dirimant (de M. d'Outrepont), (par l'abbé Duvivier). *Strasbourg (Liége),* 1788. — Échantillon du fanatisme philosophique, suivi de l'Outrepontisme analysé, et autres pièces.

1692 Korte en bondige verhandeling, over de bestaanbaarheid of onbestaanbaarheid der wydingen, verrigt door de zogenaamde Janseniste bischoppen. *Utrecht, Kribber,* 1769, in-8°, d.-r. v.

1693 De ecclesiastica librorum aliorumque scriptorum in Belgio
prohibitione disquisitio, auctore A. Heymans. *Bruxellis,
Greuse*, 1849, in-8°, d.-rel. v. f.

1694 Mémoires sur la collation des canonicats de l'église cathédrale de Tournay, par Lenglet du Fresnoy. *Tournay,
Varlé*, 1711, in-8°, v. f.

1695 Notæ in vindicias decani et capituli B. Mariæ Virgin. (a
Laur. de Méan) Tungris. *Leodii, Hovius,* 1660. — Compendiosa expositio controversiæ judicialis inter D. Fern. Car.
comitem de Lewenstheim et D. H. F. comitem de Bergh.
(22 pp.) — Continuatio compendiosæ expositionis, etc. —
Exceptions ultérieures, le Sr. Fleron contre la Damoiselle Rous. *S. l. n. d.* (1647); en 1 vol. in-4°, dem.-rel.
toile.

1696 De potestate judiciali episcoporum dignitate et potestate archiepiscoporum et jure militari præsulum tractatus, auct.
P. Matth. a Corona. *Leod. Eburon.*, 1673, in-fol. v. br.

1697 Apologie pour les religieux Benedictins du diocèse et païs de
Liége, touchant leur préséance et prérogatives... réponse
à un écrit intitulé « Repartie de M. l'abbé de S. Gilles à la
protestation de M. l'abbé de Boneffe. *S. l.*, 1732, in-4°,
dem.-rel.

1698 Motif de droit ou défense du séminaire de Liége et du droit
de ses proviseurs, contre l'entreprise et les libelles des jésuites anglois de cette ville. (*Liége*), *s. d.*, in-4°, dem.-rel.
v. rac. Reliure neuve.

1699 Déduction de fait et de droit en faveur des collateurs ecclésiastiques du duché de Luxembourg contre l'Université et
la Faculté des arts à Louvain (1760), in-fol., cart.

Ms. d'une bonne main. Renferme un précis du droit de patronage ecclésiastique et des concordats germaniques.

1700 Déduction pour messire F. G. A. Brenart, doyen de l'église
de S.t Gommar à Lierre, contre les reverends chantre et chanoines de ladite collégiale, in-fol. *S. l. n. d.* (vers 1760),
in-fol. cart.

1701 Documenta curiosa. Recueil de motifs concernant des différends et procès d'évêques et ecclésiastiques des Pays-Bas, pendant le xviie siècle. In-fol., v. br.

Ce vol. provient de la biblioth. de H. J. Van Susteren, 14e évêque de Bruges, mort en 1742. Ses armes et sa devise se trouvent au plat.

SCIENCES ET ARTS.

INTRODUCTION. — DICTIONNAIRES.

1702 Discours sur les progrès des sciences, lettres et arts, depuis 1789 jusqu'à ce jour; ou compte rendu par l'Institut de France à l'Empereur (par J. L. Kesteloot). *En Hollande, Immerzeel*, 1809, in-8°, cart.

Les exempl. de cet ouvrage, dont il n'a paru que cette 1re partie, tirés à très-petit nombre, ne se rencontrent que bien rarement. Ce compte rendu était surtout destiné à détailler ce qui avait été à peine touché dans celui de l'Institut, et à combler les lacunes nombreuses que les savants français avaient laissées par suite de leur connaissance bornée des langues germaniques.

1703 Aurei Velleris sive sacræ philosophiæ vatum selectæ ac unicæ mysteriorumque dei, naturæ et artis admirabilium..., auct. Guil. Mennens. *Antverp., J. Bellerus*, 1604, in-4°, d.-r.

1704 Dictionarium historicum, geographicum, poeticum, auth. Car. Stephano. *Francof., Wechel.*, 1621, in-8°, vélin.
Exempl. taché.

1705 — — Le même ouvrage. *Genevæ*, 1660, p. in-4°, bas.
Reliure renouvellée au dos.

1706 Dictionnaire œconomique, contenant divers moyens d'augmenter son bien, et de conserver sa santé, par N. Chomel, augm. par J. Marret (et P. Roger), avec le supplément. *Commercy, Thomas*, 1741, in-4°, in-fol., fig. v. br.

1707 La science des personnes de cour, d'épée et de robe, par de Chevigné et de Limiers, augm. par P. Massuet. *Amsterd.*, 1752-57, 16 vol. et 2 vol. de suite, figg., in-8°, br.

1708 Instructorium forense Lynckerianum, ad univers. omnium scientiar. complexum. *S. l.*, 1698, in-fol., dem.-rel. v.

1709 Joh. Hubner, de nieuwe, verbeterde kouranten-tolk of woordenboek der godsdiensten, republyken, gerichtshoven ... alsmede der kunstwoorden. ... *Amsterdam, De Bruyn*, 2 v. in-4°, dem.-rel. bas. rac.

1710 Abrégé historique des sciences et des beaux-arts, en latin et en français, par l'abbé .... (Mann.). *Bruges, V. Praet*, 1781, in-12, dem.-rel. v. fauve.

1711 Encyclopédie méthodique, ou par ordre de matières, par une société de gens de lettres. *Paris, Panckoucke et Agasse*, 1782-1832, en 303 vol. in-4°, figg., cartonnés non rognés, et 4 vol. de planches, in-fol., v. br.

   Cet exempl. renferme les parties suivantes :
   Agriculture, 6 tom. en 11 vol. — Amusements des sciences, 1 vol. — Antiquités, 5 tom. en 10 vol. de texte, et 4 de pl. — Arbres et arbustes, 1 tom. en 2 vol. — Architecture, 3 tom. en 6 vol. — Art aratoire, 1 vol de texte, et 1 de pl. — Art militaire, 4 t. en 8 vol. — Artillerie, 1 vol. — Arts et métiers, 8 tom. en 16 vol. de texte, et 8 de pl. — Assemblée Nationale, 1 vol. — Beaux-arts, 2 tom. en 4 vol. de texte, 1 de pl. — Chasse, 1 vol. de pl., et 1 de texte. — Chimie, 6 tom. en 9 vol. de texte, et 2 de pl. — Chirurgie, 2 tom. en 4 vol. de texte, et un de pl. — Commerce, 3 tom. en 5 vol. — Économie polit., 4 tom. en 8 part. — Encyclopediana, 1 vol. — Équitation, 1 vol. — Finances, 3 tom. en 4 part. — Forêts et bois, 1 tom. en 2 vol. — Géographie ancienne, 3 tom. en 6 vol. — Idem, moderne, 3 tom. en 6 vol. — Grammaire, 3 tom en 6 vol. — Histoire, 6 tom. en 12 vol. — Histoire naturelle, 24 tom. en 67 vol. de texte et de pl. — Jeux mathém., tom. I. — Jurisprudence, 10 tom. en 18 vol. — Logique, 4 tom. en 8 vol. — Manufactures, 4 tom. en 6 vol. — Marine, 3 tom. en 6 vol. — Mathématiques, 3 tom. en 5 vol. — Médecine, 13 tom. en 26 vol. — Musique, 2 tom. en 3 vol. avec figg. — Pêches, 1 vol. de texte, et 1 de pl. — Philosophie, 3 tom. en 6 vol. — Système anatomique, t. I-III, en 6 vol. — Théologie, 3 tom. en 6 vol.; plus 4 vol. de planches, in-fol. (tom. 1, 2, 5 et 8).
   Il ne manque à l'exemplaire que les parties : géographie physique et l'atlas, physique, et quelques volumes de planches qui se trouvent assez facilement.

1712 Bibliothèque sacrée ou Dictionnaire universel historique, dogmat. canonique, géogr., et chronol. des sciences ecclésiastiques, contenant l'histoire de la religion, des ordres religieux et militaires, etc., par les PP. Richard et Giraud. *Paris, Méquignon*, 1822-27, 29 vol. in-8°, br.
   Quelques volumes légèrement tachés.

1713 Enclyclopédie portative, ou résumé universel des sciences, des lettres et des arts, publié sous la direct. de C. Bailly. *Paris*, 1825-1829, 12 vol. pet. in-12, figg., dem.-rel. v. r.

<small>Composé de :
Résumé d'astronomie; physique, 2 vol.; botanique, 2 vol.; hist. des littératures; mécanique; sciences philos.; morale; chimie organ. et inorgan., 2 vol.; histoire universelle.</small>

1714 Bibliothèque populaire. Recueil de petits traités publiés par la société pour la propagation des bons livres. *Bruxelles*, 1837-39, 6 vol. in-18, dem.-rel., toile angl.

I. SCIENCES PHILOSOPHIQUES.

<small>INTRODUCTION, HISTOIRE, DICTIONNAIRES. — PHILOSOPHIE GÉNÉRALE. — OEUVRES DES PHILOSOPHES ANCIENS ET MODERNES.</small>

1715 Introduction à la philosophie. De la connaissance de Dieu et de soi-même, par Bossuet. *Bruxelles*, 1830, in-18, br.

1716 Introduction à la philosophie, ou traité de l'origine et de la certitude des connaissances humaines, par Laurentie. *Louvain, Van Linthout*, 1826, in-8°, br.

1717 Lettre de M. Van Meenen à M. Haumont, sur la philosophie. — De la construction française, du même; en 1 vol. — Discours sur l'histoire de la philosophie, par S. Van de Weyer. — De la direction actuellement nécessaire aux études philosophiques, par le baron de Reiffenberg. — De la philosophie en Belgique, par Victor Cousin; en 1 vol. *Bruxelles, Wahlen*, 1840, 2 vol. p. in-8°, dem.-rel. maroq. vert et coins, non rognés.

<small>De la « collection d'opuscules philosophiques et littéraires » tirée à 150 exemplaires destinés au commerce.</small>

1718 Manuel de l'histoire de la philosophie, traduit de l'allemand de Tennemann, par V. Cousin. *Louvain*, 1830, 2 t. en 1 vol. in-8°, dem.-rel. v.

1719 Histoire comparée des systèmes de philosophie, considérés relativement aux principes des connaissances humaines, par Degerando. *Paris, Eymery*, 1822-23, 4 vol. in-8°, d.-r. v. bleu.

<small>Taches de rousseur.</small>

1720 Totius philosophiæ, hoc est logicæ, moralis, physicæ, et metaphysicæ brevis tractatio, auctore G. F. d'Abra de Raconis. *Parisiis, Henault,* 1625, 2 t. en 1 vol. in-8°, vél.

1721 Cours de philosophie générale, ou explication simple et graduelle de tous les faits de l'ordre physique, physiologique, intellectuel, moral et politique, par H. Azaïs. *Paris, Boulland,* 1824, 8 vol. in 8°, portr., dem.-rel. v. rouge.

1722 Disquisitio philosophico-historico-theologica in quæstionem : « Nùm sola rationis vi et quibus argumentis demonstrari potest... Non esse plures uno deos, etc., » auth. F. X. D. F. (de Feller). *Luxemburgi,* 1780, in-8°, dem.-rel. v. f.

<small>Pièce rare, exemplaire non découpé. L'Académie de Leyde, dispensatrice du prix fondé par le legs de M. Stolp, avait proposé en 1788 la question si l'existence et l'unité de Dieu pouvaient être démontrées par la seule force de la raison. De Feller envoya un mémoire, mais n'obtint aucune distinction. Ce fut le savant Wyttenbach qui obtint la prémière palme. Mais son mémoire tendait à prouver que la croyance en un seul Dieu n'était fondée sur aucune preuve démonstrative. Les autres travaux mentionnés honorablement concluaient de même. De Feller vit dans le jugement de l'Académie une concession aux idées philosophiques de l'époque et il publia son mémoire en guise de protestation.</small>

1723 Essai théorique et historique sur la génération des connaissances humaines dans ses rapports avec la morale, la politique et la religion, par Guillaume Tiberghien. *Bruxelles, Lesigne,* 1844, gr. in-8° dem.-rel. v. fauve, non rogné.

1724 Bibliothèque des anciens philosophes, par Darcier, et autres. *Paris, Saillant,* 1771, 9 vol. in-12 v. f.

1725 Apulée de l'esprit familier de Socrate, trad. nouv (par le baron Descoutures). *Paris, Girin,* 1698, in-12 v. br.

1726 Les offices de Cicéron, ou les devoirs de la vie civile, de la trad. du P. Du-Ryer. *Paris, de Sommaville,* 1663, in-12, v. br.

1727 Les deux livres de la divination de Cicéron, traduits en français par Regnier Desmarais; avec le texte latin : suivis du Traité de la Consolation, par Morabin. *Paris, Barbou,* l'an III, in-12, dem.-rel. v. f. non rogné.

1728 L. Annæi Senecæ philosophi, et Annæi Senecæ Rhetoris patris, opera quæ exstant omnia, variorum notis illustrata. *Lugd. Batav.*, 1619, 2 vol. in-8°, vélin (légère piqûre).

1729 Auli Gellii noctes atticæ. *Lugd. Batav., de Vogel*, 1644, p. in-12 vél.

1730 Troost-medecyne-wynckel der zedighe wysheyt, voormaels in den kercker beschreven in 't latyne, door Sev. M. Torq. Boetius, nu vertaelt door D. Adrianus De Buck. *Brugghe, Vanden Kerchove*, 1653, in-8°, dem.-rel. bas.

1731 Ouvrages inédits d'Abélard, publiés par M. V. Cousin. *Paris, imprimerie royale*, 1836, in-4°, dem.-rel. toile.
De la collection de documents inédits sur l'histoire de France.

1732 Critik der reinen Vernunft, von Imm. Kant. *Leipzig*, 1799, in-8°, dem.-rel.

1733 Philosophie de Kant, ou principes fondamentaux de la philosophie Transcendantale, par Ch. Villers. *Metz*, 1801, 2 t. en 1 vol. in-8°, dem.-rel.

1734 Principes philosophiques, politiques et moraux, par le colon. de Weiss. *Paris et Genève*, 1819, 2 vol. in-8°, veau jasp. dent.

1735 Des erreurs et des préjugés répandus dans la Société, par J.-B. Salgues. *Paris*, 1811-13, 3 vol. in-8°, dem.-rel.

1736 Œuvres de Dugald Stewart, traduites de l'anglais par Théodore Jouffroy, Buchon, et autres. *Bruxelles*, 1829, 5 vol. in-8°, portr., v. rac.

LOGIQUE. — MÉTAPHYSIQUE. — ANTHROPOLOGIE.

1737 Gronden van zekerheid, of de regte betoogwyse der wiskundigen... ter wederlegging van Spinoosaas denkbeeldig samenstel, door Bern. Nieuwentyt. *Amsterdam*, 1728, gr. in-4°, dem.-rel.

1738 Practische Logik für junge Leute die nicht studiren wollen, von Villaume. *Libau, Friedrich*, 1794, in-8°, dem.-rel. v.

1739 Prima lineamenta logices, edita ab Ign. Denzinger. *Leodii, Collardin*, 1818, in-8°, dem.-rel. v.

1740 Élémens d'idéologie, compren. l'idéologie; grammaire; logique et de la volonté, par Destutt de Tracy. *Bruxelles, Walhen,* 1826, 5 vol. in-12, v. vert.

Taches de rousseur.

1741 Essai sur la théorie du raisonnement, précédé de la logique de Condillac, avec des observat., par C. F. de Nieuport. *Bruxelles, Lemaire,* 1805, in-8°, dem.-rel., v. f., n. rog.

1742 Le parti le plus sûr ou la vérité reconnue en deux propositions : 1° le droit que nous avons à la connoissance des veritez... 2° l'obligation où nous sommes d'avoir de la religion... (par H. Scheurleer). *Bruxelles, Serstevens,* 1715, p. in-8°, v. fauve.

1743 De la vérité, ou méditations sur les moyens de parvenir à la vérité dans toutes les connaissances humaines, par J. P. Brissot de Warville. *Neuchatel,* 1782, in-8°, dem.-rel. v.

1744 Versuch einer Berichtigung der Ideén von der Vaterlandsliebe nach kantischen Grundsätzen, von H. Chr. Ströfer. *Leipzig, Liebeskind,* 1795, in-8°, br.

1745 Johannis Claubergii de cognitione Dei et nostri, quatenus naturali rationis lumine, secundum veram philosophiam, potest comparari. *Duisburgi ad Rh.,* 1656, in-8°, d.-r. v. f.

1746 De l'amour, considéré dans les lois réelles et dans les formes sociales de l'union des sexes, par P. de Senancour. *Paris, Capelle,* 1808, in-8°, fig., dem.-rel. v. vert.

1747 De l'esprit de vie et de l'esprit de mort, par le comte H. de Mérode et le marquis de Beauffort. *Paris, Renduel,* 1833, in-8°, dem.-rel. bas.

1748 L'homme universel, traduit de l'espagnol de Balt. Gracien (par le P. J. de Courbeville). *La Haye, Gosse,* 1724, in-12, veau br.

1749 Le nouvel homme (par Saint-Martin). *Paris,* an IV, in-8°, dem.-rel. v. rouge.

1750 De Centaurus. Brieven over de in zwang gaande leevenswyze der menschen, naar Ed. Young. *Amsterd.,* 1768, in-8°, d.-r.

1751 The superiority of the human race over the brute creation, by his Highness the prince de Vismes et Ponthieu. (*Brux.*, 1843), in-8°, dos et coins en maroq. rouge du Levant.

Exemplaire en *papier porcelaine blanc*.

1752 Parallèle de la condition et des facultés de l'homme avec la condition et les facultés des autres animaux, traduit par J. B. Robinet. *Bouillon,* 1769, p. in-8°, v. br.

1753 Physique de la beauté, ou pouvoir naturel de ses charmes (par Morelli). *Amsterdam, (Bruxelles, Fricx),* 1748, in-12, dem.-rel. v. bleu.

Un coin du titre manque; taches d'humidité de M. de J.

1754 La physique de l'âme humaine, par M. Godart. *Berlin,* 1755, in-12, v. br.

Avec une longue note biographique et littéraire.
Godart, né à Verviers en 1717, y est mort en 1794. M. Broeckx (Essai *sur l'histoire de la médecine belge,* p. 167) donne un aperçu du système développé dans l'ouvrage ci-dessus. A côté d'idées singulières, on y trouve cependant des observations fines et des hypothèses qui devaient passer pour hardies à cette époque.

1755 La théorie des songes, par l'abbé Richard. *Paris, Estienne,* 1766, in-8°, dem.-rel. maroq. bleu.

1756 Sur l'homme et le développement de ses facultés, ou essai de physique sociale, par A. Quetelet. *Bruxelles, Hauman,* 1836, 2 vol. in-12, tableaux, dem.-rel. veau fauve.

1757 Le sourd-muet et l'aveugle, par l'abbé C. Carton. *Bruges,* 1837, 2 tom. en 1 vol. in-8°, figg., dem.-rel. maroq. bleu.

1758 Coup-d'œil d'un aveugle sur les sourds-muets, par Alex. Rodenbach. *Bruxelles, Hauman,* 1829, portrait et figg., in-8°, dem.-rel. veau rouge.

MORALE. — OUVRAGES DIVERS SE RATTACHANT A LA PHILOSOPHIE MORALE.

1759 Résumé complet de morale ou théorie du devoir et des devoirs, par V. Parisot. *Paris,* 1826, in-18, v. br., fil.

1760 Esquisses de philosophie morale, par Dugald Stewart, trad. de l'anglais par Th. Jouffroy. *Louvain, Michel,* 1829, in-8°, br.

1761 La morale d'Epicure, avec des réflexions, troisième édition (par Des Coutures), augm. de la vie d'Epicure (par du

Rondel). *A Cologne, Pierre Marteau,* 1691 (et *La Haye,* 1686) en 1 vol. in-12, à la sphère, dem.-rel. v. rac.

1762 Les caractères de Theophraste, trad. du grec, avec les caractères ou les mœurs de ce siècle, par de la Bruyere. *Brux., Léonard,* 1697, 2 t. en 1 vol. in-12, v. br. (fatig.)

1763 Essais de Montaigne, avec les notes de M. Coste. Nouv. édition. *Londres, Nourse,* 1769, 10 vol. in-12, v. éc. à fil.

1764 Les apresdisnees dv Seignevr de Cholieres. *Paris, Jean Richer,* 1588, in-12, v. éc. à fil., tr. dor. (exempl. légèrement taché, mais grand de marges).

1765 Erycii Puteani Comus, sive Phagesiposia Cimmeria. Somnium. *Lovanii, Rivius,* 1608. — Ejusdem cæcitatis consolatio. *Ibid.,* 1609. — Ejusdem de laconismo syntagma, adjuncti Thyrsi Philotesii stili et sermonis aculei. *Ibid.,* 2 part.; in-12, vél., non rogné.

Tache au premier titre.

1766 Bellorum caussæ, effecta, remedia, compendio quæsita a P. Joan. Er. Fullonio. *Namurci,* 1646, in-12, vél.

1767 De doodt vermaskert met des werelts ydelheyt, afghedaen door Geer. van Wolsschaten. *Antw., Jacobs,* 1698, p. in-8°, figg., v. br.

1768 L'idée parfaite du véritable héros, formée sur les maximes des anciens et des modernes, ornée d'une infinité de belles curiositez, d'exemples de politique, etc., par J. B. Della Faille, docteur en théologie. *Amsterdam, Et. Roger,* 1700, 3 vol. en 1 p. in-8°, v. br., tr. dor., dos renouvelé.

Le titre de la première partie est restauré.

1769 L'art de conoitre les hommes, par Mons. L. D. B... (De Bellegarde). *Suivant la copie à Paris et se vendent à Liége,* 1702, in-12, dem.-rel. v. rac.

Reliure neuve.

1770 L'homme aimable, dédié à M. de Rosen, par M. Marin. *Paris, Prault,* 1751, in-8°, v.

1771 N. E. Rétif de la Bretonne. Idées singulières. L'Andrographe ou idées d'un honnête homme sur un projet de règlement, pour la réforme des mœurs... *La Haye,* 1782, 2 part. en 1 vol. — La Mimographe ou idées d'une honnête femme pour la réformation du théâtre national. *Amsterd.*, 1770.— Les Gynographes ou idées sur un projet de règlement pour mettre les femmes à leur place. *La Haye,* 1777, 2 vol. — Le Thesmographe ou idées pour la réforme générale des loix. *La Haye,* 1789; ens. 5 vol. in-8°, dem.-rel. chagr. cit.

1772 Le Pornographe ou idées d'un honnête homme sur un projet de règlement pour les prostituées, avec des notes histor. *Londres,* 1769. — La Mimographe ou idées d'une honnête femme pour la réformation du théâtre national. *La Haie,* 1770, 2 vol. in-8°, reliure unif., dem.-rel. v. rac.

Par Rétif de la Brétonne, ces deux ouvrages sont peu communs, comme toutes les productions de cet auteur bizarre.

1773 Godvruchtige overdenkingen onder het beschouwen der grafsteden en van een' bloemhof, door J. Hervey. *Amsterd.,* 1757, in-8°, figg., dem.-rel. toile.

1774 Les préjugés du public sur l'honneur, par Denesle. *Paris, De Hansy,* 1771, 3 vol. in-12, br.

1775 (C. F. de Nélis, évêque d'Anvers.) L'Aveugle de la montagne. Entretiens philosophiques. *Amsterd.,* 1789, fig. — L'esprit des journaux (article sur ces entretiens), par l'abbé de Fontenay. — Der Blinde vom Berg.; en 1 vol. in-12 (titre factice), maroq. rouge à fil., dor. s. tr.

La traduction allemande qui parut sans titre et sans date à Zurich, en janvier 1791, a été faite, comme on sait, par Lavater.

1776 L'ami philosophe et politique, ouvrage où l'on trouve l'essence, les espèces, les devoirs de l'amitié... (par Dom J. B. Aubry.) *Nancy, Thomas,* 1776, p. in-8°, d.-r. v. rac. n. r.

Ouvrage rare, dédié à Charles de Lorraine.

1777 Les loisirs d'un ministre ou essais dans le goût de ceux de Montaigne, composés en 1736 (par le Marq. d'Argenson). *Liége,* 1787, 2 vol. in-8°, dem.-rel. bas. rac.

1778 Traité du suicide ou du meurtre volontaire de soi-même, par Jean Dumas. *Amsterdam, Changuion,* 1773, in-8°, cart.

1779 Recherches philosophiques sur l'origine de la pitié et divers autres sujets de morale, par de Bock. *Londres,* 1787, in-12, cartonné.

1780 Simoniana, ou les loisirs d'un chauffeur, par F. Simon. *Valenciennes,* an XII, in-12, d.-r. v.

1781 Maximes et réflexions sur différents sujets de morale et de politique, par M. de L". *Paris,* 1807, p. in-8°, dem.-rel. b.

1782 Promenade philosophique au cimetière du P. La Chaise, par Viennet. *Paris, Ponthieu,* 1824, in-8°, figure, d.-r. v.

1783 Comte de Ségur. Galerie morale et politique. — Id. Recueil de famille. *Paris* et *Brux.,* 1818-26, 2 vol. in-8°, d.-r. v. f.

1784 L'hermite à la prison des Petits-Carmes. Réflexions philantropiques d'un détenu, par Ad. Levae. *Brux.,* 1827, p. in-8°, figure, dem.-rel.

1785 Mme Gatti de Gamond. Esquisses sur les femmes, 2 vol. — Id. Devoirs des femmes. *Bruxelles, Hauman,* 1836-38, 3 vol. in-12, bas. rac.

Taches au tome Ier.

1786 De reis naar het Vaderland, door A. F. Holst. *Amsterdam,* 1827, in-8°, d.-r. v. rac.

1787 Patriotische Phantasien van Justus Möser. *Berlin,* 1778, 3 vol. in-8°, portr., dem.-rel. bas.

1788 Friendship in death in twenty letters from the dead to the living, with letters moral and entertaining in prose and verse, by Elisab. Rowe. *London,* 1750, in-8°, v. j. fil.

APPLICATIONS DE LA MORALE. — RÈGLES DE LA VIE CIVILE. — PÉDAGOGIE. — HISTOIRE. TRAITÉS GÉNÉRAUX ET SPÉCIAUX SUR L'ÉDUCATION ET L'INSTRUCTION.

1789 Morale militaire, par le capitaine A. Desbordeliers. *Bruxelles, Rozez,* 1856, in-12, dos en toile.

1790 De soldaet, zyne waerde en zyne pligten. Een zedekundig handboek voor het leger. Naer het fransch, door A. V. (Voncken). *Brussel, J. Rozez,* 1856, in-12, demi-rel. toile.

1791 La morale de l'adolescence, par A. Des-Essarts. *Londres,* 1789, in-8°, dem.-rel. bas. bleue, n. rogn.

1792 Geschichte der Erziehung und des Unterrichts in den Niederlanden während des mittelalters, von Friedr. Cramer. *Stralsund,* 1843, in-8°, dem.-rel. v. rouge, n. rogn.

1793 Vorlesungen über die Methode des academischen Studium, von F. M. J. Schelling. *Stuttgart,* 1813, in-12, d.-r. v. r.

1793*bis* The boke named the governour devised by sir Thomas Elyot Knyght. *Londini, Berthelet,* 1553, in-8°, v. rac.
<small>Titre monté, du reste bel exemplaire.</small>

1794 De l'éducation des filles, par Fénélon, augm. d'une lettre du même auteur à une dame de qualité. *Paris, G. Martin,* 1740, in-12, v. br.

1795 Instructions importantes aux étudians et à leurs parens, donnant introduction de l'histoire universelle, à la langue... à la théologie, etc., par A. V. D. W. (A. Van de Walle). *Bruxelles, Fricx,* 1752, 3 vol. p. in-8°, veau fauve.

1796 Ein einziger Schulmeister unter tausend Kindern in einer Schule; Lehrmethode von Jos. Lancaster, übers. von B E. L. Natorp. *Duisburg,* 1808, in-8°, dem.-rel. bas.

1797 Handbuch für unmittelbare Denkübungen, nebst Anhange über Sprech- und Schreibübungen, von L. Nissen. *Duisburg,* 1812, 3 part. en 1 vol. in-8°, dem.-rel. v.

II. — SCIENCES PHYSIQUES ET CHIMIQUES.

1798 Traité de physique, par J. Rohault. *Paris, Desprez,* 1692, 2 vol. in-12, v. br.

1799 Histoire de l'électricité, traduit de l'anglois de Jos. Priestley, avec des notes (par Brisson). *Paris, Herissant,* 1771, 3 vol. in-12, figg., d.-r. v.

1800 Recueil de mémoires sur l'analogie de l'électricité et du magnétisme; couronnés et publiés par l'Académie de Bavière... avec notes par J. H. Van Swinden. *La Haye,* 1784, 3 tom. en 2 vol. in-8°, dem.-rel. v. fauve.

1801 De l'application de l'électricité à la physique et à la médecine, par A. Paets van Troostwyk et C. R. T. Krayenhoff. *Amsterdam, Changuion,* 1788, in-4°, figg., demi-rel. bas.

1802 Manuel du galvanisme, ou description et usage des divers appareils galvaniques employés jusqu'à ce jour... par Jos. Izarn. *Paris,* 1808, in-8°, figg., cart.
<small>Tache d'huile au dos du volume.</small>

1803 Verhandeling over de sneeuwfiguren, door Jan Engelman. *Utrecht, van den Brink,* 1771, in-8°, avec 27 pl., v. f., fil.

1804 Dissertation physique concernant la cause de la variation du baromètre, la forme du globe de la terre, la diminution des graves, par de Roubais de Tourcoin, et mis au jour par S. Dury de Champdoré. *Leide,* 1719, in-8°, dem.-rel. v.

1805 Aanmerkingen en aanteekeningen van drie strenge winters, in 1708, 1739 en 1742, alsmeede andere nuttig-woetende zaaken van lugt, wind, enz., door Nicol. Duyn. *Haarlem,* 1744, in-8°, dem.-rel. v. vert.

1806 Traité de météorologie ou physique du globe, par J. G. Garnier. *Bruxelles, Hauman,* 1837, in-8°, dem.-rel. v. b.

1807 De l'électricité des météores, contenant l'explication des principaux phénomènes, par l'abbé Bertholon. *Lyon, Bernuset,* 1787, 2 vol. in-8°, figg. cart.

1808 Bibliothèque des philosophes chimiques (recueillie par Guil. Salmon), avec des figures et des notes, par J. M. D. R. (Maugin de Richebourg, — notes par Lenglet du Fresnoy). *Paris, Cailleau,* 1741-1754, 4 vol. in-12, v. br.
Reliure restaurée.

1809 Les élemens de la philosophie de l'art du feu ou chemie contenans les plus belles observations qui se rencontrent dans la preparation des mineraux et les maladies du corps humain... par Jean Hellot. *Paris, Piot,* 1651, in-12, figg., dem.-rel. maroq. vert.

1810 La description des nouveaux fourneaux philosophiques, ou art distillatoire, par le moyen duquel sont tirez les esprits, huiles... par J. Rod. Glauber. *Paris, Jolly,* 1659, in-8°, figg., v. brun.
Reliure restaurée.

1811 Elemens de chymie théorique, par Macquer. *Paris, Herissant,* 1749, in-12, v. f.

1812 Dissertation de J. Ph. de Limbourg, sur les affinités chymiques (couronnée par l'Académie de Rouen). *Liége, Desoer,* 1761, in-12, dem.-rel. v. fauve.

1813 Mémoire sur l'air inflammable tiré de différentes substances,

SCIENCES NATURELLES.

rédigé par M. Minkeleers, professeur de Louvain. *Louvain,* 1784, in-8°, dem.-rel. v. fauve.

Mémoire qui constate d'une manière explicite, la priorité de la Belgique dans la découverte du gaz hydrogène obtenu par la distillation de la houille. Le but primitif de Minkeleers était de le faire servir à l'aérostation : il décrit ici les premières expériences qui aient été faites avec des ballons gonflés par ce gaz; un peu plus tard il le fit servir à l'éclairage et il fit des essais concluants chez le duc d'Arenberg. Mais ces dernières expériences ne sont pas mentionnées dans l'ouvrage ci-dessus.

Ce Mémoire est devenu excessivement rare. On a fait autrefois de grandes recherches de la part des académies de France et d'Angleterre pour en trouver des exemplaires.

1814 Analyse chimique des eaux thermales sulfureuses d'Aix-la-Chapelle et de Borcette, par F. Lausberg. *Aix,* 1810. — Beschryvinge of analise van de waters van de fontyne kort by de stad van Tongeren, door J. Van Herck. *Maestr.,* (1796); en 1 vol. in-8°, dem.-rel.

Mouillure.

1815 Traité élémentaire pratique et théorique de la distillation des céréales, des pommes de terre... par Aug. Destaville. *Bruxelles, Berthot,* 1834, in-8°, veau violet, gauffré, dent., dor. sur tranche.

1816 Nouveau manuel complet de galvanoplastie, ou éléments d'électro-métallurgie, par Smée, suivi d'un traité de daguerréotypie. *Paris, Roret,* 1843, in-12, figg., dem.-rel. v.

SCIENCES NATURELLES.

GÉNÉRALITÉS SUR LES TROIS RÈGNES. — HISTOIRE NATURELLE DU MONDE.

1817 Histoire des progrès des sciences naturelles, depuis 1789 jusqu'à ce jour, par le baron G. Cuvier. *Bruxelles,* 1837, 2 vol. gr. in-8°, dos et coins en maroq. vert, fil. s. l. j.

1818 Le règne animal distribué d'après son organisation, pour servir de base à l'histoire naturelle des animaux et d'introduction à l'anatomie comparée par le baron Cuvier. *Bruxelles,* 1836, 3 vol. gr. in-8°, fig., dem.-rel. v.

1819 Phytozoologie philosophique, dans laquelle on démontre comment le nombre des genres et des espèces des animaux, etc..., a été fixé par la nature... par N. J. de Decker. *Niewied*, 1790, in-8°, portr., dem.-rel. v. fauve.

1820 Historia mundi naturalis C. Plinii secundi..... labore Sig. Feyerabenii integre restituta, etc. *Francofurti ad M.*, 1582, fig. — In C. Plinii historiæ naturalis libros omnes, Fred. Pintiani observationes. *S. l., Commelinus,* 1593, in-fol., rel. antique.

1821 De la nature, par J. B. Robinet. *Amsterdam,* 1766, 4 vol. in-8°, cart.

1822 Théorie de l'univers, ou de la cause primitive du mouvement et de ses principaux effets, par J. A. F. Allix. *Paris,* 1818, figg., in-8°, cart.

1823 Le monde avant la création de l'homme ou le berceau de l'univers, par W. F. A. Zimmermann, trad. par L. Hymans et L. Strens. *Bruxelles, Muquardt,* 1857, figg., in-8°, dem.-rel. v. vert.

1824 Le spectacle de la nature, ou entretiens sur les particularités de l'histoire naturelle (par l'abbé Pluche). *Liége, Bassompierre,* 1762-63, 8 tom. en 9 vol. in-12, fig., v. f.

1825 Verzameling van mengelschriften door J. A Unzer, byzonderheden uit het ryk der planten en dieren, philosophische bespiegelingen, enz. *Amsterdam, Conradi,* 1767, in-8°, dem.-rel. v. rac.

GÉOLOGIE. — CONSTITUTION DU GLOBE. — MINÉRALOGIE, PIERRES PRÉCIEUSES. — PALÉONTOLOGIE, ETC.

1826 Introduction à la géologie, ou première et seconde partie des éléments d'histoire naturelle inorganique, contenant des notions d'astronomie, de météorologie et de minéralogie, par J. J. d'Omalius d'Halloy. *Paris, Levrault,* 1833-35, 2 vol. in-8°, carte et atlas p. in-4°, dem.-rel. v fauve.

1827 Mémoires pour servir à la description géologique des Pays-Bas, de la France et de quelques contrées voisines, par J. J. d'Omalius d'Halloy. *Namur, Gérard,* 1828, in-8°, carte, dem.-rel. v.

1828 Coup d'œil sur la géologie de la Belgique, par J. J. d'Omalius d'Halloy. *Bruxelles, Hayez,* 1842, in-8°, carte, d.-r. veau fauve, n. rogn.

1829 Observations sur un essai de carte géologique de la France, des Pays-Bas, et des contrées voisines, par J. J. d'Omalius d'Halloy. *Paris,* 1823, in-8°, carte, cartonné.
Extr. des Annales des Mines, 1822.

1830 Carte du bassin houiller de la Belgique et du nord de la France, dressée par le Dr Parigot. (*Bruxelles, Vander Maelen*), carte de 10 feuilles montées s. toile, en étui.

1831 Tentamen mineralogicum seu mineralium nova distributio in classes, ordines, genera, species.... cui additur lexicon mineralogicum... auct. J. Kickx. *Bruxelles, Delemer,* 1820, in-8°, dem.-rel. v. fauve.

1832 Essai sur l'histoire des roches, précédé d'un exposé systématique des terres et des pierres, par de Launay. *Bruxelles, Lemaire,* 1786, in-12, v. fauve à fil., tr. dor.

1833 Opuscules de M. Engelspach-Larivière. *Bruxelles,* 1825-30, in-8°, dem.-rel. v. fauve.
Renferme :
Considérations sur les blocs erratiques de roches primordiales. *Brux.*, 1829. — De la géognosie, considérée dans ses différents rapports. *Brux.*, 1830. — Essai géognostique sur les environs de Saint-Petersbourg. *Ibid.*, 1825. — Mémoire sur un silicate d'alumine. *Brux.*, 1828.

1834 Guide du géologue-voyageur, par Ami Boué. *Bruxelles, Hauman,* 1836, 2 vol. in-12, v. bleu.

1835 Le déluge, considérations géologiques et historiques sur les derniers cataclysmes du globe, par Frédérik Klee. *Paris,* 1847, p. in-8°, dem.-rel. v. bleu.

1836 Histoire naturelle des volcans, comprenant les volcans sous-marins, ceux de boue, et autres phénomènes analogues, par C. N. Ordinaire. *Paris, Levrault,* 1802, in-8°, cart.

1837 Histoire naturelle de la montagne de Saint-Pierre de Maestricht, par B. Faujas-Saint-Fond. *Paris, Jansen,* an v, gr. in-fol., fig., v. f.
Tiré à 100 exempl.

1838 Minéralogie ou nouvelle exposition du règne minéral, avec un lexicon ou vocabulaire, par Valmont de Bomare. *Paris, Vincent,* 1774, 2 vol. in-8°, veau.

1839 Traité de Minéralogie, ou description abrégée et méthodique des minéraux, par le pr. de Gallitzin. *Helmstedt,* 1796. — Renseignements pour admiuiculer la réponse à la question : Quel étoit l'état des institutions religieuses..., par M. F. J. Müller. *Trèves,* in-4°, dem.-rel. v. fauve.

1840 Description abrégée et méthodique des minéraux, par le prince D. de Gallitzin. *Paris, Renouard,* 1801, d.-r. v. f.

1841 Minéralogie usuelle, par Drapiez. *Paris, De Malher,* 1826, in-12, dem.-rel. v.

1842 Essai sur l'étude de la minéralogie, avec application particulière au sol français, et surtout à celui de la Belgique, par Rozin. *Bruxelles, Tutot* (1803), in-12, dem.-rel. mar.

1843 Voyage minéralogique et physique de Bruxelles à Lausanne, par le Luxembourg, la Lorraine..., fait en 1782, par le comte Grégoire de R. (Razoumowski). *Lausanne, Mourer,* 1783, in-8°, dem.-rel. v. fauve.

1844 Marbodei, Galli, de lapidibus pretiosis enchiridion, cum scholiis Pictorii Villingensis. Ejusdem Pictorii de lapide molari carmen. *Wolffenbuttelæ,* 1740. — Ulrici Obrechti opera academica. *Argentorati,* 1704, in-4°, v. f.

Le titre du second ouvrage manque.

1845 Mémoire pour servir à l'histoire naturelle des fossiles des Pays-Bas, présenté à l'Académie de Bruxelles, dans la séance du 7 février 1774, par M. de Limbourg, le jeune. In-fol., dem.-rel. v. f.

Ms. de 15 feuillets, probablement autographe de l'auteur.

1846 Oryctographie de Bruxelles, ou description des fossiles tant naturels qu'accidentels, découverts jusqu'à ce jour dans les environs de cette ville, par Franç. Xav. Burtin. *Bruxelles, Lemaire,* 1784, in-fol., avec 32 pl. color., veau jaspé, large dent. sur plat.

1847 Description des animaux fossiles qui se trouvent dans le terrain carbonifère de Belgique, par L. De Koninck. *Liége,*

Dessain, 1842-1844, 1 vol. de texte et 1 vol. de planches; ens. 2 vol. gr. in-4°, cart.

1848 Recherches sur les ossements fossiles découverts dans les cavernes de la province de Liége, par le Dr P. C. Schmerling. *Liége, Oudard,* 1846, texte, gr. in-4°, et atlas gr. in-fol., dem.-rel. veau fauve.

1849 Végétaux fossiles des terrains houillers de la Belgique; volume de 69 planches et table, par le Dr Sauveur, 1848, gr. in-4°, dem.-rel. veau fauve.

BOTANIQUE. — AGRICULTURE. — HORTICULTURE.

1850 Medulla simplicium ex Dodoneo et Schrodero aliisque gravissimis authoribus desumta per Guilielm. van Limborch. *Lovanii, Stryckwant,* 1702, in-12, dem.-rel. v. rac.

1851 F. P. Cassel, Morphonomia botanica, sive observationes circa proportionem et evolutionem partium plantarum. *Colon. Agrip.*, 1820, in-8°, figg., dem.-rel. v. rac.

1852 Iridearum genera cum ordinis charactere naturali, specierum enumeratione synonymisque, auct. J. B. Ker. *Brux. De Mat,* 1827, in-8°, dem.-rel. v. fauve (taches de rousseur).

1853 Florula Belgica, operis majoris prodromus, auctore B. C. Dumortier. *Tornaci Nerv.*, 1827, in-8°, dem.-rel. v. f.

1854 Observations sur les graminées de la flore Belgique, par B. C. Dumortier. *Tournay,* 1823, in-8°, figg., dem.-rel.

1855 Collection d'opuscules de M. B. C. Dumortier, publiés de 1822 à 1836, in-8°, figg., dem.-rel. v. fauve.

Renferme :

Commentationes botanicæ, 1822. — Observations sur les graminées de la flore Belgique, 1823. — Florula Belgica, operis majoris prodromus. staminaccia, 1827.—Analyse des familles des plantes, 1829. — Sylloge jungermannidearum, 1831. — Mémoire sur l'anatomie et la physiologie des polypiers, lophopodes, 1836. (Toutes ces pièces imprimées à Tournay).

1856 Compendium floræ Belgicæ, conjunctis studiis ediderunt A. L. S. Lejeune et R. Courtois. *Leodii,* 1828, 3 t. en 2 v. in-8°, dem.-rel. v. vert. avec signature de M. Courtois.

1857 Flore générale de Belgique, par C. Mathieu, avec le supplément. *Bruxelles, Muquardt,* 1853-55, 2 vol in-8°, dem.-rel. v.

1858 Flora Bruxellensis, cui additur lexicon botanicon, cura J. Kickx. *Bruxellis, Rampelbergh,* 1812, in-8°, dem.-rel. v.

1859 Flore du département de Jemmape, ou définitions des plantes qui y croissent spontanément. *Mons, Monjot,* 1814; in-12, dem.-rel. v. f.

1860 Flore du Hainaut, par l'abbé N. L. Michot. *Mons, Masquillier,* 1845, in-8°, dem.-rel. v. vert.

1861 Exposé succinct des produits du règne végétal et animal dans le canton d'Enghien, par Joseph Parmentier. *Bruxelles,* 1819, in-8°, dem. rel. bas.

1862 Mémoire sur la question : Quelles sont les plantes les plus utiles des Pays-Bas et de leur usage dans la médecine et dans les arts, par M. Du Rondeau. *Bruxelles, d'Ours,* 1772. — Antwoord op de vraege : Welk is de beste maniere van vlasse gaeren te verwen... door J. B. de Beunie. *Ibid, id.,* 1772. — Idem, op de vraege : Welke zyn de profytelykste planten van dit land... door denzelfden. *Ibid, id.,* 1772; en 1 vol. in-4°, dem.-rel. v. f.

1863 Theod. P. Caels, de Belgii plantis qualitate quadam hominibus cæterisve animalibus nociva seu venenata præditis symptomatibus... dissertatio. *Bruxelles, d'Ours,* 1774, in-4°, dem.-rel. v. rouge.

Exemplaire sur grand papier.
Mémoire couronné par l'Académie de Bruxelles, en 1773.

1864 Dissertatio botanico-medica de quibusdam plantis Belgicis in locum exoticarum sufficiendis, auth. P. E. Wauters. *Gandavi,* 1785. — Epitome dissertationis coronatæ celeberr. D. Burtin... a P. E. Wauters. *Gandavi,* 1785, in-8°, dem.-rel. v. f.

1865 Agrostographie des départemens du Nord de la France, ou descript. de toutes les graminées de ces départ. par J. B. H. J. Desmazières. *Lille,* 1812, in-8°, dem.-rel. v. f., non rogné.

1866 Systematisches Verzeichniss der an den Ufern des Rheins, der Roer, der Maas, der Ourte, und in den angränzenden Gegenden wild wachsenden und gebaut werdenden phanerogamischen Pflanzen, von J. W. Meigen und H. L. Weniger. *Köln*, 1819, p. in-4° obl., dem.-rel. v.

1867 Catalogue latin et françois des arbustes et plantes qu'on conserve pendant l'hiver dans l'orangerie et la serre-chaude, par Buchoz. *Londres*, 1787, p. in-12, dos en toile, gr. p.

1868 Flore de l'amateur. Choix des plantes les plus remarquables par leur élégance ou leur utilité, publiées dans le Sertum botanicum. *Bruxelles*, 1842, 2 vol. in-fol., pl. col., dem.-rel. b.

1869 (Charles Étienne). De re hortēsi libellus, vulgaria herbarum, florum, de fruticum qui in hortis cōseri solent, nomina latinis vocibus efferre docens ex probatis authoribus. *Parisiis, Rob. Stephanus*, 1536. — Seminariũ sive plantarium earum arborum, quæ post hortos conseri solent... *Ibid., id.*, 1536, p. in-8°, v. f.

1870 Hortorum libri triginta, autore Ben. Curtio Symphoriano. *Lugduni, Tornæsius*, 1560, in-fol. vél.

<small>Ex. provenant de la biblioth. de Franç. de Neufchateau et quelques piqûres en marge, restaurations, mouillure.</small>

1871 Manuel du jardinier, pépiniériste, botaniste, fleuriste et paysagiste, par L. Noisette. *Bruxelles, Wahlen*, 1829, in-8°, figg., dem.-rel. v. violet.

1872 Esquisses des premiers principes d'horticulture, par John Lindley, trad. par Ch. Morren. *Bruxelles, Dumont*, 1835, in-12, dem.-rel. v.

1873 Traité méthodique de la culture du Pélargonium, précédé d'une petite bibliographie spéciale... par J. de Jonghe. *Bruxelles, Tircher*, 1844, p. in-8°, dem.-rel. v. vert.

1874 Hortus Gandavensis ou tableau général de toutes les plantes exotiques et indigènes, cultivées dans le jardin botanique de la ville de Gand, par J. H. Mussche. *Gand, de Goesin*, 1817, in-12, fig., dem.-rel. v.

1875 Catalogue des plantes du Jardin botanique de Gand, rédigé par J. H. Mussche. *Gand, s. d.*, in-8°, cart.

1876 Manuel de l'arboriste et du forestier Belgiques, par M. de Poederlé. *Bruxelles, Boubers*, 1772, in-12, v. br.

1877 Manuel de l'arboriste et du forestier Belgiques, par le baron de Poederlé. Troisième édition. *Bruxelles, De Mat,* 1814, 2 vol. in-8°, dem.-rel. chagr. bleu, non rogné.

1878 Korte verhandeling van de boomen, heesters et hout-achtige kruidgewassen. *Mechelen,* 1790, in-8°, dem.-rel. v. f.

1879 Essai sur les qualités et propriétés des arbres, arbrisseaux, arbustes et plantes ligneuses du département du Nord, par le citoyen Hecart. *Valenciennes, Varlé,* an III, gr. in-4°, dem.-rel. v. vert.

1880 Principes d'agriculture, et les moyens de défricher et de rendre sûrement fertiles toutes les bruyères et terres en friche, situées entre Anvers et les terres de la Hollande. *Bruxelles,* 1761, in-8°, v. f.

1881 J. A. J. Ludwig. Verhandeling over den aart en de voortplanting der aardappelen, vertaald door C. Pereboom. *Amsteld., Doll,* 1775. — Prijsverhandeling over de ontaarding der aardappelen, door J. Van Baveghem (Mémoire couronné). *Dordrecht,* 1782; en 1 vol. in-8°, dem.-rel.

1882 Kort doch noodzaakelyk bericht tot het landvolk, om de aerdappels.... te bewaaren, door P. J. Van Bavegem. *Dordrecht,* 1783, in-12, dem.-rel. v. f.

1883 Monographie du madi cultivé, madia sativa, par V. Pasquier. *Liége, Oudart,* 1841, in-8°, figg., dem.-rel. v. vert.

ZOOLOGIE.

1884 Des races humaines ou éléments d'ethnographie, par J. J. d'Omalius d'Halloy. *Bruxelles, Jamar,* in-12, fig. en coul., dem.-rel. v. fauve.

1885 Thomæ Bartholini de unicornu observationes novæ, accesserunt de aureo cornu Olai Wormii eruditorum judicia. *Patavii,* 1645, in-8°, v. f.

1886 Faune Belgique, 1re partie; indication méthodique des mammifères, oiseaux, reptiles et poissons observés en Belgique, par E. de Selys-Longchamps. *Liége, Dessain,* 1842, in-8°, figg. demi-rel. v. bleu.

<small>Taché au coin du titre.</small>

1887 Traité des serpens et des vipères qu'on trouve dans le pays de Drenthe, auquel on a ajouté quelques remarques relatives à ces espèces, par J. van Lier. (Texte franç. et hollandais). *Amsterdam,* 1781, figg. color. gr. in-4°, d.-r. v.

1888 Notice sur les chèvres asiatiques à duvet de cachemire, et sur un premier essai tenté pour augmenter leur duvet... par Polonceau. *Versailles, Jacob,* 1824, figures, maroq. rouge à fil. dent. à froid sur plat, tr. dor., dent. intér., aux armes de la maison d'Orléans. (*Vogel*).

<small>Sur la garde, en manuscrit : Présenté à Son Altesse Royale, madame la duchesse d'Orléans.</small>

1889 De Lumbrici terrestris historia naturali necnon anatomia tractatus, auctore C. F. A. Morren. *Bruxellis, Tarlier,* 1829, planches, gr. in-4°, v. rac. à dent.

1890 Gekroonde verhandeling der vraege : aentewyzen de soorten van visschen die het gemeyn voorwerp zyn van de vangst, zoo op de kusten als in de rivieren van Vlaenderen... (der Academie van Brussel, 1780), door G. F. Verhoeven. *Mechelen, Hanicq,* in-4°, v. jaspé à fil.

1891 Ostéographie de la baleine échouée à l'est du port d'Ostende le 4 nov. 1827, précédée d'une notice sur la découverte et la dissection de ce cétacée, par J. Dubar. *Bruxelles, Laurent,* 1828, in-8°, avec 13 pl. demi-rel. bas.

1892 D'Amboinsche rariteitkamer, behelzende eene beschryvinge van allerhande zoo weeke als harde schaalvisschen, te weeten raare krabben, enz., door G. Everh. Rumphius. *Amsterdam, Halma,* 1705, in-fol., portr. et fig., v. br.

1893 Recherches intéressantes sur l'origine, la formation, etc., des diverses espèces de vers à tuyau qui infestent les vaisseaux, les digues, etc., des Provinces-Unies, par P. Massuet. *Amsterdam,* 1733, p. in-8°, fig., d.-r. mar. b.

1894 Nomenclator iconum entomologiæ linneanæ : curante et augente Car. de Villers. *S. l. n. d.*, in-4° obl. fig., d.-r. bas.

1895 Essai sur une monographie des zygénides, suivi du tableau méthod. des lépidoptères d'Europe, par J. A. Boisduval. *Paris*, 1829, in-8°, pl. color., demi-rel. v. bleu.

1896 C. Wesmael, Monographie des odynères de la Belgique, avec 2 supplém. et figg. — Mélanges entomologiques. — Observations sur les espèces du genre sphécode. — Sur une difformité observée chez un lépidoptère. *Bruxelles*, 1833, in-8°, figg. demi-rel. v. fauve.

SCIENCES MÉDICALES.

INTRODUCTION. — HISTOIRE. — TRAITÉS GÉNÉRAUX.

1897 Dictionnaire historique de la médecine, contenant son origine, progrès; les plus célèbres médecins, etc., par M. Éloy. *Liége*, 1755, 2 vol. in-8°, dem.-rel.

1898 Discours sur l'utilité de l'histoire de la médecine, par C. Broeckx. *Anvers*, 1839, gr. in-4°, dem.-rel.

1899 Essai sur l'histoire de la médecine belge avant le xix° siècle, par C. Broeckx. *Bruxelles, Leroux,* 1837, in-8°, figg. dem.-rel. v. fauve.

1900 Querela medica seu planctus medicinæ modernæ status. Authore Joanne Odvvyer Casseliensi, med. lic. urbisque Montensis medico pensionario. *Montibus, Havart*, 1686, 1 vol. in-8°, v. rac. reliure restaurée.

On lit sur le titre : Dono R. P. Delewarde Orat. montensis.

1901 V. P. Plempii, Fundamenta medicinæ, accedit Dan. Vermostii breve apologema, item de philosophia Cartesiana. *Lovanii*, 1654, in-folio, v. br. à fil.

1902 E. J. D'Oignies in Wasia practici Opera, libr. III, de artis medicæ observat. morborum, anno 1763, etc. *Antverpiæ, Parys, s. d.* in-12, v. rac. à dent. dor. s. tr.

Exemplaire en papier fort.

1903 J. J. Plenk. Elementa medicinæ et chirurgiæ forensis. *Lovanii*, 1786, in-8°, dem.-rel. bas. rac.

1904 Résumé complet de médecine ou de pathologie interne, par Félix Vacquié. *Paris*, 1826, in-32.

.1905 51 brochures de médecine et de législation de l'art de guérir, in-8°.

ANATOMIE. — PHYSIOLOGIE. — MAGNÉTISME ANIMAL. — MONSTRES. — HYGIÈNE.

1906 Caroli van Bochaute, Dissertatio physiologico-chemica de Bile. *Lovanii, typ. Acad.* 1778, in-8°, dem.-rel. v. fauve.

1907 Physiologie de l'espèce. Histoire de la génération de l'homme, comprenant l'étude comparative de cette fonction dans les divisions principales du règne animal, par G. Grimaud de Caux et G. J. Martin Saint-Ange. *Bruxelles,* 1837, figg. en double suite (copie et originale) sur pap. blanc et pap. de Chine, dem.-rel. v. fauve.

1908 Sever. Pinæus de virginitatis notis, graviditate et partu; Lud. Bonaciolus de conformatione foetus et alia. *Lugd. Batav.,Fr. Hegerus,* 1640, figg. au texte, frontisp., dem.-rel. v. rac.

Édition qui s'annexe aux Elzéviers.

1909 Lettres sur la certitude des signes de la mort, par M. Louis. *Paris, Lambert,* 1752, p. in-8°, v. m.

1910 Fragmens sur l'électricité humaine, par M. Retz ; conten. les moyens d'augmenter et de diminuer le fluide électrique du corps humain et les recherches sur les causes de la mort des personnes foudroyées. *Paris,* 1785, p. in-8°, d.-r. bas.

1911 Exposition critique du système et de la doctrine mystique des Magnétistes, publiée par d'Henin de Cuvilliers. *Paris,* 1822, in-8°, dem.-rel. v. br.

1912 Traité du Somnambulisme et des différentes modifications qu'il présente, par A. Bertrand. *Paris, Dentu,* 1823, in-8°, fig., v. rac. à dent.

1913 Instruction pratique sur le Magnétisme animal, par J. P. F. Deleuse, augm. par L. Rostan. *Bruxelles,* 1836, in-12, dem.-rel., v. bleu.

1914 Le Magnétiseur praticien, par J. J. A. Ricard. *Paris, s. d.,* p. in-8°, dem.-rel. v.

1915 Faits curieux et intéressants, produits par la puissance du magnétisme animal, ou comptes rendus des expériences opérées en Belgique, par E. Montius. *Bruxelles*, 1842, in-8°, br.

1916 Traité des Eunuques, dans lequel on explique toutes les difrentes sortes d'Eunuques, quel rang ils ont tenu et quel cas on en a fait, etc., par M. D... (d'Ancillon) (*à la sphère*). *S. l., imprimé l'an* 1707, p. in-8°, dem.-rel. v. f,, n. rog.
Note de M. de J.

1917 Fortunius Licetus, de monstris, ex recensione G. Blasii. *Amstelod.*, 1665, in-4°, figg., veau br. à fil.
Edition estimée, préférable à celles de Padoue de 1616 et 1634.

1918 Des monstruosités et bizarreries de la nature, principalement de celles qui ont rapport à la génération..., par G. Jouard. *Paris*, 1807, 2 vol. in-8°, dem.-rel. v.

1919 Résumé complet d'hygiène privée, par le Dr Meirieu, revu par le Dr Léon Simon. *Paris*, 1828, in-32, br.

1920 Troost der kwynende of Nieuwe verhandeling over de Gemoeds-ontsteltenissen en kwaelen, die hedendaegs zoo gemeyn zyn, en véelwegs uyt de Gemoeds-ontsteltenissen voordskomen, door I. Thys. *Antwerpen*, 1817, in-8°, dem.-rel. v. fauve.

1921 Le livre des mères, anthropologie physiologique de l'enfance, par A. Biver, *Bruxelles*, 1843, in-12, br.

1922 Histoire de la Santé et de l'art de la conserver..., par J. Mackenzie; trad. de l'anglois. *La Haye, Aillaud*, 1759, in-8°, v. brun.

1923 Congrès général d'hygiène de Bruxelles. Session de 1852. *Bruxelles, Stapleaux*, 1852, fig., in-8°, dem.-rel. bas.

1924 Discours fait en une célèbre assemblée touchant la guérison des playes et la composition de la poudre de sympathie, par le chevalier Digby, avec beaucoup de remèdes et rares secrets pour la conservation de la beauté des dames. *Utrecht, Van Zyll*, 1681, p. in-12, vél.
Bon exempl. d'un livre rare.

1925 Dissertation sur la manière de faire l'uytzet, et sur sa salubrité, par P. E. Wauters. *Gand, de Goesin*, an VI, in-8°.

1926 Examen de la question médico-politique si l'usage du caffé est avantageux, etc., par N. F. J. Eloy. *Mons* (1781), *Hoyois*. — Mémoire sur la marche, la nature, les causes et le traitement de la dyssenterie qui a régné en Hainaut, en 1779, par le même. *Ibid.*, 1780. — Discours sur la prééminence et l'utilité de la Chirurgie, prononcé par Brambilla (trad. par Linguet). *Bruxelles*, 1786, portrait, in-8°, dem.-rel. v. fauve.

PATHOLOGIE, CLINIQUE, MALADIES SPÉCIALES. — THÉRAPEUTIQUE, PHARMACOLOGIE. — MÉDECINE LÉGALE.

1927 Hygie. Recueil de médecine, d'hygiène, d'économie domestique; extraits et mélanges histor. et littéraires, rédigé par le doct. C. J. B. Comet, tome 1. *Paris, Sédille*, 1827, 2 p. en 1 vol. in-8°, demi-rel., maroq. rouge.

1928 Bulletin des cliniques de l'Université de Liége, extrait de la Revue médicale, publiée par le doct. Ch. Detienne (Janvier 1848) in-8°, toile, à fil. dor. sur plat.

1929 Mémoire sur la marche, la nature, les causes et le traitement de la dyssenterie qui a régné en Hainaut, en 1779, par N.-F.-J. Éloy. *Mons, Hoyois*, 1780, in-8°, v. f.

1930 De heerschende Persloop (dysenteria epidemica), die in 1783 de provincie Gelderland getroffen heeft, door M. van Geuns. *Harderwyk*, 1784. — De vee-pest onderzocht door R. Forsten, waarby geneeskundig advys. *Arnhem*, 1797, en 1 vol. in-8°, dem.-rel. v.

1931 Geneeskundige waarnemingen uit de veldtogten van Rusland en Duitschland, 1812-13, door J. R. L. von Kirckhoff, vertaald door H. Van den Bosch. *Utrecht*, 1825, in-8°, dem.-rel.

1932 Du cholera-morbus asiatique, par P. J. van Esschen. Mémoire couronné par l'Académie des Sciences médicales de Bruxelles. *Bruxelles, Tircher*, 1833, in-8°, bas. bleue à dent. dor. s. tr. (*Envoi autogr. de l'auteur*).

1933 Ratio occurrendi morbis a mineralium abusu produci solitis, auct. Th. P. Caels. (Lovan.) *Amstelod.*, 1781, in-12, mar. rouge à fil. dor. s. tr. (Anc. rel.).

1934 De Danswoede, eene volksziekte der middeleeuwen, in de Nederlanden, Deutschland en Italië, naar Dr J. F. C. Hecker door G. J. Pool. *Amsterdam,* 1833, in-8°, dem.-rel. v. fauve.

1935 Dissertatio de effectibus procellarum supra homines et animantia omnia, autore F. J. Gardino. *Bruxelles,* 1812, in-8°, dem.-rel. v. vert.

1936 Méthode nouvelle et facile de guérir la maladie vénérienne; par M. Clare. Trad. de l'anglois. *Londres,* 1785, in-8°, portr. et figg., dem.-rel. bas.

1937 Traité complet et observations pratiques sur les maladies venériennes... par Dom. Cirillo. *Paris,* 1803, in-8°, d.-r.

1938 Exposé des causes les plus fréquentes de la propagation de la maladie vénérienne. *Bruxelles,* 1836.—Exposé des moyens pour arrêter la propagation de la syphilis, par F. J. Dugniolle. *Ibid.* 1836, en 1 vol. gr. in-8°, dem.-rel. toile.

1939 La conservation de soi-même, traité médical de l'affaiblissement, etc., par Sam. La'Mert. *Bruxelles,* 1848, in-12, figg. veau fauve.

1940 Recueil d'un mémoire couronné, d'une thèse inaugurale, et d'une traduction des Aphorismes d'Hippocrate en langue nationale; par G. Claes, de Looz. *Saint-Trond, Vanwest,* s. d., in-8°, dem.-rel. bas.

1941 Henrici à Deventer, operationum chirurgicarum novum lumen, exhibentium obstetricantibus.... *Lugd. Batav.,* 1733, in-4°, figg. sur cuivre, dem.-rel. toile.

1942 Mémoire sur l'application de la lithotritie aux pierres volumineuses, par André Uytterhoeven, 1842, in-8°, fig. cart.

1943 Traité sur l'aliénation mentale et sur les hospices des aliénés, par Jos. Guislain. *Amsterdam, V. d. Hey,* 1826, 2 v. in-8°, figures, maroq. rouge à dent. dor. s. tr.

1944 Beknopt onderwys op de redmiddelen zoo voor drenkelingen en verstickten, als voor schyndooden, vergevenen, enz., door F. X. Becq. *Brussel,* 1827, portr. — Manuel des moyens salutaires à administrer aux submergés, aux asphixiés par le gaz carbonique, etc., par F. X. Becq., 1 v. in-8°, dem.-rel. bas. tr. d.

Curieux.

1945 Essai sur l'emploi thérapeutique des ferrugineux, par E. A. Jacques de Sirod. *Bruxelles, De Mortier*, 1848, in-4°.
Mémoire de l'Académie Royale de médecine.

1946 De l'action des émétiques et des purgatifs sur l'économie animale, et de leur emploi dans les maladies, par P. A. Marcq. Suivi du rapport fait à la Faculté des sciences de Bruxelles sur le concours de 1826, par P. J. Tallois. *Bruxelles, Tarlier*, 1826, in-8°.

1947 Die distellacien, en virtuyten, der waterē. *Au dernier feuillet: Geprint ide pricelycke stat van Bruesele, in den Zeeridere, Int iaer ons heerē duysent vyfhondert ende seventiene* (1517)... in-4°, goth. à 2 colonn. de 103 ff. non chiffrés et sans réclames. avec sig., figg. sur bois, vélin.

Exemplaire en très-bon état, sauf quelques taches d'encre.

Livre *rare et précieux* qui ne se trouve pas dans les catalogues des Bibliothèques les plus riches; M. de Reume, dans ses *Variétés Bibliographiques*, est le seul qui en donne le titre, quoique inexactement, en reproduisant la marque du typographe.

Cet ouvrage a pour auteur Jheronimus Brunswyck, chirurgien à Strasbourg; la première édition en a été donnée par Grüninger, en 1500, sous le titre « *Liber de arte distillandi.* » — Cette traduction flamande est sortie des presses de Van der Noot, imprimeur à Bruxelles; sa marque typographique se trouve à la fin du dernier feuillet, avec l'inscription (en-dessus) *Ic sals ghedincke*. L'ouvrage se compose de deux parties : la première traitant de la distillation, renferme 25 gravures sur bois, dont une de la grandeur du volume, la seconde partie contient l'application des liquides salutaires.

Les prescriptions sont en général très-simples et applicables à toutes sortes de maladies. L'auteur a écrit son livre de médecine pour le peuple: il n'y mêle ni astrologie ni alchymie, et cherche ses remèdes à la source de la nature même.

Cette simplicité pratique nous explique jusqu'à un certain point la grande rareté du livre, comme de tous ceux qui sont destinés à une grande popularité, et dont il ne reste souvent que des débris, ou la simple mention. Il est de fait que nous n'en avons jamais rencontré d'autre exemplaire.

Notons enfin que le livre indiqué sous le n° suivant, quoique traitant du même sujet, est tout à fait différent de l'ouvrage de Bruynswyck.

1948 Dit is die rechte conste om alderhande wateren te distilleren ende oock van die virtuten van alle ghedistillerende wateren seer goet ende profitelyck... *In fine Gheprint in Antwerpen... bi mi Willem Vorsterman, s. d.* in-4°, cart. 24 feuillets.

<small>Planche en bois au titre répétée au recto du dernier feuillet. Au verso, la grande marque de l'imprimeur.
Les quatre premiers feuillets ont une marge remontée. Quelques taches.</small>

1949 Le Guidon des Apotiquaires, c'est-à-dire la vraye forme et manière de composer les medicamens. Premièrement traittée par Valerius Cordus. Traduite de latin en françois (par Pierre Coudemberghe, d'Anvers). *Rouen, Mallard*, 1610, p. in-12, figg. sur bois, veau fauve à fil. Reliure neuve.

<small>Exempl. taché et un peu court de marge en tête.</small>

1950 Pharmacopæa auctior et correctior operâ sex Collegii Medici assessorum. *Bruxellæ, Hacquebaut,* 1671, in-fol. v. br. fil.

1951 Dictionnaire ou traité universel des drogues simples, avec leurs noms, leurs qualitez, etc., par Nic. Lemery. *Rotterdam,* 1727, gr. in-4°, figg. v. br.

1952 Pharmacopæa Gandavensis nobil. senat. concinnata, ejusque jussu edita. *Gandavi, J. Meyer, s. d.,* in-4°, v. br.

1953 La falsification des médicaments dévoilée, ou les moyens de découvrir les tromperies... par J. B. Van den Sande. *La Haye,* 1784, in-8°, à fil. dor. s. tr.

1954 Médecine légale et police médicale de P. A. O. Mahon, avec notes de M. Fautrel. *Paris, Méquignon,* 1811, 3 vol. in-8°, dem.-rel.

1955 Incipit tractatus de Veneno, p. in-8°, d.-r. v.

<small>Ms. de 51 feuillets, du XIVe siècle, sur vélin, à deux colonnes, chacune de 21 lignes, initiales et titres de chapitre en rouge. A la fin du volume on trouve quelques vers anglais. Ce charmant ms. provient du prieuré de Rouge-Cloître dans la forêt de Soignes, près de Bruxelles.</small>

1956 Traité des poisons tirés des règnes minéral, végétal et animal, ou Toxicologie générale, par M. P. Orfila. *Paris, Crochard,* 1818, 2 vol. in-8°, dem.-rel.

1957 Leçons faisant partie du Cours de médecine légale de M. Orfila, ornées de 22 planches dont 7 color. *Paris, Béchet,* 1821, in-8°, dem.-rel. bas.

1958 Manuel de médecine légale, par J. Briand. *Paris, A. Brosson et Chaude,* 1821, in-8°, dem.-rel. bas.

1959 Elementa medicinæ forensis, auctore C. A. van Coetsem. *Gandavi,* 1827, in-8°, v. rac.
Envoi autographe de l'auteur au prince de Gavre.

1960 Dissertation sommaire sur les rapports chirurgico-légaux ou guide des officiers de santé, par H. J. van Peene. *Gand,* 1814, in-8°, veau rac. à dent.
Avec dédicace au baron de Keverberg.

ART VÉTÉRINAIRE. — HIPPIATRIQUE.

1961 Elémens d'hippiatrique, ou nouveaux principes sur la médecine des chevaux, par Bourgelat. *Lyon,* 1750, 3 vol. p. in-8°, figg., v. br.

1962 Manuel d'hippiatrique, par Lafosse, augmenté par U. Leblanc. *Paris,* 1824, p. in-8°, d.-r. bas.

1963 Le Parfait Mareschal, qui enseigne a connoistre la beauté, bonté et les défauts des chevaux, ensemble un traité du Haras, avec les figures nécessaires, par le sieur de Solleysel. *Paris, Clouzier,* 1685, 2 tomes. — Nouvelle méthode pour dresser les chevaux, inventée par le duc de Newcastle, trad. par de Solleysel. *Ibid., id.,* 1677, figg., ens. 3 part. en 2 vol. in-4°, demi-rel. v. rac. Reliure neuve.

1964 Le nouveau Parfait Maréchal, ou la connoissance générale et universelle du cheval, avec un dictionnaire des termes de cavalerie, par Fr. A. de Garsault. *Paris, Bailly,* 1771, in-4°, fig., veau f.

1965 Guide du maréchal, contenant une connoissance exacte du cheval et de la ferrure, par Lafosse. *Paris, Costes,* 1818, in-8°, fig., dem.-rel.

1966 Le nouveau maréchal expert, par Lafosse; suivi du maréchal ferrant. *Paris,* 1824, figg., in-12, demi-rel.

1967 Vegetii Renati artis veterinariæ sive mulomedicinæ, curante J. M. Gesnero. *Mannhemii,* 1781, in-8°, dem.-rel. v.

1968 La connoissance parfaite des chevaux, contenant la manière
de les gouverner et de les conserver en santé... (par
Delcamps). *Paris, Servière,* 1802, in-8°, figg., demi-rel.

1969 Elemens de l'art vétérinaire, par C. Bourgelat, avec notes,
par J. B. Huzard. *Paris,* 1803, in-8°, figg., demi-rel.

1970 Médecine vétérinaire, par M. Huzard. *Bruxelles, Remy,* 1820,
p. in-8°, demi-rel.

1971 De la garantie et des vices redhibitoires dans le commerce
des animaux domestiques, par J. B. Huzard. *Paris,* 1825,
p. in-8°, demi-rel.

1972 Traité des haras et médecine vétérinaire simplifiée, par le
vicomte E. Dutoict. *Bruxelles,* 1823, p. in-8°, demi-rel.

1973 Manuel complet du vétérinaire, suivi de l'art de l'équitation,
par M. Lebeaud. *Paris, Roret,* 1826, in-18, fig., d.-r. v.

1974 The outlines of the veterinary art, or the principles of medi-
cine, applied to the horse, comprehending also a view of
neat cattle and sheep, by Delabere Blaine. *London,* 1826,
in-8°, figg., demi-rel.

1975 Fr. Clater, de Paarden-arts. *s'Hage,* 1826. — Den vrieschen
stalmeester of Paarden-doctor. *Sneek,* 1825, 2 vol. p. in-8°,
dem.-rel.

1976 Heelkunst der paerden; hunne eigenschappen, ziektens, enz.,
door burggraef Em. Dutoict. *Gend,* 1827, in 8°, demi-rel.

1977 Le Manuel du Bouvier et du parfait Bouvier, ou l'art de connaître les bestiaux. *Paris,* 1822, 2 vol. in-12, figg, d.-r.

1978 Handboek der genees- en verloskunde van het vee, door
A. Numan. *Groningen,* 1826, p. in-8°, figg., demi-rel.

1979 Recueil de pièces, 1 vol. in-4°, dem.-rel v. fauve.

Mémoire sur l'épizootie qui a régné en Flandre et dans l'Artois, en
1776, par Rapedius de Berg. *Paris,* 1780 (de 34 pp.) — Lettre à
M. Linguet, en réponse à ses observations (de 6 pp.) — Lettre en
réponse aux observations précédentes (de 24 pp.) — Extrait de l'ouvrage de M. Vicq d'Azyr sur les moyens curatifs de cette maladie.
(*Portrait ajouté*).

1979 *bis* Manuel vétérinaire des plantes, ou traité sur toutes les
plantes qui peuvent servir de nourriture ou de médicamens,
par J. P. Buchoz. *Paris, Pernier,* 1799, in-8°, dem.-rel. v.

V. SCIENCES MATHÉMATIQUES.

ARITHMÉTIQUE, ETC.

1980 Euclidis elementorum libri XV, accessit XVI de solidorum regularium; omnes perspicuis demonstrationibus, accur. scholiis illustr., auct. Chr. Clavio, S. J. *Coloniæ, Ciotti,* 1591, 2 tom. en 1 vol. in-fol., figg. au texte, v. br. reliure restaurée.

1981 Reken-Boecxken, om te leeren legghen met Penninghen, seer profytelyck voor die jonckheyt, by Wouter de Costere. *Ghendt, d'Ercle,* 1675, p. in-8°, cart.
_{Très-rare. Voy. *Bibliographie Gantoise,* II, 280.}

1982 Manuel français et hollandais, propre à faciliter le calcul par logarithmes et par règles conjointes, tant des arbitrages des changes..., par H. Eustace et C. L. Schmidts. *Amsterdam,* 1823, in-8°, (texte franç. et holl.) maroq. rouge à dent. dor. s. tr.

1983 Nouveautés mathématiques, de l'arithmétique et de la géométrie. *Bruxelles, Weissenbruch,* 1821, 2 t. en 1 vol. in-4°, dem.-rel. v. fauve.

ASTRONOMIE. — COMPUT. — APPARITIONS DE COMÈTES. — GNOMONIQUE.

1984 Histoire du ciel, où l'on recherche l'origine de l'idolâtrie et les méprises de la philosophie, etc. (par l'abbé Noël Pluche). *Paris, Estienne,* 1771, 2 vol. in-12, fig., v. f.

1985 Exposition du système du monde, par le marq. de la Place. *Bruxelles,* 1826, in-8°, portr., dem-rel. toile.

1986 Tractatus qui de varietate astronomie intitulatur. Johannes de Brugis. in-4°, dem.-rel. v. f.
_{Bel exempl. — Sans chiffres ni réclames, cet opuscule se compose de 16 feuillets de texte et 1 de titre portant une fig. en bois. Dernière signat. ciij. Il ne porte ni date, ni nom d'imprimeur ou de ville : l'examen des caractères atteste qu'il est sorti des presses de Liechtenstein à Venise. On lit au verso du 8e feuillet : anno currente 1503. C'est donc vers cette date qu'il faut rapporter l'impression de ce petit livre, et non vers celle de 1544, comme le prétend une note du Catal. Van Hulthem.}

1987 L'attraction détruite par le mouvement primordial, ou Théorie nouvelle du cours des corps célestes et du mouvement, par de Zuylen de Nyevelt. *Brux.*, 1819, in-8°, figg.; d.-r.

1988 Annuaire de l'Observatoire de Bruxelles, par A. Quetelet, années 1834 (première) à 1860. *Bruxelles, Hayez.* — Almanach séculaire de l'Observatoire Royal de Bruxelles, par le même. *Ibid.*, 1854, 24 vol. in-12, dem.-rel. veau fauve.

1989 Annales de l'Observatoire de Bruxelles, publiées par M. Quetelet. *Bruxelles, Hayez*, 1834-57, gr. in-4°, tom. I à XII, en 11 vol., figg., dem.-rel. v. fauve.

1990 Compotus seu Kalendarium perpetuum. In-4°, d.-r. bas. br.

Ms. sur vélin de 12 ff., du xive siècle, très-bien écrit en lettres rouges et noires, avec lignes bleues. Il doit avoir été copié sur un ouvrage plus ancien, car on lit au recto du f. 5 : « utputa anno presenti scilicet anni Dni mcxliii. »

1991 De oude Roomsche Calendarium na de forme van de Juliaensche, vermeerdert met het cyclus van de son en maen. Ende de manier van Dionysius Pascha, etc. (door Albert Berents Altena liefhebber der vrye consten, 1638), in-4°, cart.

Ms. de 177 pages. Autographe. C'est un traité de la connaissance des temps, qui paraît inédit.

1992 Calendarium ab anno 1694 usque ad annum 1710 inclusive, ordine digestum et supputatum. Pet. in-24, v. br., fil. tr. dor.

Ms. de 26 ff. sur vélin, titres et noms des fêtes, etc., en lettres d'or. Orné de 12 miniatures représentant des scènes se rapportant à chaque mois de l'année. Ces miniatures sont de charmants tableaux d'une finesse extraordinaire et d'un coloris ravissant : on les croirait travaillés au microscope. Ce sont de vrais petits chefs-d'œuvre.

1993 Théorie du calendrier et collection de tous les calendriers des années passées et futures, par L. B. Francoeur. *Paris, Roret,* 1842, in-18, dem.-rel. v.

1994 Bedeutung des ungewönlichen gesichts, so ein Comet genant ist, welcher nach dem abnemenden viertel des Mons, am tag Ruperti und darvor nicht weit vom Mon, im zeichen des Löwen, und darnach viel tage auch gesehen worden.

Durch M. Mathiam Brotbeihel von Kauffbeuren beschrieben. *Sans lieu,* 1533, in-4°, goth. de 4 ff. dem.-rel.

Signature de J. F. Van de Velde au titre.

1995 Eckart der trew sagt dir verwar
Wie es im M D XXX iiij Jar,
Sol erghan auff erd durch all Ständ,
Der ewig Gott sein zorn abwend.

Mit ausslegung dess Cometen diss iar gesehen. *A la fin: Zu Strassburg, bei Jacob Cammerlandern,* in-4°, de 7 ff., dem.-rel. v. bleu.

Un peu taché.
Au titre une grande gravure (répétée au 5e feuillet) de la fameuse comète, vomissant des épées et du feu céleste sur les malheureux mortels couchés à terre. Ce livret prédit toutes sortes de malheurs, guerre, famine, etc., dont la comète est le précurseur.

1996 Eryci Puteani de cometa anni 1618 novo mundi spectaculo, libri duo, paradoxologia. *Lovanii, B. Masius,* 1619, in-12, vélin.

Sur le titre la signature de P. Roose.

1997 Novem stellæ circa Jovem, circa Saturnum sex, circa Martem non-nullæ, a P. Ant. Reita detectæ et satellitibus adiudicatæ... publicabat Fr. Penneman. *Lovanii, Andr. Bouvet.,* (1643), in-12, figg., dem.-rel. v. rac.

Longue note de M. de J.
Voy. une notice sur ce livre curieux et rare, dans le *Bull. du Bibliophile Belge,* I, 123, par le baron de Reiffenberg.

1998 Heliæ de Bie, brevis dissertatio de cometa anni 1652, ex observationibus astronomicis Mich. Flor. Van Langren. *Bruxellæ, Mommart,* 1653, pet. in-fol., fig., d.-r. toile, mouillures.

Ouvrage très rare; il n'est pas mentionné par Foppens et manque au catalogue Van Hulthem. M.,Marchal n'en parle pas davantage dans la notice sur Van Langren (*Bull. Acad.,* XIX, 3e part., p. 408), mais il en est question dans une lettre de Van Langren à Bouillaud, du 21 mars 1653, lettre analysée par M. Quetelet dans une notice insérée au même *Bulletin,* p. 506.

1999 Ratio facilis et perspicua conficiendi omnis generis solaria a meridie et media nocte in quovis plano, ex libello R. P. Christoph. Clavii. *Lovanii, Zangrius,* 1595, in-4°.

Édition très rare de l'Abrégé de la grande gnomonique du célèbre jésuite Chr. Clavius.

ART MILITAIRE, NAVIGATION, PONTS ET CHAUSSÉES.

2000 Flavii Vegetii de re militari; Frontini strategemata; Aclianus, etc., emendat. Budaei. *Parisiis, Wechel*, 1535, p. in-8°, v. br.

2001 Cours d'art et d'histoire militaires à l'usage des officiers, par Jacquinot de Presle. *Brux.*, 1835, 2 vol. in-12, figures, d.-r. v. fauve, n. rogn.

2002 Cours élémentaire d'art et d'histoire militaires, à l'usage des élèves de l'école militaire, par J. Rocquancourt. *Bruxelles, Hauman*, 1836-40, 3 vol. gr. in-8°, pl., dem.-rel. v. bleu, n. rogn.

2003 Mémoires sur l'art de la guerre de Maurice comte de Saxe, nouv. éd. augmentée du traité des légions et de lettres. *Dresde, Walther*, 1757, in-8°, cartes, d.-r. v. bleu.

2004 Principes de la stratégie, développés par la relation de la campagne de 1796 en Allemagne, par l'archiduc Charles, trad. de l'allem. par le génér. Jomini. *Bruxelles, Petit*, 1840, in-8°, dem.-rel. v. fauve.

Texte seul.

2005 Kriegs Dienst, p. in-4°, obl. v.

Manuscrit renfermant l'école de peloton et de bataillon, à l'usage d'un officier allemand du siècle dernier, fig. col.

2006 Recueil des grandes manœuvres d'armée, par le général comte Van der Meere. *Bruxelles, Petit*, 1837, in-fol. obl., cartes, dem.-rel. v. brun.

2007 Notizen aus dem Gebiete der Physik für Artilleristen, von B. S. v. Rau. *Mainz, Wirth*, 1829, in-4°, fig., dem.-rel. toile angl.

2008 Manuel des fonctionnaires militaires et civils chargés des opérations concernant le service matériel du génie, par M. P. N. Moussier. *Paris, Garnery*, 1808, in-8°, cart.

2009 Exercice de l'infanterie françoise, ordonné par le Roy le VI may MDCC:LV. dessiné d'après nature dans toutes ses positions et gravé par S. R. Baudouin. *S. l.*, 1757, g. in-fol., pl. et textes gravés, maroq. rouge, dentelle. (Ancienne reliure.)

Exemplaire en belles épreuves de ce recueil recherché.

2010 Darstellung der kön. Preussischen Infanterie in 36 Figuren, woraus die Uniformirung, die Abzeichen einer jeden Charge, etc., zu entnehmen sind, gezeichnet von Fr. Lieder und in aqua tinta gestochen vom Jügel. *Berlin, Wittich*, 1820, g. in-fol., d.-r. toile angl.

Magn. estampes en couleur.

2011 Escrime à la baïonnette, par F. Chapitre. *Bruxelles, Lelong*, 1848, in-folio oblong, 24 figg., dos et coins en maroq. rouge.

Exemplaire tiré sur papier de Chine.

2012 Instruction secrette, dérobée à Sa Majesté le Roi de Prusse, contenant les ordres secrets expédiés aux officiers de son armée... traduit de l'original allemand par le prince de Ligne. *A Belœil*, 1787, in-8°, d.-r. et coins en maroq. vert du Levant, n. rogn.

2013 Marschen en signalen voor de halve maan-blazers der armée van Z. H. den Vorst der Nederlanden, door J. Rauscher. *s'Gravenhage, s. d.*, in-4°, musique gravée, dem.-rel.

2014 Leçons et mémoires des fortifications de l'Académie de Mézières pour l'instruction des lieutenants ingénieurs en second. 1777, in-4°, v. rac.

Ms. de 370 pages d'une belle écriture.

2015 Inleiding tot de beoefening der vestingbouwkunde, beneffens verscheidene voorstellen tot verbetering van het gebastionneerde-stelsel... door J. G. W. Merkes. *Brussel, De Mat*, 1825, 2 tom. en 1 vol. gr. in-4°, figg. dem.-rel. v. fauve.

2016 Verhandeling over het belang der Vestingen voor den Staat, het verband tusschen de kunst van versterken met de strategie... door J. G. W. Merkes. *Brussel, Brest Van Kempen*, 1826, 2 tom. en 1 vol. in-8°, dem.-rel.

2017 Questions expliquées pour les jeunes officiers sur la fortification de campagne... par M. Fossé. *Bruxelles*, 1836, in-12, maroq. viol., dor. s. tr. et sur pl., soie rouge à l'int.

2018 Essai sur un nouveau système de défense de places fortes, camps retranchés, lignes, etc. *Gand, Annoot-Braeckman*, 1841, in-4°, et atlas p. in-fol., dem.-rel. v. vert, fil. sur les jonctions.

2019 Histoire de la navigation, son commencement, son progrès et ses découvertes jusqu'à présent (par Jean Locke); le Commerce des Indes Occidentales, etc. *Paris, Ganeau*, 1722, 2 vol. in-12, v. f.

2020 La connoissance des pavillons ou bannières que la plupart des nations arborent en mer... *La Haye*, 1737, in-4°, avec 90 pl. de pavillons, dem.-rel. maroq. brun.

2021 Telegraphisch seinboek ten dienste van s'Rijks schepen en vaartuigen van oorlog. *s'Gravenhage*, 1819, in-4°, figures de drapeaux, dem.-rel. v. rac.

2022 Generale zeinen, voor een vloot of esquader oorlog-schepen. *Amsterdam, Hulst Van Keulen, s. d.*, in-fol., v. f. fil.
Pavillons en couleurs et or.

2023 Essais sur les ponts et chaussées, la voirie et les corvées (par Duclos). *Amsterdam, Chatelain*, 1759, in-8°, d.-rel. v. violet.

VI. APPENDICE AUX SCIENCES.

PHILOSOPHIE OCCULTE. — CABALE, MAGIE, APPARITIONS, DÉMONS, SORTILÈGES, ALCHIMIE, PHYSIOGNOMONIE, ASTROLOGIE, PRÉDICTIONS, ETC.

2024 H. C. Agrippæ ab Nettesheim, de occulta philosophia sive de magica. *Lugduni, per Beringos fratres*, 2 tom. en 1 vol. in-8°, dem.-rel. v. fauve.

2025 La philosophie occulte de H. C. Agrippa, conseiller de l'empereur Charles V, (trad. par A. Le Vasseur). *La Haye, Alberts*, 1727, 2 vol. in-8°, figg., v. br., rel. restaurée.
Édition recherchée et peu rare.

2026 Le comte Gabalis ou entretiens sur les sciences secrètes, in-8°, figg., dem.-rel.
Le titre manque.

2027 Aufschlüsse zur Magie aus geprüften Erfahrungen über verborgene philosophische Wissenschaften und Geheimnisse der Nature, von K. von Eckartshausen. *München*, 1791, 2 vol. in-8°, figg., dem. rel.

2028 Essai sur la magie, les prodiges et les miracles chez les anciens, par E. Salverte. *Bruxelles*, 1821, p. in-8°, dem.-rel.

2029 Les soirées d'hiver ou le passetemps agréable des dames, travailé sur les plus grandes recherches.., de H. C. Agrippa qui tiroit l'horoscope par le moïen de trente six cartes. *Amsterdam*, 1787, p. in-8°, dos en toile.

2030 Dictionnaire infernal, par Collin de Plancy. *Paris, Mongie*, 1825-26, 4 vol. in-8°, figg. d. r. v.

2031 Chiromantischer Kalender auf das Jahr 1799. Alexandrien, in-12, cart.

2032 Télescope de Zoroastre, ou clef de la grande cabale divinatoire des Mages, *S. l.*, 1796, in-8°, fig., dem.-rel. bas.

2033 Le véritable dragon rouge, ou l'art de commander les esprits célestes, aériens, terrestres et infernaux... suivi de la poule noire... *S. l.*, 1521, in-12, figg. sur bois, cart.
Édition récente.

2034 Moderante auxilio Redemptoris supremi Kirani Kiranides et ad eas Rhyakini Koronides. Quorum ille in quaternario tàm librorum, quam elementari è totidem linguis, primo de gemmis XXIV, herbis XXIV, avibus XXIV, ac piscibus XXIV, quadrifariam semper, et fere mixtim ad tetrapharmacum constituendum agit... Hic vero studio pariter quadrifido ms. post semi-millenarium annorum ex inemendatissimo primum edidit...... *S. l. n. d.*, p. in-8°, maroq. vert à dent., dor. s. tr.
Bel exemplaire de ce recueil de secrets alchimiques qui se vendait fort cher autrefois ; l'exemplaire est parfaitement complet et conforme à la description donnée par Brunet, tom. II, 770; il renferme les articles *Libidini concitandæ* qui font rechercher ce livre singulier.

2035 Le miroir d'alquimie de Jean de Mehun, philosophe très-excellent. Traduict de latin en françois. *Paris, Charles Sevestre,* 1613.—Le grand miracle de nature métallique, que en imittant icelle sans sophistiqueries tous les metaux imparfaitz, se rendront en or fin, et les maladies incurables guariront, mis en lumière par le père Castagne. *Paris, Charles Sevestre,* 1615, en 1 vol. in-8°, maroq. rouge à fil, dent. int., dor. s. tr., belle reliure ancienne.

<small>Deux pièces très-rares et curieuses; la première n'est pas indiquée par Brunet, qui cite seulement l'édition de 1612. — Malheureusement plusieurs feuillets sont couverts de notes à l'encre et des passages sous-lignés au crayon rouge.</small>

2036 D. G. Morhofii de metallorum transmutatione epistola. *Hamburgi* et *Amsterd.*, 1673, p. in-8°, vélin.

2037 Philosophia pura, qua non solum vera materia, verusque processus lapidis philosophici multo apertius quam hactenus ab ullo philosophorum proponitur... accessit sub calcem judicium de fratribus Roseae Crucis, auth. Michaele Potier. *Francof.,* 1619, p. in-8°, dem.-rel.

2038 Traités divers sur la philosophie hermétique et la pierre philosophale, in-4°, dem.-rel. bas.

<small>Ms. de 40 pages.</small>

2039 Le triomphe hermétique, ou la pierre philosophale victorieuse, traitté plus complet et plus intelligible, qu'il y en ait eu jusques ici, touchant le magistere hermétique (par Limojon de Saint-Disdier). *Amsterdam, Desbordes,* 1710, in-8°, dem.-rel. v., figure, n. rogn.

<small>Légère mouillure.</small>

2040 Le grand livre de la nature, ou l'apocalypse philosophique et hermétique, ouvrage curieux... dans lequel on traite de la philosophie occulte, des Rose-Croix, etc. *Au midi, de l'imp. de la Vérité, s. d.,* in-8°, dem.-rel. toile.

2041 Recueil des philosophes, ou la sagesse des merveilles du monde, tirée de plusieurs auteurs par lesquels l'on peut voir que la pierre des philosophes est possible. Fait à Liége le 15 avril 1757, in-4°, bas.

<small>Ms. de 166 pages.
Travail dont nous ne connaissons pas l'auteur; ce doit être le dernier des alchimistes.</small>

2042 Les sept nuances de l'œuvre philosophique-hermétique, suivies d'un traité sur la perfection des métaux. Mis sous l'avant-titre L. D. D. P. (*Paris,* 1789) par Etteilla (Alliette). —Philosophie des hautes sciences (du même). *Amst.,* 1785.

APPENDICE AUX SCIENCES. 225

— Manière de se recréer avec le jeu des cartes nommées tarots (du même). *Amst.,* 1783-85, 2 part. en 1 vol. in-8°, figg., v. rac.
Collection rare.

2043 Cours de philosophie hermétique ou d'alchimie, avec trois additions prouvant trois vies en l'homme animal parfait... par L. P. François Cambriel. *Paris,* 1843, in-8°, fig., dem.-rel. toile.

2044 (Henrici Institoris et Jacobi Sprenger) Malleus Maleficarum. *S. l. n. d.* (approbation de 1487), goth., à 2 colonn., de 102 ff. non chiffr., avec sign.
Cf. Hain,, *Repertorium,* III, n° 9239.

— (Guillelmi Duranti) Rationale divinorū (officior. guillelmi minatensis eclesie episcopi). *Au dernier feuillet :.... Impressum argentine anno domini MCCCCLxxxviij* (1488), goth., à 2 colonn., de 260 ff. chiffrés, 2 ff. de table et titre, en 1 vol. in-fol., relié en peau de truie, coins en cuivre et agraffes, dans une boîte en bois de chêne, à dos de maroq. rouge.
Exemplaires de très-belle condition, grands de marge; les rubriques à l'encre rouge. La reliure récemment faite par M. Schavye, reproduit fidèlement les anciennes reliures allemandes, gauffrées à froid et à compartiments. Au plat se lisent les titres des deux ouvrages inscrits sur une petite plaque encadrée et très-habilement ajustée au dessin des compartiments.

2045 (Henrici Institoris et Jacobi Sprenger.) Malleus Maleficarū. *S. l. n. d.* (vers 1494), in-4°, de 190 ff. à 2 colonn., goth., sans chiffr., veau fauve à compart. (*Schavye.*)
Édition conforme à la description du *Repertorium,* t. III, n° 9240.
Exempl. grand de marges, mais ayant quelques piqûres de vers au commencement du livre.

2046 Déclamation contre l'erreur exécrable des maléficiers, sorciers, enchanteurs, magiciens, devins et semblables observateurs des superstitions : lesquelz pullulent maintenant ouvertement en France, par F. Pierre Nodé. *Paris, Du Carroy,* 1578, in-8°, vél.
Bon ex., grandes marges, légères mouillures. — Cet ouvrage curieux n'est pas mentionné par Brunet.

2047 De la demonomanie des sorciers, de nouveau reveu par J. Bodin, Angevin. *Anv., Jeh. Keerberghe,* 1593, in-8°, d.-rel. v. rac.

2048 Dacmoniaci, hoc est : de obsessis a spiritibus dacmoniorum hominibus, auth. Petro Thyraeo, S. J. *Coloniae,* 1598. — Idem. Loca infesta; de infestis, ob molestantes daemoniorum et defunctorum hominum spiritus, locis. *Ibid.,* 1598. — De omnis generis spirituum apparationibus; en 1 vol. in-4°, vélin.

2049 Disquisitionum magicarum libri sex, auctore M. Delrio, Soc. Jesu. *Moguntiæ, J. Allinus,* 1603, 3 tom. en 1 vol. in-fol., basane, fers à froid à l'antique, tr. rouge.,rel. n.
Légère piqûre de vers au tome premier.

2050 Cautio criminalis, seu de processibus contra sagas liber. Auctore incerto theologo romano (Frid. Spée, S. J.). *Francofurti, Gronaeus,* 1632, in-8°, v. f.

2051 Discovrs admirable et veritable, des choses advenves en la ville de Mons en Hainavt, à l'endroit d'une religieuse possessée et depvis delivree, mis en lumiere par ordonnance... *à Lovvain, Jean Bogart,* 1586, in-8°, dem.-rel. v. fauve.
Un peu taché, et le titre légèrement endommagé; grand de marges.
Livre rare et curieux qui renferme l'histoire « de la poure Religieuse Sœur Jeâne Fery, de Sory sur Sambre, du Couvent des Sœurs-Noires de la ville de Mons... laquelle fut empeschée et possessée des malings esprits... et comment elle fut delivrée par l'aide de S. Marie Magdaleine... »

2052 Een wonderlyck ende waerachtich verhael, van tgene datter gheschiet is te Berghen in Henegouwe, van een Religieuse die vanden vyant beseten was, ende naemaels verlost. Int licht ghebrocht door d'ordinantie van den Aertsbisschop van Camerijck; wyt het françoys overghestelt. *Tot Loven, Jan Van den Booguerde,* 1587, p. in-8°, goth., d.-r. v. rac.
Traduction flamande du livre précédent.
Incomplet des pp. 267-272 et le dernier feuillet en manuscrit.

2053 Histoire admirable de la possession et conversion d'une pénitente, séduite par un Prince des Magiciens, la faisant sorcière... au Pays de Provêce, conduite à la S. Baume pour y estre exorcisée l'an 1610 au mois de novembre... par le R. P. F. Sebastien Michaelis... Ensemble un discours des Esprits du susdit P. Michaelis pour entendre et résoudre la matière des sorciers et les cognoistre. *Douay, Bellere,* 1613, in-8°, dem.-rel. v. rac.

Bel exemplaire de ce livre curieux.

2054 — — Le même ouvrage. *Paris, Chastellain,* 1613, 2 part. en 1 vol. in-8°, vélin.

Légère piqûre de vers à la marge de quelques feuillets.

2055 Histoire des diables de Loudun, ou de la possession des Religieuses Ursulines, et de la condamnation et suplice d'Urbain Grandier (par Aubin). *Amsterdam, Roger,* 1716, in-12, front., v. f.

2056 Traité historique et dogmatique sur les visions, les apparitions et les révélations particulières..., par l'abbé Lenglet Dufresnoy. *Paris, Leloup,* 1751, 2 vol. p. in-8°, v. rac.

2057 Recueil de dissertations anciennes et nouvelles sur les apparitions, les visions et les songes avec une préface historique, par l'abbé Lenglet Dufresnoy. *Paris, Leloup,* 1751, 4 vol. p. in-8°, v. br.

2058 Thuys der fortunen. Eñ dat huys der doot. Eñ die X oudthedē des menschē. Eñ hoe dye mensche gestelt is van binnē... die iiij cōplexjen, enz. (*Gheprent in dye stadt van Antwerpen bi mi* Willem Vorstermā, MCCCCC ende xxij, in-4°, figg. en bois, cart.

Le titre manque. Ce petit livre curieux, rempli de gravures sur bois. parfois très-originales, traite de l'influence des planètes, des signes de la santé, des prescriptions pour chaque mois, un traité de la bonne aventure, les portraits des plus célèbres héroïnes de roman, des prédictions en vers et en prose, etc. Malheureusement, comme nous l'avons dit, il est incomplet du titre; une des grandes planches est coupée dans œuvre, deux marges sont remontées et quelques pages sont plus ou moins salies.

2059 Les propheties de Michel Nostradamus. Dont il y en a 300 qui n'ont jamais esté imprimées. *A Lyon,* 1698, in-12, fig. au tit., v. br.

2060 La concordance des propheties de Nostradamus avec l'histoire depuis Henry II jusqu'à Louis le Grand ; la vie et l'apologie de cet auteur, ensemble quelques essais d'explications de ses autres predictions, par M. Guynaud. *Paris,* 1709, in-8°, v. fauve, fil. à froid.

2061 La sybille au congrès d'Aix-la-Chapelle suivi d'un coup-d'œil sur celui de Carlsbad, par Mlle Lenormand. *Paris,* 1819, in-8°, figg., maroq. rouge, dent. sur plat, dor. s. tr. (Aux armes.)

2062 L'art de connaître les hommes par la physionomie, par Gasp. Lavater. *Paris,* 1820, 10 vol. in-8°, figg., dos et coins en maroq. rouge du Levant.
Bel exemplaire.

VII. ARTS.

ÉCRITURE, CRYPTOGRAPHIE, STÉNOGRAPHIE, TYPOGRAPHIE.

2063 De prima scribendi origine et universa rei litterariæ antiquitate, scribebat Herm. Hugo, Soc. J. *Antverpiæ,* 1617, p. in-8°, v. br. à fil., reliure restaurée.

2064 Recueil de modèles calligraphiques du xvii° siècle, gravés sur cuivre, par Boissens, en 47 feuillets, gr. in-8°, br.

2065 Écritures anciennes d'après des manuscrits et les meilleurs ouvrages, exécutées à la plume par J. Midolle, gravées et publiées à la lithographie d'Émile Simon fils. *Strasbourg,* 1835, in-fol. obl., de 120 pl., dos et coins en cuir de Russie, fil. s. l. jonctions.

2066 De occultis literarum notis, seu artis animi sensa occultè aliis significandi, aut ab aliis significata expiscandi enodandique, libri quinque, Jo. Bapt. Porta auctore. *Argentorati,* 1606. — Physiognomoniæ cœlestis libri sex, auctore eodem. *Ibid.,* 1606, in-8°, v. f.

2067 Kryptographik Lehrbuch der Geheimschreibekunst in Staats- und Privatgeschäften, von D. J. L. Klüber. *Tübingen,* 1809, in-8°, figg., v. rac.

2068 La cryptographie dévoilée, ou art de traduire ou de déchiffrer toutes les écritures en quelques caractères que ce soit, suivi d'un précis analytique des langues écrites, par C. F. Vesin. *Bruxelles, Deprez-Parent,* in-8°, d.-r. v. f.

2069 Précis sur la tachigraphie ou l'art d'écrire aussi vite que la parole, 1816, in-8°, v. r., fil.
Ms. de 69 pages, très-bien écrit.

2070 Verhandelingen over de stenographie, op de nederlandsche taal toegepast. *Brussel* (1829), in-4°, fig., d.-r. toile.
2071 Verhandeling over de nederlandsche stenografie, door P. Bogaert. *Gand, Mestre,* 1830, in-12, fig.
2072 Traité de l'imprimerie, par B. Quinquet. *Paris,* an VII, in-4°, planches, dem.-rel.
2073 Manuel pratique et abrégé de la typographie française, par Brun. *Bruxelles, Lejeune,* 1826, in-8°, maroq. viol., dent. à froid et en or, tr. dor.
2074 Manuel grammatical à l'usage des compositeurs typographes, ou les difficultés de la langue française réduites à leur plus simple expression, par J. B. Vincent. *Bruxelles, Hayez,* 1854, in-12, dem.-rel. maroq. rouge et coins, tr. dor.
2075 Alphabet irlandais, précédé d'une note historique, littéraire et typographique, par J. J. Marcel. *Paris, Imp. de la Rép.,* an XII, in-8°, dem.-rel.
2076 Épreuves des caractères de la fonderie à Bruxelles, gérant M. De Mat. *Bruxelles*, 1840, in-4° oblong, cart.

BEAUX-ARTS.

HISTOIRE, PHILOSOPHIE.

2077 Denkmäler der Kunst zur Uebersicht ihres Entwickelungsganges von den ersten kunstlerischen Versuchen bis zu den Standpunkten der Gegenwart, herausgegeben von Ernst Guhl und Joseph Caspar. *Stuttgart,* 1851-56, 4 t. en 3 vol. in-fol. obl., grand nombre de figg. sur cuivre, dos et coins en maroq. rouge du Levant.
2078 Die historische Kunst der Griechen in ihrer Entstehung und Fortbildung, von G. F. Creuzer. *Leipzig,* 1803, in-8°, cart.
2079 Dictionnaire iconographique des monuments de l'antiquité chrétienne et du moyen-âge, depuis le Bas-Empire jusqu'à la fin du XVIe siècle, par L. J. Guenebault. *Paris, Leleux,* 1843, 2 vol. in-8°, dem.-rel. v. bleu, n. rogné.
2080 Handbuch der Kunstgeschichte, von Dr. Franz Kugler. *Stuttgart,* 1848, in-8°, d.-r. et coins en maroq. rouge du Levant, n. rogn. (*Schavye*).

SCIENCES ET ARTS.

2081 Cabinet des singularitez d'architecture, peinture, sculpture et graveure, ou introduction à la connoissance des plus beaux arts, etc., par Fl. Le Comte. *Paris, Le Clerc*, 1699, in-12, v. f.

2082 Esquisse d'une histoire des arts en Belgique, depuis 1640 jusqu'à 1840, par F. Bogaerts. *Anvers,* 1841, in-8°, dos en t.

2083 Annales de l'école flamande moderne; recueil de morceaux choisis parmi les ouvrages de peinture, sculpture et gravure, gravés au trait par Ch. Onghena (et lithographies), avec notes par Aug. Voisin. *Gand, De Busscher*, 1835, in-8°, Cahiers I-II, (tout ce qui a paru), figures, dem.-rel. bas. bleue.

2084 72 brochures relatives aux beaux-arts, principalement en Belgique, notices, catalogues, critiques, etc., in-8°.

2085 Théophile prêtre et moine. Essai sur divers arts, publié par Ch. de l'Escalopier, et introd. par M. Guichard. *Paris, Toulouse,* 1843 (texte latin), gr. in-4°, dos et coins en maroq. vert.

2086 Description des objets d'art qui composent la collection Debruge Dumenil, précédée d'une introduction historique, par Jules Labarte. *Paris, Didron,* 1847, in-8°, dem.-rel. v. fauve.

2087 Essai sur le beau ou éléments de philosophie esthétique par Vincent Gioberti, trad. par J Bertinatti. *Brux., Meline,* 1843, in-8°, bas. bleue maroquinée, dor. sur plat et sur tr.

2088 Tractatus physiologicus de pulchritudine, juxta ea quæ de sponsa in Canticis Canticorum mystice pronunciantur, auth. Ernesto Vaenio. *Bruxellis, F. Foppens,* 1662, figg. sur cuivre, p. in-8°, d.-r. v. vert, n. rogn.

2089 L'ami des arts ou justification de plusieurs grands hommes (par J. P. De Croix). *Amsterdam,* 1776, in-12, d.-rel. v.

2090 Redevoeringen gedaan in de teeken-academie te Amsterdam, door C. Ploos van Amstel. *Amsterdam,* 1785, gr. in-4°, veau rac.

Bel exempl. tiré sur papier fort, du format in-8° sur grand papier in-4°.

ARTS DU DESSIN.

MANUELS. — ICONOGRAPHIE. — MONOGRAMMES. — RECUEILS DE PORTRAITS.

2091 Manuel de perspective du dessinateur et du peintre, par A. D. Vergnaud. *Paris, Roret,* 1829, in-18, fig., dem.-r. bas.

2092 Manuel complet théorique et pratique du dessinateur et de l'imprimeur litographe, par R. L. Brégeaut. *Paris, Roret,* 1827, in-18, fig., dem.-rel. v.

2093 De picturis et imaginibus sacris, tractans de vitandis circa eas abusibus et de earumdem significationibus, auth Joan. Molano. *Lovanii, Hier. Wellœus,* 1570, in-12, v. br., aux armes de M. de J., légèrement taché.
Première édition, inconnue à Foppens.

2094 D. Jo. Molani de hist. SS. imaginum et picturarum, libri IIII. *Lugduni, Durant,* 1619, in-12, vél.
Piqué et mouillé.

2095 De historia SS. imaginum et picturarum, pro vero earum usu contra abusus, libri IIII, auct. J. Molano ; ejusd. oratio de Agnis Dei et alia, J. N. Paquot illustr. *Lovanii,* 1771, in-4°, v. br. à fil.

2096 Iconographie chrétienne. Histoire de Dieu, par M. Didron. *Paris, Impr. Royale,* 1843, gr. in-4°, figg. au texte, dos et coins en maroq. rouge du Levant, n. rogné.

2097 Manuel d'iconographie chrétienne, grecque et latine, avec une introduction et des notes, par M. Didron, trad. du manuscrit byzantin, le Guide de la peinture, par le docteur P. Durant. *Paris, Imp. Roy.,* 1845, in-8°, dos et coins en maroq. rouge du Levant, n. r.

2098 Dictionnaire iconographique des figures, légendes et actes des Saints, tant de l'ancienne que de la nouvelle loi et répertoire alphabétique des attributs des Saints..., par L. J. Guénebault, publié par l'abbé Migne. *Paris,* 1850, gr. in-8°, à 2 col., dem.-rel. v. rouge, n. r.

2099 Notice sur un bas-relief représentant les figures mystérieuses et symboliques dont les quatre Évangélistes sont ordinairement accompagnés, suivi de recherches sur l'origine de ces symboles, par Gabr. Peignot. *Dijon*, 1839, gr. in-4° (de 8 ff.), dem.-rel. v. f.

2100 Notices sur les graveurs qui nous ont laissé des estampes marquées de monogrammes, chiffres, rébus, etc., avec une description de leurs plus beaux ouvrages et des planches contenant toutes les marques dont ils se sont servis, etc. (par l'abbé Baverel et Malpé). *Besançon, Taulin-Dessirier*, 1807-8, 2 t. en 1 vol. in-8°, cart.

2101 Dictionnaire de monogrammes, chiffres, lettres initiales et marques figurées sous lesquels les plus célèbres peintres, dessinateurs et graveurs ont désigné leurs noms, par Fr. Brulliot. *Munich, Zeller*, 1817, in-4°, dem.-rel. bas. v.

2102 Dictionnaire des monogrammes, marques figurées, lettres initiales, noms abrégés, etc., avec lesquels les peintres, dessinateurs, graveurs, etc., ont désigné leurs noms, par Fr. Brulliot. *Munich*, 1832-34, 3 vol. gr. in-8°, figures de monog., dem.-rel. v. rouge, n. rogné.

2103 Monogrammen-Lexikon, enthaltend die bekannten, zweifelhaften und unbekannten Zeichen, so wie die Abkürzungen der Namen der Maler, Formschneider, Kupferstecher... mit Nachrichten, von Joseph Heller. *Bamberg, Sichmüller*, 1831, figures de monog. sur bois, in-8°, dem.-rel. v. bleu, n. rogné.

2104 Af-beeldingen van sommighe in Godts-woort ervarene mannen, die bestreden hebben den Roomschen Antichrist. Eerst int latijn uytghegeven door Jac. Verheiden, ende nu in neer-duijtsch overgheset door P. D. K. *s'Gravenhaghe, Corn. Nieulandt*, 1603, in-4°, portr., vél.

2105 Het Tooneel der hooftketteren, bestaande in verscheyde afbeeltsels van valsche propheten, naacktloopers, geestdryvers, enz., byeen vergadert en in 't koper gesneden door C. Van Sichem. *Middelburgh, Goeree*, 1677, in-fol., cart., portraits sur cuivre.

Titre et table un peu rognés. — Le dernier portrait, celui du Frère Cornelis (de Bruges) manque.

2106 XII (13) cardinalium pietate doctrina rebusq. gestis maximæ illustrium imagines et elogia. Theod. Gallaeus in aes incidit. *Antverp.,* 1698, in-4°, 13 portraits, frontispice (1 planche de blason ajoutée), cartonné.

D'assez bonnes épreuves, mais le texte est court de marges.

2107 Pinacotheca Fuggerorum S. R. I. comitum ac baronum in Khiercbperg et Weissenhorn. Editio nova. *Ulmæ, Gaum,* 1704, gr. in-4°, avec 139 portraits gravés par W. Kilian, dem.-rel. v. f.

2108 Recueil de 24 portraits de Hollandais célèbres, gravés par R. Vinkeles. — Cinq portraits des archevêques de Cambrai, depuis Fénélon, par E. Desrochers. — Portrait de Chennevière, gravé par Fuquet (1770); monté. — Portrait de G. Caudron (d'Alost), par A. Cardon (1667); en 1 vol. in-8°, dos en toile.

Titre manuscrit.

2109 Recueil de portraits d'hommes célèbres des Pays-Bas gravés par Houbraken; en 1 vol. in-8°, dem.-rel. toile.

Suite de 48 portraits de bourgmestres et conseillers d'Amsterdam, de lieutenants-amiraux, et d'autres personnages; 12 portraits de différents maîtres ont été ajoutés à la fin du volume.

2110 Collection de portraits des membres de la Chambre des Représentants, par Baugniet et Huart. *Bruxelles,* 1835, in-fol., avec 60 portraits lithogr., dos et coins en maroq. vert.

2111 Galerie de portraits d'artistes musiciens du Royaume de Belgique, lithographiés par Baugniet. *Bruxelles, s. d.*, in-fol., 23 portr. la plupart avec notices, dem.-rel. maroq. bleu et coins.

A la fin de cet exemplaire sont ajoutés : 6 portraits, dont 4 de chefs de la franc-maçonnerie belge, le portait de M. de J. et celui de M. Schavye, artiste-relieur.

2112 Iconographie des professeurs des universités de Belgique. 18 port. dessinés par Hess et lithographiés par Lemonnier, gr. in-fol., cart.

2113 Galerie des artistes dramatiques des théâtres royaux de Bruxelles; chaque portrait accompagné d'une notice biographique. *Bruxelles,* 1840, 23 portraits gr. in-4°, d.-r.

2114 Iconographie montoise, publiée sous le patronage de la Société des sciences, des arts et des lettres du Hainaut *Mons, Leroux et Lamir,* 1855, in-4°, portr., 10 livraisons.

Tout ce qui a paru.

2115 Galerie historique des illustres Germains, depuis Arminius jusqu'à nos jours, avec leurs portraits et des gravures représentant les traits principaux de leurs vies (par le chev^r de Klein). *Paris, Renouard,* 1806, in-fol., d.-r. toile angl.
Publié au prix de 150 francs.

2116 Recueil de 98 portraits gravés de personnages politiques célèbres de la première moitié du xviie siècle, in-8°, dem.-rel. toile angl.

2117 Recueil des portraits de nos seigneurs les États de Brabant qui ont assisté à l'Assemblée générale tenue à Bruxelles, 17 avril 1787, avec les portraits des abbés et de plusieurs personnes qui se sont distinguées dans la Révolution de la Belgique, par de Quertenmont. *Anvers,* 1790, titre, dédic., 32 portr.; deux planches et portr. de M. d. J. ajoutés, gr. in-fol., d.-r. v. bleu.
Quelques-uns des portraits sont avant les numéros ou inscriptions. Les deux planches ajoutées représentent le monument de *M. Hazard, Commandant des volontaires, et le Jeune héros de Turnhout, par V. d. Berghe.*

2118 Recueil de portraits. — Syndics des neuf nations de la ville de Bruxelles en 1787. — Van der Meersch (2 portr.). — Belgiojoso. — Van Assche, conseiller. — Vonck (3 portr.). — Van der Noot (2 portr.). — Vitzthumb, directeur de l'orchestre de Bruxelles, beau portr. par A. Cardon. — Le chev^r de Verhulst, par le même. — Léopold II, empereur d'Allem., par Chr. de Mechel. — Le prince de Méan. — De Feller. — De Crumpipen (lithogr.), plus un portrait, in-4°, dem.-rel. v.
Recueil formé par M. de Jonghe, avec une notice de sa main sur les nations de Bruxelles et leurs syndics. Les estampes sont en bonnes épreuves.

2119 Recueil de 58 portraits des Électeurs de Mayence, de l'an 975 à 1756, gravés par W. Ch. Rücker. *Moguntiæ,* in-fol., cartonné, sans titre.

PEINTURE

INTRODUCTION, HISTOIRE, EXPOSITIONS, PEINTURE SUR VERRE, TAPISSERIES, MÉLANGES.

2120 De groote weerelt int 'kleyn geschildert of schilderachtigh taeffereel van sweerelts schildereyen kortelyk vervat in ses boeken verclaerende de hooft verwen, haere verscheyde mengelingen in oly en der selver gebruyk, enz., door Wilhelmus Beurs, schilder. t'Amsterdam by J. en G. Janssonius Van Waesberge, 1692, in-4°, obl. v. jaspé.

<small>Manuscrit autographe de l'auteur. Quoique le titre porte l'adresse de l'imprimerie des Van Waesberghe, cet ouvrage n'a, croyons-nous, jamais été publié, il n'est cité ni par Immerzeel, *Levens der Nederl. kunstchilders*, ni par M. Ledeboer, *Het geslacht van Waesberghe*. s'Gravenh. 1859. Il traite de toutes les parties techniques de la peinture des couleurs et de leur préparation, des procédés, etc.
Beurs, né à Dordrecht en 1656, fut un bon peintre de paysages et de fruits.</small>

2121 Traité de peinture, précédé de l'origine des arts, par Thomas de Thomon, architecte de l'Emp. Alexandre I. *St.-Pétersbourg,* 1809, in-4°, figures, d.-r. veau.

2122 Poétique des arts, ou cours de peinture et de littérature comparées, par J. F. Sobry. *Paris, Delaunay,* 1813, in-8°, dem.-rel. v.

2123 Du bon goût, ou de la beauté de la peinture, considérée dans toutes ses parties, par A. Lens. *Bruxelles,* 1811, in-8°, fig. dem.-rel. v. bleu.

2124 Traité théorique et pratique des connoissances qui sont nécessaires à tout amateur de tableaux et à tous ceux qui veulent apprendre à juger... les productions de la peinture, par F. X. de Burtin. *Bruxelles, Weissenbruch,* 1808, 2 vol in-8°, portr. et 1 fig., dem.-rel. cuir de Russie et coins, fil. sur les jonctions.

<small>Au faux-titre : Envoi autographe de l'auteur.</small>

2125 — — Le même ouvrage. Deuxième édition. *Liége, Leroux,* 1846, in-8°, portr., dem.-rel. v. vert, n. rogn.

2126 Principes de caricatures, suivis d'un essai sur la peinture comique, par François Grose. *Paris, Renouard,* 1802, gr. in-8°, d.-rel. v. fauve, n. rogn., avec 28 grandes planches à l'eau forte.

<small>Rare.</small>

2127 Fr. Junii de pictura veterum libri tres. Accedit catalogus architectorum, mechanicorum, sed præcipue pictorum, statuariorum, etc., et operum quæ fuerunt. *Roterdamo, Leers,* 1694, in-fol., vél. cordé.

2128 Peintures antiques inédites, précédées de recherches sur l'emploi de la peinture dans la décoration des édifices sacrés et publics chez les Grecs et chez les Romains, faisant suite aux monuments inédits par M. Raoul-Rochette. *Paris, Impr. Roy.,* 1836, gr. in-4°, dem.-rel. toile, avec 15 pl. color.

2129 Vom Alter der Oelmalerey aus dem Theophilus Presbyter. *Braunschweig,* 1774, p. in-8°, d.-r. v. rouge.

2130 Histoire de la peinture en Italie, par l'abbé Lanzi, trad. de l'italien par Mme Armande Dieudé. *Paris, Seguin,* 1824, 5 vol. in-8°, d.-rel. v.

2131 Etudes sur l'Allemagne, renfermant une histoire de la peinture allemande, par Alfr. Michiels. *Bruxelles, Van Dale,* 1845, 2 vol. gr. in-8°, dem.-rel. v. bleu.
Exemplaire en *grand* et *fort papier vélin.*

2132 Histoire de la peinture flamande et hollandaise, par Alfr. Michiels. *Bruxelles, Van Dale,* 1845-48, 4 vol. in-8°, dos et coins en maroquin vert du Levant, non rogné, et supplément broché.
Exemplaire en *fort papier vélin,* dont on n'a tiré que quelques exemp. qui ne sont pas dans le commerce. Le supplément est en papier ordinaire.

2133 Johann van Eyck und seine Nachfolger, von Johanna Schopenhauer. *Francf. am Main,* 1822, 2 tom. en 1 vol. in-12, dos et coins en maroq. rouge, n. rogn.

2134 Notice sur le chef-d'œuvre des frères Van Eyck, trad. de l'allemand (du Dr Waagen); augm. de notes inédites sur la vie et les ouvrages de ces célèbres peintres, par L. de Bast. *Gand, De Goesin,* 1825, in-8°, fig., d.-r. v.

2135 Ursula, princesse Britanique, d'après la légende et les peintures d'Hemling (par le bar. de Keverberg). *Gand, Houdin,* 1818, in-8°, figg., dem.-rel. v. vert.

2136 La châsse de Sainte Ursule, gravée au trait par Charles Onghena, d'après Jean Memling, avec texte par Oct. Delepierre et Aug. Voisin. *Bruxelles,* 1841, in-fol., 13 planches, dos en toile, cartonné.

2137 Die Meister der altkölnischen Malerschule. Mit Rücksichtnahme auf die verwandten Kunstzweige der Kalligraphen,

Rubricatoren, etc. Urkundliche Mittheilungen von J. J. Merlo. *Köln, Heberle,* 1852, in-8°, fig.

2138 Vier verhandelingen over het gebrek aan historie-schilders in de nederlandsche school, door P. Kikkert, Van der Willigen, J. Van Maanen en F. X. Burtin (uitgegeven door Teyler's Genootschap), en 1 vol. gr. in-4°, dem.-rel. bas. verte.

2139 Oltraggio fatto a Leone III, ed a Carlo Magno in un quadro ed una stampa esprimenti l'adoratione del Pontefice all' Imperadore, dissertazione di Mgr. Ant. Santelli. *Roma, s. d.*, gr. in-4°, avec 10 planches, bas. maroq. rouge, à dent. s. pl., tr. dor.

2140 10 Catalogues des expositions des beaux-arts de Bruxelles, de 1813 à 1833, in-12.

2141 Compte-rendu du salon d'exposition de Bruxelles, par L. Alvin, avec gravures lithographiées des meilleurs tableaux... 1836. *Bruxelles, Meline,* 1836, gr. in-8°, figg., en cuir de Russie à fil., dent. à froid.

2142 Examen du salon de Bruxelles. Exposition de 1839 (par Luthereau). *Bruxelles,* 1840, in-fol., pl. gravée et lithogr., demi-rel. toile.
(Extr. de la Renaissance.)

2143 Album du Salon de 1845; examen critique de l'exposition, accompagné d'un choix des tableaux les plus remarquables exécutés et lithogr. à deux teintes. *Bruxelles,* gr. in-4°, dos et coins en maroq. rouge, fil. s. l. jonct.

2144 Annales du Salon de Gand et de l'école moderne des Pays-Bas; recueil de morceaux choisis parmi les ouvrages de peinture, sculpture... exposés au musée en 1820, par L. de Bast. *Gand, Goesin,* 1823, in-8°, figg., dos et coins en cuir de Russie, fil. sur les jonctions.

2145 Notice des ouvrages de peinture, sculpture, etc., exposés au Salon d'Anvers, le 1ᵉʳ août 1843. *Anvers,* in-8°, cartonné, dor. sur tr.

2146 Inauguration du tableau de M. De Keyser, la Bataille des Éperons d'or; souvenirs de l'exposition de tableaux et d'objets d'art et d'industrie à Courtrai, en 1841, etc., par Jaspin aîné. *Courtrai,* 1842, in-18, demi-rel. v.

2147 Histoire de la peinture sur verre et description des vitraux anciens et modernes pour servir à l'histoire de l'art, par Alex. Lenoir (de la collection Musée des Monuments français. *Paris,* 1803, in-8°, cart., figures, non rogné.

2148 Essai historique et descriptif sur la peinture sur verre, ancienne et moderne, et sur les vitraux les plus remarquables de quelques monumens français et étrangers, suivi de la biographie des plus célèbres peintres-verriers, par E. H. Langlois. *Rouen, Frère,* 1832, in-8°, figg., demi-rel. veau rouge.

Ouvrage épuisé dans le commerce.

2149 Histoire de la peinture sur verre en Europe et particulièrement en Belgique, par Edm. Levy, avec planches par J. B. Capronnier. *Bruxelles, Tircher,* 1860, gr. in-4°, planches impr. en coul. et noires, dos en chagr. noir, plats en toile dorée, non rognés.

Belle publication, dont le prix de souscription était de 135 fr.

2150 Notice sur les tapisseries appartenant autrefois à l'abbaye de Saint-Pierre de Gand, exécutées au commencement du XVIe siècle à Audenaerde, sur les dessins de Raphaël. *Gand,* 1821. in-4°, demi-rel.

2151 Nieuwen verlichter der konst-schilders, vernissers, vergulders en marmelaers, enz. *Gend, Gimblet,* 1777-1788, 2 vol. in-8°, portr. et fig., demi-rel. v.

2152 Le triomphe de la mort, gravé d'après les dessins originaux de Holbein, par Chrétien de Mechel, grav. à Bâle. (*Paris*), 1780, p. in-8°, 47 figg. sur cuivre et texte, maroq. noir, dor. sur tr., les plats ornés de têtes de morts, larmes, etc., en argent.

Réimpression moderne.

2153 Hans Holbein's Todtentanz, in 53 getreu nach den Holzschnitten lithogr. Blättern, herausgeg. von J. Schlotthauer. *München,* 1832, p. in-8°, figg. sur Chine, dos et coins en maroq. br. à petits fers. (*Schavye*).

2154 La danse des morts, miroir de la nature humaine, peinte en couleurs véritables, telle qu'elle se voit dans la célèbre ville de Bale. *Bale,* 1843, in-12 (texte allem.-franç.), figures, dem.-rel. veau.

2155 Essai historique, philosophique et pittoresque sur les danses des morts, par E. H. Langlois, accomp. de 54 planches et de nombr. vignettes, suivi d'une lettre de C. Leber et d'une note de Depping sur le même sujet. Publié par Pottier et A. Baudry. *Rouen, Lebrument,* 1852, 2 vol. in-8°, veau bleu, à compart., fers à froid sur plats, tr. dor., dent. à l'intérieur. (*Duquesne*).

GALERIES ET CABINETS DE TABLEAUX ET DE DESSINS.

2156 Le peintre amateur et curieux, ou description générale des tableaux des plus habiles maîtres qui font l'ornement des églises, etc., dans les Pays-Bas autrichiens, par G. P. Mensaert. *Bruxelles,* 1763, 2 tom. en 1 vol., p. in-8°, frontisp., demi-rel.

2157 Notice des tableaux et autres objets d'art exposés au musée du départ^t de la Dyle. *Bruxelles, Weissenbruch,* an II. — Idem, 1811. — Explication des ouvrages de peinture, sculpture, etc., exposés au musée de Bruxelles. *Ibid.,* 1815. — Id., de 1818. — Id., de 1821. — Id., de 1824. — Discours de S. E. le duc d'Ursel, prononcé lors de la distribution des prix de 1824. — Exposition de 1827, in-12, demi-reliure bas.

2158 Description de la collection des tableaux qui ornent le palais de Mgr le prince d'Orange à Bruxelles, par C. J. Nieuwenhuys. *Bruxelles, De Mat,* 1837, in-8°, br.

2159 Description de la galerie des tableaux de S. M. le Roi des Pays-Bas, avec quelques remarques sur l'histoire des peintres et sur les progrès de l'art, par C. J. Nieuwenhuys. (*Bruxelles*), 1843, gr. in-8°, pap. vélin, demi-rel. v. rose, n. rogn.

2160 Lithographies d'après les principaux tableaux de la collection de Mgr. le prince Auguste d'Arenberg, avec le catalogue descriptif, publiés par Ch. Spruyt. *Bruxelles, Tencé,* 1829, gr. in-4°, dem-rel. toile angl.

Rare.

2161 Catalogue des tableaux des écoles flamande, hollandaise, italienne, française et espagnole, qui composent la galerie délaissée par M. Schamp d'Aveschoot. *Gand,* 1840, in-8°.

2162 Catalogue d'une collection de tableaux et estampes des meilleurs maîtres flamands, italiens et autres (provenant des ci-devant jésuites), qui se vendront publiquement à Bruxelles, à Anvers et à Gand. *S. l. n. d.* (1777), in-4°, demi-rel. toile.

2163 Catalogue de tableaux, vendus à Bruxelles, depuis l'année 1773, avec les noms des maîtres et la désignation du sujet, de la grandeur et du prix de chaque pièce, etc. *Bruxelles, Alexandre,* (1803), in-8°, demi-rel. v.

2164 Notice des tableaux exposés au Musée du royaume des Pays-Bas, à Amsterdam, 1827, in-8°, cart.

2165 Les principaux tableaux du Musée Royal à la Haye, gravés au trait, avec leur description. *La Haye,* 1826, in-8°, 25 pl., demi-rel. bas. rouge.

2166 Catalogue d'un cabinet de tableaux des plus célèbres maîtres flamands et hollandois, italiens et françois, etc., délaissé par M. Pierre Locquet. *Amsterdam,* 1783, in-8°, v. f.
Avec les prix ms. et quelques noms d'acquéreurs.

2167 Catalogue raisonné des tableaux du Roy, avec un abrégé de la vie des peintres, par Lépicié. *Paris, Impr. Roy.,* 1752-1754, 2 vol. in-4°, demi-rel. v.

2168 Dix catalogues de musées de peinture, etc., de Paris, sous l'Empire et la Restauration, in-12.

2169 Notice des tableaux exposés dans la galerie du Musée Royal. *Paris, Ve Ballard,* 1826, in-12.

2170 Catalogue historique et descriptif des tableaux appartenant à Mgr. le duc d'Orléans (par J. J. Vatout). *Paris,* 1823, 4 vol. in-8°, demi-rel. v. violet et coins, fil. sur les jonctions.

2171 Catalogue raisonné des tableaux, dessins, estampes et curiosités du cabinet de feu M. Boucher, peintre du Roi. (Vente en 1771) (rédigé par P. Remi). *Paris, Musier,* 1771, in-12, demi-rel.

2172 Beschreibung der Kunst-Schätze von Berlin und Potsdam, von Dr F. Kugler. 1ter u. 2ter th. *Berlin, Heymann,* 1838, 2 vol. in-16, fac-sim., demi-rel. toile.

2173 Nachrichten von sehenswürdigen Gemälde- und Kupferstich-sammlungen, Münz- Gemmen- Kunstkabineten, physikalischen Instrumenten, etc., in Teutschland, von F. K. G. Hirsching. *Erlangen,* 1786-1792, 6 tom. en 4 vol. p. in-8°, demi-rel. v. vert.

2174 La galerie électorale de Dusseldorf, ou catalogue raisonné de ses tableaux... par N. de Pigage. *Bruxelles, Jorez,* 1781, p. in-8°, demi-rel. v. bleu.
Taché d'huile.

2175 Verzeichniss der Gemaelde in der K. Pinakothek zu München, von G. von Dillis. *München,* 1838, p. in-8°, plan, dem.-r. t.

2176 Catalogue raisonné des dessins originaux des plus grands maîtres anciens et modernes, qui faisaient partie du cabinet de feu le prince Charles de Ligne, par Adam Bartsch. (Vente en 1794). *Vienne, Blumauer,* 1794, p. in-8°, demi-r. v. r.

2177 Description de la Galerie Royale de Florence, par Fr. Zacchiroli, Ferrarois. *Florence,* 1783, p. in-8°, demi-rel. v. rouge.

2178 Catalogo de los cuadros del Real Museo de pintura y escultura de S. M., redactado por D. Pedro de Madrazo. *Madrid,* 1850, in-8°, demi-rel.

GRAVURE.

HISTOIRE. — DICTIONNAIRE DES GRAVEURS. — CATALOGUES DES COLLECTIONS.

2179 Notice historique sur l'art de la gravure en France, par P. P.... Ch.... (Choffard). *Paris, Pichard,* 1804, in-8°, avec une charmante vignette.

2180 Dissertation sur l'origine et les progrès de l'art de graver sur bois, pour éclaircir quelques traits de l'histoire de l'imprimerie et prouver que Guttemberg n'en est pas l'inventeur, par Fournier le jeune. *Paris,* 1758, in-12, dem.-r. v. rac.

2181 (M. Janssen.) Essai sur l'origine de la gravure en bois et en taille-douce, et sur la connoissance des estampes des xve et xvıᵉ siècles ; où il est parlé aussi de l'origine des cartes à jouer, suivi de recherches sur l'origine du papier, etc. *Paris, Schoell,* 1808, 2 vol. in-8°, figg. dem.-rel. v.

2182 Opinion d'un bibliophile sur l'estampe de 1418 conservée à la Bibliothèque royale de Bruxelles, par M. J. A. L. (Luthereau). *Bruxelles,* 1846, in-fol., 2 planches fac-simile, dem.-rel. toile.

2183 Dictionnaire des graveurs anciens et modernes, depuis l'origine de la gravure, par F. Basan. *Paris,* 1789, 2 vol. in-8°, figg., veau rac. à fil., dor. s. tr.
Joli exemplaire de ce livre recherché, à cause des estampes.

2184 Manuel des curieux et des amateurs de l'art ; contenant une notice des principaux graveurs et un catalogue de leurs meilleurs ouvrages, par M. Huber et C. C. H. Rost. *Zurich,* 1797-1808, 9 vol. in-8°, fac-simile de monogr. au texte, dem.-rel. v. brun.

2185 Manuel de l'amateur d'estampes, dans lequel on trouve les remarques sur les épreuves, les prix, etc., par F. E. Joubert. *Paris,* 1821, 3 vol. in-8°, dem.-rel. v. bleu.
Exemplaire bien conditionné.

2186 Le peintre-graveur français, ou catalogue raisonné des estampes gravées par les peintres et les dessinateurs de l'école française, par A. P. F. Robert-Dumesnil. *Paris,* 1835-50, 8 vol. in-8°, figg. de fac-simile, d.-rel. v. rouge, n. rog.
Joli exemplaire.

2187 Manuel de l'amateur d'estampes, contenant un dictionnaire des graveurs de toutes les nations, un dictionnaire des monogrammes et table méthodique des estampes décrites ; précédé de considérations sur l'histoire de la gravure, par Ch. le Blanc. *Paris, Jannet,* 1854-57, in-8°, t. I-II, d.-rel. maroq. rouge et coins, non rognés, et 1ᵉʳ livre du t. III, br.
Tout ce qui a paru.

2188 Catalogue des volumes d'estampes, dont les planches sont à la Bibliothèque du Roy, *Paris, Impr. Roy.,* 1743, p. in-fol., dem.-rel.

2189 Catalogue raisonné de toutes les pièces qui forment l'œuvre de Rembrandt, composé par Gersaint, avec augmentat. de

Helle et Glomy. *Paris*, 1751, figure. — Supplément à ce catalogue, par Pierre Yver. *Amsterd.*, 1756; en 1 vol., p. in-8°, dem.-rel.

2190 — — Supplément seul. *Amsterd.*, 1756, p. in-8°, v. br.

2191 Catalogue raisonné de toutes les estampes qui forment l'œuvre de Rembrandt, et des principales pièces de ses élèves, par Gersaint, Helle, Gomy et Yver; nouv. édit., par le chev. de Claussin. *Paris, Didot*, 1824, et supplément (de 1828) en 1 vol. in-8°, dem.-rel. v. rouge, non rogné.

2192 Catalogue raisonné d'une belle collection de portraits gravés par et d'après Ant. van Dyck, par Hermann Weber. *Bonn*, 1852, in-8°, d.-r. toile.
Avec les prix.
Ce travail de M. Weber (autrefois marchand d'estampes à Bonn) est considéré comme une des iconographies les plus complètes de la célèbre collection des portraits d'Ant. v. Dyck.

2193 Catalogue raisonné de l'œuvre de Sebast. Leclerc, graveur du Roi (depuis 1650-1714), avec la vie de ce célèbre artiste, par C. A. Jombert. *Paris*, 1774, 2 vol. in-8°, v. rac.

2194 Catalogue raisonné des différents objets de curiosité du cabinet de M. Mariette, par F. Basan. *Paris*, 1775, in-8°, figures, dem.-rel. v.
Prix manuscrits.

2195 Catalogue raisonné de la collection d'estampes et de desseins de James Hazard, gentilhomme anglois (vente 1789). *Bruxelles, Ermens*, 2 part. en 1 vol. p. in-8°, d.-r.
Prix manuscrits.

2196 Catalogue de la collection d'estampes et de desseins qui composaient le cabinet de feu Pierre Wouters, etc., par N. J. T'Sas. *Bruxelles*, 1797, in-8°, d.-r. bas.
Avec les prix ms. en marge.

2197 Verzeichnis der Kupferstich-Sammlung alter und neuer Meister, von weiland S. Exc. von St. Saphorin (vente 1807). *Wien*, p. in-8° (de 660 pp.), dem.-rel.

2198 Catalogues des collections de porcelaines, de gravures et de livres, du cabinet délaissé par le comte C. W. de Renesse-Breidbach. *Anvers*, 1835, en 1 vol. in-8°. d.-r. v. vert.
A la fin du volume est ajouté un quatrième catalogue anonyme, d'une vente faite à Bruxelles en 1834.

2199 De l'usage des statues chez les anciens. Essai historique (par l'abbé Guasco). *Bruxelles, Boubers,* 1768, gr. in-4°, figures, v. br.

SCULPTURE, ARCHITECTURE.

2200 Storia della scultura dal suo risorgimento in Italia fino al secolo di Canova, del conte Leop. Cicognora, continuazione all' opere di Winkelmann e di d'Agincourt. *Prato,* 1823-24, 7 vol. in-8°, portr. et atlas in-folio, dem.-rel. veau fauve.

2201 Aperçu historique sur la sculpture en Belgique, par T. L. H. Popeliers. *Bruxelles, Jamar,* 1843, in-8°, d.-r. v. bleu.

2202 Des maîtres de pierre et des autres artistes gothiques de Montpellier, par J. Renouvier et A. Ricard. *Montpellier,* 1844, gr. in-4°, fig., d.-r. v. fauve.

2203 Description historique et chronologique des monuments de sculpture réunis au musée des monuments français, par Al. Lenoir. *Paris,* 1803, in-8°, d.-r. bas. rac.

2204 Stalles de la cathédrale de Rouen, par E. Hyacinthe Langlois, ornées de treize planches gravées. *Rouen,* 1838, in-8°, figg. et portrait, d.-r. v. fauve, n. rog.

2205 Œuvre de Canova, recueil de gravures d'après ses statues et ses bas-reliefs, exécutés par M. Réveil, accompagné d'un texte explicatif de chacune de ses compositions et d'un essai sur sa vie et ses ouvrages, par M. H. de Latouche. *Paris, Audot,* 1825, gr. in-8°, figg., dem.-rel. maroq. r.
Une planche découpée est remontée sur papier blanc.

2206 Monumentum æternæ memoriæ Mariæ Christinæ archiducis Austriæ a conjuge Alberto Saxone, Viennæ, e marmore erectum opera Ant. Canovæ MDCCCV. Carmen posthumum J. N. a Birkenstock. *Vindobonæ, Degen,* 1813, in-fol., planches, d.-r. mar. viol.

2207 Collection des desseins de figures colossales et de groupes qui ont été faits de neige dans plusieurs rues et cours de maisons de la ville d'Anvers, en janvier 1772, par le comte de Robiano. *Anvers,* avec 20 pl. sur cuivre, par A. Cardon, d.-r. v. bleu.

2208 Manuel de l'histoire générale de l'architecture chez tous les peuples et particulièrement de l'architecture en France au moyen-âge, par Dan. Ramée. *Paris, Paulin,* 1843, 2 vol. p. in-8°, figg. au texte, dem.-rel. maroq. bleu et coins, n. rogné.

2209 Histoire de l'architecture de Th. Hope, traduite de l'anglais par A. Baron. *Bruxelles, Meline,* 1839, 2 vol. in-8°, dont un de planches, d.-r. maroq. bleu et coins, dor. en tête, fil. s. l. jonct.

2210 Histoire de l'architecture en Belgique, par A. G. B. Schayes. *Bruxelles, Jamar,* 2 vol. in-8°, figg. en bois, d.-r. maroq. bleu et coins.

2211 Essai sur l'architecture ogivale, en Belgique, mémoire couronné par l'Académie de Bruxelles, par A. G. B. Schayes. *Bruxelles, Hayez,* 1840, in-4°, 3 pl., dos et coins en maroq. bleu.

En tête de l'exempl. deux portraits de M. Schayes (caricatures).

2212 Geschiedenis der middeleeuwsche bouwkunde, hare oorsprong en ontwikkeling door F. de Vigne *Gent, De Busscher,* 1845, gr. in-4°, figg., dem.-rel. v. fauve.

2213 Histoire de la disposition et des formes différentes que les Chrétiens ont données à leurs temples, etc., par M. Leroy. *Paris, Desaint,* 1764, in-8°, fig., dem.-rel. toile.

2214 Nouveau manuel complet de l'architecte des monuments religieux et application de l'archéologie chrétienne à la restauration des églises..., par J. P. Schmit. *Paris, Roret,* 1845, in-12, et atlas oblong de planches, d.-r. v. vert.

2215 Die antiken und die christlichen Basiliken, nach ihrer Entstehung, Ausbildung zu einander dargestellt, von Aug. Chr. A. Zestermann. *Leipzig, Brockhaus,* 1847, gr. in-4°, figures, dem.-rel. v.

Texte allemand du Mémoire: de Basilicis libri III, couronné par l'Académie.

2216 Mémoire sur l'architecture des églises, par A. Demanet, lieut.-colonel. *Bruxelles, Decq,* 1847, gr. in-4°, dem.-rel. veau. (*Bis.*)

Mémoire qui a obtenu une mention honorable au concours de 1846.

2217 Architectonographie des temples chrétiens, ou étude comparative et pratique des différents systèmes d'architecture applicables à la construction des églises, spécialement en Belgique; précédée d'une introd. sur l'architecture religieuse de l'antiquité, par H. L. Van Overstraeten. *Malines,* 1850, gr. in-8°, portr. et figures au texte, dos et coins en maroq. bleu, n. rogné.

2218 Les vrais principes de l'architecture ogivale ou chrétienne, avec des remarques sur leur renaissance au temps actuel, d'après le texte de A. W. Pugin, remanié par F. H. King et trad. par P. Lebrocquy. *Bruges,* 1850, figures à part et dans le texte, gr. in-4°, dos en toile.

2219 Lettres sur l'architecture, par C. E. Guillery. *Brux., Parent,* 1845, in-8°, figures, dem.-rel. v. f.

2220 Discours sur les monuments publics de tous les âges et de tous les peuples connus, suivi d'une description de monument projeté à la gloire de Louis XVI et de la France, par l'abbé de Lubersac. *Paris, Imp. Royale,* 1775, in-fol., fig., v. écaille, fil.

2221 Choix des monuments, édifices et maisons les plus remarquables du Royaume des Pays-Bas, par P. J. Goetghebuer. *Gand, Steven,* 1827, gr. in-fol., d.-r. v. br.

Très-bel exemplaire complet, avec les planches au lavis.

2222 Monuments anciens recueillis en Belgique et en Allemagne, par L. Haghe, lithog. d'après lui; avec notices historiques, par Oct. Delepierre. *Bruxelles, De Wasme,* 1842, gr. in-fol., dem.-rel. et coins mar. bleu, fil. s. les jonctions.

2223 A series of fifty six etchings consisting of architectural sketches civil and ecclesiastical in France, the Netherlands, Germany and Italy, engraved by the late John Coney, from his own drawings. *London, B. B. King,* figures à l'eau forte, gr. in 4°, cart.

Exempl. tiré sur papier jaune.

2224 Denkmale der Baukunst des Mittelalters in der königlich Preussischen provinz Sachsen, herausgeg. von Dr. L. Puttrich. *Leipzig,* 1836, gr. in-fol., avec 10 pl., cart.

2225 Der neue Friedhof von Frankfurt am Main nebst allen darauf

Bezug habenden amtlichen Verordnungen und Zeichnungen. *Frankf.*, 1829, in-fol. obl., avec 6 pl., cart.

2226 Die alte Kirche zu Marienhafe in Ostfriesland. *Emdem*, gr. in-4°, figures, dem.-rel. toile.

RECUEILS D'ESTAMPES EN GRAVURE ET EN LITHOGRAPHIE. — TAPISSERIES, COSTUMES.

2227 LES LOGES DE RAPHAEL. Collection complète des cinquante-deux tableaux peints à fresque, qui ornent les voûtes du Vatican et représentent des sujets de la Bible, dessinés à l'aquarelle et gravés en taille douce par J.-Ch. de Meulemeester; accomp. d'un texte, par le baron de Reiffenberg. *Bruxelles, Lacrosse*, 1853, in-fol. max., en portefeuille, texte in-4°.

Superbe exemplaire, dont les 52 planches et un frontispice (ajouté) sont peints *à l'aquarelle*, d'après les cartons originaux et sous les yeux de M. de Meulemeester. Il n'y a eu que douze exempl. de cet état; celui-ci ayant appartenu autrefois à la bibliothèque privée de M. Lacrosse, passe pour être le plus beau de tous; les feuilles en ont été choisies par l'éditeur.

Le prix de publication de cette sorte d'exempl. était de 3,000 francs.

2228 — — — Le même ouvrage, figures gravées en taille-douce. *Bruxelles, Lacrosse*, 1853, in-fol. max., texte in-4°, 2 vol., dos et coins en maroq. vert du Levant, dor. en tête, n. rog. (*Schavye*).

Fort bel exemplaire, avec les figures *avant la lettre*.

2229 Trésor de l'art ancien, sculpture-architecture, ciselures, émaux, mosaïques et peintures, recueillis en Belgique et dans les provinces limitrophes. Monuments artistiques et archéologiques, la plupart inédits, dessinés d'après nature et gravés par Arnaud Schaepkens. *Bruxelles,* 1846, gr. in-folio, demi-rel. v. br.

30 planches avec texte explicatif.

2230 La vie de saint Bruno, fondateur de l'ordre des Chartreux, peinte au cloistre de la Chartreuse de Paris par Eustache Le Sueur, gravée par François Chauveau, et terminée au burin par Ch. Simonneau. *Paris, V° de F. Chereau,* in-fol., demi-rel. v. bleu.

2231 Historia septem infantium de Lara, authore Ott. Vænio. *Antverpiæ, Lisaert,* 1612, in-4° obl., demi-rel. v.
   Suite de 40 gravures sur cuivre, bonnes épreuves. — manque la 27e.

2232 Theatro moral de la vida humana, en cien emblemas; con el enchiridion de Epicteto y la tabla de Cebes. *Amberes, Verdussen,* 1733, in-fol., figures sur cuivre, d'après O. Vaenius, demi-rel. v. rac.

2233 Histoire de la guerre des Bataves et des Romains, d'après César, Corneille Tacite, etc., avec les planches d'Otto Vænius, gravées par A. Tempesta. *Amsterdam, Rey,* 1770, gr. in-fol., demi-rel. bas.

2234 (P. P. Rubens et Ant. Van Dyck). Quæ olim in R. R. P.P. Soc. Jesu Antwerpensium templo fuerunt, etc., excusæ a Jo. Just. Preislero pictore. *Norimbergæ, apud G. Mart. Preislerum,* 1735, in-4° obl., demi-rel. toile.
   Recueil de 18 pl., plus le titre-front., gravées à l'eau-forte, représentant les plafonds peints par Rubens. — Bonnes épreuves.
   Piqûre très-légère en marge.

2235 De plafonds of gallery-stukken uit de kerk der P.P. Jesuiten te Antwerpen, geschilderd door P. P. Rubens, geteekend door J. de Wit en op koper gebragt door Jan Punt. *Amsterdam,* 1751, in-fol. obl., frontispice et 36 gr. pl. sur cuivre, demi-rel.
   On sait que les tableaux de cette collection remarquable ont été détruits dans l'incendie de l'église des Jésuites à Anvers.

2236 Galerie de Rubens, dite du Luxembourg; ouvrage composé de vingt-cinq estampes, avec l'explication de chaque sujet. *Paris, Deterville, s. d.,* gr. in-fol., demi-rel. bas.
   Figures imprimées en couleur. Bel exemplaire.

2237 Batailles gagnées par le S. prince Fr. Eugène de Savoye, en Hongrie, en Italie, en Allemagne et aux Pais-Bas. Dépeintes et gravées en taille-douce par Jean Huchtenburg, avec des explications par J. Dumont. *La Haye, Gosse,* 1725, gr. in-fol., v. br.

2238 Les conquestes de Louis XIV, d'après Vandremeulen (*sic*), (20 planches gravées par Hucquier, d'après Séb. Leclerc). *Paris, Huquier, s. d.,* in-fol., demi-rel. bas.

2239 Il pastor fido, pastorale de J. B. Guarini, représentée en douze planches dessinées et gravées par Richard Van Orley. In-folio, demi-rel. toile.

2240 Vingt-huit sujets tirés du Nouveau Testament, dressés et gravés par Jean Van Orley. In-4° obl., demi-rel. toile.

Ces planches sont numérotées 1-32.

2241 Tombeaux des princes, des grands capitaines et autres hommes illustres qui ont fleuri dans la Grande-Bretagne vers la fin du xvii° et le commencement du viii° siècle, gravés par les plus habiles maîtres de Paris, d'après les tableaux et dessins des plus célèbres peintres d'Italie. Mis au jour par les soins de Eug. Mac Swiny. *Paris, Basan et Poignant,* (1736-1737), in-fol. max., demi-rel. v.

Vingt planches et un titre, gravés par Baillieul, Dorigny, Surugue, Tardieu, Beauvais, Cochin, Cars, de Larmessin, Aubert, Lebas, Duflos, Lépicié, etc., d'après C. Van Loo, F. Boucher, Guiot, J. Perrot et autres.

2242 Recueil d'esquisses et fragmens de compositions de Hennequin, lithographiés par lui. *Tournay, Casterman-Dieu,* 1825, in-folio, demi-rel., mar. viol.

Prix de souscription : 48 fr.

2243 Scènes de la vie des peintres de l'école flamande et hollandaise, par Madou. *Bruxelles, De Wasme,* 1842, in-fol. max., demi-rel. et coins en mar. vert, fil. s. les jonctions.

Figures sur papier de Chine.

2244 Physionomie de la société en Europe, depuis 1400 jusqu'à nos jours ; quatorze tableaux, par Madou. *Bruxelles,* 1837, gr. in-fol. obl., planches lithogr., dos et coins en maroq. bleu, fil. sur les jonct.

2245 Croquis pittoresques. Cinquante-cinq vues du Rhin, depuis Mayence jusqu'à Cologne, dessinées par J. A. Lasinsky. Avec une carte du cours du Rhin. *Francfort s/M., Jügel,* 1829, in-4° obl., pl. lithogr., demi-rel. v.

2246 D. Seraphici Francisci, totius evangelicæ perfectionis exemplaris, admiranda historia. Philippus Galleus excudit. Suite de 19 planches sur cuivre, avec titre, in-4° obl., demi-rel. toile.

Exemplaire d'un tirage postérieur.

2247 Solitudo, sive vitæ fœminarum anachoretarum ab Adr. Collardo collectæ atque expressæ; a Corn. Kiliano carmine elegiaco explanatæ. Joan. Galle excudit Antverpiæ. Titre et 24 planches sur cuivre, d'après Mart. De Vos, in-4°, demi-rel.

Exemplaire d'un tirage postérieur.

2248 Recueil contenant : 1° 8 dessins originaux à la plume et lavés, ou au crayon, avec rehauts, de bons maîtres; 2° diverses gravures : le Père, la Fille et le Gendre, de M. Lasne; de Matham, le fils du peintre De Vriese, du même, d'après Golzius; le Joueur de guitare, du même; Rubis sur l'ongle, de Th. Matham; le Verre plein, du même; la Libéralité, du même; l'Oublieur (des cris de Paris), de Abr. Bosse; le Berger coquet, de Spirinx; Lucrèce, Junon (de Crispin de Passe?); Philib. Pirkheimer, copie d'A. Durer; David, d'après Vouet, de C. David; Judith, de A. Cherubini, d'après Pol. Caravage; les Gueux, de P. Quast, série complète de 26 pl.; Septem planetæ a J. Stradano depictæ et a Corn. Kiliano versibus ill., J. Collardus sculp., 7 pl. et un titre, et autres pièces; en 1 vol. in-fol., vél.

2249 Mausolæum SS. Martyrum eccliae FF. Min. S. Fran. Capucinorum Bruxellis, 1652. *Bruxelles, Pierre Kints.* Titre et figures (par J. Troyen) sur cuivre, 12 ff., privilége, p. in-4°, demi-rel.

Non cité par le catalogue Van Hulthem.

2250 Voyage aux bords de la Meuse. Dessins de Paul Lauters; légendes, récits et traditions, par André Van Hasselt. *Brux., De Wasme et Laurent,* 1839, gr. in-fol., demi-rel. et coins mar. bleu.

2251 Knight's new book of seven hundred and fifty eight plain ornamented and reversed cyphers, engraved by N. Gill and J. H. Whiteman. *London, Knight, s. d.*, 55. pl. gravées, in-8°, demi-rel. maroq. brun.

2252 Knight's gems or device book. *London, Williams, s. d.*, avec 85 pl. de devises (inscript. en angl. et en français), in-8°, demi-rel. maroq. brun.

2253 Recueil d'estampes. Caricatures de mœurs, caricatures politiques, costumes, pièces de vers et facéties en placard, etc.; en 1 vol. gr. in-fol. demi-rel.

2254 Recherches sur l'usage et l'origine des tapisseries à personnages dites historiées, depuis l'antiquité jusqu'au XVIe siècle inclusivement, par Achille Jubinal. *Paris,* 1840, in-8°, figg., demi-rel. maroq. bleu et coins.

<small>Tiré à petit nombre d'exemplaires.</small>

2255 Tapisserie de Flandre qui formait l'intérieur de la tente de Charles-le-Téméraire, duc de Bourgogne, au siége de Nancy, avec texte de M. Jubinal. *Paris, s. d.,* in-fol. obl., avec 6 pl. au trait, demi-rel.

2256 Versuch über das Kostüm der Vorzüglichsten Völker des Mittelalters, von Robert von Spalart, herausgegeben von Ign. Albrecht. *Wien,* 1800-1811, tomes I à V, in-8°, et atlas in-4° de planches coloriées, demi-rel.

2257 Costume du moyen-âge, d'après les manuscrits, les peintures et les monuments contemporains; précédé d'une dissertation sur les mœurs et les usages de cette époque. *Bruxelles,* 1847, 2 vol. gr. in-8°, figg. color., dos et coins en maroq. rouge du Levant.

2258 Costumes civils actuels de tous les peuples connus, dessinés d'après nature, gravés et coloriés, accomp. de notices par Sylvain Maréchal. Seconde édition. *Paris, Deterville,* 4 vol. in-8°, veau fauve à fil., dor. sur tr.

2259 Recueil de costumes des Pays-Bas. 40 lithogr. coloriées par Burggraaff, d'après Madou. *Bruxelles,* gr. in-4°, demi-rel. veau, sans titre.

2260 Collection de costumes de tous les ordres monastiques, supprimés à différentes époques dans la ci-devant Belgique... par Ph. J. Maillart, l'an 1811. *Vilvorde,* in-4°, 132 planch. color. et titre, dem.-rel. v., plats en toile.

<small>Non cité par le catalogue Van Hulthem.</small>

2261 Recueil de costumes du moyen-âge, pour servir à l'histoire de la Belgique et pays circonvoisins, par F. de Vigne. *Bruxelles* et *Gand,* 1835-1840, 2 vol. gr. in-4°, planches noires et color., dem.-rel. maroq. vert et coins, tête dor., fil. s. l. jonct.

2262 Recherches historiques sur les costumes civils et militaires des gildes et des corporations de métiers, leurs drapeaux, armes et blasons..., par F. de Vigne. *Gand, s. d.*, figures col. et noires. — Mœurs et usages des corporations de métiers de la Belgique et du nord de la France (suite aux Recherches), par le même auteur. *Ibid.*, 1857, figures col. et noires; ens. 2 vol. gr. in-8°, dos et coins en moroq. vert du Levant, n. rogné.

2263 Collection de 44 gravures coloriées représentant les types de tous les corps de la République et de l'Empire, par H. Bellangé. *Bruxelles, Lesigne*, gr. in-8°, dos et coins en maroq. bleu.

2264 Journal des modes, et La Mode, publiés à Bruxelles, années 1836 et 1837. *Bruxelles*, 2 vol. in-8°, figures color., cart. et dem.-rel.

MUSIQUE.

2265 Histoire de l'harmonie au moyen-âge, par E. de Coussemaker. *Paris, Victor Didron*, 1852, gr. in-4°, pl. de fac-simile, dos et coins en maroq. rouge du Levant, n. rog.

2265 (*bis*) — — Le même ouvrage, broché.

2266 Mémoire sur Hucbald et sur ses traités de musique, suivi de recherches sur la notation et sur les instruments de musique, avec 21 planches, par E. de Coussemaker. *Paris, Techener*, 1841, gr. in-4°, figg., pap. vergé, dos et coins en maroq. bleu du Levant, dor. en tête, fil. sur les jonct., n. rogné.

2267 Chapelle-musique des Rois de France, par Castil-Blaze. *Paris, Paulin*, 1832, in-12, d.-r. v. br.

2268 Chants populaires des Flamands de France, recueillis et publiés avec les mélodies originales, une traduction française et des notes par E. de Coussemaker. *Gand, Gyselynck*, 1856, figures et musique, gr. in-8°, d.-r. maroq. rouge et coins, n. rogn.

2269 Notice sur les collections musicales de la bibliothèque de Cambrai et des autres villes du départem. du Nord, par E. de Coussemaker. *Paris, Techener*, 1843, in-8°, musique, dos et coins en maroq. bleu.

2270 La musique mise à la portée de tout le monde, exposé de tout ce qui est nécessaire pour juger de cet art, par M. Fétis. *Bruxelles*, 1839, p. in-8°, d.-r. v. rouge.

2271 Mémoires ou essais sur la musique, par Grétry, avec notes par J. H. Mees. *Bruxelles*, 1829, 3 vol in-12, portrait et musique, d.-r. chagr. bleu.

2272 Gellerts geistliche Oden und Lieder mit Melodien von C. Ph. Em. Bach. *Berlin, Winter*, 1759. — Zwölf geistliche Oden und Lieder, mit Melodien von C. Ph. Em. Bach. *Ibid.*, 1764. — In-4° obl., v. rac., doré s. plat et s. tr.

2273 Religiöse Oden und Lieder aus den besten deutschen Dichtern mit Melodien zum singen bey dem Claviere, von J. A. P. Schulz. *Hamburg, Herold*, 1786, in-4° obl., d.-r. v.

2274 Prestons pocket companion for the german flute, composed by the most eminent masters. *London, Preston, s. d.*, in-8° obl., fig.; d.-r., toile angl.

2275 Flöten-Schule von A. B. Fürstenau. *Leipzig, Breitkopf, s. d.*, g. in-4°, fig., cart.

ARTS MÉCANIQUES ET MÉTIERS.

CONSTRUCTION, ARTS INDUSTRIELS, MANUELS DIVERS, CUISINE, ETC.

2276 Traité de la construction des chemins, où il est parlé de ceux des Romains, des pavez, etc., par H. Gautier. *Paris*, 1721, in-8°, figures, v. br.
   Avec notice biogr., par M. de J.

2277 Chemins de fer américains; historique de leur construction, prix de revient et produit, etc., par G. Tell Poussin, *Bruxelles, Lejeune*, 1836, g. in-8°, carte et fig.

2278 Manuel du constructeur de chemins de fer, par E. Biot. *Bruxelles, Hauman*, 1838, in-18, fig., d.-r. v.

2279 Der Anbau der Runkelrüben als Handelsgewächs, und die Fabrication des Zuckers aus Runkelrüben. *Bremen*, 1812, in-12, cart., tr. dor.

2280 L'art du menuisier en bâtiments et en meubles, extrait de Roubo, orné de nouvelles figures. *Paris, Audot*, 1823, in-12, d.-r. v. fauve.

2281 Manuel complet du marchand papetier et du régleur, conten. la connaissance des papiers divers, etc., par J. de Fontenelle et P. Poisson. *Paris, Roret,* 1828, in-12, figg., d.-r. veau br.

2282 Manuel du cartonnier, du cartier et du fabricant de cartonnages, par M. Lebrun. *Paris, Roret,* 1830, figg., in-12, dem.-rel. v., taché d'huile.

2283 Manuel du relieur, dans toutes ses parties, par Lenormand. *Paris, Roret,* 1827, in-12, figures, d.-r. v. vert.

2284 Essai sur l'art de restaurer les estampes et les livres, par A. Bonnardot. — De la réparation des vieilles reliures, complément de l'essai, par le même. *Paris, Castel,* 1858, 2 vol. p. in-8°, d.-r. v. rouge.

2285 Néo-physiologie du goût par ordre alphabétique, ou dictionnaire général de la cuisine française, ancienne et moderne, ainsi que de l'office et de la pharmacie domestique, suivi d'une collection générale des menus français depuis le xiie siècle. *Paris,* 1839, gr. in-8°, d.-r. v. violet.

2286 Guide de la maitresse de maison, science du bien vivre, ou monographie de la cuisine, par Paul Ben et A. D. *Brux., Wahlen,* 1845, in-8°, dem.-rel.

2287 Guide de la ménagère, manuel complet de la maitresse de maison, par Mad. Demarson. *Bruxelles,* 1838, 2 tom. en 1 vol. p. in-8°, d.-r. v. brun, n. rogné.

2288 L'art de donner des bals et soirées, ou le glacier royal, par Bernardi. *Bruxelles, Wahlen,* 1844, in-12, d.-r. bas.

IX. — EXERCICES GYMNASTIQUES.

ARMES. — ÉQUITATION. — CHASSE, PÊCHE, DANSE, JEUX DIVERS.

2289 Nouveau traité de l'art des armes, ou les principes de cet art, par N. Demeuse. *Liége, Desoer,* 1778, in-8°, figures, dem.-rel. v. bleu.

2290 Recherches sur l'époque de l'équitation et de l'usage des chars équestres chez les anciens, par le R. P. Gabr. Fabricy. *Marseille et Rome,* 1764, 2 vol. in-8°, d.-r. v.

2291 Das Reitpferd dargestellt und durch 23 Kupfertafeln erläutert, von W. F. L. von Quast. *Berlin,* 1815, in-8°, figures, dem.-rel.

2292 Merchi delle razze de'cavalli che presentemente si trovano in essere così nello Stato Veneto, come nella Lombardia.... raccolta fatta da Giacomo di Grandi, nell' anno 1723. *In Venezia,* 1724, p. in-12, 178 figures sur cuivre de chiffres et blasons ornés, veau fauve à fil., reliure neuve.

2293 Regole per conoscere perfettamente le belezze e i difetti de' cavalli, da Franc. Bonsi. *Rimino,* 1802, in-8°, d.-r.

2294 Traité de l'éducation du cheval en Europe..., par M. de Préscau de Dompierre. *Paris, Mérigot,* 1788, in-8°, planches, dem.-rel.

2295 Practica et arte di cavalleria, of oeffeningh en konst des rydens, enz., door Chr. Lieb, vertaelt door S. de Vries *Utrecht, Ribbius,* 1671, in-fol., fig., vél.

2296 L'art de monter à cheval, ou description du manége moderne, dans sa perfection. Écrit et dessiné par le baron d'Eisenberg, et gravé par B. Picart. *La Haye, Gosse,* 1733, in-4° obl., fig., v. br.

2297 École de cavalerie, contenant la connoissance, l'instruction et la conservation du cheval, par M. de la Guerinière. *Paris,* 1769, 2 vol. in-8°, figures, v. rac.

2298 Breve methodo de mandar los cavallos y traerlos a la mas justa obediença, de D. Ant. Plubinèl. *En Madrid, Ant. Marin,* 1751, p. in-8°, figures, parchemin.

2299 L'art de la cavalerie, ou la manière de devenir bon écuyer, par Gasp. de Saunier. *Amsterdam et Berlin, Neaulme,* 1756, in-fol., fig., dem.-rel. v.

2300 L'art du manége pris dans ses vrais principes, suivi d'une nouvelle méthode pour l'embouchure des chevaux, par le baron de Sind. *Vienne et Paris,* 1774, in-8°, figures, d.-r.

2301 La science et l'art de l'équitation démontrés d'après la nature, par Dupaty de Clam. *Yverdon,* 1777, in-8°, figg., dem.-rel.

2302 Die Reitkunst nach der Theorie und Ausübung der Anatomie..., von Du Paty de Clam. *Bern*, 1778, in-8°, figures, dem.-rel.

2303 De Nederlandsche stalmeester, of onderrichting der paarden en der rijd-konst. *Amsterd.*, s. d., 2 vol. in-8°, figures, dem.-rel.

2304 C. A. Geisweit van der Netten. Handboek der paardenkennis. *s' Hage*, 1817, 2 vol. — Idem, handleiding tot de behandeling en geneeswijze van de ziekte des paarden. *Ib.*, 1817. —Idem, beknopte handleiding tot de paardenkennis. *Ib.*, 1818; ens. 4 vol. in-8°, figures, dem.-rel.

2305 Méthode d'équitation basée sur de nouveaux principes, par F. Baucher, planches de L. Heyrauld. *Mons*, 1843, in-8°, portr. et figures, dem.-rel. v. fauve.

2306 Recueil d'opuscules sur les différentes parties de l'équitation, par M. le Vaillant de Saint-Denis. *Versailles*, 1789, in-8°, figure, dem.-rel.

2307 L'utile à tout le monde, ou le parfait écuyer militaire et de campagne, par A. de Weyrother. *Bruxelles*, 1767, 2 vol. in-8°, dem.-rel. bas.

2308 Principes pour monter et dresser les chevaux de guerre, par M. de Brohan. *Paris*, 1821, in-8°, figures, d.-r.

2309 Equitation militaire ou manière de dresser les chevaux, par Bergeret de Frouville. *Londres*, 1784. — Instructions sur les moyens propres à prévenir la morve. *Lille*. — Recherches sur les causes des maladies charbonneuses dans les animaux, par Gilbert, an III. — Instruction sur le vertige abdominal, du même, an IV; en 1 vol. in-8°, figg., dem.-rel.

En tête du volume, 12 dessins et frontispice, à l'encre de Chine, sous le titre : « *Allures du cheval*, » et deux règlements hollandais sur les haras.

2310 Essai sur l'équitation militaire, abrégé d'une instruction pratique avec 8 planches. *Bruxelles*, 1840, in-4°, figg., cartonné, (écrit et imprimé sur pierre.)

2311 Traité raisonné d'équitation, en harmonie avec l'ordonnance de cavalerie... par M. Cordier. *Paris*, 1824, in-8°, figg., dem.-rel.

2312 Arrianus de venatione, Luca Holstenio interprete (græce et latine). *Parisiis, Cramoisy*, 1644, in-4°, vélin.
Mouillure.

2313 Reliqua librorum Friderici II Imperatoris de arte venandi cum avibus, cum Manfredi Regis additionibus. Albert. Magnus de falconibus, asturibus et accipitribus. *Aug. Vendel., Joan. Pœrtorius*, 1596, in-8°, d.-r. v.
Rare. — Bel exemplaire.

2314 La Vénerie de Jacques du Fouilloux, précédée de quelques notes biographiques et d'une notice bibliograph. *Angers, Lebossé*, 1844, in-4°, figg. en bois, dos et coins en maroq. rouge du Levant.

2315 Album du chasseur, par Doneaud du Plan. *Paris, Lefuel*, 1823, in-12, figg., veau chocolat, fers à froid, d. s. tr.

2316 Le chasseur au chien courant conten. les habitudes et ruses des bêtes... formant un cours de chasse à tir et à courre, par E. Blaze. *Bruxelles, Jamar*, 1839, 2 tom. en 1 vol. in-12, d.-r. bas. verte, n. rogn.

2317 De walvischvangst, met veele byzonderheden daartoe betrekkelyk. (Waarby eene beschryving der haringvisschery.) *Amsterdam, Conradi*, 1784-86, 4 part. en 1 vol. in-4°, fig., d.-r. v.

2318 Lettres et entretiens sur la danse ancienne, moderne, religieuse, civile et théâtrale, par M. A. B. (Baron). *Paris, Dondey-Dupré*, 1825, in-8°, fig., d.-r. v. rouge.

2319 Académie universelle des jeux, contenant les règles de tous les jeux, avec le jeu des échecs par Philidor... *Amsterdam*, 1777, 2 vol. p. in-8°, d.-r. v.

2320 Nouvelle manière de jouer aux échecs, selon Philippe Stamma. *Utrecht*, 1777. — Traité du jeu de whist, trad. d'Edmond Hoyle. — Le jeu de dez anglois et du billard. — Le jeu de la paulme. — Les règles du jeu de piquet, par M. Philidor. *Liége*, 1776; en 1 vol. p. in-8°, d.-r. v. br.

2321 La magie blanche dévoilée, par M. Decremps. — Supplément à la magie blanche, par le même. — Testament de Jérome Sharp. — Codicille du même. — Les petites aventures de

Jérome Sharp, par M. Decremps. *Liége, Desoer,* 1792-93, 5 vol. in-8°, fig.

2322 Jeu de cartes chinois, composé de 60 très-petits feuillets en carton, imprimés d'un côté. En étui de maroq. bleu.

2323 Les cartes à jouer et la cartomancie, par P. Boiteau d'Ambly. *Paris, Hachette,* 1854, p. in-8°, figg. sur bois, d.-r. v. v.

2324 Noble-jeu de billard. Coups extraordinaires et surprenants qui ont fait l'admiration de la majeure partie des souverains de l'Europe, exécutés par M. Mingaud. *Bruxelles, Jobard, s. d.,* in-8°, d.-r. toile angl.

2325 Tir à la carabine. Traité sur le jeu de domino. Réflexions sur les jeux de récréation et sur le trente-quarante par A. L. *Mons, Masquillier,* 1858, p. in-8°, d.-r. toile.

BELLES-LETTRES.

1. — LINGUISTIQUE.

ORIGINE DES LANGUES. — GRAMMAIRE GÉNÉRALE. — POLYGLOTTES. — LANGUES ORIENT.

2326 Essai d'idéologie servant d'introduction à la grammaire générale, par L. J. J. Daube. *Paris,* 1803, in-8°, d.-r.

2327 Enseignement universel. Langue maternelle, par J. Jacotot. *Louvain, De Pauw,* 1823, in-8°, br.

2328 Thrésor de l'histoire des langues de cest univers, contenant les origines, beautés, perfections, décadences, etc., des langues hebraïque, chananéenne, etc., etc., par Cl. Duret. *Cologny, Berjon,* 1613, in-4°, vél.
Ce livre est dédié au prince Maurice de Nassau ; il contient de très-curieux spécimens d'écriture en langues orientales.
Bon exemplaire.

2329 Joannis Baptistæ de Gramaye Anversani, Andromede belgica dicta Alberto Austriaco, Isabellæ Claræ Eugeniæ, etc. acta a Pædagogii Falconis alumnis, tertio ab inauguratis Principibus die. *Lovanii, apud L. Kellam.* 1600. — J. B. Gramay, I. V. D. prot. ap. præpositi Arnhemensis decani Lutosensis, etc. Specimen litterarum et linguarum universi Orbis in quo centum fere alphabeto diversa sunt adumbrata, etc. *Athi, excud. Joannes Masius, s. d.* (1662), *incidebat Christoph, Jagersdorf expensis auctoris.* 1 vol. in-4°, veau fil.

Titre (doublé). Dédicace au magistrat d'Anvers, au verso vue de Bugia, 32 pp. de texte, 4 feuillets d'alphabets gravés sur bois.

Deux ouvrages extraordinairement rares. M. de Reiffenberg leur a consacré un article, d'après le présent exemplaire, dans le *Bulletin du biblioph. Belge*, t. I, p. 466. M. F. Nève a fait du second ouvrage l'objet d'un travail érudit publié dans le *Messager des Sciences*, de Gand, 1854, p. 108. Le savant professeur n'a pu découvrir que trois exemplaires du livre de Gramaye. Celui de M. de Jonghe offre des différences, signalées par M. Nève. On peut donc le considérer comme un livre presque unique. L'exemplaire est complet, mais court de marges.

2330 J. B. Grammaye, Africæ illustratæ libri X, in quibus Barbaria, gentesque ejus ut olim et nunc describuntur.... *Tornaci, Nervior.*, 1622 (*pages* 1-152 *seulement, sans titre*). — J. B. Grammaye, Specimen litterarum et linguarum universi orbis... *Athi, J. Masius* (1622); en 1 vol. in-4°, vél.

Deuxième exemplaire très-bien conservé du très-rare *Specimen litterarum;* malheureusement il y manque le titre, le feuillet de dédicace au Sénat d'Anvers (gravure sur bois au verso) et le feuillet intitulé : *Typographus lectori* (pp. 31-32). Mais le texte du corps de l'ouvrage, suivi des 4 feuillets de caractères orientaux, etc., est conforme à celui du numéro précédent.

2331 Panorama des langues. Clef de l'étymologie, par l'abbé Aug. Latouche. *Paris,* 1836, in-8°, demi-rel. v. rouge.

Taches de rousseur.

2332 Br. Walton. Dissertatio de linguis orientalibus, accessit Joan. Wouveri syntagma, de graeca et latina bibliorum interpretatione. *Daventriæ,*1658, in-12, vélin.

2333 Innocentii Fessler institutiones linguarum orientalium, hebraicæ, chaldaicæ, syriacæ, et arabicæ. Chrestomathiam arabicam addidit Jo. God. Eichhorn. *Wratislaviæ, Korn,* 1787-89, 2 t. en 1 vol. in-8°, dem-rel. v.

2334 O. G. Tychsen. Elementale syriacum sistens grammaticam, chrestomathiam et glossarium. *Rostochii,* 1793, p. in-8°, cartonné.

2335 Thesauri hebraicæ linguæ, olim a Sante Pagnino conscripti, epitome. Cui accessit grammatices libellus ex optimis quibusq. grammaticis collectus. *Antverpiæ, Plantinus*, 1572, in-fol., vél.

<small>Les marges des derniers feuillets fortement endommagées par l'humidité.</small>

2336 Grammaire hébraïque raisonnée et comparée, par Sarchi. *Paris, Dondey-Dupré,* 1828, in-8°, dem.-rel. v. fauve.

2337 Rudimenta linguæ hebraicæ ad usum Colleg. Philosophici, edidit G. J. Bekker. *Lovanii,* 1826, in-8°, demi-rel.
<small>Titre restauré.</small>

2338 Vocabulaire hébreu-français, par l'abbé Giraud. *Vilna, Impr. des PP. Missionnaires,* 1825, in-12, demi-rel. v. rouge.

2339 Epigrammata hebraica, partim composita, partim e variis linguis versa, auctore H. Somerhausen. *Bruxellæ, Muquardt,* 1840, in-12, demi-rel. v.

2340 Essai sur la langue arménienne, par Bellaud. *Paris, Impr. Impér.,* 1812, in-8° (français et arménien), demi-rel. v. bl.

2341 Maleisch handboekjen of hollandsch-maleisch en maleisch-hollandsch woordenboekje, naar alphabetische orde...(door J. H. Moeleman). *Arnhem,* 1803, in-8°, demi-rel.

2342 Vocabulaire oriental, français-italien, arabe, turc et grec (avec la prononciation figurée), par L. V. Letellier. *Paris,* 1838, in-8° oblong, toile.

LANGUE GRECQUE, ANCIENNE ET MODERNE, LANGUE LATINE.

<small>INTRODUCTION, DICTIONNAIRES GRECS, GRECO-LATINS, LATINS, LATINS-FRANÇAIS.</small>

2343 Scipion. Carteromachi (Forteguerri) Pistoriensis, oratio de laudibus litterarum græcarum. *Basileæ, J. Frobenius,* 1517, in-4°, d.-r. v. rouge.

2344 Mémoires et lettres sur l'étude de la langue grecque, par le marquis du Chasteler. *Bruxelles, Lemaire,* 1781, in-8°, d.-r. v. fauve.

2345 Julii Pollucis onomasticon, hoc est : instructissimum rerum et synonymorum dictionarium, Rud. Gualthero interprete. *Basileæ, Rob. Winter,* 1541, in-8°, d.-r. bas.

2346 Lexicon græco latinum (auctore Jo. Vualdero). *Basileæ, Vualderus,* 1537, in-fol., v. br.

    Taché.

    On lit sur le titre : *Rutgeri Rescii et amicorum.* Le vol. renferme en outre une foule de notes marginales de la main du célèbre professeur typographe.

2347 Corn. Schrevelii lexicon manuale græco-latinum et latino-græcum : studio J. Hill, Jo. Entick, etc. auctum. *Londini, Rivington,* 1821, in-8°, d.-r. v.

2348 Joan. Meursii glossarium græco-barbarum, in quo vocabula, officia, atque dignitates Imperii Constantin. explicantur. *Lugd. Bat., Lud. Elzevir,* 1614, in-4°, portrait, vélin.

2349 Franc. Sanctii Minerva, seu de causis linguæ latinæ commentarius, cum notis Jac. Perizonii. *Amstel.,* 1733, in-8°, vélin.

    Aux armes de la ville d'Amsterdam.

2350 Cornucopiæ seu latinæ linguæ commentarii locupletissimi, Nicolao Perotto autore; Terentii Varronis, de lingua latina; Sexti Pompei Festi, Nonii Marcelli doctrinæ, etc.... *Basileæ, apud Valentinum Curionem,* 1526, in-fol., d.-r. v. raciné, reliure neuve.

    Exemplaire en belle condition.

2351 Cornucopiæ linguæ latinæ et germanicæ selectum, in quo vocabula latina omnis ævi, antiqui, medii, etc., auth. Ad. Fr. Kirschio. *Noribergæ,* 1718, gros vol. in-8°, p. de truie.

    Taches de rousseur.

2352 Lexicon criticum, sive thesaurus linguæ latinæ, a Philippo Pareo. *Norimbergae,* 1645, p. in-8°, vélin.

2353 Glossarium mediæ et infimæ latinitatis conditum a Carolo Dufresne Domino Du Cange auctum a monachis ordinis S. Benedicti, cum supplem. integris D. P. Carpenterii, et additamentis Adelungii et aliorum digessit G. A. L. Henschel. *Parisiis, Didot,* 1840-1850, 7 vol. — Supplementum : Glossarium latino-germanicum mediæ et infimæ ætatis, concinnavit Laur. Diefenbach. *Francof. ad Moenium, Baer,* 1857; ens. 8 vol. gr. in-4°, dos et coins en maroq. brun, n. rog.

    Exemplaire très-bien conditionné.

2354 Dictionarium latino-gallicum, thesauro nostro ita ex adverso respondens, ut extra pauca quædam aut obsoleta, aut minus in usu necessaria vocabula... *Parisiis, Rob. Stephanus,* 1543, in-fol. v. br., reliure restaurée.
Écritures au titre.
Dans le même volume : « *Dictionnaire françois-latin, contenant les motz et manieres de parler françois, tournez en latin. Paris, R. Estienne,* 1539, titre restauré.

2355 Dictionnaire universel françois et latin (vulgairement appelé Dictionnaire de Trévoux). Dictionarium latino-gallicum. *Nancy, Antoine,* 1740-41, 6 vol. v. f. — Supplément. *Paris,* 1752, 2 vol. cart. Ens. 8 v. in-fol.

2356 Vocabulaire universel latin-françois, contenant les mots de la latinité des différents siècles, avec un vocabulaire françois-latin. *Paris,* 1754, in-8°, v. fauve à fil.

2357 Dictionarium latino-gallicum. Dictionnaire latin-français, d'après Forcellini, par Fr. Noël. *Bruxelles, De Mat,* 1838, gr. in-8°, d.-r. toile.

LANGUE FRANÇAISE.

INTRODUCTION. — HISTOIRE. — ANCIENS MONUMENTS. — ÉTYMOLOGIE.
LANGUE ROMANE.

2358 Discours pour l'ouverture d'un cours de langue françoise et de belles-lettres, à Malines, par Baret. *Malines, Hanicq,* (1786), in-8°, v. rac.

2359 Essai analytique sur l'origine de la langue française et sur un recueil de monuments authentiques de cette langue, classés chronologiquement depuis le ix° siècle jusqu'au xvii°, avec des notes histor. philolog. et bibliograph. par Gabr. Peignot. *Dijon, Lagier,* 1835, fac-simile, dos et coins en maroq. orange, n. rogn.
Exemplaire en *grand papier vélin.*

2360 Éléments carlovingiens linguistiques et littéraires (par J. Barrois). *Paris, Crapelet,* 1846, gr. in-4°, figg., demi-rel. et coins en maroq. rouge du Levant.

2361 Des variations du langage français depuis le xii° siècle, par

F. Génin. *Paris, Didot*, 1845, in-8°, demi-rel. v. rouge, n. rogn.

2362 Elnonensia. Monuments des langues romane et tudesque dans le ɪxᵉ siècle, contenus dans un manuscrit de l'abbaye de Saint-Amand, à la biblioth. de Valenciennes, publ. par Hoffmann de Fallersleben, avec une trad. et des remarques, par J. F. Willems. *Gand, Gyselinck,* 1837, gr. in-8°, fac-simile, demi-rel. v. vert.

2363 Archéologie française, ou vocabulaire des mots anciens tombés en désuétude et propres à être restitués au langage moderne, par Ch. Pougens. *Paris, Desoer,* 1821, 2 vol. in-8°, demi-rel. v. brun et coins.

2364 Verzameling van fransche woorden uit de noordsche talen afkomstig of door sommigen afgeleid, bijeengebragt door J. H. Hoeufft. *Breda,* 1840, in-8°, dos et coins en maroq. bleu, dor. en tête, fil. sur les jonct.

2365 Histoire des langues romanes et de leur littérature, depuis leur origine jusqu'au xɪvᵉ siècle, par A. Bruce-Whyte. *Paris, Treuttel et Würtz,* 1841, 3 vol. in-8°, dos et coins en maroq. bleu du Levant, dor. en tête, fil. sur les jonct., n. rogn. (*Schavye*).

Bel exemplaire.

2366 De la langue et de la poésie provençales, par le baron E. Van Bemmel. *Bruxelles, Vandale,* 1846, in-8°, dem.-rel., v. r.

2367 Glossaire de la langue romane, contenant l'étymologie et la signification des mots usités dans les XIᵉ-XVIᵉ siècles, avec de nombreux exemples..., par J. B. B. Roquefort, *Paris, Warée (Crapelet)* 1808-20, 2 t. et supplément; ens. 3 vol. in-8°, d.-r. v. bleu, n. rogn.

Exemplaire bien conditionné.

2368 Lexique roman ou dictionnaire de la langue des troubadours, comparée avec les autres langues de l'Europe latine, précédé de nouv. recherches histor. et philolog., d'un résumé de la grammaire romane, d'un nouveau choix de poésies originales des troubadours..., par Raynouard. *Paris, Silvestre,* 1844, 6 vol. gr. in-8° dem.-rel., v. r., n. rognés.

2369 Grammatik der romanischen Sprachen, von F. Diez. *Bonn, Weber,* 1836-44, 3 vol. dem.-rel. v. bleu.

2370 Etymologisches Wörterbuch der romanischen Sprachen, von Fr. Diez. *Bonn, Marcus,* 1853, in-8°, dos et coins en maroq. vert, n. rogn.

2371 Glossaire roman-latin du xve siècle, extrait de la Bibliothèque de la ville de Lille, par É. Gachet. *Bruxelles, Van Dale,* 1846, in-8°, dem.-rel. v. rouge.

2372 Dictionnaire roman, wallon, celtique et tudesque, pour servir à l'intelligence des anciens monuments en langue romance, par un Bénédictin de Saint-Vannes (Dom Jean François). *Bouillon,* 1777, in-4°, dem.-rel.

Lexique très-complet et recherché.

GRAMMAIRES ET DICTIONNAIRES.

2373 Principia linguæ burgundicæ, per Ant. F. de Pratel. *Lovanii, Overbeke,* 1737, in-12, v. rac.

La langue bourguignonne du sieur de Pratel n'est autre que la langue française. Avant l'apparition de la grammaire ci-dessus, il avait déjà publié un mémoire pour prouver que « ce furent les Bourguignons qui jettèrent (pour ainsi dire) les premiers fondements de ce langage et qu'on ne peut, sans leur faire injustice, ne point nommer bourguignonne une langue dont ils furent les auteurs. »

Cette grammaire fort curieuse se rencontre rarement, surtout en exemplaires aussi beaux que celui-ci.

2374 Nouveaus principes de la langue française ou nouvele methode très-breve pour aprendre la langue françoise dans sa perfection, avec la pureté de sa prononciation, tirés des meilleurs auteurs nos contemporains (en français et en flamand) par Brambilla. *Bruxelles, Vleminckx, s. d.* (1783), in-12, maroq. rouge à dent., dor. sur tr., armoiries (anc. reliure).

A la fin de la table se trouve la signature de l'auteur.

Livre qui peut prendre place parmi les curiosités de la littérature grammaticale. L'auteur, qui s'intitule « écuier et professeur des langues française, flamande et italieue » prétend dans cet ouvrage « démontrer efficacement la nécessité de proportionner, autant qu'il est possible, l'ortographe de la langue française, à la prononciation douce et pure, et tout à la fois, la difficulté d'aprendre à lire correctement cete langue aus Français mêmes par la différence prodigieuse qui se rencontre entre l'ortographe et la prononciation. » On voit par l'ortographe et le galimathias de la phrase qui précède ce que doit renfermer la grammaire. Ce n'est pas tout. « On voit finir cet ouvrage, par un petit secretaire à la mode, dont les letres sont d'un style aussi uni que familier et laconique, les constructions si simples qu'elles conviennent aus persones de tout état et condition, avec une suite des modèles de letres de change, etc., le tout au goût moderne et fort bref. Qui plus est pour ne laisser rien d'imparfait on y a mis l'abrégé de la morale avec l'éloge des vertus, capable de former le cœur au souverain bien, ce qui doit être bien préférable à tous ces dialogues dont la plus part; mais surtout ceux dans la gramaire de Mr. *Schilders,* n'ont ni ortographe, ni bon sens, ni rien de convenable à la jeunesse en général; car j'ose dire que la gramaire de Mr. *Des Roches* exceptée, les autres ne valent possitivement rien pendant que ces dialogues occupent beaucoup de place dans un livre. »

Ce livre rare et curieux n'est pas mentionné dans la *France littér.* de Quérard.

2375 Dissertation sur la prononciation de la langue françoise et sur la nécessité des accens pour la régler et pour la fixer. Ouvrage curieux et d'un goût nouveau. *La Haye, Scheurleer,* 1743, in-12, dem.-rel. v. rouge, n. rogn.

2376 Dictionnaire étymologique de la langue françoise, par Ménage, avec les origines françoises de M. de Caseneuve, les additions du R. P. Jacob, etc. *Paris, Briasson,* 1750, 3 t. en 2 vol. in-fol., v. écaille.

2377 Dictionnaire de la langue françoise ancienne et moderne, de P. Richelet. *Lyon, Bruyset,* 1759, 3 vol. in-fol., veau fauve.

2378 Dictionnaire de l'Académie françoise, aug. d'un supplément. *Nismes, P. Beaume,* 1786, 2 vol. in-4°, v. br.

2379 Manuel lexique, ou dictionnaire portatif des mots françois dont la signification n'est pas familière à tout le monde (par l'abbé Prevost). *Paris, Didot,* 1755, 2 vol. p. in-8°, veau rac.

IDIÔMES SPÉCIAUX ET PATOIS EN USAGES EN FRANCE, EN BELGIQUE, EN SUISSE.—BRETON.

2380 Tableau synoptique et comparatif des idiomes populaires ou patois de la France; contenant des notices sur la littérature des dialectes et accompagné d'un choix de morceaux en vers et en prose, par J. F. Schnakenburg. *Bruxelles,* 1840, in-8°, bas. rac.

2381 Lettre à M. de.... sur les ouvrages écrits en patois (par Brunet). *Bordeaux,* 1839, in-8°, demi-rel. v. bleu.

2382 Nouvelles recherches sur les patois ou idiômes vulgaires de la France, et en particulier sur ceux du département de l'Isère, etc., par J. J. Champollion-Figeac. *Paris, Goujon,* 1809, in-12, demi-rel. v. vert.

2383 Recherches sur l'histoire du langage et des patois de Champagne, par P. Tarbé, *Reims,* 1851, 2 vol in-8°, demi-rel. v. br., non rogné.

2384 Dictionnaire du patois de Lille, par Pierre Legrand. *Lille, v° Vanackere,* 1856, in-16, dem.-rel. v. rouge.
Offert par l'auteur.

2385 Études historiques et littéraires sur le wallon, par Ferd. Henaux. *Liége,* 1843, in-8°, demi-rel. v. bleu.

2386 Dictionnaire walon-françois ou recueil de mots et de proverbes françois, par R. H. J. Cambresier, prêtre. *Liége,* 1787, in-8°, demi-rel. bas.
Taché à la fin.

2387 Dictionnaire wallon et français, dans lequel on trouve la correction de nos idiotismes, des phrases wallonnes, etc., par L. Remacle. *Liége,* 1823, in-8°, v. rac.

2388 — — Le même ouvrage. *Liége, Collardin,* 1839-43, 2 vol. in-8°, dos et coins et maroq. bleu, non rogné (*Schavye.*)

2389 Dictionnaire étymologique de la langue wallonne, par Ch. Grandgagnage. *Liége,* 1845-50, 2 part. — Idem, vocabulaire des noms wallons d'animaux, de plantes et de minéraux. *Liége,* 1857; en 1 vol. in-8°, demi-rel. toile.
La deuxième partie du Dictionnaire finit page 178, à la lettre Oû.

2390 Dictionnaire wallon-liégeois et français, par J. Hubert. *Liége, Verhoven-Debeur,* 1853, in-12, demi-rel. v.

2391 Dictionnaire wallon-français à l'usage des habitants de la province de Luxembourg, par J. B. Dasnoy. *Neufchateau,* 1856, p. in-8°, demi-rel. v. rouge.

2392 Omnibus montois, ou locutions vicieuses les plus répandues à Mons et dans les provinces wallonnes, recueillies par L. Dethier. *Mons,* 1830, in-32, demi-rel. bas.

2393 Dictionnaire rouchi-français, précédé de notions sur les altérations qu'éprouve la langue française en passant par ce patois par G. A. J. H... (Hécart), 2ᵉ éd. *Paris et Valenciennes, Lemaitre,* 1826, in-18, demi-rel. v.

2394 — — Le même ouvrage. 3ᵉ édition. *Valenciennes,* 1834, in-8°, demi-rel. v. vert.

2395 Flandricismes, wallonismes et expressions impropres dans la langue française (par Poyart). *Brux.,* 1811, in-8°, d-rel.

2396 Dictionnaire languedocien-françois, contenant un recueil des principales fautes que commettent, dans la diction et dans la prononciation françoises, les habitants des provinces de la Langue-d'Oc, etc., par L. D. S. (l'abbé de Sauvages). *Nismes, Gaude,* 1785, 2 vol. in-8°, demi-rel. veau.

2397 Glossaire génevois, ou recueil étymologique des termes dont se compose le dialecte de Genève, avec les principales locutions défectueuses en usage dans cette ville. *Genève,* 1827, in-8°, demi-veau rouge.

2398 Prüm Cudasch da Scoula per ils infaunts nel chantun grischun *Coira, stampo tres S. Benedict,* 1833, in-8°, demi-toile.
Livre élémentaire en patois roman du canton des Grisons en Suisse.

2399 Dictionnaire français-breton et breton-français de le Gonidec, enrichi d'additions et d'un essai sur l'histoire de la langue bretonne, par Th. Hersart de la Villemarqué. *Saint-Brieuc, Prudhomme,* 1847-50, 2 vol. gr. in-4°, dos et coins en maroq. rouge du Levant.
Bel exemplaire.

2400 Nouveau dictionnaire ou colloque français et breton.... pour apprendre ces deux langues. *Morlaix,* 1786, p. in-8°, d.-r.
Taché d'eau.

LANGUE ESPAGNOLE, LANGUE ITALIENNE.

2401 Nouvelle méthode de Messieurs de Port Royal pour apprendre facilement la langue italienne. *Paris, D. Thierry,* 1696, p. in-8°, v. br.

2402 Nouveau dictionnaire portatif françois-italien et italien-françois; nouv. éd. revue par Ange Lauri. *Lyon, Savy,* 1810, 2 vol. p. in-8° carré, d.-r.

2403 Le nouveau Sobrino, ou grammaire de la langue espagnole, par D. Franc. Martinez. *Bordeaux, Beaume,* 1823, in-8°, d.-r. bas.

2404 Nouveau dictionnaire français-espagnol et espagnol-français, rédigé d'après Gattel, Capmany, etc., suivi d'un dictionn. géographique, par Don Domingo Gian Trapany et A. de Rosily. Revu par Ch. Nodier. *Paris, Thoisnier-Desplaces,* 1826, 2 vol. in-8°, d.-r. bas.

2405 Nuevo formulario, y estilo de escrivir cartas; y responder a allas en todos generos, y especies de correspondencias à lo moderno; las cortesias que se han de guardar... por Jayme Mesnier. (*Orihuela,* 1701), p. in-8°, maroq. rouge large dent. s. pl., tr. dor.
Ancienne reliure.

LANGUES DU NORD. — LANGUE ALLEMANDE ANCIENNE ET MODERNE (ET DIALECTES), LANGUES ANGLAISE, RUSSE.

2406 Linguarum vett. septentrionalium thesauri grammatico-critici et archeol. auct. G. Hickesio, edid. Gul. Wottonus, cum appendice. *Londini, Bowyer,* 1708, p. in-8°, demi-rel. v. fauve.

2407 Johannis ab Ihre, scripta versionem ulphilanam et linguam moeso-gothicam illustrantia, edita ab Ant. Fr. Büsching. *Berolini,* 1773, in-4°, pl. de fac-simile, vél.

2408 Vergleichendes etymologisches Wörterbuch der gothisch-teutonischen Mundarten. Nebst mehrere slavischen, roman. u. asiat. Wurzeln, von H. Meidinger. *Frankfurt am M., Meidinger,* 1836, in-8°, demi-rel. v.

2409 Joh. G. Scherzii glossarium germanicum medii aevi potissimum dialecti suevicæ, edidit illustravit supplevit Jer. Jac. Oberlinus. *Argentorati, Lorenzius,* 1781-84, 2 vol. in-fol., demi-rel. v.

2410 Mittelhochdeutsches Wörterbuch zum Handgebrauch, von Ad. Ziemann. *Quedlinburg,* 1838, in-8°, demi-rel. v. f.

2411 Altdeutsches historisch-diplomatisches Wörterbuch, worin die richtigen Verdeutschungen der veralteten deutschen Wörter, aus dem 12ten bis im 16ten Jahr. von A. J. Wallraf *Köln, Schmitz, s. d.*, in-8°, demi-rel. v. rouge.

2412 Nouveau dictionnaire françois-allemand et allemand-françois, composé sur le Dictionnaire de l'Académie et sur celui de M. Adelung, par C. F. Schwan. *Mannheim*, 1782-93, 6 vol. gr. in-4°, demi-rel., non rogné.
Les deux volumes de supplément, formant les tome VII et VIII, manquent.

2413 Nouveau dictionnaire françois-allemand et allemand-françois. *Strasbourg, Koenig*, 1810-12, 2 vol. in-8°, v. rac.

2414 Analogies constitutives de la langue allemande avec le grec et le latin expliquées par le samskrit, par C. Schoebel. *Paris, Imp. Roy.*, 1845, gr. in-8°, demi-rel. v. br.

2415 Altfriesisches Wörterbuch, von Dr Karl von Richthofen. *Göttingen*, 1840, gr. in-4°, dos et coins en maroq. rouge, dor. en tête, fil. s. l. jonct., non rogné.

2416 Lexicon des luxemburger Umgangssprache (wie sie in und um Luxemburg gesprochen wird) mit hochdeutscher und französischer Uebersetsung und Erklärung, von J. F. Gangler. *Luxemb., Hoffman*, 1847, in-8°, demi-rel. v. rouge.

2417 Engelsche spraakkunst, geschikt om de engelsche taal op eene gemakkelijke wijze te leeren, door R. Van der Pijl. *Dordrecht*, 1819, in-8°, demi-rel.

2418 The new spelling dictionary, teaching to write and pronounce the english tongue, by John Entick. *London, Dilly*, 1777, in-12, demi-rel. v. f.

2419 Dictionnaire anglais-français, et français-anglais, abrégé de Boyer, augm. par N. Salmon et L. F. Fain. *Paris, Tardieu-Denesle*, 1821, 2 vol. in-8°, demi-rel. v. rac.

2420 Nouveau dictionnaire français-anglais et anglais-français, par G. Hamonière. *Bruxelles et Paris*, 1830, in-8°, d.-r.

2421 Russisch-deutsches und deutsch-russisches Handwörterbuchs mit Zuziehung des Wörterbuchs der Russischen Akademie in Petersburg bearbeitet von J. A. E. Schmidt. *Leipzig, Tauchnitz*, in-8°, demi-rel. mar. rouge.

2422 Nouveaux dialogues pratiques précédés chacun d'un vocabulaire en françois et russe. 1814, in-8°, demi-rel.

LANGUE FLAMANDE ET HOLLANDAISE.

INTRODUCTION — HISTOIRE. — ORIGINES. — MONUMENTS ANCIENS.

2423 Redevoering van J. M. Schrant, over het beoefeningswaardige der nederlandsche tale, zoo om haar zelve als om hare voortbrengselen. *Gend, Houdin,* 1818, in-8°, veau rac. à fil., t. d.
   Avec dédicace autographe de l'auteur.

2424 Verhandeling over de nederduytsche tael- en letterkunde opzigtelyk de zuydelyke provintien der nederlanden, door J. F. Willems. *Antwerpen,* 1819-24, 2 vol. in-8°, dem.-rel. v. rouge, n. rogn.

2425 Over het herstel en de invoering der nederlandsche taal, door L. G. Visscher. *Brussel, Brest Van Kempen,* 1825, in-8°, br.

2426 Lettre de M. Sylvain van de Weyer à M. E. Munch. *Bruxelles,* 1829. — De la langue belgique. Lettre de J. F. Willems à M. S. Van de Weyer. *Ibid., Brest Van Kempen,* 1829; en 1 vol. p. in-8°, dem.-rel. v. rouge.

2427 Aenleiding tot de kennisse van het verhevene deel der nederduitsche sprake, waerin hare zekerste grondslag, en vergelyking tegen t' oude moeso-gottisch, frank-duitsch en angel-saxisch, door L. ten Kate. *Amsterdam, Wetstein,* 1723, 2 vol. gr. in-4°, dos et coins en maroq. bleu du Levant, n. rogné.

2428 Eenige nieuwe aenmerkingen, de nederduitsche tael en verscheidene oudheden betreffende (door F. Burman). *Utrecht,* 1761, p. in-8°, dem.-rel. v. rouge.

2429 Verhandeling over onze nederduytsche tael; antwoord op de prysvraeg van het Koningl. Genootschap te Antwerpen : « of de moedertael tot grondslag dienen moet in het leeren van andere taelen, enz., » door J. Thys. *Antwerpen, Roosen,* 1821, in-8°, dem.-rel. v. fauve.

2430 De l'origine du flamand avec une esquisse de la littérature flamande et hollandaise, d'après J. Bosworth, avec des annotations par O. Delepierre. *Tournay*, 1840, in-8°, dem.-rel. maroq. bleu et coins.

Tiré à 100 exempl. Celui-ci porte le n° 11.

2431 Analogies linguistiques. Du flamand dans ses rapports avec les autres idiomes d'origine teutonique, par P. Lebrocquy. *Bruxelles, Van Dale,* 1845, in-8°, dem.-rel. v. rouge, n. rogné.

2432 La langue flamande, son passé et son avenir. Projet d'une orthographe commune aux peuples des Pays-Bas et de la Basse-Allemagne, par Hub. Vandenhoven (Delecourt). *Bruxelles,* 1844, in-8°, carte, demi-rel. v. fauve.

2433 Recueil de pièces relatives à la langue et à la littérature flamande, en 1 vol. in-8°, demi-rel. v. rouge.

Renferme :
La langue flamande et son avenir, par H. Vandenhoven (Delecourt). *Bruxelles*, 1844, carte. — Les avantages de l'orthographe flamande, proposée par la comm. royale, par M. Van der Voort. *Ibid.*, 1842. — Épître aux hommes de lettres de Belgique..., par M. S. *Anvers*. — Beslissing de K. Commissie wegens het schryven der nederduitsche tael. *Gent*, 1839. — De Vlaemsche beweging, door J. A. De Laet. *Antw.*, 1845. — Nationale beweging, door Zetternam. — Lettre de J. H. Bormans à C. Grandgagnage sur les éléments thiois (flamands) de la langue wallone. *Liége*, 1856.

2434 Recueil en 1 volume in-8°, demi-rel. v. fauve.

Renferme :
Observations sur la langue flamande, par W. C. Ackersdyck, trad. par M. Van Ertborn. *Anvers* (flamand et français). — Nadeelige gevolgen van de onverschilligheid der Vlamingen en Brabanders omtrent hunne moedertael, door P. A. Van den Broek. *Aalst*, 1817. — Letterkundig tydverdryf... de vlaemsche tael is beter dan de fransche... door Mulle. *Gent*, 1819. — Sur la langue nationale..., par Barafin. *Bruxelles*, 1815. — Iets over de hollandsche tael, noch voor, noch tegen. *Gend*, 1823. — Recherches sur la langue nationale de la majeure partie des Pays-Bas, par de Westreenen de Tiellandt. *La Haye*, 1830. — Coup d'œil sur la langue et la littérature flamande en Belgique, par M. Van der Voort. *Anvers*, 1837. — Histoire lexicographique ou le dictionnaire de Sleeckx et Vande Velde et consorts jugé par leurs compatriotes. *Bruxelles*, 1846.

2435 Horæ Belgicæ, studio atque opera Henr. Hoffmann Fallerslebensis. *Vratislavæ* et *Hannoveræ*, 1836-54, 10 parties en 3 vol. in-8°, demi-rel. v. fauve.

On sait que les premiers tomes de ce recueil important, consacré aux antiquités de la langue flamande, sont devenus de la plus grande

BELLES-LETTRES.

rareté. Au premier volume, une transposition de pièces a été commise par le relieur.

2436 Denkmäler altniederländischer Sprache und Litteratur, nach ungedruckten Quellen, von Ed. Kausler. *Tübingen*, 1840-44, 2 vol. in-8°, demi-rel. maroq. bleu et coins, n. rogné.

2437 Het leven van Jezus. Een nederduitsch handschrift uit de XIII° eeuw, met taalk. aanteekeningen uitgegeven door G. J. Meyer. *Groningen, Oomkens*, 1835, in-8°, fac-simile, dos et coins en maroq. vert, tête dor., fil. s. l. jonct.

2438 Recueil de brochures concernant l'étude et le développement de la langue et de la littérature flamande, in-8°.

GRAMMAIRES, DICTIONNAIRES.

2439 Over nederlandsche spraakkunst, stijl en letterkennis als voorbereiding voor de redekunst, door B. H. Lulofs. *Groningen*, 1823, in-8°, demi-rel. v. br.

2440 Nederduitsche spraakkonst, ten dienste der nederlandsche taalbeminnaars, door Ernst Zeydelaar. *Utrecht, Wild*, 1781, in-8°, demi-rel. v.

2441 Nederduitsche spraakkunst, door P. Weiland, op last der bataafsche republiek. *Dordrecht*, 1820, in-8°, d.-r. v. rac.

2442 Grammaire hollandaise, par P. Weiland, traduite par J. B. L. Géruzet. *Bruxelles*, 1827, 2 part. en 1 vol. p. in-8°, demi-rel. bas. verte.

2443 Grammaire hollandoise pratique à l'usage des étrangers... par R. Van der Pyl. *Dordrecht*, 1820, in-8°, demi-rel. bas.

2444 Elémens de la langue hollandaise, par Lauts. *Bruxelles, Luneman*, 1826, p. in-8°, demi-rel.

2445 Études de la langue nationale des Pays-Bas, d'après les meilleurs auteurs, par Laurent D. B. *Bruxelles, Wahlen*, 1827, in-8°, veau fauve à fil., fers à froid.

2446 Revue explicative des principes fondamentaux et des beautés de la langue néerlandaise. *Bruxelles*, 1827, 2 vol. in-8°, demi-rel.

> A la fin du tome II se trouvent : « Grammaire hollandaise, par « H. Martin. *Bruxelles*, 1824. — J. D. Michaëlis, Verhandel. over « den invloed der begrippen onder een volk op de nationale taal... « *Harlingen*, 1771. »

2447 De ortographia linguæ belgicæ, sive de recta dictionum teutonicarum scriptura, secundum Belgarum, præsertim Brabantorum, pronuntiandi usitam rationem, auctore Antonio Sexagio (Jan van 't Sestich). *Lovanii, J. Masius*, 1576, in-12, de 32 ff., maroq. rouge à fil., dor. sur tr., dent. int. (aux armes de M. d. J.)

Petit livre rare, mais malheureusement trop rogné en tête.
Exempl. provenant de la bibliothèque de Van de Velde dont il porte la signature au titre.

2448 Verhandeling over de spelling der nederduitsche taal, door Matthijs Siegenbeek, uitgeg. op last der bataafsche republiek. *Amsterdam, Allart*, 1810, in-8°, demi-rel. v. fauve.

2449 Proeve van bredaasch taal-eigen, of lijst van eenige in de stad en den lande van Breda gebruikelijke woorden en spreekwijzen (met aanhangsel), verzameld door J. H. Hoeufft. *Breda*, 1836-1838; en 1 vol. in-8°, dos et coins en maroq. vert du Levant, fil. sur les jonct.

2450 Etymologicum teutonicæ linguæ sive dictionarium teutonico latinum, præcipuas teutonicæ linguæ dictiones et phrases latine interpretatas, etc., studio et opera Corn. Kiliani, curante G. Hasselto. *Trajecti Bat.*, 1777, 2 vol. gr. in-4°, demi-rel. v. bleu.

2451 Nederduitsch letterkundig woordenboek, door P. Weiland. *Antwerpen*, 1843, 2 vol.—Kunstwoordenboek of verklaring van allerhande vreemde woorden. *Ibid.*, 1843. — Woordenboek der nederduitsche synonimen, door P. Weiland et G. N. Landré. *Ibid.*, 1845, 4 vol. gr. in-8°, dem.-rel. v. f.

2452 Kunstwoordenboek of verklaring van allerhande vreemde woorden... door P. Weiland. *s'Gravenh., Allart*, 1824, in-8°, demi-rel. v. brun, fil. sur les jonctions.

2453 Dictionnaire ou promptuaire françois-flameng et flamengfrançois, tres-ample et tres-copieux auquel sont marquez les lettres qui ne se prononcent point... par E. E. L. Mellema. *Rotterdam, Waesberghe*, 1612, 2 vol. in-4°, demi-rel. veau rac., rel. neuve.

Écritures au premier titre et mouillure.

2454 Nouveau dictionnaire françois-flamand. — Nieuw neder-

274   BELLES-LETTRES.

duytsch en fransch woorden-boek, door J. Des Roches *Antwerpen, Grangé,* 1782, 2 vol. in-8°, v. f.

2455 Dictionnaire portatif françois et hollandois et hollandois et françois, publié par Abrah. Blussé. *Dordrecht, Blussé,* 1815, 2 vol. in-8°, demi-rel. v.

2456 Nouveau dictionnaire français-hollandais, par l'abbé Olinger. *Bruxelles, Coché-Mommens,* 1825-1826, 2 vol. in-8°, bas. jaspée, fil.

2457 Nouveau dictionnaire hollandais-français, par le même. *Bruxelles, Collette,* 1822, in-8°, bas. jaspée, fil.

2458 Magazin de planté, de vocables bien propres et duisants à toute qualité de gens, reduit par chapitres. En françois et flameng. Par Gabr. Meurier. *Anvers, Waesberghe,* 1573, in-8°, v. f.

Légères taches d'encre sur une des pages de la préface.

M. A. Dinaux (*Arch. hist. du N. de la France*. Nouvelle série, t. V, p. 211), dans la curieuse notice qu'il a consacrée à Gabr. Meurier, donne la nomenclature de 15 ouvrages de cet auteur. Il n'a point connu celui-ci. Il n'est pas cité davantage dans les additions faites à cette notice par M. Serrure dans le *Bull. du Bibl. belge*, t. III. On sait combien sont rares les productions du grammairien d'Avesnes. « Van Hulthem, dans son immense collection de livres, dit M. Dinaux, ne possédait aucun des ouvrages de ce Vergani du XVIe siècle, ce qui en dénote assez la rareté. »

2459 Proeve van een friesch en nederlandsch woordenboek, met de uitspraak en moeijelijkste woorden... door Mont. Hettema. *Leeuwarden, Schierbeek,* 1832, in-8°, d.-r. v. r.

2460 Neues deutsch-holländisches und holl.-deutsches Wörterbuch, worinnen alle Wörten und Redensarten... von Mathias Kramern, und verbessert von A. A. von Moerbeek. *Leipzig, Junius,* 1787, 2 vol. gr. in-4°, demi-rel. v. bleu.

2461 Deutsch-holländisches Wörterbuch en hoogduitsch-hollandsch woordenboek, door Winkelman. *Amsterdam, P. Den Hengst,* 1804, 2 tom. en 1 vol. in-8°, dem.-rel. v.

RHÉTORIQUE.

INTRODUCTION. — DISCOURS LATINS, FRANÇAIS, FLAMANDS ET ANGLAIS.

2462 La rhétorique ou l'art de parler, par le P. Bernard Lamy. *Amsterdam, Marret,* 1699, in-12, v. br.

2463 Précis d'un cours complet de rhétorique française et de belles-lettres, par A. J. Becart. *Bruxelles, De Wallens,* 1841, in-8°.

2464 (Lesbroussart) Question littéraire : Auxquels des historiens, etc., doit-on donner la préférence dans l'étude de la Rhétorique... en trois discours. *Gand, Gimblet.*—Mémoire sur la question : Pourquoi le pays de Liége, qui a produit un si grand nombre de savants, etc., par M. Lesbroussart. *Gand, v° Somers;* en 1 vol. in-8°, maroq. rouge, dent. s. plat, tr. dor.

2465 Essais historiques et philosophiques sur l'éloquence judiciaire depuis sa naissance jusqu'à nos jours, par Phelippes des Tronjolly. *Paris, Béchet,* 1829, 2 vol. in-8°, d.-r. v.

2466 Fœlix D. Ill. Præsidis a Rosa ab Hispania reditus, in-4°, d.-r. veau fauve.

 Ms. de 18 feuillets, du xviie siècle, paraissant autographe. C'est une déclamation ampoulée, adressée au président Roose, et suivie de quelques anagrammes. Mais elle est curieuse pour les détails qu'elle contient.

2467 Oratio funebris in obitu D. Gabrielis comitis Tencinii, Palatinidis Cracoviensis. Habita Bruxellæ, 7 sept. 1629, a R. P. F. Isidoro a S^{to} Joseph. *Bruxellis, Pepermanus,* 1630, in-4°, vélin.

 Pièce bien rare. C'est l'oraison funèbre d'un jeune Polonais qui était venu en Belgique pour y faire ses études, et y mourut au siège de Bois-le-duc. Détails sur la noble race dont il descendait.

2468 Nic. Vernulæi dissertationum politicarum stylo oratorio explicatarum decas prima. *Lovanii, Vryenborch,* 1646, in-8°, vélin.

2469 Ant. Matthæi orationes. Accedit ejusd. poëma inaugurale. *Ultrajecti,* 1655, p. in-12, dem.-rel. veau br.

2470 Orationes Nic. Avancini, in tres partes divisæ. *Antverpiæ, vid. Verdussen,* 1693, 2 vol. in-12, v. f.

2471 Oratio philippica ad excitandos contra Galliam Britannos; auth. Matthæo Cardinale Sedunensi, adnotation. donavit J. Tolandus, acced. ejusd. Gallus Arctalogus, odium orbis et ludibrium. *Amstelaed., Wetstein,* 1709, in-8°, d.-r. v. f., non rogné.

2472 Harangue funèbre sur la mort de Son Excellence Mess. Charles de Croy, duc de Croy et d'Arschot... par Philippes Bosquier Montois. *Douay, P. Avroy,* 1612, in-12, vél.

Rare.

Cette harangue est certainement un des specimens les plus curieux de l'éloquence de cette époque. Malgré tout le pathos qu'il a déployé et les incroyables exagérations qu'il a débité sur le compte de son héros, le bon frère observantin se croit encore obligé de terminer son œuvre par cette humble protestation poétique :

A la très-noble famille des Croys.
(Sang royal des Croys) qu'il me soit pardonnable,
De n'avoir mieux pleuré ton Mort tant déplorable!

2473 Oraison funèbre sur le trespas de Mme Loyse Vander Gracht, dame de Cour S. Estienne, de Bouchaut, etc., prononcée par F. Charles Matthæi, Frère Mineur. *Namur, Van Milst,* 1645, p. in-8°, d.-r. v.

Pièce curieuse et rare.

2474 Le trésor des harangues, faites aux entrées des Rois, Reines, Princes, etc. (et remontrances faites aux ouvertures du Parlement, etc.), par M. L. G. (Gilbault). *Paris, Bobin,* 1680, 2 vol. in-12, v. br.

2475 Recueil des oraisons funèbres prononcées par Esprit Fléchier. *Paris, Desaint,* 1772, in-12, veau fauve.

2476 Oraison funèbre de Daniel O'Connell prononcée à Rome, par le R. P. Ventura, traduite par l'abbé A. Le Ray. *Paris, Lecoffre,* 1847, in-12, d.-r. v.

2477 Algemeene vryheid (Redevoering), door R. H. Scheels; mitsgaders eene redev. van Th. Hoogers over Kajus Julius Cæsar, etc. *Rotterdam,* 1666, in-12, d.-r. v.

Restauré et souillé.

2478 Redenvoeringen van Abraham Vereul. *Amsterd.,* 1790, in-8°, dem-rel.

2479 Hulde aan de nagedachtenis van G. Bakker, door J. Baart de la Faille. *Groningen,* 1828. — Gedenkrede op H. D. Guyot, door B. H. Lulofs. *Ibid.,* 1828. — De nagedachtenis van Th. A. Clarisse, door G. H. Van Senden. *Ibid.,* 1828. — Honneurs à la mémoire de M. Wagemann. *Liége,* 1825. — P. de Ryckere. Oratio in funere Fr. P. Casselii, 1821; en 1 vol. in-8°, portr., d.-r.

2480 The common-place book of british eloquence; consisting of a choice collection of the speeches of our most distinguished senators, statesmen, etc. *London, Tegg,* 1827, in-24, portr., d.-r. toile.

III. — POÉSIE.

INTRODUCTION. — TRAITÉS DE POÉTIQUE.

2481 Plaidoyers en faveur de la poésie et de la peinture, devant le public. *Paris, v° Valleyre,* 1790, in-12, v. br.
2482 A guide to classical learning; or polymetis abridged, etc., by N. Tindal. *London, Dodsley,* 1764, in-12, v. br. fil.
2483 Dissertatio J. D. Fuss versuum homœoteleutorum sive consonantiæ in poesi neolatina usum commendans, etc., *Leodii, Collardin,* 1828, in-8°, cart.
2484 De conficiendo epigrammate, liber unus, in quo non modo methodus pangendi omne epigrammatis genus, sed complura etiam alia... auct. J. Cottunio. (*Bononiæ,* 1632), in-4°, frontispice, vélin.
Rare.
2485 Delectus epigrammatum, sive varia acute et breviter exprimendi methodus, authore J. A. F. Pauwels. *Antverpiæ, De Cort,* 1770, in-12, veau fauve.

POÈTES GRECS ET POÈTES LATINS ANCIENS. — POÉSIES LATINES DU MOYEN-AGE.

2486 Homeri Ilias et Odyssea (græce). *Londini, J. Pickering,* 1831, 2 vol. portrait. — Catullus, Tibullus et Propertius. *Ibid., id.,* 1824, figure; ens. 3 vol. in-32, maroq. rouge, dor. s. tr., dent. intér.
Aux armes de M. de J.
Charmants exemplaires de ces jolies éditions microscopiques.
2487 Poésies militaires de l'antiquité, ou Callinus et Tyrtée; texte grec, traduction polyglotte, prolégomènes et commentaires par A. Baron. *Bruxelles, Meline,* 1835, in-8°, dem.-rel. veau fauve.
2488 Poésies de Sapho, suivies de différentes poésies dans le même

genre. *Londres (Cazin)*, 1792, p. in-12, figures, v. éc. à fil., tr. d.

Aux armes de M. de J.

2489 La Faoniade, inni ed odi di Saffo, tradotti dal testo greco in metro italiano da S. J. P. A. (le Maréchal Don Vicenzo Imperiali). *Crisopoli, co' caratteri Bodoniani*, 1792, p. in-8°, dos et coins en maroq. brun du Levant (*Schavye*).

Rare et recherché.

2490 Xenophanis Colophonii carminum reliquiæ, illustr. S. Karssten. *Bruxellis, Frank*, 1830. — Anacreontis odæ et fragmenta, græce et lat. ed. J. B. Gail. *Leodii, Duvivier*, 1819; en 1 vol. in-8°, d.-r. bas.

2491 Pindarus Werke, Urschrift, Uebersetzung u. Erläuterungen von Fried. Thiersch. *Leipzig, Fleischer*, 1820, 2 vol. in-8°.

2492 Poetarum latinorum Hostii, Lævii, Calvi, Rufi... aliorumq. vitæ et carminum reliquiæ, edid. Aug. Weichert. *Lipsiæ, Teubner*, 1830, in-8°, d.-r. v.

2493 Virgile virai au bourguignon. Choix des plus beaux livres de l'Énéide, suivis d'episodes, publiés par C. N. Amanton. *Dijon, Frantin*, 1831, in-12, d.-r. maroq. brun et coins, fil. s. l. jonct.

2494 Quinti Horatii Flacci opera omnia, recensuit Filon, in regio Ludovici Magni collegio professore. *Londini, Treuttel et Würtz (excudebat Didot)*, 1828, tr. p. in-12, maroq. rouge du Levant, plats à petits fers, doublé de maroq. vert et de gardes en soie, dor. s. tr. avec agraffes dor. et étui. (*Schavye*.)

Très-bel exemplaire de ce chef-d'œuvre typographique de H. Didot. Les caractères qui ont servi à son impression ont été gravés expressément; ce sont les plus petits types qui existent, et en raison de leur exiguité ils sont d'une pureté remarquable.

2495 Les métamorphoses d'Ovide, en latin et françois, divisées en XV livres. Avec de nouvelles explications historiques, etc., de la trad. de M. P. Du-Ryer. *Amsterdam, Blaeu*, 1702, in-fol., fig., d.-r. v. br.

Grandes estampes par Ad. Van Diepenbeke, Th. Matham, Clouet, Bouttats, M. Bouche, etc.

2496 Traduction des fastes d'Ovide, avec des notes et des recherches de critiques, etc., par M. Bayeux. *Rouen, Boucher,* 1783-88, 4 vol. in-8°, fig., v. f.

2497 Epistole eroiche di P. Ovidio Nasone, tradotte da Remigio Fiorentino. *In Parigi, Durand,* 1762, frontisp., portr. et vignettes d'après Zocchi, in-8°, maroq. rouge à dent.

Ancienne reliure bien conservée.

2498 (Ovidius Naso) Minne-kunst. Minne-baet. Minne-dichten. Mengel-dichten. (Door J. van Heemskerk.) *Amsterdam, Ravesteyn,* 1627, in-8° oblong, jolies figg. sur cuivre, veau écaille à compart.

Un peu rogné en haut, du reste bien conservé. Ce livre eut un très-grand succès lors de son apparition et plusieurs éditions furent rapidement épuisées. — Celle-ci est la plus complète : elle compte 466 pp. de texte outre les prélim. de 4 ff.

2499 Phædri fabularum Æsopiarum libri V, cum notis perpetuis J. F. Gronovii et Nic. Dispontinii. *Amstelædami,* 1703, in-12, vél.

2500 Satires de Perse traduites en vers françois, par Le Noble. *Amsterdam, Braakman,* 1706. — Poësies héroïques, morales et satyriques, par M. de Sanlec. *Ibid., Desbordes,* 1700, in-8°, v. f.

Le 2ᵉ ouvrage est rogné.

2501 Satires de Juvénal, traduites en vers français (texte latin en regard), par L. V. Raoul, *Tournay, Casterman,* 1818, in-8°, maroq. rouge à fil., tr. dor.

2502 M. Val. Martialis epigrammata ab obscœnitate expurgata. *Antverpiæ,* 1630, in-32, vél.

2503 D. Magni Ausonii, Mosella, cum commentario M. Freheri. *S. l., typis Goth. Voegelini,* in-fol., figg. au texte, d.-r. t.

2504 Moselgedichte des Decimus Magnus Ausonius und des Venantius Honorius Clementianus Fortunatus (lateinisch und deutsch) von Ed. Böcking. *(Bonn),* in-8°, d.-r. v. fauve.

2505 Venantii Hon. Clem. Fortunati, Episc. Pictaviensis, carminum, epistolarum et expositionum libri XI. Additi de vita S. Martini libri IV. Omnia illustrata notis à R. P. Christ. Browero. *Moguntiæ, Lippius,* 1603, in-4°, v. f.

2506 Poésies populaires latines antérieures au xiiᵉ siècle, par

Edélestand du Méril (texte latin). *Paris,* 1843, in-8°, dem.-rel. v. rouge.

POÈTES LATINS MODERNES, ITALIENS, FRANÇAIS, ALLEMANDS ET ANGLAIS DE NATION.

2507 Poétique de Vida, traduite en vers français, avec le texte en regard, par P. C. Gaussoin. *Bruxelles, Delemer,* 1819, in-8°, figure, v. rac.

2508 Syphilis ou le mal vénérien, poëme latin de Jérôme Fracastor, avec la traduction en françois et des notes (par Macquer et Lacombe). *Paris, Lucet,* 1796, in-12, portr. et titre gravé, demi-rel. veau vert.

2509 Hieromachia seu Bellum sacrum gallicanum per Renat. Choppinum Jurecons. *Parisiis, Gul. Julianus,* 1562, in-4°, de 9 ff., demi-rel. v. bleu.

Les quatre derniers feuillets légèrement troués.
Ce poème en l'honneur de la ligue est rare, et n'a pas été imprimé dans les œuvres complètes de René Chopin.

2510 Pia hilaria variaque carmina R. P. Angelini Gazæi. *Duaci, Bellerus,* 1619, in-16, demi-rel. v.

2511 Hodoeporicon Sereniss. Hispan. Reginæ Mari-Annæ Austriacæ, seu eius profectio ab Austria et iter in Hispaniam, nec non in regiam Madritensem solennis ingressus, auct. P. Steph. L. Villafanus, Soc. J. *Antverpiæ, Cnobbart, s. d.* (1653), in-12, demi-rel. veau rac.

Un second titre porte : P. St. L. Villafani... opera poetica divisa in tres partes. Ce sont en effet les œuvres poétiques complètes du P. Villafanus.

2512 De Schilderkonst, in latynze vaerzen beschreven, door C. A. du Fresnoy, vertaalt naar de Piles, door J. Verhoek. *Amsterd.,* 1722, p. in-8°, v. br.

Mouillûre.

2513 L'excellence de l'imprimerie, poëme latin, dédié au Roi, par C. L. Thiboust. *Paris,* 1754, in-8°, portr. et fig., d.-r. v.

Texte latin et français.

2514 Guntheri, poetæ clarissimi, Ligurinus, seu opus de rebus gestis Imp. Caes. Frederici I, lib. X.; Richardi Bartholini, Perusini, Austriados lib. XII, cum scholiis Jac. Spiegellii.

S. l., 1531, in-fol., frontispices et lettrines en bois, demi-rel. v. fauve.

Légèrement mouillé.

2515 Studentes comoedia de vita studiosorum, nunc primum in lucem edita, auth. Christ. Stumelio; cum præfat. Jod. Willich et epilog. Chr. Corneri. *Antverpiæ, Verwithaghen,* 1551, in-12 (de 40 ff.), demi-rel.

Exempl. bien conservé d'un livre rare.

2516 Lusus anagrammatici ex nominibus Reverendiss. Dominorum Mediatorum, ac Legatorum in Pacis universalis per Europam tractationem Monasterii atque Osnabrugi commorantium desumpti. Opera ac studio rhetorum gymnasii Paulini Soc. Jesu. *Monasteri, Raesfeld* (1646), in-4° (de 35 feuill.), demi-rel. v. fauve.

Au titre, restauration très-bien faite d'un nom découpé.

2517 Discursus scripturistico-poeticus de bello gallo-bavarico post mortem Caroli VI Rom. Imperat. cæpto (1741), in-4°, d.-r. mar. br.

Poëmes latins mss., avec titres et tables par M. de Jonghe. Nous ignorons quel en est l'auteur et s'ils ont été publiés. Ils semblent être d'origine allemande.

2518 Epigrammata Joannis Owen. *Ludg. Batav., ex off. Elzeviriana,* 1628, in-24, v. fauve. Très-rogné.

2519 Les épigrammes d'Owen, traduites en vers françois, par Lebrun (latin-franç.). *Bruxelles, Leonard,* 1719, frontisp., p. in-12, v. br. taché d'huile.

POÈTES LATINS MODERNES, BELGES ET HOLLANDAIS DE NATION.

2520 Magistri Reneri de Bruxella, tragœdia, edidit Lud. Tross. *Hammone,* 1848, de 8 ff. — Nouvelle prose sur le dernier jour, composée avec le chant noté, vers l'an mille, publiée par Paulin Blanc (avec fac-sim.). *Montpellier, J. Martel,* 1847, de 55 pp., avec lettre autogr. de Paulin Blanc; en 1 vol. in-8°, demi-rel. toile.

2521 Fratris Joannis Caron Marchyanensis ad Erhardum Bertotum opusculū tumultuarium. *S. l. n. d.*, in-4°, goth., de 12 ff., marque d'imprimeur sur le titre, demi-rel. v. f.

Jean Caron, natif de Malines, religieux bénédictin de l'abbaye de

Sainte-Ruhtrude, à Marchiennes, vivait à la fin du xv⁰ siècle. Son poème « *Opusculum tumultuarium* » fut imprimé à Paris, chez Félix Baligault, sans indication de lieu ni d'année. Cf. *Foppens, Bibliotheca Belgica*, II, 605. Félix Baligault imprimait à Paris vers l'année 1497. M. Brunet a donné sa marque ou vignette, à peu près semblable à celle qui se trouve en tête du présent volume, mais avec son nom au-dessous...

(Note de M. d. J.)

2522 Descriptio Aurei Velleris, ad illustr. Principem Alex. Farnesium, auct. Jac. Vivarii, Lumelani. *Antverpiæ, Henr. Henricius*, 1585, p. in-4°, de 52 ff., demi-rel. v. fauve.

2523 Jasparis Gellii Diestemii Floreffiensis abatiæ canonici, poemata sacra. *Lovanii, J. B. Zangrius*, 1599, in-4°, vélin.

Avec note de M. d. J. — Recueil de poésies latines devenu fort rare. Ce volume n'est pas cité par le catalogue Van Hulthem.

2524 Ægidius a Bocholtz poemata varia græco-latina. In-4°, d.-r. veau rac.

Beau ms. probablement autographe, d'environ 400 pages, du commencement du xvii⁰ siècle. L'auteur était écolatre de la cathédrale de Liége, et fils de George de Bocholtz, seigneur d'Aldendorf et d'Elis. Marg. Van Erpe. Une grande partie des pièces contenues dans ce volume ont rapport à la principauté de Liége. Nous citerons : Descriptio Mosæ, des épitres ou des odes adressées aux bourgmestres, au prince Ernest et à une foule de personnages du pays. — Des poésies grecques. — Enfin, le martyre de S. Mengold, mystère en trois actes. Ces poèmes sont inédits ; les vers sont coulants et bien frappés.

2525 Insignium hujus ævi poetarum lacrymæ, in obitum Abrah. Ortelii Antverpiani et geographi, Fr. Sweertius colligebat. *Antverp., Keerbergius*, 1601, in-8°, demi-rel. v. rac.

Au titre une dédicace « à Adrien Beyerlinck » écrite et signée par F. Sweertius.

2526 Danielis Heinsii auriacus sive libertas saucia. Accedunt ejusdem iambi. *Lugd. Batav.*, 1602, in-4°, vél.

2527 Clariss. viri Justi Lipsii Musæ errantes, ex auctor. schedis partem descripsit, sparsas collegit, edidit Fr. Sweertius. *Antverp., J. Keerbergius*, 1610, in-4°, vélin.

2528 Baisers et élégies de Jean Second, traduits en vers français, avec le texte en regard, par Tissot. *Bruxelles*, 1826, in-12, portr., demi-rel. v. fauve.

2529 Funus illustrissimæ virginis Albertinæ Spinulæ a variis adornatum. Curator Ant. Sanderus. *Antverp., Rob. Bruneau,* 1608, in-fol. de 20 ff., blason au titre, d.-r. v. rac.

2530 Ant. Sanderi, poemata. *Gandavi, J. Lapidanus,* 1621. — Id., panegyrici quatuor in laudem Virginis-Matris. *Ibid., id.,* 1621. — Id., panegyricus annunciatæ Virginis. *Ibid., G. Manilius,* 1621. — Id., præfationum ad varios liber. *Ibid., J. Lapidanus,* 1622; en 1 vol. in-8°, vélin. (*Un feuillet doublé et taché*).

Complet. On trouve dans la première partie des *Poemata* les pièces qui, selon la *Bibliogr. gantoise,* manquent à beaucoup d'exemplaires. Nous remarquons en outre dans celui-ci quelques corrections et additions qui pourraient bien être autographes.

2531 Joannis Despiennes du Fay, ab Hannonia, opuscula. *Lovanii, Dormalius,* 1623, in-12, demi-rel. v. rac., rel. neuve.

2532 Petri Scholirii sermonum familiarium libri tres, perpetuis commentariis illustr. Alb. Le Roy. Adjectæ sunt aliquot epistolæ familiares ejusd. poëtæ. *Hermopoli, typ. Basilicis* (*Antverpiæ, Moretus*), 1683, in-4°, port., v. br.

Avec 2 pl. de Voet, d'après J. E. Quellin.

2533 J. Rycquii, Parcæ, id est epitaphiorum a se conscriptorum libri III. *Gandavii, Kerchovius,* 1624, in-12, v. br.

2534 Rosarium Carolistarum, vulgo les Patenotres Imperiales; invictiss.... Roman. Imperat. necnon Hispan. Regi Carolo Sexto dedicatum et consecratum. *Montibus, viduæ Laurentii,* 1625, in-fol., figures sur cuivre, d.-r. bas. bleue.

De 18 feuillets (titre y compris) au lieu de 16 feuillets comme l'indique la *Bibliographie Montoise.* C'est un recueil de poésies chronogrammatiques à l'adresse du roi Charles VI, composées par le Recollet Antoine Paternotte, d'Ath. Chaque feuillet est orné d'une gravure assez médiocre; le premier feuillet porte d'un coté les armoiries royales, de l'autre coté la tiare et la couronne impériale, en médaillon.

2535 Parnassi bicipitis de pace vaticinia, chronographicis, retrogradis, acrostichis et anagrammatis explicata. Libri duo. Auctore Jo. de Weerdt. *Antverpiæ, Moretus,* 1626. — Unitas fortis a D. Marchione de Leganis provinciis Belgicis fidelibus Philippi IV nomine proposita. 1627. Illustr. J. J. Chiffletius. *Ibid.,* 1628, in-4°, v. br. fil., rel. restaurée.

La première pièce est un curieux specimen de versification qui mérite de trouver place dans les *Nugæ difficiles* de Peignot.

BELLES-LETTRES.

2536 D. Rogerii Braye, pastoris ac canonici B. Virginis Cortraci, poematum sacrorum libri septem. *Cortraci, P. Bouet,* 1627, p. in-8°, dem.-rel. v. rac.

2537 Arx virtutis sive de vera animi tranquillitate, satyræ tres, auct. Joan. Van Havre. *Antverpiæ, Plantinus,* 1627 *(Gand., Van Dooselaere,* 1859), gr. in-4°, dos en toile.
Réimpression sur papier vélin.

2538 F. F. Corn. Curtii et Jo. Rivii Augustinianorum poëmata. *Antverpiæ, Aertssens,* 1629, 2 t. en 1 vol. p. in-12, vél.

2539 Hemek-Beracha, Vallis benedictionis, sive Belgidos magnique illius et memorabilis belli quod (anno 1629) in Belgio a Belgis confœderatis gestum est, edita a Dan. Souterio. *Harlemi, J. P. a Wesbuch,* 1631, in-4°, vélin.

2540 Godefridi Wendelini Aries seu Aurei Velleris encomium. *Antverp., B. Moretus,* 1632, in-4°, d.-r. v. rouge.
Poème latin de 10 pages.

2541 R. P. Balduini Cabiliavi Iprensis, epistolarum heroum et heroidum libri quatuor. *Antverpiæ, Aertssens,* 1636, in-8°, vél., d. s. tr.
Titre taché.

2542 Palaestra scholæ publicæ Mechliniensis, sive exercitationes per selectos patrum Oratorii studiosos... (auth. F. Pirouet, G. Chaneau et Nic. van Mechelen). *Antverpiæ, Aertssens,* 1639, in-12, d.-r. v. fauve.
Livre rare, inconnu à Foppens et manquant au catalogue Van Hulthem. Hoffmann Van Peerlkamp et Hoeufft n'ont pas cité ces trois oratoriens dans leurs notices sur les poètes belges qui ont écrit en latin, et cependant on trouve dans ce recueil des pièces qui ne sont pas sans mérite. Il se compose de tragédies, d'églogues et surtout d'une centaine d'épigrammes assez spirituelles. En voici une :
De Lausa maritum mortuum ficte deplorante.
Dum flet Lausa virum, singultat sæpius. Erro,
Num plorat? risum sic tegit illa suum.

2543 Constantini Hugenii, momenta desultoria, poëmatum libri XI, edente Casp. Barlaeo. *Lugd. Batav., Bonav. et Abrah. Elzevirii,* 1644, p. in-8°, dos et coins en maroq. rouge du Levant.

2544 Constantini Hugenii, de vita propria sermonum inter liberos libri II, edid. et illustr. P. H. Peerlkamp (avec trad. holland. par A. Loosjes). *Harlemi*, 1817, in-8°, d.-r. v. rose.

2545 Rhetorum collegii S. Adriani oppidi Gerardimontani in Flandria, poesis anagrammatica sub Quintino Duretio Insulensi. *Antverpiæ, Bellerus,* 1651, in-8°, demi-rel. veau rac. (Titre un peu rogné).

<small>Volume de 389 pages, à 2, 3, 4 anagrammes et plus à chaque page, suivis de poésies latines. De tous les recueils plus ou moins importants de ce genre, celui-ci est certainement un des plus merveilleux. — La première partie de l'ouvrage est consacrée aux choses saintes. — La Passion de J. C., le Kyrie eleyson, les noms des saints et saintes, celui de la Sainte-Vierge, y sont habilement anagrammatisés ; c'est la partie la plus riche.</small>

<small>La seconde partie de ce travail laborieux est toute mondaine et ne renferme que des éloges (en anagrammes toujours) des autorités spirituelles et temporelles, depuis le Saint-Père et l'Empereur Ferdinand III, jusqu'aux simples moines belges. — Une table des collaborateurs de ce recueil est placée à la fin du volume.</small>

<small>V. sur ce livre rare et curieux, un article de M. Chalon. *Bulletin du Bibl. belge,* I. p. 149.</small>

2546 Genealogia Jesu Christi per mundi ætates versu deducta a F. J. B. Vanden Cruyce. *Antverpiæ, Aertssens,* 1654, in-8°, fig., vél.

<small>Fig. d'après E. Quellin.</small>

2547 Sidronii Hosschii, Soc. J., elegiarum libr. VI ; item Guil. Becani idyllia et elegiæ. *Alosti,* 1822, in-8°, portr. dem.-r. v. brun.

2548 S. Principi Joanni Austriaco Valencenarum vindici inter ignes triumphales cum veneratione applaudit collegium Soc. Jesu. Bruxellis, 23 julii 1656. (*Bruxellis*), *Foppens,* in-4°, demi-rel. toile angl.

2549 L'art du mariage, poëme latin de J. Cats, avec le commentaire de Lidius, traduits en français (texte en regard). *Paris, Barrois,* 1830, p. in-8°, demi-rel. v. rouge.

2550 Jucundi sacræ synaxeos amores, sive Christus in Eucharistia summopere amans et amabilis, libri tres. Item anima in ignibus expiatoriis. Authore R. P. Guil. Grumsel. *Leodii, Hovius,* 1667. — Caroli Werpæi Magdalena pœnitens exulans amans, elegiarum tribus libris expressa. *Ibid.*, p. in-12, vél.

<small>Un nom découpé au premier titre, tache d'huile dans le 2ᵈ ouvrage.</small>

Le premier recueil manque au cat. Van Hulthem. Sur Guill. Grumsel, né à Liége, en 1607, Cf. De Backer, *Bibl, des écriv. de la Soc. de J.* I, 364.

2551 Virgo Maria mystica sub solis imagine emblematice expressa, opusculum votivum vovente et votum reddente P. F. Joan. de Leenheer, ord. Eremit. Sancti Patris August. *S. l.*, 1681, in-4°, vélin, avec 25 figg d'emblêmes grav. sur cuivre par G. Bouttats.

Curieux poëme en l'honneur de la Sainte-Vierge. L'auteur le composa à la suite d'une dangereuse maladie. Le livre est dédié à Didace Ferdin. de Villegas, dont les armoiries sont gravées sur la première planche; un acrostiche quintuple termine la dédicace. Les poésies sont en latin et en flamand; le volume est devenu assez rare et sera toujours recherché à cause de sa singularité.

2552 Jubilæi quadrigentesimi Woeringianæ victoriæ mnemosynon (auth. J. Jambe). *Bruxellis, J. B. Pepermans* (1683), de 10 ff., p. in-4°, demi-rel. v. bleu.

2553 Sancta familia, seu chronicum 1690, anagrammatum, super LY Salvator, Genitrix, Josephus vel Joseph, concinne fabricatum, et in tres libros divisum, genitæ in terris hujus Triadis, Turcarum victricis, etc., etc., authore R. P. F. Andrea de Solre, S. ord. FF. Praedicat. conv. Bruxell. filio. *Antverpiæ, H. Van Dunwalt*, 1686, in-8°, v. rac., dos renouvelé.

« Ce livre est peut-être le plus épouvantable casse-tête qu'ait enfanté la patience monacale. Qu'on se figure les lettres qui composent ces trois mots : SALVATOR, GENITRIX, JOSEPH, retournées de 1670 manières et donnant toujours un sens; puis, chacun de ces anagrammes accompagné d'un chronogramme présentant le chiffre des années, depuis 1 jusqu'à 1670, et d'une explication ou paraphrase en vers latins qui parfois forment eux-mêmes des acrostiches doubles, triples, quadruples, des labyrinthes, des tirades de cent vers dont *tous les mots* commencent par la même lettre, enfin la réunion de toutes les difficultés les plus bizarres qu'on trouve dans les Amusements Philologiques de G. Peignot, et de tout cela pendant 879 pages d'une impression compacte et menue! C'est en vérité à effrayer l'imagination. » (M. Chalon, *Bull. du Bibl. belge*. I. 66). Le P. A. de Solre était né à Lessines, en Hainaut, vers 1635. Inutile d'ajouter que ce curieux recueil de *nugæ difficiles* est extrêmement rare. L'exemplaire, provenant de l'abbaye de Stavelot est d'une bonne conservation.

2554 Index divinorum operum ex Aug. Altaris Sacramento erga Christianum populum, symbolis latinis, ac vernaculis

quintupliciter partitus. Wyse van de goddelycke wercken, etc., met vlaemsche rymende sinnebeelden, door P.
Mart. de Buschere. *Brugghe, Doppes,* 1686, p. in-8°, d.-r. v.

<small>Un peu court.</small>

2555 Carmelus triumphans seu sacræ panegyres Sanctorum Car-
melitarum ordine alphabetico compositæ, cum nova et
extraordinaria methodo, authore R. P. Hermanno a S. Bar-
bara. *Namurci, Albert,* 1688, p. in-8°, d.-r. v.

<small>Ce livre curieux de Guillaume Herris de Liége, de l'Ordre des Carmes, est composé de panégyriques de saints de son Ordre, loués, dit-il, *cum extraordin. methodo;* cette méthode consiste en effet à commencer tous les mots d'un panégyrique par l'initiale du saint qui en est l'objet. C'est un de ces effrayants jeux d'esprit qui charmèrent les loisirs de plus d'un moine de ce bon temps. (*Voir* Peignot, *Amusements philologiques,* et R. Châlon, Nugæ difficiles. *Bull. du Biblioph. belge,* tome I.)</small>

2556 Pindus charitatis sive horæ subsecivæ R. A. P. Francisci
Desiderii De Sevin Bruxellensis. *Charitopoli, typis Basilicis (Antverpiæ, Moretus),* in-fol., fig., dem.-rel. v. f. à
fermoirs, titre restauré.

<small>Recueil formé de pièces imprimées à différentes époques, 1675-1690, et réunies par l'auteur sous un titre général. Les trois ou quatre exemplaires que nous en avons rencontré diffèrent entre eux quant au nombre de pièces qu'ils renferment. C'est évidemment un livre qui n'a jamais été mis dans le commerce et dont l'auteur distribuait de temps à autre un exemplaire plus ou moins fourni. Quant au contenu, c'est une collection de poèmes des plus curieux imprimés avec luxe, enrichis de nombreuses gravures. Ce sont de perpétuelles énigmes, des jeux de mots à donner le frisson, des échos rébarbatifs, des anagrammes hasardés, Dieu sait comme. Tantôt c'est un poème de 150 vers dont chaque mot commence par un V, tantôt c'est une pièce au milieu de laquelle se dessine un calice formé de mots qui, lus à droite, à gauche, de haut en bas, composent des vers dans des vers (*V Bull. du Bibl. belge,* X, 270.). On y trouve cependant quelques poèmes intéressants accompagnés de notes curieuses pour l'histoire locale. Ce recueil est fort rare.</small>

2557 Annus coronatus hymnis sanctorum omnium ex cruce cum
agno Dei triumphantium in arce polorum constructa ab
Aug. Cas. Redelio, Mechliniensi, poëta. *Aug. Vindel.,*
1696, figg. — Funiculus triplex quo anima peccatrix so-
luta a vinculis scelerum suorum... ejusd. auth. *Ibid., Hau-
ser;* en 1 vol. p. in-12, d.-r. v. rac.

<small>Poëte belge non cité dans le Catalogue Van Hulthem, et inconnu à Foppens.</small>

2558 P. J. Beronicii quæ extant, P. Rabus recensuit et Georgarchontomachiæ notas addidit (avec traduction hollandaise). *Amsterdam,* 1716, p. in-8°, figg., d.-r. v.

2559 Applausus virico Philippo Laurentio de Daun principi Thianensi Aurei Velleris equiti Belgii Gubernatori... (auth. Fratr. P. et J. C. van der Borcht). *Bruxellis, Fricx,* 1725, in-4°, titre gravé, texte 29 ff. imprimés d'un côté, figures emblem. sur cuivre, in-4", d.-r. v. bleu.

> Ouvrage singulier dont le texte est uniquement composé d'anagrammes et d'épigrammes. En voici un specimen sur le nom du héros du livre :
>
> *Nuda* nec es *Nudi* nec parvi nominis *Unda.*

2560 Livini Meyeri e Soc. Jesu, poematum libri duodecim. *Brux., Frickx,* 1727, in-12, v. br.

Une déchirure.

2561 Quæstiones poësios quibus accedunt miscellanea poetica per Jacobum Pate Liranum, 1752, in-12, dos en toile.

Ms. de 84 p.

2562 Carmina varia conscripta ab Augustino De Waha Bruxellensi, 1753, in-4°, toile.

Manuscrit.

2563 Musæ Leodienses, seu carmina a selectis scholarum superiorum discipulis proprio marte composita et recitata, in collegio Soc. Jesu, in Insula. *Leodii, Bourguignon,* 1763, in-12, v. br., à dent., rel. restaurée.

2564 Brederode of het tweede eeuwgetyde der Nederlandsche vryheid (5 april 1766) gevierd te Amsterdam, door P. Burman, vertaald door A. Hartsen. *Amsterdam,* 1767, in-4°, figg. de médaille ajoutée, d.-r. v. bleu.

2565 Sancti fundatores religiosorum ordinum; quorum effigies repraesentantur, virtutes exhibentur, encomia metrice dilucidantur per J. A. F. Pauwels. *Antverpiæ,* 1777, gr. in-4°, figg. sur cuivre, dos en toile. Taché d'huile, incomplet.

2566 Alterum bellum borussicum carmine lyrico conscriptum et gallice redditum, notisque adpositis a R. P. Francisco

Gercken, c S. J. militiæ C. R. et Apost. per Belgium Austriacum superiore Castrensi, In-4°, d.-r. bas. r.

<small>Ms. de 44 ff., probablement autographe. L'auteur dédie son œuvre à Marie-Thérèse. Attaché aux armées, en qualité d'aumônier, il avait assisté aux actions mémorables qu'il célèbre dans ses vers.</small>

2567 Poëmata, chronometra, anagrammata, epigrammata et alia his affinia (auth. Van Halen). *In Monte Parnasso, typis musicis, s. d.* (1784), in-8, de 292 pp., demi-reliure veau fauve.

<small>Volume rare, imprimé à petit nombre d'exempl., non destinés au commerce. L'auteur était moine à l'abbaye de Ninove. — V. sur ce livre, l'article de M. Chalon, dans le *Bulletin du Bibliophile belge*, t. I, p. 145.</small>

2568 G. N. Heerkens, Aves Frisicæ. *Rotterd.,* 1788, in-8°, d.-rel. basane.

2569 Sancta Catharina rhetorices, et sancta Cæcilia poeseos patronæ. — Musicæ et poesis de arte suæ præstantia certamen. *Brugis, Van Praet,* en 1 vol. in-8°, pap. fort, maroq. rouge, dor. s. plat, aux armes de Cobenzl.

2570 Ramus olivæ conventui abbatiæ loci S. Bernardi ad Scaldim solemniter allatus a Dom. Raphaele Seghers dicti monasterii abbate XXXVIII, etc. Ipsa inaugurationis suæ die 10 maii 1791. *Antverpiæ, De Vos* (1791), in-4° front., d.-r. veau viol.

2571 Documenta e variis Veteris Testamenti historiis, ex Evangelio item, petita, modulis rythmicis quo jucundius cantu... animis influant, opera et studio Caroli Van Beughem. *Mechliniæ, P. J. Hanicq,* 1797, in-8° oblong, demi-reliure veau.

<small>En latin, français et flamand.</small>

2572 H. Collot d'Escury van Heinenoord carminum fasciculus. *Hagæ Comitum, Van Cleef,* 1817, in-8°, d.-r. v.

2573 Miscellanea J. B. G. Camberlyn d'Amougies Equitis. *Gandæ, De Goesin-Verhaeghe,* 1828, in-8°, cart.

2574 F. D. Fuss. Poemata latina adjectis et germanicis græcisque nonnullis. *Leodii, Oudart,* 1856, 2 tom. en 1 vol. in-8°, d.-r. v. f., non rog.

POÈTES FRANÇAIS.

HISTOIRE. — POÉTIQUE. — COLLECTIONS.

2575 De l'état de la poésie françoise dans les XIIe et XIIIe siècles, (Mémoire couronné par l'Institut de France), par B. de Roquefort. *Paris, Audin,* 1821, in-8°, demi-rel. v. bleu, n. rogn.

2576 Précis d'un traité de poétique et de versification, par Viollet-Leduc. *Paris,* 1829, in-32.

2577 Recueil des plus belles pièces des poëtes françois, depuis Villon jusqu'à Benserade. *Paris,* 1752, 6 vol. in-12, veau écaille à fil.

TROUBADOURS, TROUVÈRES ET AUTRES POËTES FRANÇAIS DU XIIe AU XIVe SIÈCLE.

2578 Les contes du gay scavoir. Ballades, fabliaux et traditions du moyen-âge, publiés par F. Langlé et ornés de vignettes et fleurons imités des manuscrits originaux. *Paris, Didot, s. d.,* in-8°, goth., figg. et initiales en coul., dos et coins en maroq. rouge, tête dor., fil. sur les jonctions.

2579 Essai sur les cours d'amour, par Frédéric Diez, trad. de l'allemand par Ferd. de Roisin. *Paris* et *Lille,* 1842, in-8°, demi-rel. v. fauve.

2580 Zwei altromanische Gedichte (die Passion Christi, et Sanct Leodegar), berichtigt und erklärt von Fr. Diez. *Bonn, Weber,* 1852, in-8°, demi-rel. v. bleu.

2581 Romvart. Beiträge zur Kunde mittelalterlicher Dichtung aus italiänischen Bibliotheken, von Adelb. Keller. *Mannheim,* 1844, in-8°, demi-rel. maroq. rouge du Levant et coins, n. rogn.

<small>Recueil d'anciennes poésies françaises, d'après les manuscrits du Vatican, et d'autres bibliothèques à Rome.</small>

2582 Rügelieder der Troubadours gegen Rom und die Hierarchie. Stimmen der Zeit in den originalen und deutscher Uebersetzung von Ed. Brinckmeier. *Halle,* 1846, in-8°, demi-r. v. bleu.

2583 La vie de sainte Enimie, von Bertran von Marseille. In provenzalischer Sprache zum ersten Male vollständig herausg. von C. Sachs. *Berlin, Weidmann,* 1857, in-8°, demi-rel. toile angl.

2584 Fabliaux et contes des poètes françois des xii-xv° siècles, tirés des meilleurs auteurs (par E. de Barbazan). *Paris, Vincent,* 1756, 3 vol. in-12, demi-rel. v. fauve.

2585 Idem, nouv. édit., augmentée par Méon. *Paris, Warée,* 1808, 4 vol. in-8°, figg., demi-rel. maroq. rouge et coins, non rogné.

Bel exemplaire.

2586 Fabliaux ou contes, fables et romans du xii° et du xiii° siècle, traduits ou extraits par Legrand d'Aussy. *Paris, Renouard,* 1829, 5 vol. in-8°, figures de Desenne, pap. vélin, dem.-rel. veau rouge, n. rogné.

2587 Livre d'amour ou folastreries du vieux temps (par Ch. Malo). *Paris, Janet, s. d.* figures color., dem.-rel. maroq. rouge, non rogné.

2588 La fleur des fabliaux (par Ch. Malo). *Paris, Techener, s. d.* figures, in-12, dem.-rel. maroq. vert et coins, n. rog.

2589 Le Romancero françois. Histoire de quelques anciens trouvères et choix de leurs chansons, le tout nouvellement recueilli, par M. Paulin Paris. *Paris, Techener,* 1833, p. in-8°, papier vergé, dos et coins en maroq. du Levant (Lavallière), dor. en tête, n. rog. (*Niédrée*).

2590 Jongleurs et trouvères, ou choix de saluts, épitres, rêveries et autres pièces légères des xiii° et xiv° siècles, publié par Ach. Jubinal. *Paris,* 1835, in-8°, dem.-rel. v. bleu.

2591 Nouveau recueil de contes, dits, fabliaux et autres pièces inédites des xiii° et xiv° siècles, publié par A. Jubinal. *Paris,* 1839, 2 vol. in-8°, dem.-rel. v. vert.

2592 Zwei Fabliaux (dun Hermite qui avoit une Sarrazine et de Larmite que la femme vouloit tempter), aus einer Neuenburger Handschrift, herausgeg. von Ad. Keller. *Stuttgart,* 1840, in-8°, pap. vélin, dem.-rel. maroq. bleu avec coins.

Tiré à 200 exemplaires.

2593 Fragments d'épopées romanes du xiiᵉ siècle, traduits et annotés par Edw. Le Glay. *Paris, Techener*, 1838, in-8°, pap. vergé, dos et coins en maroq. rouge, non r.

2594 Les romans des douze pairs de France. *Paris, Techener*, 1832-1842, 9 vol. pet. in-8°, pap. vergé, dos et coins en maroq. du Levant (Lavallière), dor. en tête, n. r. (*Niedrée*).

<small>Jolie collection qui renferme :
Li Romans de Berte aus grans piés, publ. par Paulin Paris. — Li Romans de Garin le Loherain, par Paulin Paris, 2 vol. — Li Romans de Parise la Duchesse, par G. F. de Martonne. — La Chanson des Saxons, par Jean Bodel, publ. par F. Michel, 2 vol. — Li Romans de Raoul de Cambrai et de Bernier, par E. Le Glay. — La Chevalerie Ogier de Danemarche, par Raimbert de Paris, 2 vol.</small>

2595 La chanson de Roland ou de Roncevaux du xiiᵉ siècle, publiée pour la première fois par Francisque Michel. *Paris, Silvestre*, 1837, in-8°, dos et coins en maroq. rouge du Levant, n. rog.

<small>Tiré à 200 exemplaires.</small>

2596 Le poëme de Roncevaux, traduit du roman en françois, par J. L. Bourdillon. *Dijon, Frantin*, 1840, in-8°, dem.-rel. veau fauve.

2597 Maistre Wace's St. Nicholas, altfranzösisches Gedicht des xiiᵉⁿ Jahrh. aus Oxforder Handschriften; herausgeg. von Nicol. Delius. *Bonn*, 1850, in-8°, d.-r. v. rouge.

2598 Tristan, recueil de ce qui reste des poëmes relatifs à ses aventures, composés en françois, en anglo-normand et en grec dans les xiiᵉ et xiiiᵉ siècles, publié par Francisque Michel. *Londres, J. Pickering*, 1835, tomes I et II, in-8°, maroq. rouge amaranthe du Levant, à fil., dor. s. tr., dent. intér. aux armes de M. de J. (*Simier*).

<small>Aux armes de M. de J.
Le tome III et dernier, publié plus tard, se vend séparément.</small>

2599 Roman de Mahomet, en vers du xiiiᵉ siècle, par Alex. du Pont, et Livre de la loi au Sarrazin en prose du xivᵉ siècle, par Raymond Lulle, publiés et accomp. de notes par MM. Reinaud et Francisque Michel. *Paris, Silvestre*, 1831, in-8°, d.-r. v. bleu.

<small>Tiré à 200 exemplaires.</small>

2600 Le roman en vers de très-excellent, puissant et noble homme

Girart de Rossillon, jadis duc de Bourgoigne, publié pour la première fois, suivi de l'histoire des premiers temps féodaux, par Mignard. *Paris, Techener,* 1858, gr. in-8°, figg. de fac-simile, dos et coins en maroq. r. du Levant.

2601 Roman de la Violette, ou de Gérard de Nevers, en vers du xiii° siècle, par Gibert de Montreuil, publié par Francisque Michel. *Paris, Sylvestre,* 1834, in-8°, papier vélin, figg. de fac-simile, lettrines impr. en coul., dos et coins en maroq. bleu du Lev., dor. en tête, n. rog.
Édition tirée à 200 exemplaires.

2602 Poésies de Marie de France, poète anglo-normand du xiii° siècle, ou recueil de lais, fables et autres productions de cette femme célèbre, avec notes et comment. par B. de Roquefort. *Paris, Chasseriau,* 1819-20, 2 vol. in-8°, figg., dos et coins en maroq. brun du Levant.

2603 Œuvres complètes de Rutebeuf, trouvère du xiii° siècle, recueillies par Achille Jubinal. *Paris,* 1839, 2 vol. in-8°, v. v.

2604 La bataille et le mariage des VII arts, pièces inédites du xiii° siècle en langue romane, publiées pour la première fois par Achille Jubinal. *Paris, E. Pannier,* 1838, in-8°, d.-r. v. bleu.
Tiré à petit nombre d'exemplaires.

2605 Les tournois de Chauvenci, donnés vers la fin du xiii° siècle, décrits par Jacq. Brétex, 1285. *Valenciennes,* 1835, in-8°, figure, en cuir de Russie à fil.

2606 Le Roman de la Rose, par Guillaume de Lorris et Jehan de Meung, nouv. édition corrigée par Méon. *Paris, Didot,* 1814, 4 vol. in-8°, figg., maroq. rouge à comp. doublé de soie bleue, dor. s. tr.
Exemplaire très-bien conditionné, d'une bonne édition, préférable à toutes les autres.

POÈTES FRANÇAIS DEPUIS LE XIV° SIÈCLE JUSQU'A MALHERBE.

2607 Les anciens poètes de la France, publiés sous la direction de F. Guessard. *Paris, Vieweg,* 1859, 2 vol. p. in-8°, papier vergé, toile angl., n. rogn.
Ces deux volumes renferment le *Doon de Maience* et *Gaufrey, Chansons de Geste.*

2608 Collection de poësies gothiques françoises. *Paris, Silvestre.* 1830-31, 12 vol. in-8°, dem.-rel. v. bleu.

Comprenant :

Le debat du vieux et du jeune. — Sermon joyeux de monsieur Saint Hareng ; monologue des nouveaux sots de la bande. — Le caquet des bonnes chambrières. — Le debat de l'hiver et de l'été. — Sermon nouveau auquel est contenu tous les maux que l'homme a en mariage. — Deploration de Robin. — La complaincte de la grosse cloche de Troyes. — Les souhaits du monde. — Le casteau d'amours, par P. Gringore. — La Reformation sur les dames de Paris, et leur reponse et réplique. — La farce du meunier de qui le diable emporte l'ame en enfer, par N. de la Vigne. — Le songe doré de la pucelle.

Pièces tirées à petit nombre.

2609 Serventois et sottes chansons, couronnés à Valenciennes, tirés des manuscrits de la bibliothèque du Roi. Seconde édition. *Valenciennes, Prignet,* 1833, in-8°, portr., en feuilles et en double étui à dos de maroq rouge.

Exemplaire unique, sur papier jaune, imprimé au nom de M. H. Delmotte, avec signat. autogr. de M. Hécart.

2610 Li romans de Bauduin de Sebourc IIIe Roy de Jhérusalem, poëme du xive siècle, publié pour la première fois. *Valenciennes, Henry,* 1841, 2 vol. gr. in-8°, dos et coins en mar. vert.

2611 L'apparition de Jehan de Meun, ou le songe du prieur de Salon, par Honoré Bonet, prieur de Salon, docteur en décret, MCCCLXXXXVIII, publié par la Société des bibliophiles français. *Paris, Crapelet,* 1845, in-4°, cartonné en étui.

Exemplaire sur PEAU DE VÉLIN (n° 17), imprimé au nom du baron de Reiffenberg. — Il en a été tiré dix-sept exemplaires sur *vélin* pour les membres de la société et cent exempl. destinés au commerce.

2612 Vaux-de-Vire d'Olivier Basselin, poëte normand de la fin du xive siècle, suivis d'un choix d'anciens vaux-de-vire, de bacchanales et de chansons, poésies normandes.., publiés par L. du Bois. *Caen, Poisson,* 1821, in-8°, demi-rel. mar. vert et coins.

2613 Poésies de Charles d'Orléans, publiées d'après les manuscrits de la biblioth. du Roi, par J. Marie Guichard. *Paris, Gosselin,* 1842, p. in-8°, demi-rel. maroq. brun et coins, n. r.

2614 Les œuvres de Guillaume de Machault (publiées par P. Tarbé). *Reims* et *Paris,* 1849, in-8°, dos et coins en maroq. bleu.

<small>Exemplaire en *papier bleu.* Édition tirée à 250 exempl., dont 8 sur papier de cette couleur.</small>

2615 Œuvres inédites d'Eust. Deschamps (publiées par P. Tarbé). *Reims* et *Paris,* 1849, 2 vol. in-8°, demi-rel. maroq. brun et coins.

<small>Exemplaire en *papier bleu.*</small>

2616 Les œuvres de Guillaume Coquillart (avec préface de P. Tarbé). *Reims et Paris,* 1847, 2 tom. en 1 vol. gr. in-8°, papier vergé, dos et coins en maroq. bleu du Levant, n. rogné.

2617 Œuvres complètes du roi René avec une biographie et des notices, par le comte de Quatrebarbes, et un grand nombre de dessins par M. Hawke. *Angers,* 1843-46, 4 tom. en 2 vol. gr. in-4°, figg. noires, dos et coins en maroq. brun du Levant, non rogné. (*Schavye*).

2618 Les souhaitz faitz a Tournay par quelque Franchoys après la victoire de Mont-le-Héry. — Responce ausditz souhaitz par aucun Bourgoignon. *Imprimé pour Rénier Chalon, bibliophile, par maistre Emm. Hoyois à Montz-en-Haynau,* 1842, in-8°, de 7 ff., goth., demi-rel. maroq., pap. vergé, non rogné.

<small>En tête du volume se trouve la charmante monnaie que l'éditeur a fait frapper — *au* xvᵉ *siècle* — pour servir de vignette aux raretés de son riche cabinet.</small>

<small>Jolie impression gothique, tirée à petit nombre d'exemplaires.</small>

2619 — — La même pièce, in-8°, demi-rel. v. rouge, papier vergé, n. rogn.

2620 Sermō ioyeux de la pacience des femmes obstinees contre leurs marys, fort ioyeulx et recreatif a toutes gens, de 4 ff. p. in-4°, figure au titre, goth., cart.

<small>Réimpression en fac-simile tirée à 40 exemplaires. Exemplaire de la biblioth. de A. Audenet.</small>

2021 Les quinze joyes de mariage, auquel on a joint le blason des fausses amours, le loyer des folles amours et le triomphe des muses contre amour. *La Haye, A. De Rogissart,* 1726, p. in-8°, v. br. (*Aux armes*).

2622 Les douze dames de rhéthorique, publiées d'après les manuscrits de la Biblioth. Royale, avec une introduction par Louis Batissier. *Paris*, 1838, in-fol., figg. de fac-simile au trait et texte encadré, demi-rel. v. brun.

2623 Chronique métrique de Chastellain et de Molinet, avec des notices, par de Reiffenberg. *Bruxelles, Lacrosse*, 1836, in-8°, figure, demi-rel. maroq. rouge et coins, n. rogn.

2624 Châtz royaulx, oraisons, et aultres petitz traictez, faictz et composez par feu de bonne memoire maistre Guillaume Cretin : en son vivant chantre de la saincte chapelle royale, a Paris et tresorier du bois de Vincennes. A la fin : *Imprimé a Paris par Simon du bois, pour Galliot du pre.... lan mil cinq cens vingtsept,* p. in-8°, goth., de 7 ff. prel. et 188 ff. de texte, v. br.

Édition la plus recherchée, et dans laquelle on trouve parmi les pièces liminaires, l'épître dédicatoire de Charbonnier à la reine de Navarre. Vendu 130 fr. Pixérécourt. Exemplaire bien conservé, mais malheureusement rogné en tête.

Il porte au titre la signature autographe de Francois Rassé Des Neux (1557), célèbre bibliophile.

2625 La dance aux aveugles et autres poésies du xv° siècle (par P. Michault), extraites de la Bibliothèque des ducs de Bourgogne. *Lille, Panckouche,* 1748, in-8°, demi-rel. v. fauve, non rogné.

2626 Le songe de la thoison dor; fait et cōpose par Michault Taillevent. *Imprimé nouvellement à Paris,* p. in-4°, goth., figure au titre, demi-rel. v. fauve.

Réimpression faite à Paris en 1841, par M. Crapelet.

2627 Euvres de Louïze Labé Lionnoize. A *Lion, par Durand et Perrin,* 1824, in-8°, dos et coins en maroq. citron, dor. en tête, fil. s. l. jonct., non rogné.

Édition tirée à un petit nombre d'exemplaires non destinés au commerce. Elle est devenue rare.

2628 Rymes de gentile et vertueuse Dame D. Pernette Du Guillet lyonnoise. *Lyon, Perrin,* 1856, in-8°, demi-rel. et coins maroq. rouge, fil. sur les jonct.

Tiré à 125 exemplaires sur papier de Hollande légèrement teinté.

2629 Œuvres de Clément Marot, revues sur plusieurs manuscrits et augmentées, avec les ouvrages de Jean Marot, ceux de

Michel Marot et les pièces du différent de Clément avec François Sagon, par Nic. Lenglet du Fresnoy. *La Haye, Gosse,* 1731, 6 vol. p. in-8°, maroq. rouge du Levant, à fil., dent. intér. (*Aux armes de M. de J.*).

Bel exemplaire non rogné, relié sur brochure. Portrait de Clément Marot ajouté.

2630 Responce et complaincte au Grand Coesre sur le iargon de l'argot reformé, avec un plaisant dialogue de deux mions... composé par un des plus chenastres argotiers. *Paris, J. Martin,* 1630. — Lettres nouvelles contenantes le privilege et auctorite davoir deux femmes, 1536 (goth.). — La complaincte du nouveau marie... (goth.). — Reigles, statuts et ordonnances de la caballe des filous reformez depuis huict iours dans Paris; en 1 vol. in-12, cart., n. rogn.

Réimpressions modernes.

2631 Le plaisir des champs, divisé en quatre parties, selon les quatre saisons de l'année, par Cl. Gauchet, Dampmartinois, ausmosnier du Roy. Ou est traicté de la chasse, et de tout autre exercice recréatif, honneste et vertueux. *Paris, N. Chesneau,* 1583, p. in-4°, demi-rel. v. rac.

Piqûre et restaurations à la fin. Du reste, grand de marges.

2632 Les Belgicques amours du sieur d'Esplinaires, chevalier françois, in-4°, demi-rel., dos et coins maroq. bleu.

Ms. de 147 feuillets, d'une bonne écriture du XVIe siècle; réglé. Très-curieux poëme de 5,500 vers environ, divisé en 6 livres. L'auteur, sur qui nous n'avons pu trouver aucun renseignement, même dans les *Archives* de M. Dinaux, si riches en détails inconnus, l'auteur nous paraît appartenir au nord de la France. La date 1590 est inscrite sur le 1er feuillet du volume, précédée d'une croix, et à la suite du nom d'Esplinaires. Cette date se rapporte-t-elle au décès de l'auteur? On lit encore sur ce feuillet : *Amour et foy, Chastelain.*

Ce poëme est une épopée amoureuse dont les incidents divers se passent en Belgique, à Anvers et surtout à la cour de Bruxelles. Les vers en sont coulants, d'une facture très-remarquable, et nous n'hésitons pas à dire qu'ils peuvent être comparés aux meilleurs de cette époque. Citons-en quelques uns :

 Lors que je fus constrainct d'abandonner la France,
 Et suiure de mon Roy la fatalle ordonnance,
 Qui me faisant quicter les plaisirs de sa cour,
 Pour le venir seruir en plus longtain séjour,
 M'ordonna de passer en ces quartiers de Belge

> Où je ne fuz long temps sans estre prins au piege,
> Qui m'y estoit tendu par cest amour vainqueur
> Pour empestrer mes sens et captiuer mon cueur.
> Belge, le beau séjour de ma belle maistresse
> Où cest ailé veneur ses embusches me dresse
> Belge, que je vouldrois à mon souhait blasmer
> Danoir nourry lobiect que j'y denois aymer,
> Nestoit qu'aussy fauldroit s'attacquer à nature
> Qui d'ung si beau subiect a formé la figure.

Ce poëme qui intéresse quelque peu l'histoire de la société en Belgique, mériterait les honneurs de la publication.

2633 Jardin d'hyver ou cabinet des fleurs, contenant en XXVI élégies les plus rares et signalez fleurons des plus fleurissans parterres, illustré d'excellentes figures..., par Jean Franeau. *Douay, Pierre Borremans*, 1616, in-4°, frontisp. et figg. sur cuivre, demi-rel. v. vert.

Ce petit poëme est très-rare, et curieux tant par la facilité des vers et la belle exécution des gravures, que par l'érudition renfermée dans les notes qui suivent chaque élégie ou pièce de vers. Les estampes sont dues au burin d'Antoine Serrurier.

Le volume entier renferme 26 élégies ; M. Duthillœuil n'en indique que 25, ce qui fait croire que la dernière pièce, ayant signature 1-22, plus un feuillet non chiffré, ne se trouve pas ordinairement dans les exemplaires.

M. A. Dinaux donne une notice sur ce rare opuscule dans les *Archives histor. et littér.*, etc. N^{lle} S^e, t. IV, p. 375.

POÈTES FRANÇAIS DEPUIS MALHERBE JUSQU'A NOS JOURS. — POÉSIES DE DIVERS GENRES.

2634 Le cabinet satyrique ou recueil parfaict des vers piquans et gaillards de ce temps, tiré des secrets cabinets des sieurs de Sigogne, Regnier, Motin... Nouvelle édition avec glossaire et variantes. *Gand, Duquesne*, 1859-60, 3 vol. pet. in-8°, dos et coins en maroq. brun du Levant (Lavallière), non rogné.

2635 Œuvres de Regnier. *Londres*, 1750, 2 vol. in-12, v. écaille à fil.

2636 Œuvres de Scarron, nouvelle édition corrigée et augmentée. *Paris, David*, 1752, 12 vol. in-12, v. m.

2637 La Pucelle ou la France délivrée, poëme heroïque, par M. Chapelain. *Paris, Aug. Courbé*, 1656, in-fol., port. et figures sur cuivre, v. br. rel. restaurée

Légère mouillure.

Belle édition ornée de deux beaux portraits, par Nanteuil et de 13 pl. gravées par A. Bosse. Au frontispice, un petit morceau de la marge découpé.

2638 Œuvres de Mᵉ Adam Billaut, menuisier de Nevers, précédées d'une notice histor. par N. L. Pissot. *Paris, Hubert,* 1806, in-12, portr., dem.-rel. bas.

2639 Œuvres de Boileau-Despréaux. *Paris, Savoye,* 1768, 3 vol. in-12, v. éc. à fil.

2640 Vers sur les sept pseaumes penitenciaux de M. Boileau-Despreaux, enlevés du cabinet de l'auteur après sa mort. *Brux., De Vos* (1762), de 9 ff. in-12, chagrin noir, tr. dor.

2641 Recueil de differentes pièces de vers composés sur les affaires du tems, depuis l'année 1670 jusqu'en l'année présente 1733. Avec des chansons sur les mêmes matières et les notes pour en trouver les airs. In-8°, veau fauve. (*Padeloup*.)

Ms. de 432 pages, avec quelques airs notés.

Recueil très-curieux formé par quelque zelé janséniste. Sur le titre se trouve un cachet représentant un Écusson d'argent à deux fasces de gueules, avec la devise : *Honor et virtus*.

2642 Poésies de Mons. le marquis de la Farre. *Amsterd., Bernard,* 1755, 2 vol. in-12, dem.-rel.

2643 Œuvres de Chaulieu, d'après les manuscrits de l'auteur. *La Haye, Gosse,* 1777, 2 vol. in-12, v. éc. à fil., tr. dor.

2644 Poésies de l'abbé de Lattaignant, avec des annot. et les airs notés. *Londres,* 1757, 4 vol. p. in-8°, dem.-rel. bas. rac., portrait.

2645 Lettre de Don Carlos à Élisabeth de France, précédée d'un abrégé de leur histoire, etc. (par H. Panckoucke). *Paris, Le Jay,* 1769, in-8°.

Taché.

2646 Œuvres diverses de Mons. L. F... (Le Franc de Pompignan). *Paris, Chaubert,* 1753, 2 vol. in-12, figures, v. éc. à fil.

2647 Œuvres de Rousseau (Jean-Bapt.). *Londres,* 1753, portr. et fac-sim., 5 vol. in-12, v. rac.

2648 Œuvres de Gresset. *Londres,* 1780, 2 vol. in-8°, figures, dem.-rel.

2649 Œuvres de Colardeau. *Paris, Pillot,* 1803, 4 tom. en 2 vol. in-18, portr., cart.

2650 Nouvelles historiettes en vers, par Imbert. *Paris, Delalain,* 1781, in-8°, cart., mouillure.

2651 Pièces fugitives de Voltaire. *Londres (Cazin),* 1782, p. in-12, v. éc. à fil, tr. dor.

2652 Poésies de Gilbert. *Paris, Dabo,* 1823, in-12, d.-r. bas. rac.

2653 Œuvres choisies de Dorat. *Paris,* 1786, 3 vol. in-12, v. rac.

2654 Pièces curieuses en vers ou en prose, faits historiques et intéressants recueillis par le Baron de Miostens (Miossens) de Montespineuse, général des troupes de S. A. S. Mgr. le duc de Brunswick, 1767-1787, in-fol., v. rac., dos restauré.

Ms. de plus de 500 pages, renfermant les Philippiques de Lagrange Chancel, avec notes de M. de Miossens. — Tableau du gouvernement sous Richelieu, pièce satyrique par l'abbé d'Etelan, avec notes. Cette pièce, connue sous le nom de la *Milliade*, n'a jamais été imprimée, selon Miossens. — Critique de la nouvelle Héloïse en guise de paraphrase. — Anecdotes sur Voltaire. — Le Paris ridicule. — Une foule de noëls, chansons, satires, épigrammes, pièces de toute espèce, concernant les événements du temps, et qui circulaient en manuscrit dans la société parisienne. Ce recueil est un des plus curieux que nous ayons vus en ce genre.

2655 Opuscules poétiques par le chevalier de Cubières. *Orléans, Couret (format Cazin),* 1786, 3 vol. p. in-12, veau écaille à fil., dor. s. tr.

Aux armes de M. de J.

2656 Opuscules du chev. de Parny. *Londres,* 1737 (1787), 2 vol. in-12, figg., veau jaspé.

2657 Œuvres d'Evar. Parny. *Paris, Debray,* 1808, 5 vol. p. in-8°, v. jasp. à dent.

2658 Le Verger, poëme par M. de Fontanes, avec des notes critiques, par M. le baron B...t de R...n (Baut de Rasmon), de l'Académie d'Orléans. *Gand, Goesin,* 1791, in-8°, mar. rouge, dent. sur plat et à l'intérieur, dor. s. tr., aux armes de la duchesse de Berry (*Lefebvre*).

Très-bel exemplaire de cet opuscule rare, provenant de la Biblioth.

Borluut de Noortdonck.— A la fin du volume on a relié : *Essai sur l'astronomie et Discours pour la transportation aux Invalides de l'épée de Frédéric le Grand.*

2659 Le philosophe de Charenton (par Berchoux). *Paris, Giguet,* 1803. — La Gastronomie ou l'homme des champs à table (par le même), *Ibid.*, fig., in-18, cart.

2660 Code Napoléon, mis en vers français, par D... ex-législateur. *Paris, Clament,* 1811, in-12, d.-r. v.

2661 Charlemagne ou l'église délivrée, poëme épique par le prince de Canino. *Paris, Didot,* 1815, 2 vol. in-8°, d.-r.

2662 Œuvres complètes de Jacques Delille. *Bruxelles, Weissenbruch,* 1817-18, 6 vol. in-12, v. rac.

2663 Œuvres diverses de J. P. G. Viennet. *Bruxelles, Hayez,* 1826, 4 vol. in-18.

2664 Apologues politiques et poésies diverses, par Santo-Domingo. *Bruxelles, Tarlier,* 1827, in-18, fig.

2665 Description de Bouwel. Poëme par le Ch[er] l'Évêque de la Bassemoûturie. *Sedan, Suhaux,* 1828, in-8°, plan, dem.-rel. bas.

2666 Choix de poésies révolutionnaires et anti-révolutionnaires. *Bruxelles,* 1830, 2 vol. p. in-12, portr., d.-r. v.

2667 Les feuilles d'automne, par Victor Hugo. *Bruxelles, De Mat,* 1832, in-8°.

2668 Châtiments, par Victor Hugo. *Genève,* 1853, p. in-18, d.-r. v. rose.

2669 Jocelyn, épisode par Alph. de Lamartine. *Bruxelles,* 1836, in-12, d.-r. v.

2670 Poésies de Mme Louise Colet. *Paris, Lacrampe,* 1842, in-fol., d.-r. v. rouge.

Edition tirée seulement à 25 exemplaires non destinés au commerce.

CHANTS HISTORIQUES ET CHANSONS DEPUIS LE XII° SIÈCLE.

2671 Altfranzösische Volkslieder. Gesammelt, mit Sprach-und Sach-erklärenden Anmerkungen versehen von O. L. B. Wolff. *Leipzig, Fleischer,* 1831, in-12, d.-r. v. bleu.

2672 Altfranzösische Lieder und Leiche aus Handschriften zu

Bern und Neuenburg, mit grammat. Abhandlungen von W. Wackernagel. *Basel,* 1846, in-8°, d.-r. v. rouge.

2673 Recueil de chants historiques français, du xii° au xviii° siècle, avec des notices, par Leroux de Lincy. *Paris, Gosselin,* 1841-42, 2 vol. p. in-8°, d.-r. maroq. bleu avec coins, non rogné.

2674 La fleur des chansons. Les grans chansons nouvelles qui sont en nombre, cent et dix, ou est comprinse la chanson du roy, la chanson de Pavie...... et plusieurs aultres nouvelles chansons. (*Gand, Duquesne*), p. in-8°, goth., papier vergé, maroq. br. du Levant (Lavallière) à compart. parsemés de fleurs de lis, et aux armes de M. de J., dor. s. tr., dent. int. en étui. (*Schavye.*)
Très-joli exemplaire de cette réimpression récente.

2675 Chants et chansons populaires de la France. *Paris, Delloye,* 1843, 3 vol. gr. in-8°, figures et musique notée, dem.-rel. maroq. brun et coins.

2676 Chansons choisies, avec les airs notés. *Geneve (Cazin),* 1782-1777, 3 vol. p. in-12, v. f. à fil., dor. s. tr.
Joli exemplaire.

2677 Choix de rondes à danser anciennes et nouvelles. *Paris, Louis,* 1823, in-12, dem.-rel.

2678 Les vendanges gaillardes. Recueil de contes en vers, chansons, épigrammes, etc. *Paris (Bruxelles),* an xii, pet. in-12, dem.-rel. maroq. br.

2679 La clé du caveau, à l'usage de tout les chansonniers français, des amateurs, auteurs, etc., de la chanson, par C... *Paris, Capelle,* 1811, in-8° obl., musique gravée, bas.

2680 Chansons, par J. P. de Béranger. *Paris, Didot,* 1821, 2 tom. en 1 vol. in-8°, cart.

2681 — — *Paris, Leloutre,* 1832, in-18, figures, d.-r. v. bleu.

2682 — — *Bruxelles,* 1826-28, 2 part. en 1 vol. p. in-12, figures, bas. bleue à dent.

2683 Idem, Chansons nouvelles suivies de chansons de Jouy, Magalon., etc. *Bruxelles,* 1825, in-18, cart.

2684 Procès faits aux chansons de P. J. Béranger. *Bruxelles, Remy,* 1822, in-18, cart.

2685 Étrennes Tourquennoises ou recueil de chansons facétieuses et plaisantes sur les Tourquennois, par feu F. de Cottignies, dit : Brule-Maison. *Tourcoing*, 2 vol. p. in-12, figures et musique, d.-r. v. vert.

POÉSIES EN DIVERS PATOIS DE LA FRANCE.

2686 Notices et extraits de quelques ouvrages écrits en patois du midi de la France. Variétés bibliographiques (par Gust. Brunet). *Paris, Leleux,* 1840, p. in-8°, d.-r. v. r.
   Tiré à 100 exemplaires seulement.

2687 Flurétas, per Moussu Dé Gibloux (*Pierquin* dit *de Gembloux*). *Paris, Daoumoulin,* 1844, in-8°, d.-r. v. bleu.
   « Tiradas a 100 exénplèras. »

2688 Coursos de la Tarasquo, et jocs founda per lou Rey Réné, avec une série de notes explicatives rédigées en français, pouémo en vers Prouvençaous burlesquo-tragi-coumiqué; patois dé Tarascon, per J. Désanat. *Arles,* 1846, in-8°, fig., d.-r. veau fauve.

2689 Fables causides de la Fontaine en bers gascouns. *A Bayoune, Duhard,* 1776, in-8°, frontisp., maroq. r. (Ancienne reliure.)

2690 La Henriade de Voltaire, mise en vers burlesques auvergnats, imités de ceux de la Henriade travestie de Marivaux (par Am. Faucon). *S. l.,* 1798, in-12, bas. noire, tr. dor.

2691 Virgille virai en Bourguignon. *Ai Dijon ché Antone de Fay,* 1718-20, *aivo parmission,* 3 part. en 1 vol. p. in-8°, maroq. vert à compart., dent. int. (*Thompson.*)
   Exemplaire NON ROGNÉ.
   La troisième partie finit page 24. L'édition n'ayant pas été continuée, ces fragments ne furent point mis au jour, et ils étaient restés *anecdotes,* ainsi qu'on disait alors. C'est une pièce notable pour le patois bourguignon. (Cat. Nodier.)

2692 Noei Borguignon de Gui Barôzai. Cinqueime édicion, don le contenun at an fransoi aipré ce feuillai (par Bernard de La Monnoye). *Ai Dioni, ché Abranlyron de Modene,* 1776, p. in-8°, demi-rel. maroq. brun, fil. s. les jonct.

2693 Les Noels bourguignons de Bernard de La Monnoye (Gui-

Barôzai), publiés pour la première fois avec une traduction littérale en regard du texte patois et précédés d'une notice sur La Monnoye et de l'histoire des Noëls en Bourgogne, per F. Fertiault. *Paris, Lavigne,* 1842, in-8°, demi-rel. et coins maroq. rouge, fil.

2694 L'evaireman de lai Peste, poëme bourguignon sur les moyens de se préserver des maladies contagieuses, par Aimé Piron, avec des notes philologiques. *Chatillon-sur-Seine,* 1832, in-8°, demi-rel. v. rouge.

<small>Tiré à 206 exemplaires.</small>

POÈTES FRANÇAIS, BELGES OU HOLLANDAIS DE NATION. — POÈTES WALLONS.

2695 Album et œuvres poétiques de Marguerite d'Autriche, gouvernante des Pays-Bas, publiés pour la première fois. *Bruxelles,* 1849, in-8°, goth., demi-rel. v. vert, n. rogné.
<small>Titre et faux-titre légèrement restaurés.
Publ. de la Société des Bibliophiles de Mons. Tirée à 200 exempl.</small>

2696 Fleurs des vieux poètes liégeois (1550-1650), avec une introduction historique par N. Peetermans, recueil publié et accompagné de notices biographiques par H. Helbig. *Liége, Renard,* 1859, in-12, demi-rel. v. rouge

2697 Album poétique de mademoiselle Christine Van den Hove, p. in-4° oblong, v. fauve à filets, d. sur tr. et plat, rel. restaurée.
<small>Ms. de la fin du XVIᵉ siècle ou du commencement du XVIIᵉ.
Recueil de chansons politiques, amoureuses et autres, dédiées à M^(lle) Chr. Van Hoven ou Van den Hove, par diverses personnes. Deux ou trois de ces pièces sont signées Fridericus Zaryba, baron de Hustirzan et de Soyn; d'autres ne portent que de simples initiales G. D. B. ou D. R. On y rencontre des mazarinades, des chansons en musique, des sonnets. Quelques morceaux sont connus : nous citerons entr'autres la charmante chanson *Amour est un grand mestre,* si délicatement mise en musique par Gombert. Mais la plupart ont été composés expressément pour la belle Christine, et il en est dans le nombre qui sont frappés au bon coin. Il y en a en diverses langues : en espagnol, en français, en flamand. Cet album est comparable à celui de Marie de Mompraet, qui se trouve à la bibliothèque royale, et dont M. de Reiffenberg a donné une charmante description dans le *Bulletin du Biblioph. belge,* t. II, p. 127.
Dans l'intérieur du volume sont intercalés des crayons généalogiques</small>

de plusieurs familles bruxelloises, Van Cotthem, Millé, Van den Daelen, 'Tkint, etc., des mémoriaux de naissance, de mariage, de décès de membres de ces familles. Ces notes remontent à l'année 1623.

2698 L'Académie de Flemal au pays de Liége, par le Sr Edmond Breuché de la Croix... pasteur des Flemals. *Liége, Bronckart,* 1653, in-12, figg., demi-rel. v. fauve.

V. sur ce livre rare, l'article de M. Helbig, *Bulletin du Biblioph. belge,* t. XIV, p. 317.

2699 Les Travaux d'Hercules. Chanson satyrique sur Hercules Joseph Louis Turinetti, marquis de Prié. 1724, 1 vol. in-4°, demi-rel. bas.

Ms. de 15 feuill., avec introduction biographique, par M. de Jonghe.

2700 L'Alcoran des convulsionistes. Ode. *Ypres, Nicolas Van den Bussche, à l'Espérance,* 1743, p. in-8° (de 51 pp.), dos et coins en veau fauve, dor. en tête, n. rogn. (*Closs*).

Titre légèrement taché.

2701 Le siége de Bergopzoom. Poeme. *Bruxelles,* 1747, in-8°, de 16 pp., dos en toile.

Pièce non citée ; elle est dédiée au maréchal de Lovendal ; la préface est signée : de C.....

2702 Prague délivrée par S. A. Royale, poëme héroïque en deux chants, contenant la campagne de 1756 et la bataille de Chotzemits, 1757, par le R. P. Colins, dominicain. *Brux.,* 1757, de 16 pp., in-4°, demi-rel. bas.

Pièce rare, composée, dit l'auteur, dans l'espace de vingt-quatre heures, pour chanter la victoire remportée par les armées d'Autriche et de France sur l'armée du roi de Prusse.

Tout émaillé de *gloire,* de *victoire,* de *héros,* et autres termes techniques, ce poème est d'une lecture très-réjouissante.

2703 Le Macrocosme, ou la construction universelle du monde, poëme philosophique, par l'avocat de Hoze. *Bruxelles, H. Vleminckx* (1767), in-8°, demi-rel. v. vert.

L'auteur qui était avocat au Conseil souverain de Brabant, intitule ce poème une esquisse.

    Cet esquisse fait voir, en général, les soins
    Des Rois et des États, et aussi leurs besoins.
    Combien pour soutenir les peuples et les villes
    La justice et la force et les biens sont utiles.
    De là, naissent les droits des contributions
    Des tailles, des tributs, des impositions ;

> Peut-être une autre fois, ma plume moins stérile
> Retracera ces droits dans un tout autre stile.
>
> Heureusement — pour lui et pour le public — l'auteur n'a point tenu sa promesse.

2704 Contes nouveaux (en vers). *Liége,* 1777, in-8°, demi-rel. v. rouge, n. rogn.

Poésies du chevalier de Nerciat, dédiées au prince de Ligne.

2705 Œuvres choisies du baron de Walef, gentilhomme liégeois, revues, retouchées, etc. (par le baron de Villenfagne). *Liége, Lemarié,* 1779, in-12, demi-rel. bas. rouge.

2706 Recueil de poésies, par le chevalier de***. *Bruxelles, de l'imprimerie du P. Charles de* —, 1781, in-8°, de 24 pp., dos et coins en maroq. bleu.

Beau portrait du prince de Ligne, gravé par Adam (1785), ajouté en tête du volume. Opuscule extrêmement rare, sorti de l'imprimerie particulière du prince. Il est inconnu à M. Voisin, qui a donné une nomenclature des productions sorties de ces presses, dans le « *Messager des Sciences,* » 1840, p. 132.

(Extrait d'une longue note de M. d. J.)

Le recueil est composé des pièces suivantes : Extrait des papiers publics de Pétersbourg. — Le Singe. — Les Pigeons ramiers. — La Rose et l'Étourneau. — L'Aigle et le Lézard. — La Source et la Prairie. — Les Perroquets. — Le Jardinier et son maître. — Le Bon Métayer.

2707 Poésies du chevalier de l'Isle, capitaine de dragons, mort à Paris, en 1783. *Bruxelles, impr. du prince Ch. de Ligne,* 1782, in-16, br.

Réimpression récente de ce complément des œuvres du prince Ch. de Ligne, dont il n'existe qu'un exempl. original.

2708 L'Enthousiaste, ou l'avez-vous vue? Dialogue entre Ariste et Cléon sur l'arrivée de Madame de Stael, et autres pièces en vers et en prose. In-4°, v. jaspé, dent., tr. d.

Ms. de 168 pages, d'une très-bonne écriture. L'auteur de ce recueil de poésies ne nous a fait connaître que son prénom, Auguste. Il y a des pièces adressées à M..., gouverneur de Kamieniec, au prince de Ligne, avec une réponse du prince, etc. De nombreuses surcharges du texte nous font présumer que c'est le manuscrit original.

2709 Recueil de romances par Auguste de M.... In-4°, d.-r. veau.

Ms. de 90 pag. d'une bonne écriture. Du même auteur que le ms. précédent.

2710 Loisirs de trois amis ou opuscules de A. B. Reynier, N. Bassenge et P. J. Henkart. *Liége, Haleng,* 2 tom. en 1 vol. in-8°, dem.-rel.

2711 Le sentier merveilleux, qui conduit au vrai bonheur, ou le guide par excellence des parents, etc., par M. Brambilla. *Berne (Bruxelles),* 1784, in-8°, maroq. rouge à fil., d. s. tr.

2712 Le rendez-vous manqué; poëme heroï-comique en prose, par M. Veranneman Watervliet. *Gand, Lemaire,* 1786, in-8°, d.-r. v. fauve.

2713 Ode à Madame Thérèse de Rueda à l'occasion de sa nomination d'abbesse de la noble abbaye de Forêt, par le P. van Dormael. *Bruxelles* (1788). Vers... (des prêtres de l'abbaye) à la même occasion ; une feuille gr. in-fol. reliée en 1 vol. in-4°, d.-r. v. vert.

2714 Mélanges poétiques et littéraires, par Louis Merckx. *Brux.,* 1802, p. in-8°, d.-r. v.

2715 Virgile en France ou la Nouvelle Enéïde, poëme héroï-comique en style franco-gothique, pour servir d'esquisse à l'histoire de nos jours, par Le Plat du Temple. *Bruxelles, Weissenbruch,* 1807-1808, tomes I et II, en 1 vol. in-8°, fig., d.-r. bas. rac.

Titre un peu endommagé.

Édition originale de ce poëme curieux. Il n'a paru que les deux premiers volumes de cette édition. laquelle a été supprimée par ordre de la police impériale. Les figures en tête de chaque chant, n'ont pas été reproduites dans l'édition suivante.

2716 — — Le même ouvrage. *Offenbach* et *Darmstadt,* 1810-12, 4 vol. in-8°, cart., n. rog.

Deuxième édition de cet ouvrage et la seule complète.

On sait que ce poëme est une satire des plus violentes contre Napoléon Ier, sa famille et les principaux fonctionnaires de son gouvernement. Voyez sur ce livre curieux les notices insérées dans le *Bulletin du Biblioph. françois,* années 1833 et 1860.

2717 Les infiniment-petits de la littérature, ou huitains, sixains, quatrains et distiques, avec notes critiques sur les hommes de lettres, par l'infiniment-petit auteur des Délices de Chaufontaine (Dieudonné Malherbe). *Liége, Chefneux,* 1803, in-8°, papier fort, d.-r.

Rare. Non cité par Becdelièvre et par Quérard. Un lecteur a eu le courage de lire et de censurer les drôleries contenues dans ce volume. Ce qu'attestent de nombreuses notes critiques inscrites sur les marges.

2718 La littérature française, poëme en quatre chants, par J. H. Kraane. *Leyde, Murray,* 1804, in-8°, dem.-rel. v. rouge, n. rogn.

2719 Le rimailleur bruxellois, ou résultat inutile de vingt-cinq ans de délassement (par E. J. Triponetty). *Lausanne, s. d., (Brux.,* 1805), in-8°, d.-r. v.

2720 Recueil des poëmes couronnés par la Société littéraire dite des Catherinistes, à Alost. *Gand, De Goesin,* 1810. — Leven der groote Catharina van Alexandrien door Guilliam Caudron. *Aelst, d'Herdt,* 1771, in-8°, dem.-rel. b.

2721 Poésies d'Augustin-Benoit Reynier de Liége. *Liége, Latour,* 1812, in-8°, dem.-rel., pap. fort.

2722 Annuaire anagnosophique, ou recueil de pièces fugitives composées par les membres de la Société de lecture de Bruxelles (1812 et 1813). *Bruxelles, Rampelbergh,* in-12, dem.-rel. v.

2723 Les Belges, poëme, accompagné de remarques historiques, par M. Le Mayeur. *Bruxelles, vᵉ Lemaire,* 1812, in-8°, dem.-rel. v.

2724 — — Le même ouvrage. —Ode sur la bataille de Waterloo ou de Mont-Saint-Jean, par le même. *Bruxelles,* 1816; en 1 vol. in-8°, dem.-rel. v..bleu.

2725 La gloire Belgique, poëme national en dix chants, suivi de remarques historiques... depuis l'origine de la nation, par M. Le Mayeur. *Louvain, Van Linthout,* 1830, 2 vol. in-8°, dem.-rel. v. f.

2726 Poésies diverses, par J. H. Hubin. *Bruxelles, Stapleaux,* 1812, in-12, dem.-rel. v. vert.

2727 Poésies choisies de J. H. Hubin. *Bruxelles, Stapleaux,* 1852, p. in-8°, port., dos en toile.
Avec envoi autographe de l'éditeur (M. Loumyer). N'est pas dans le commerce.

2728 Poésies choisies de Sauveur Le Gros. *Bruxelles, Van Buggenhoudt,* 1857, p. in-8°, port., dem.-rel. toile.
Publié par M. Loumyer. N'est pas dans le commerce.

2729 Poésies fugitives suivies des projets de bonheur, comédie, par A. C... (Clavareau). *Bois-le-Duc, Palier.* — La mort du comte d'Egmond, poëme (du même). *Paris, Didot,* 1821 ; en 1 vol. in-8°, dem.-rel., pap. fort.

2730 Almanach poétique de Bruxelles. (Recueil annuel de poésies de la Société de littérature) *Bruxelles, Tutot,* an ix à 1823, 20 t. en 10 vol. in-18, d.-r. mar. br., non rogné.

<small>Collection complète, extrêmement rare. V. Warzée : *Recherches sur les almanachs belges.*</small>

2731 Les harmonies de la nature, poëme en cinq chants, suivi de l'amour de la patrie, par Aug. Clavareau. *Bruxelles, Galaud,* 1826, in-8°, fig., dem.-rel. v. brun.

2732 Les harpes, par F. baron de Reiffenberg. *Bruxelles, Hayez,* 1823, in-18, dem.-rel. v.

2733 Ad. C. G. Mathieu. Les flatteurs, dithyrambe dédié à un jeune prince. — Id. Un songe.

2734 Id. Épitre à Monsieur C... *Bruxelles,* 1823-25, p.in-4°, d.-r.

2735 Le lumçon, chant lyrique, pindarique et dithyrambique, dédié aux riverains de la Trouille (par M. Ad. Mathieu). *Mons, Hoyois, s. d.,* in-8°, fig., demi-rel. toile angl.

2736 Passe-temps poétiques d'Adolphe Mathieu. *Mons,* 1838, in-12, demi-rel. v. fauve.

2737 Olla Podrida, par Ad. Mathieu. *Mons, Piérart,* 1839, in-12, demi-rel. v. bleu.

2738 Œuvres en vers d'Ad. Mathieu. Givre et gelée. *Brux., Devroye,* 1852, in-12, br.

2739 La bataille des Eperons, par Ad. Mathieu, *Bruxelles, Devroye,* 1858, in-12, demi-rel. v. rouge.

2740 Choix de poésies belges. *Bruxelles, Detrez,* in-12, figure et portr., demi-rel. v.

2741 Poésies nouvelles, par Pierquin de Gembloux. *Bruxelles, Tarlier,* 1828, in-12, demi-rel. v. br.

2742 Recueil de poésies, par L. Caroli. *Nivelles, s. d.,* in-8°, demi-rel.

2743 Études poétiques de Jenneval, tué à Lierre, le 18 octobre

1830, dédiées à ses frères d'armes par sa mère. *Bruxelles, chez Mad. Jenneval,* 1831, in-12, demi-rel.

2744 Le pont de pierre, poëme héroïque, par Foiret (chant premier). *S. l. n. d.*, in-12, demi-rel. toile.
   Exempl. en papier rose.

2745 Le fruit de mes loisirs. Vers écrits en Autriche en 1834, par J. J. de Cloet. *Namur,* 1835, in-8°, demi-rel. v. vert.

2746 Les Violettes, poésies par Mad. de Félix de la Motte (née Van den Cruyce). *Bruxelles, F. Laurent,* 1836, in-12, demi-rel. bas. rouge.

2747 Satires et élégies, par Louis Labar. *Bruxelles, Hauman,* 1836, in-12, dos en toile.

2748 Fables, par le baron de Stassart. *Bruxelles, Lacrosse,* 1837, in-8°, figg. lithogr., demi-rel. maroq. bleu et coins.
   Envoi à M. de J. de la main de l'auteur.

2749 Fables, par le baron de Stassart, édition augmentée. *Brux., Decq,* 1852, in-12, dem.-rel. v. fauve.
   En tête de l'exemplaire est ajouté une lettre d'envoi de la main de l'auteur.

2750 Fleurs d'oranger, 1838 (par Ch. Froment). *Gand, Van Loocke,* in-8°, dem.-rel. v. vert.

2751 Genêts, poésies par A. Siret. *Bruxelles,* 1838, in-16.

2752 Rameaux. Odes, satyres, ballades, par E. Buschmann. *Anvers, De Cort,* 1839, in-8°.

2753 Épitres, satires, contes, fables, épigrammes, etc., par L. V. Raoul. *Bruxelles, Hayez,* 1840, in-12, dem.-rel. v. bleu.

2754 Poésies d'Ant. Clesse. *Mons, Piérard,* 1841, in-12, d.-r. t.

2755 Une larme! poésies, par Ed. Brahy. *Liége, Oudart,* 1843, in-16, dem.-rel. bas.
   Avec signature de l'auteur.

2756 Fables anciennes et nouvelles, par F. Rouveroy. *Liége, Oudart,* 1843, 2 tom. en 1 vol. in-12, figure et fac-simile, d.-r. v. rouge.

2757 Deux mille quatrains moraux, pensées, réflexions ou maximes recueillis, en général, des meilleurs auteurs anciens et modernes..., par Fréd. Rouveroy. *Liége (Desoer),* 1847 (et supplément de 1848); en 1 vol. in-8°, dos et coins en mar. brun. (Lavallière), n. rogn (*Schavye*.)

Tiré à *cinquante exemplaires*, destinés aux amis de l'auteur. Celui-ci porte la dédicace autogr. à M. Lesbroussart.

2758 Fleurs éphémères, par Ch. Morren. *Bruxelles*, 1843, in-8°, figures sur acier, dem.-rel. v. rouge.

2759 Les récréations poétiques de la jeunesse, par Léon Hayois. *Bruxelles*, 1843, 3 tom. en 1 vol. in-18, d.-r. toile angl.

2760 Fables, par le chevalier Parthon de Von. *Bruxelles, Decq*, 1843, in-8°, dos et coins en maroq. bleu, non rog.

Envoi de l'auteur.

2761 Les gloires du pays, tableaux épiques suivis des Géorgiques Belges, par L. Schoonen. *Bruxelles*, 1843, in-8°, dem.-rel.

2762 Œuvres poétiques d'Édouard Smits, ancien référendaire. *Bruxelles*, 1847, 2 tom. en 1 vol. in-8°, portr., dem.-rel. v. vert, non rog.

2763 Le livre du diable, recueil de satires sur les hommes et les choses de la révolution belge, par le poëte Borain (Willot). *Bruxelles*, 1848, in-12, dem.-rel. bas. rouge.

2764 La Cinéide ou la Vache reconquise, par de Weyer de Streel (l'abbé Duvivier de Streel). *Bruxelles, Goemare*, 1854, p. in-8°, dem.-rel. v. rouge.

2765 La Bière de Louvain, poëme pour servir d'accompagnement aux plaisirs du carnaval, par J. H. Fleury. *Gand, Duquesne*, 1859, p. in-8°, pap. vergé, dem.-rel. toile.

2766 Un paquet de pièces et de recueils de poésie d'auteurs belges, in-8°, et in-4°.

2767 Essais de littérature montoise, contenant quelques faufes de la Fontaine, éié el' Mariage d'el fie chose, scène en trois tableaux; Pa n'in curé montois (M. Letellier). *Mons, Hoyois*, in-8°, dem.-rel. et coins maroq. vert du Levant, dor. en tête, fil. sur les jonctions, n. rog.

2768 — — Le même ouvrage. Nouvelle édition corrigée et augmentée de quelques Faufes. *Mons, Masquillier*, 1848, in-8°, dem.-rel. toile.

2769 Recueil de chansons wallonnes et autres poésies, par Ch. Werotte. *Namur*, 1844, in-8°, d.-r. v. bleu.

2770 Choix de chansons et poésies wallones (pays de Liége), recueillies par B. (Ailleux) et D. (Jardin). *Liége, Oudart*, 1844, in-8°, musique, d.-r. v. fauve.

2771 Les Rawettes da J. J. Dehin, maiss' chaudroni à Lige auteur des p'tits moumints d'plaisir. *Liége, Ghilain*, 1846, in-12, figure, d.-r. v. bleu.

<small>A la fin de l'exempl. : *Les p'tits moumints d'plaisir. Liége*, 1847.</small>

2772 Poésies en patois de Liége, précédées d'une dissertation grammaticale sur ce patois et suivies d'un glossaire, par Ch. N. Simonon. *Liége, Oudart*, 1855, in-8°, d.-r. v. fauve.

F. POÈTES ITALIENS ET ESPAGNOLS.

2773 Le rime di Francesco Petrarca. *Londra*, 1784, 2 vol. in-12, portr., bas. marbr. à dent., tr. dor.

2774 Roland furieux, poëme héroïque de l'Arioste, avec figures. *Paris, Duprat*, 1810, 6 vol. in-12, v. éc. à fil.

2775 Il Divino Ariosto oft Orlando furioso; hoogste voorbeelt van oprecht ridderschap oock claren spieghel van beleeftheyt voor alle welgeboorne vrouwen, overgeset in nederlantsche rymen door Everart Siceram van Brussel. *T'hantwerpen, David Mertens*, 1615, in-8°, figg. coloriées, dem.-rel. veau rac., reliure neuve.

<small>Exemplaire très-bien conditionné d'un livre rare. Le poëte Siceram exerçait la profession de joaillier, et non de conseiller, comme l'a dit le Catal. Gérard, et après lui, Willems et Witsen Geysbeek. (Ext. de la note de M. de J.).</small>

2776 Tasse, Jérusalem délivrée (trad. en prose). *Paris, Saintin*, 2 vol. in-12, figg., v. éc. à fil.

2777 Aminta favola boscareccia di Torquato Tasso. *Londra*, 1783, p. in-12, frontisp. de Boily, v. fauve.

2778 — — Le même. *Parigi, Nepveu*, 1813, in-12, veau écaille à dent., figg. en coul., dor. s. tr.

2779 L'Adone, poema heroico del C. Marino, con gli argomenti del Conte Sanvitale e l'allegorie di don Lorenzo Scoto. *In*

Amsterdam, nella stamperia del S. D. Elsevier, 1678, 4 vol. p. in-32, figures de Leclerc, maroq. bleu, fil. à froid, dor. s. tr. (*Thouvenin*).

Charmant exemplaire provenant en dernier lieu de la Bibliothèque Borluut de Noortdonck.

2780 Richardet, poëme (de Tortiguerra, trad. par Dumouriez). *Londres (Cazin),* 1781, 2 vol. p. in-12, frontisp. v. rac.

2781 I Monumenti delle belle-arti nella citta di Parigi. Epistole in versi di Ant. Pochini Padovano. *Parigi, Didot,* 1809, figure, gr. in-4°, maroq. rouge large, dent. sur plat, doublé de soie, dor. s. tr. (*Lefebvre*).

Bel exemplaire avec envoi autographe de l'auteur ; un des 36 exempl. tirés sur papier vélin et dans le format in-4°.

2782 I fasti delle nobilissime famiglie di Duchi di Berwick, e di Albi, de' Conti di Modica et de' Principi di Ventimiglia, poemetto di Gioacchino Ponta. *Napoli, Trani,* 1817, gr. in-4°, dos en toile.

2783 La vida del bien avēturado sant Amaro, y de los peligros q. passo. hasta que llego al Parayso terrenal. *Impressa en la civjdad de Burgos, en casa de Juan de Junta,* 1552, in-4°, goth., de 10 ff., maroq. bleu à fil., dor. s. tr., dent. int., gardes en soie blanche, aux armes de M. de J.

Pièce fort rare et en bel état.

2784 Don Diego de Vera, Alguazil Mayor de el Sancto Officio de la Inquicision de Cataluña, etc.. instando a su Magestad la conquista de la Rochela, la extirpacion de las heregias en Francia, y fundacion de la Inquisicion en sus Reynos, Heroyda belica (de 108 pp. et 3 pp. non chiffr.). — Heroydas belicas, y amorosas, du même poëte, de 20 ff. (dont un blanc). *Barcelona, Lorenço Déu,* 1622, in-4°, fig. de blason au texte, bas. rac., titre double.

L'Heroyda belica de la 2ᵉ partie a pour but d'inspirer à Philippe IV l'idée de lever des tributs sur ses vassaux et sur les juifs, d'équiper une armée formidable pour conquérir les Pays-Bas, et puis après, Jérusalem. Le poëte finit par prophétiser au roi qu'il sera un jour le maître du monde.

Pièce rare et curieuse.

2785 El siglo Pitagorico y la vida de don Gregorio Guadaña, por

BELLES-LETTRES.

A. H. Gomez. *Bruselas, Foppens,* 1727, in-4°, frontispice monté, d.-r. v. rac., reliure neuve.

2786 Obras de Don Iñigo Lopez de Mendoza, Marqués de Santillana, compiladas de los codices originales, notas y comentarios por D. José Amador de los Rios. *Madrid,* 1852, gr. in-8°, figures, maroq. chagr. vert, à fil. et jolis compartiments d'entrelacés, dor. s. tr., gardes en soie blanche, en étui (*Gruel*).
Très-bel exemplaire.

POÈTES ALLEMANDS, ANGLAIS, ISLANDAIS, POLONAIS, ETC.

2787 Dichtungen des deutschen Mittelalters. *Leipzig,* 1843-1852, 8 tom. en 4 vol. in-8°, demi-rel. v. fauve à petits fers Padeloup.
Ce recueil d'anciennes poésies allemandes (accomp. de notes et d'explications), renferme : der Nibelungen Nôt. — Tristan und Isolt. — Barlaam und Josaphat. — Der Edelstein von Ulr. Boner. — Gudrun-Wigalois. — Mai und Beaflor. — Heinrich von Veldeke.

2788 Der Nibelunge Lied. Abdruck der Handschrift des Freiherrn Joseph von Lassberg, mit Holzschnitten von Eduard Bendemann und Julius Hübner. *Leipzig,* 1840, gr. in-4°, figg., dos et coins en maroq. rouge du Levant. (*Schavye*).

2789 Deutsche gedichte des XI und XII Iahrhunderts, herausgegeben von Joseph Diemer. *Wien,* 1849, gr. in-8°, fac-sim., demi-rel. v. rouge.

2790 Minnesinger. Deutsche Liederdichter des XII^{en}, XIII^{en} und XIV^{en} Iahrhunderts aus allen bekanten Handschriften und fruheren Drucken, gesammelt und berichtigt von Fr. Heinr. Van der Hagen. *Leipzig, Barth,* 1838, 4 tom. en 3 vol. gr. in-4°, fac-simile et musique, demi-rel. maroq. brun du Levant et coins, n. rogn.

2791 Lieder und Sprüche der Minnesinger, mit grammatische Einleitung und sprachlichen Anmerkungen, von Bernh. Hüppe. *Münster,* 1844, in-8°, dos et coins en maroq. brun, non rogné.

2792 Konrads von Würzburg, Goldene Schmide, von Wilhelm Grimm. *Berlin,* 1840, in-8°, demi-rel. v. fauve.

2793 Geistliche Gedichte des xiv und xv Jahrhunderts, von Niderrhein, herausgegeben von Osk. Schade. *Hannover,* 1854, in-8°, dos et coins en chagr. noir.

2794 Niederdeutsche geisliche Lieder und Sprüche aus dem Münsterlande, nach Handschriften aus dem xv und xvi Jahrhundert, herausgeg. von B. Hölscher. *Berlin,* 1854, in-8°, demi-rel. v. rouge.

2795 Aff-ghebeelde Narren-speelschuyt verciert met meer als hondert schoone figueren nae den aerd van veeldérley sotten die op de aerde zyn; beschreven... door Sebast. Brandt, overgeset door A. B. *t'Amstelredam, Cloppenburgh,* 1635, p. in-4°, figg. sur bois et portrait sur cuivre, demi-rel. v.
Bien conservé, sauf une légère mouillure; le coin d'un feuillet manque.

2796 Dichtlievende verlustigingen bestaande in uitgeleezene stukken der beste hoogduitsche dichteren, door P. J. Kastelyn. *Amsterd.,* 1779, in-8°, cart.
Tache d'huile.

2797 Oberon. Ein Gedicht von C. M. Wieland. *Leipzig,* 1819, in-8°, dem.-rel.

2798 Doolin von Maynz. Ein Rittergedicht (von J. B. d'Alxinger). *Carlsruhe, Schmieder,* 1787, in-8°, dem.-rel. v.
Note de M. de J.

2799 Die Deutschen Mädchen, ein Bild der Zeit. Dramatische-Szenen von Harro. *Brügge in Flandern,* 1835, in-8°, d-r.. bas. bleue.

2800 Knospen und Blüthen von L. Marchand. *Arlon, Laurent,* 1843, 2 vol. in-12, dem.-rel. v. rouge.

2801 Luxemburgische Gedichte und Fabeln von A. Mayer, nebst grammatische Einleitung und Wörtererklärung von Gloden. *Brüssel, s. d.,* in-12, dem.-rel. v. rouge.

2802 Idée de la poësie anglaise, ou traduction des meilleurs poëtes anglais, etc., par l'abbé Yart. *Paris, Briasson,* 1753-54, 6 vol. in-12, v. f.
Incomplet.

2803 Le Paradis perdu de Milton, trad. de l'anglais (par Dupré de Saint-Maur), avec les remarques de M. Addisson. (Suivi du

Paradis reconquis, du même auteur, traduit par le P. Mareuil, et des lettres critiques sur le Paradis perdu, par le P. Routh). *Paris,* 1782, 3 vol. in-12, cart.

2804 Hudibras, poëme de Samuel Butler, trad. en vers français (avec texte en regard), par J. Towneley. *Londres,* 1819, 3 vol. p. in-8°, figures, v. jasp. à fil.

2805 Le retour du philosophe, ou le village abandonné; poëme imité de Gooldsmith, par le chev. R** (Rutlidge). *Brux., De Boubers,* 1772, p. in-4°, fig. et vign. de Cardon, dos et coins en maroq. bleu du Levant.

2806 Ossian, fils de Fingal, poésies galliques, trad. sur l'anglais de Macpherson, par Le Tourneur. *Paris, Musier,* 1777, 2 vol. in-8°, v. jasp.

2807 The tour of doctor Syntax in search of the picturesque. Poem. Sixth edition. *London, Ackermann,* (1815), in-8°, avec 30 pl. de caricatures en coul., dem.-rel.

2808 The english Dance of Death, from the designs of Thomas Rowlandson, with metrical illustrations, by the author of « Doctor Syntax. » *London, Ackermann,* 1815, gr. in-8°, avec 36 pl. imprim. en couleur, demi-rel. maroq. brun.

2809 Chants populaires des frontières méridionales de l'Écosse, recueillis et commentés par sir Walter Scott, trad. de l'anglais, par Artaud. *Paris, Gosselin,* 1826, 4 tom. en 2 vol. in-12, cart.

2810 Pierwiosnki Poezye Michala Budzynskiego. Wydanie a Smiegielskiego. *Bruxelles,* 1839, in-12, demi-rel. v. bleu.

2811 Poëmes islandais (Voluspa, Vafthrudnismal, Lokasenna) tirés de l'Edda de Saemund, avec traduct., notes et glossaire, par F. G. Bergmann. (Texte islandais en regard). *Paris, Impr. Royale,* 1838, in-8°, demi-rel. v. f., n. rogné.

POETES NEERLANDAIS.

POÉTIQUE. — COLLECTIONS. — POÉSIES DU MOYEN AGE JUSQU'AU XVIe SIÈCLE.

2812 De geest der nederlandsche dichters. *Amsteldam, De Bruyn,* 1788, in-8°, demi-rel. v. bleu.

2813 Historie, regels ende bemerkingen wegens de nederduytsche rym - konst, waergenomen in de beste rym-dichters. *t' Antwerpen, Bincken,* in-8°, demi-rel. v. fauve. Mouillure.

2814 Beredeneerde ontleding van de voornaamste grondregelen des dicht-rede-tooneel en uitgalmkunst, gevolgd van de Nederl. Prosodie door David de Simpel. *Yperen,* 1825, 2 vol. in-8°, demi-rel. bas.
   Un feuillet restauré en marge.

2815 Leerboek van de voornaemste regels der nederduitsche versificatie en dichtkunst, door voorbeelden gestaefd, met voorwoord van J. F. Willems. *Turnhout,* 1840, in-8°, demi-rel. v. rouge, n. rogné.

2816 Nederlandsche Dichterhalle, bloemlezing uit de nederlandsche dichters van de vroegste tyden onzer letterkunde tot op onze dagen, gerangschikt door J. F. G. Heremans. *Gent, Hebbelynch,* 1858-60, Liv. I-IV, gr. in-8°, br.

2817 Nederlandsche geschiedzangen, naar tijdsorde gerangschikt en toegelicht (door Van Vloten), 863-1609. *Amsterdam, F. Muller,* 1852, 2 vol. p. in-8°, demi-rel. maroq. rouge du Levant et coins.

2818 Oude vlaemsche liederen ten deele met de melodiën, uitgegeven door J. F. Willems. *Gent, Gyselinch,* 1848, gr. in-8°, demi-rel. maroq. rouge et coins, n. rogné.

2819 Werken uitgegeven door de Vereeniging ter bevordering der Oude Nederlandsche Letterkunde. *Leiden,* 1844-48, en 11 vol, in-8°, dos et coins en maroq. rouge, n. rog. Bel exempl.
   Collection complète qui renferme :
   Dboec vanden Houte door J. Van Maerlant. — Roman van Karel den Grooten en ziine XII Pairs. — Leken Spieghel door J. Boendaele, 3 vol. — Der Minnen Loep door Dirc Potter, 2 vol. — Roman van Walewein, 2 vol. — Leven van S. Franciscus, door J. Van Maerlant. — Verslagen en Berigten, 1844-48.

2820 Jacob Van Maerlant's Spiegel historiael, uitgegeven door de Maatschappij der Ned. Letterk. te Leiden. *Leiden, Brill,* 1857, tom. I, livr 1 à 3, brochées, et tom. III, gr. in-4°, dos et coins en maroq. vert du Levant.
   Le tom. 1er est en cours de publication, le tom. 2 n'a pas encore paru.

2821 Der Naturen Bloeme van Jacob Van Maerlant, met inleiding, varianten, aenteekeningen en glossarium, uitgegeven door J. H. Bormans. Tom. I. *Brussel, Hayez,* 1857, in-8°, figures de fac-simile en coul., dos et coins en maroq. vert, n. rogné.

2822 Oud- vlaemsche gedichten der xii°- xiv° eeuwen uitgegeven door Jonkh. Ph. Blommaert. *Gent,* 1838-41, tom. I et II, en 1 vol. in-8°, dem.-rel. v. violet.

2823 Die Dietsche Doctrinale, leerdicht van den jare 1345, toegekend aan Jan Deckers, clerk der stad Antwerpen, uitgegeven door W. J. A. Jonckbloet. *s'Gravenhage, Schinkel,* 1842, in-8°, dos et coins en maroq. bleu du Levant, dor. en tête, fil. s. l. jonct.

2824 Wapengedichten, in-8°, dem.-rel. v. fauve.

Ms. provenant de M. J. F. Willems. Copie faite par ce savant littérateur du précieux manuscrit de la Bibliothèque royale provenant de Van Hulthem et de la comtesse d'Yve, et renfermant une suite de poésies héraldiques en flamand de la fin du xiv° siècle, en grande partie inédites. Le volume est orné de figures et de blasons coloriés. Longue note de M. de Jonghe.

2825 Sinte Servatius legende van Heynrijck van Veldeken, naer een handschrift uit het midden der xv^de eeuw, voor de eerste mael uitgeg. door J. H. Bormans. *Maestricht, Leiter-Nypels,* 1858, in-8°, fac-sim. n. rogn ,

2826 Leven van Sinte Christina de Wonderbare, in oud-dietsche rymen naer een handschr. der xiv° of xv° eeuw ; met inleiding, aanteek., enz., door J. H. Bormans. *Gent, Annoot-Braeckman,* 1850, in-8°, fac-simile, d.-r. v. brun.

2827 Die Dietsce Catoen, een middelnederlandsch leerdicht, kritisch uitgeg. door Dr. W. J. A. Jonckbloet. *Leiden,* 1845, in-8°, dem.-rel. v. fauve.

A la suite du texte flamand se trouve « les Distiques de Caton, par Jehan Lefèvre » tiré d'un manuscrit de la Haye.

2828 Een cluyte van Playerwater. Tafelspel. Uitgegeven volgens een handschrift der xv° eeuw, met korte aant. door F. H. Mertens (*Antwerpen*), 1838, in-8°, d.-r. v. bleu.

2829 Theophilus, gedicht der xiv° eeuw, met drie andere gedichten van hetzelfde tydvak, uitgegeven door Ph. B. (Blommaert). *Gent, Duvivier,* 1836, in-8°, d.-r. v. rouge.

2830 Vanden Levene ons Heren. Een rijmwerk uit de middeleeuwen, naer een handschrift der xv° eeuw uitgegeven P. J. Vermeulen. *Utrecht,* 1843, in-8°, dos et coins en maroq. brun, n. rogn.

DEPUIS LE XVI° SIÈCLE JUSQU'A NOS JOURS.

2831 Spelen vā sinne bydē XIX. gheconfirmeerdē cameren van rethorycken, binnen der stede van Ghendt comparerēde verthoont. Volghende den octroye vander K. Mayesteit... eñ camere van rhetorijcke, gheseyt de Fonteynisten verleent... op de questie : *Welck den mensche stervende meesten troost is?* Die selve spelē beginnēde, by ordre, den xii juny int jaer MCCCCxxxix. *Ghedruct ende voleynt int jaer MDlxiiii den xii mey. Ende men vintse te coope te Wesel, by my Hans de Braecker,* p. in-8°, goth., demi-rel. maroq. rouge.

<small>Exemplaire portant la signature de L. d'Hulster,—quelques feuillets tachés et avec des notes marginales à l'encre légèrement tracées.</small>

2832 Spelen van sinne vol scoone moralisacien utleggingen ende bediedenissen op alle locflyke consten... ghespeelt binnen der stadt van Andtwerpen op d'Lant-Juweel by de veerthien cameren van retorycken, 3 augusty 1561, op de questie : *Wat den mensch aldermeest tot conste verwect. Te Antwerpen, by W. Silvius,* 1562. — Spelen van sinne waerinne alle oirboirlyke ende eerlijcke handwercken ghepresen en verhaelt woorden... ghespeelt op thaechspel naer Dlandt-Juweel, by die vier cameren... den 24 aug. 1561, op de questie : *Welch handtwerck, oirboirlycste is van doene, en eerlycste, nochtans seer cleyn gheacht? Ibid., idem,* 1562 ; en 1 vol. in-4°, figg. en bois, dos et coins en maroq. rouge.

<small>Exemplaire très-grand de marges, mais taché en quelques endroits. La planche gravée « *la Carte* » manque. Au 5° feuillet est collé une gravure sur cuivre.</small>

2833 — — Même ouvrage. (première partie seule), in-4°, figg. en bois, demi-rel. v. fauve.

Exemplaire court de marges et mouillé.

2834 — — Le même ouvrage (seconde partie seule), in-4°, figg. demi-rel.

Titre un peu rogné en tête.

2835 J. Van der Noot. Collection de ses œuvres poétiques (flamand-franç.). *Anvers*, 1579-1593, en 1 vol. p. in-fol., veau brun antique.

Ce recueil précieux est composé comme suit :

I Cort begryp der XII boeken Olympiados, beschreven deur J. Van der Noot, Patritius van Antwerpen. Abrégé des douze livres Olympiades... *En Anvers, Giles Van den Rade*, 1579, titre, 6 ff. prélim., portr. sur cuivre, texte 1-87, au verso du dernier feuill. la planche du monument, avec figures sur cuivre au texte.

II Lofsang van Braband. Hymne de Braband. *Ibid., id.*, 1580, titre, 2 ff. prélim., portrait sur bois; texte pp. 1-33, 1 f. non chiffr., au verso le monument, figure sur bois au texte.

III Verscheyden poetische werken. Divers œuvres poétiques. *Ibid., id.*, 1581; titre, 2 ff. dédicace, portrait; 30 ff. de texte sans chiffre ni récl., au verso du dernier le monument.

Deux feuillets de cette partie sont collés ensemble.

IV De poetische werken... Les œuvres poétiques... *T'hantwerpen, by Arnoud s' Coninckx*, 1593; titre, 2 ff. prélim., portr., 39 ff. de texte non chiffr., avec les planches d'Euterpe, Clio, Melpomène, Apollo, grav. sur bois, d'après M. de Vos; au verso du dernier feuillet la planche de rébus.

V Les mêmes œuvres poétiques. *T'hantwerpen, by Arn. s'Coninckx*, 1591. Titre, 2 ff. dédicace; portr., 33 ff. de texte; planches de Melpomène et d'Apollon; une grav. sur bois, signée Otto V. G. au verso du dern. feuill. la planche du rebus.

Ce précieux volume renferme les œuvres de Van der Noot, publiées dans le format in-fol. Il existe des éditions des *Œuvres poétiques* portant des dates diverses, mais au fond elles se composent à peu près des mêmes pièces. Chaque pièce est imprimée à part, sans pagination, de sorte que tous les recueils, même ceux de la même date, ont un ordre différent, ou renferment des pièces en plus ou en moins que les autres. Ceux des dernières dates, de 1593, par exemple, sont en général les plus complets.

Les trois premiers ouvrages dont se compose ce volume sont grands de marges, et mêmes avec témoins; les deux derniers, à cause de leur justification plus large, sont un peu rognés. Sauf quelques mouillures, et une découpure de nom au premier titre, la conservation générale est fort bonne.

2836 Een nieu Geusen liet-boeckē, waerinne begrepen is, den gantschen handel der Nederlandē, in voorleden iaren tot noch toe geschiet, dewelcke eensdeels onderwylen in druck wtghegaen, ende met meer andere byeen ghevoecht zyn. *Tot Delf,* 1610, p. in-8°, figure au titre, goth., vélin.
    Piqûre de vers aux premiers feuillets.
    Curieux recueil de chansons des Gueux du temps de la guerre contre l'Espagne. Les anciennes éditions du Geusen liet-boek sont devenues rares.

2837 Het oude volkslied Wilhelmus van Nassouwen, opgehelderd door eenige aanteekeningen van G. D. J. S. *Te Leiden, Cyfveer,* 1830, p. in-8°, demi-rel. v. rose.
    On sait que cette chanson patriotique du temps des troubles, est encore l'hymne national de la Néerlande. On l'attribue assez généralement à Philippe de Marnix de Sainte-Aldegonde. Le texte est reproduit d'après celui du Geusen liet-boek de 1581.

2838 Strande oft gedichte vande scelpen, kinc-hornen ende andere wonderlycke zee-scepselen, tot lof vanden Scepper aller dingen, van Philibert van Borsselen. (Uitgeg. door de kamer den Olyftak). *Antw.*, 1838, gr. in-8°, dos et coins en maroq. bleu.

2839 Kluchtighe Calliope, uytbeldende den aert, eygenschappen, ende manieren der arme bedelaeren, bestaende in verscheyde manieren van eyschen. *t' Antwerpen, Jacob Van Ghelen, s. d.*, in-8°, demi-rel. bas., coins.
    Plaquette rare, ornée de charmantes gravures sur bois, par Christophe Jeghers.

2840 T' Nieuw Groot Hoorns liedboekje, bestaande in veel stigtige en vermakelyke bruylofts liedekens. *Horn, Beukelman, s. d.*, p. in-16, musique, en ancienne reliure de soie blanche à fils d'argent, avec coins, agraffes et médaillons en argent, dor. s. tr., en étui.
    Reliure curieuse.

2841 Const-thoonende juweel by de loflijcke stadt Haerlem, ten verzoecke van Trou moet blycken in 't licht gebracht, warinne duydelick verclaert ende verthoont wordt alles wat den mensche mach wecken om den armen te troosten ende zynen naesten by te staen *Tot Zwol, by Zacharias Heyns,* 1607. — Haerlems juweel tot nut vande oude arme uyt liefden ten thoon ghestelt nae de voorgegevene caerte van 't Speelkorenken. *Zwol, idem,* 1608; en 1 vol. in-4°, figg. sur cuivre, vélin.

<small>Un peu mouillé et quelques piqûres.
Livre curieux qu'on recherche beaucoup pour les singulières figures en grand format, représentant les entrées des chambres de rhétorique.</small>

2842 T'Vertoig der Zeeuscher nymphen, aen de onverwinnelicke Nassausche helden, voirstanderen der nederlandsche vryheid, ende vaderen des Vaderlands. Fistula dulce canit, volucrem DVM deCIpIt. (1607). *S. l. n. d.*, in-4°, titre texte 6 ff., figure de lunettes (*Bril*, allusion à la Brielle) au dernier feuillet, demi-rel. v. bleu.

<small>Poëme en l'honneur de la maison d'Orange et principalement du prince Maurice.</small>

2843 Eben-Ezer... ofte Dancksegginge van weghen de groote victorie over de vermaerde stadt Wesel, 1629, door Dan. Souterius, predicant tot Haerlem. *Haerlem, Hans Passchiers,* 1630, in-4°, frontisp., demi-rel.

2844 Den onderganck des Roomschen Arents, door den Noordschen leeuw. Door Barth. Hulsius. *Amsterdam, voor Crispin Van de Pas,* 1642, fig. — Radelycke bedenckinge, waerom de K. M. noch den vrede, noch oock de generale amnistiam, sal gelieven toe te staen, enz. door P. Foreri. *S. l.,* 1641, curieuse fig. satirique. — Wederlegginge ofte antwoordt op het radelijck bedencken P. Forerii. *S. l.,* 1641, in-4°, vél.

<small>Le premier ouvrage renferme 29 estampes, très-délicatement gravées et représentant en emblêmes les principaux événements de la vie de Gustave Adolphe, roi de Suède.</small>

2845 Vitaulium. Hofwyck. Hofstede van den Heere van Zuylichem onder Voorburgh (door C. Huygens). *s'Gravenh., Vlacq,* 1653, in-4°, figure, d.-r.

2846 Arctoa Tempe. Ockenburgh, woonstede van den Heere van Brandwyck in de Clingen (poème descriptif, par J. Westerbaen). *s'Gravenhage,* 1654, in-4°, vélin.

2847 Alle de wercken, so ouden als nieuwen, van Jacob Cats. *Amsterdam, Schipper,* 1658, 2 vol. in-fol., fig., veau fauve.

<small>1er titre monté.
Première édition de ce format publiée du vivant de l'auteur.</small>

2848 Alle de werken van den heer Jacob Cats. *Gend, Fernand,* 1786-87, 8 vol in-8°, d.-r. chagr. bleu, non rogné.

2849 Alle de werken van Jacob Cats, bezorgd door Dr. J. Van Vloten, met platen op staal door J. W. Kaiser. *Zwolle, Tijl,* tom. Ier, liv. 1-27, t. II, liv. 1-27, tr. gr. in-4°, figg., en feuilles.

L'acquéreur s'oblige à continuer la souscription de M. de J.

2850 To hooupe Kallinge manges den swarten Meyster, onde sinen Knegt. In den darden druk on allemool mislukt. *To Adverte, vuer den Buken-Hendler, in de Vive Sinnen,* s. d., p. in-4°, de 19 pp. d.-r. toile,

Curieux poëme en patois d'Ost-Frise. Dialogue entre un maître et son domestique malade. La dédicace est signée « Justus Nipetanc, » de 1671.

2851 Fr. Jacobus Moons. Theriotrophium, sedelycke lust-warande, verthoonende door sinne-beelden den handel der dieren. *Antwerp.* 1678, figg. — Idem, sedelycken vreughdenberg. *Ibid.*, 1682, figg. — Idem, sedelyck vreughdeperck. *Ibid.*, 1685, figg. — Idem, sedelycken vermaeckspieghel. *Ibid.*, 1689; ens. 4 vol. p. in-8°, vél.

2852 Koddige en ernstige opschriften op luyffens, wagens, glazen, uythangborden en andere taferelen. *t'Amsterdam,* 1682, 3 tom. en 1 vol. p. in-8°, figg. sur cuivre, vélin.

2853 Dict boeck met alle syn figuren is ghenaemt
De traghagie oft comedie, soo t betamt
Die Doctor Luther ghespelt heeft in syn leven
Met alle syn boosheeden die hy heeft bedreven, enz.
In dicht gestelt en by een vergadert door C. D. C. 1687, in-4°, d.-r. bas.

Ms. très-curieux de 61 pages.

C'est un poème flamand satirique sur Luther. De nombreux dessins à l'encre de Chine, assez médiocres, et représentant des scènes bizarres dans le goût des compositions des maîtres drôles, servent d'illustrations au texte. L'un de ces dessins reproduit en grandeur naturelle un colossal verre à bière avec cette inscription :

Waerachtich protret en groote vant ghelas
Dat Martin Luyther met eenen teugh vuyt drinkede was.

Une note sur la garde du livre nomme l'auteur de ce singulier poème, Gaspard de Coninck. Il n'est cité nulle part.

2854 Keurstoffe van aloude griekse en romeinse grootmoedighe-

den in puntdichten vertoont door Abr. Bogaert. *Amsterd.,
A. Schoonebeek,* 1694, in-12, frontispice et figures de
Schoonebeek, d.-r.

Légères taches. Le frontispice restauré en marge.

2855 De wandelinghe, ofte waerachtige beschryvinge van de
voor-naemste steden van Vlaenderen en Brabant, te weten:
Brugghe, Ghendt, Loven, Brussel en Antwerpen, enz.,
door Jac. de Ruyter. *Antwerpen, Van Soest,* 1709, in-8°,
dem.-rel. v.

2856 Dichtlievende uitspanningen van J. B. Wellekens en P. Vla-
ming, met figuuren. *Amsterd.,* 1710, in-8°, vélin.

2857 De Haegse schouburg gestoffeert door Coenraed Droste.
Waer by syn gevoegt eenige gedigten van deselfden
autheur. *'s Gravenhage, Rammazeyn,* 1710, in-4°, vélin.

2858 Wegwyser door de heerlykheid Roosendaal, ofte de Roo-
sendaalsche vermakelykheden, door Joh. d'Outrein. *Amst,*
1718, figures. — Zydebalen, hofdicht door Arn. Hoog-
vliet. *Delft,* 1740. — Lykzangen over David van Mollem;
en 1 vol. in-4°, vélin.

2859 Eeuwigduurende liefdes-almanak, in zinnebeelden, door
Philomusus Philokalus. *Te Cyprus, by Philander Mirtillo,*
1721, in-8°, figures, vélin.

2860 Groote revisie geintenteert in het wysselyck palleys van
Simple en tout. Vanwegens de wyt-vermaerde Mechelaeren,
over het vonnis t'hunnen naerdeele gegeven by de Geel-
sche Doctoren (30 déc. 1722), bepleyt door den Raedt-Pen-
sionaris Quintinus Kayjau, ende den heere Innocentius
Queeck Gans voor de vernufte Thienenaers... *Gedrucht
ten tyde van de Volle Maen, om licht te sparen.... Mechelen,
by Anth. Donia,* in-4°, de 7 ff., 2 planches et vignette au
titre.

Pièce satyrique en vers à propos de la lune incendiaire de Malines.

2861 Apollos Marsdrager, veylende allerhande scherpzinnige en
vermakelyke snel, punt, schimp, en mengel-digten (door
G. Tysens). *Op Parnas (Amsterdam),* 1728-31, 3 part. en
1 vol. p. in-8°, figures sur cuivre, v. br.

2862 Gedichten op de overheerlijke papiere snykunst van Mej. Johanna Koerten, met een korte schets van haar leven. *Amsterdam*, 1736, in-4°, dem.-rel.

2863 Batavia begrepen in zes boeken, door Jan de Marre. *Amsteld.*, 1740, in-4°, carte, v. br.

2864 Chronycke van Leeuwenhorn voortijden omtrent der Sypen gelegen in West Vrieslandt over veel hondert jaeren verdroncken,... ende inundatien die van 1552 tot 1598 by Sype geschiet zyn, door D. A. Valcooch. *Amsteld.*, 1740, in-4°, carte, dem.-rel. v. bleu.

2865 Het lyden ons Saelighmaeckers ende groot medelyden syns moeders gestelt op duytsche verskens, enz., gemacckt door Fr. P. J. B. V. G. Minderbroeder. *Halle*, 1714-1740, in-4°, v. fauve.

Ms. d'une très-bonne écriture, comprenant 82 feuillets. Outre le poème ci-dessus, le volume en contient trois autres du même auteur. Ils sont probablement tous inédits.

2866 De lustplaats Soelen, in dichtmaat, door Claas Bruin. *s' Gravenh.*, 1741, p. in-8°, figg., demi-rel.

2867 De vier uitmuntende gedigten, benevens de Polybius van Jonkh. Willem van Haren, alsmede de lof-digten daarvan. *Harderwyk*, 1742, figg., in-8°, v. br.

2868 Gevallen van Friso, koning der Gangariden en Prasiaten (door W. van Haren). *Amsteldam*, 1758, in-4°, portrait du poète par Houbraken, anc. rel. restaurée.

2869 Tafereel der nederlandsche geschiedenissen, of Gods regterhand, in zeegeningen en oordeelen van de Vereenigde Neederlanden, enz., tot op het j. 1742. Door J. de Cerff. *Amsteldam, Vieroot*, 1742, in-4°, v. brun.

2870 Jac. Moons. Dichterlyke werken, tweede druk. Zedelyk vermaek tonneel. — Lust-warande. — Vreugden berg. — Vreugde perk. — Vermaek spiegel. — Vermaek troost. *Antwerpen, P. J. Parys*, 1746, 6 vol. p. in-8°, figg., demi-rel. v. bleu, non rogné.

2871 Lof-schaterende krygs-bazuyn ofte rym-weergalmende echo op alle de edelmoedige daeden van Alexander den grooten koning van Macedonien, door Q. Curtius, in rym gestelt door J. F. Cammaert. *Brussel, Jacobs,* 1745, in-4°, v. br., reliure restaurée.

2872 De erlevende (sic) Belgica onder hunne onverwinnelyckste en triumpherende keyserlijcke ende koninkl. Majesteyt Maria Theresia ende Franciscus den I, behelsende eene beschryving van alle de wondere victorien, velt-slaegen, belegeringen, enz., gecomponeert en by een vergadert door M. F. Vermeren. *S. l.*, 1749, 2 part. en 1 vol. in-4° obl., fig., demi-rel. bas. bleue.

2873 Den sedelyken fabelaer, ofte fabelen sedelyck uytgeleght, enz., uytgevrocht door F. A. a S. G. van het order der Paters O. L. Vrouwe Broeders. *Gelder, Korsten,* 1744, in-4°, veau fauve.
   Non cité dans les catal. Van Hulthem et Willems.

2874 De graaven van Holland, in jaardichten beschreven door P. Langendijk, met alle de beeldtenissen (op koper gebragt). *Haarlem, Bosch,* 1745, in-4°, figures, demi-rel. veau bleu.

2875 Dichtkundige lauwerbladen, gestrooid voor Willem Karel Hendrik Friso, prinse van Oranje, en Anna, kroon-princesse van Groot-Brettanje, door verscheidene dichteren. *Amsteldam,* 1747, 2 tom. en 1 vol. in-8°, frontisp., demi-rel.

2876 Dichtkundig praal-tooneel van Neerlands wonderen. *Embden,* 1748-54, 6 tom. en 3 vol. in-8°, fig., vél.

2877 Moy-al oft vermaekelyke beschryvinge op verscheyde ambachten, affaires... enz. door P. Petr. Croon. *t' Antwerpen,* 1766. — De verstandige camenier uytleggende de graetsels (sic) en grafschriften van Moy-al. *Ibid., id.;* en 1 vol., p. in-8°, v. br.

2878 Twee-hondert jacrigen jubel-galm der XIX salige martelaren van Gorcum, in rym door Jouffrouw J. P. V. G. *Mechelen,* 1772, in-8°, demi-rel. toile.

2879 Proeve van dicht-kunde op de oudtheydt, eer, enz. der vrye konsten (door G. F. Verhoeven). *Loven* (1774). — Idem. Treur-dicht op de dood van Maria Theresia, enz. *Mechelen* (1781). — Idem, Eerbiedig lof-gezang aen den doorlugtigen H. H. Van der Noot. *Loven.* — Idem, Ode aen den doorlugtigen H. Henrik Van der Noot. *Mechelen,* 1790. — Idem, Grond-wet ofte Constitutie van Mechelen. *S. l.*, 1700, in-4°, demi-rel. v. rouge.

2880 Het vereerlykt (*sic*) Oostenryk, in den oorlog tegen Pruyssen in helden-verzen, gevolgd door de bezonderste memorien der twistende hoven. *Gend, V. D. Schueren, s. d.*, in-12, demi-rel. (Piqûre de vers).

2881 Germanicus, in zestien boeken door L. W. Van Winter, geboren Van Merken. *Amsterdam,* 1779, in-4°, frontisp., demi-rel. v. brun.

2882 De schilder kunst, in drie zangen, door G. Brender à Brandis. *Amsterdam, Van Toll,* 1780, in-8°, fig., demi-rel. v.

2883 De zeetriumph der Bataafsche vryheid op Doggerbank, 1781, door J. le Francq van Berkhey. *Amsterd., Allart,* 1782, 2 vol. in-8°, figures, demi-rel., n. rogné.

2884 De doorzichtige heremiet, bespiedende de verborgenste gebreken der menschen, door J. Campo Weyerman. *S. l. n. d.*, in-4°, demi-rel.

2885 Boek der sangen (door G. J. De Roovere), in-4°, 124 feuillets, v. rac., aux armes de M. de Jonghe.

Manuscrit d'une très-belle écriture.
Traduction en vers flamands des Psaumes et des chapitres 13 à 19 de l'Apocalypse. D'après une note de M. de Jonghe, cette traduction a été faite vers la fin du siècle passé par M. Guillaume Joseph de Roovere, échevin de la ville de Bruxelles.

2886 Recueil de pièces, en 1 vol. in-8°, demi-rel.

Renferme :
Lessus Gallicus, ofte fransche treur-klagt, daerby gevoegd, nederlandsche-gedichten. — Digt-konst van Boileau-Despréaux, naebootsende de géne (*sic*) van Horatius Flaccus, met bemerkingen, door F. D. Van Daele. *t' Ieper,* 1810. — Ophaling der pligt, elk in syn ampts-bediening, door M. Piens. *Brussel.* — Het treurig aanwys van menig ongelyk houwelyk (du même auteur). *Ibid.* (1775).

2887 Virgilius in de Nederlanden of Æneas Heldendicht, nederduytsche verkleedinge, door V. A. C. Le Plat, strekkende tot een skitze van onze tydgeschiedenissen. *Brussel, Lemaire,* 1802-1803, 4 tom. en 2 vol. in-8°, demi-rel. veau bleu.

BELLES-LETTRES.

2888 — — Le même ouvrage. 4 parties en 1 vol. in-8°, figure, demi-rel. (Sans le supplément qui termine le 4° vol.)
A la fin du volume est ajoutée une étrange circulaire de l'auteur à ses souscripteurs.

2889 Lotgevallen van Nymeegens burgt, gezegt het Valkhof, door E. J. B. Schonck. *Nymeegen,* 1805, in-8°, frontisp., demi-rel. v. fauve.

2890 De Gardes d'Honneur, in vier zangen, door D. H. ten Kate van Loo. *s'Gravenh., Allard,* 1815, in-8°, figures, demi-rel.

2891 Mengel- en tooneelpoezy, van Mr. Sam. Ip. Wiselius. *Amsterdam,* 1818-1819, portr., 4 vol. in-8°, demi-rel. veau bleu, n. rogné.

2892 Gysbert Japicx, Friesche Rymlerye; yn trye deelen forschaet : de tredde druwck, forbettere trog E. Epkema. *To Ljeauwert,* 1821, 2 vol. en 1, portrait. — Woordenboek op de gedichten en geschriften van Japicx, door E. Epkema. *Leeuwarden,* 1824; ens. 2 vol. in-4°, demi-rel. veau bleu.

2893 Hulde aan Gysbert Japiks bewezen in de Sint-Martini kerk te Bolsward, 7 julij 1823. *Bolsward,* 1824, 2 parties en 1 vol. in-8°, portrait, demi-rel. v. vert, non rogné.
Renferme un choix de poésies du poëte Gysbert Japiks, en langue frisonne, et une traduction dans la même langue du « Discours de la Vie et la Mort » de Ph. de Mornay. (Texte français en regard).

2894 Vruchten ingezameld door de aloude Rederijkkamer de Wijngaardranken, onder de zinspreuk : Liefde boven al, te Haarlem. *Haarlem,* 1823-1840, 3 tom. en 1 vol. in-8°, fac-sim., demi-rel. v. fauve.

2895 De volledige werken van J. F. Helmers, uitgegeven door het Genootschap de Schelde. *Antwerpen, Van Dieren,* 1844, 2 vol. in-8°, dem.-rel. v. bleu.
Exempl. en *papier de Hollande.*

2896 La Nation hollandaise, poëme, avec des notes; trad. de Helmers par Aug. Clavareau. *Brux., De Mat,* 1825, in-8°, dem.-rel.

2897 Rhynvis Feith, dicht- en prozaïsche werken. *Rotterdam, Immerzeel,* 1824, 11 vol. — Idem, oden en gedichten.

Zwolle, 1824, 3 vol. — Idem, Fanny. *Amst.*, 1826; ens. 15 vol. p. in-8°, dem-rel.

2898 Liederijk de Buck, eerste forestier van Vlaanderen, in 8 zangen, door Petrus-Albertus Priem. *Brugge, De Moor,* 1826, in-8°, fig., dem.-rel. bas.

2899 Verhandelingen en prysverzen der Gendsche Maatschappy van Nederl. Taal en Letterkunde. *Gent,* 1826, t. I, in-8°, dem.-rel. toile.

2900 Belgische muzen-almanak. *Gent, Stéven,* 1826-1830, 5 vol. in-16, fig. et portr., dem.-rel. mar.

Charmant annuaire poétique orné de planches par nos meilleurs artistes : Madou, Verboeckhoven, Lauters, Jouvenel, etc. Il n'est pas mentionné dans l'*Essai sur les almanachs* de W. Warzée.

2901 Almanak voor blijgeestigen. *Brussel en Amsterdam,* 1826-36, 11 t. en 9 vol. in-12, fig., musique, fac-similés, etc., d.-r. mar. violet.

Non mentionné dans l'*Essai sur les almanachs* de M. Warzée. Recueil devenu très-rare.

2902 L'hivernage des Hollandais à la Nouvelle-Zemble, 1576-97, traduit de Tollens par A. Clavareau. *Maestricht, Bury-Lefebvre,* 1838, portr. et figures, gr. in-4°, cart;

2903 De Dulle Griete. Vlaemsche volksliedekens op den tyd. *Gent, Backeljau, s. d.* (1839), p. in-8°, dem.-rel. v.

2904 Letteroefening van C. A. Vervier (proza en poëzy) *Gent, Hebbelynck,* 1840, in-8°, dem.-rel.

2905 Knopjes en bloemen. Liederen en andere kleine gedichten in den hoog- en nederduitschen tongval (door Ph. Blommaert). *Gent, Hoste,* 1842, in-12, d.-r. v. rouge.

2906 Vader Adam Vlaminc, ene scone sproke, uitgegeven door Pr. Van Duyse. *Gent,* 1842, in-8°, d.-r. v. rouge.

2907 Christus. Christen-Kerstoonen door L. Van Hoogeveen-Sterck. *Antwerpen,* 1843, in-8°, cart., dor. s. tr. (33 pages).

2908 Berymde schets eener pelgrimsreis naer Roome, 1838 41 (door Corn. Scholman). *Mechelen, Hanicq,* 1843.— Tweede vervolg. *Brussel,* 1845, 2 vol. in-8°, d.-r. v.

2909 De heer van Trazegnies, historisch-romantische épisode uit den eersten kruistogt (1096-1099), door C. H. Van Boekel.

Gent, Annoot-Braeckman, 1847, in-8°, figure, demi-rel. veau vert.

2910 Dichterlyke proeven over de tydsomstandigheden, gevolgd door eenige afzonderlyke stukjes, door V. M. (Van Moorseel). *Brussel, Deprez-Parent,* 1850, in-8°, en toile angl., dor. s. plat.

2911 De dichtwerken van Bilderdijk. *Haarlem, Kruseman,* 1856-59, 15 vol. in-8°, portrait. — Is. Da Costa De mensch en de dichter Willem Bilderdijk, eene bijdrage tot de kennis van zijn leven, karakteren schriften. *Ibid., id.,* 1859, portr.; ensemble 16 vol. in-8°, demi-rel. veau rouge, non rogné.
Joli exemplaire.
A la fin du tome Ier est ajouté : *Bilderdijk Herdach, door M. Is. Da Costa. Haarlem,* 1856.

2912 Gedichten van Dr. J. Nolet de Brauwere van Steeland. *Amsterd.,* 1859, 2 tom. en 1 vol. in-8°, portr., d.-r. v. fauve.

2913 W. J. van Zeggelen. Uitstapje van Pieter Spa naar Amsterdam. — Id. Pieter Spa's reize naar Londen. *Antwerpen, Oberts,* 2 part. en 1 vol. in-8°, d.-r. v.

2914 Recueil de pièces de vers flamands relatives à la célébration de jubilés. In-4° et in-fol.

2915 Recueil de pièces de vers et autres opuscules littéraires flamands. In-8° et in-4°.

IV. — ART DRAMATIQUE.

INTRODUCTION. — HISTOIRE. — AUTEURS DRAMATIQUES FRANÇAIS.

2916 Le pour et contre les spectacles, par l'abbé M... (Mann.). *Mons, Beugnies,* 1782, p. in-8°, demi-rel. maroq. bleu.

2917 Études sur les mystères, monumens histor. et littéraires, la plupart inconnus, et sur divers manuscrits de Gerson et le texte primitif de l'Imitation de J.-C., par Onésyme Le Roy. *Paris, Hachette,* 1837, in-8°, demi-rel. v. fauve.

2918 Mystères inédits du xv° siècle, publiés par Ach. Jubinal. *Paris, Techener,* 1837, 2 vol. in-8°, fac-simile, demi-rel. veau vert.

2919 Le mirouer et exemple moralle des enfans ingratz pour lesqlz les peres et meres se destruisent pour les augmêter qui en la fin les descongnoissent, figures sur bois, p. in-4°, demi-rel. maroq. brun et coins, non rogné.

Réimpression tirée à 66 exemplaires, faite à Aix par Pontier en 1836, d'après l'exemplaire provenant de la biblioth. Lavallière.

2920 Tragedie françoise, à huict personnages : traictant de l'amour d'un serviteur envers sa maistresse, et de tout ce qui en advint. Composee par Jean Bretog, de S. Sauveur de Dyve. *Lyon, Noël Grandon*, 1571, papier vélin rose, demi-rel. v. rose, non rogné.

Réimpression faite par M. Garnier fils, à Chartres, en 1831 ; elle est tirée à 60 exempl., dont 6 sur pap. de couleur.

2921 Le galimatias dv sievr Desroziers Beavliev, tragi-comedie. *Paris, Toussainct Quinet*, 1639. — Les chastes martirs, tragedie chrestienne, par Mlle Coisnard. *Ibid., Courbé*, 1650. — Le grand Timoleon de Corinthe, tragi-comedie... par le sieur de Saint-Germain. *Ibid.; Quinet,* 1642. (*Titre doublé et restauration aux derniers feuillets*). En 1 vol. in-4°, veau fauve, à fil.

Recueil de pièces rares. Les titres des deux premières pièces un peu rognés sur le devant.

2922 Recueil de pièces de théatre, en 1 vol. in-4°, veau brun. (*Court de marges et taché d'eau.*)

Renferme :
Marguerite de France (par G. Gilbert). *Paris, Courbé,* 1641. — Le ravissement de Proserpine (par Jean Claverit). *Ibid., Sommaville,* 1640. — L'art de régner ou le sage gouverneur (par Gillet de la Tessonnierre). *Ibid.,* 1646. — Hercule furieux (par Nicol. l'Heritier Nouvelon). *Paris,* 1639. — Toutes pièces rares en éditions originales.

2923 Théatre de P. Corneille, avec des commentaires (par Voltaire), et autres morceaux intéressans. *Genève,* 1774, 8 vol. in-4°, fig., demi-rel. v.

2924 Œuvres de Molière. *Paris, David,* 1749, 8 vol. in-12, portr. et figures de Boucher, v. écaille à fil.

2925 Le théatre de M. Poisson. *Paris, Le Breton,* 1736-41, in-12, demi-rel. v.

2926 Œuvres choisies de Boursault, 2 tom. — Œuvres choisies de

Dufresny, 2 tom. — Œuvres de Sédaine, 3 tom. *Paris, Didot* (éd. stéréot.), 1810-13, en 4 vol. in-18, cart.

2927 Les œuvres de théâtre de M. de Hauteroche. *Paris,* 1742, 3 vol. in-12, dem.-rel. v.

2928 Œuvres choisies de Lafosse et de Duché. *Paris, Didot,* 1811, in-18, cart.

2929 Œuvres de Regnard; nouv. éd. revue et corrigée (par M. Delaporte). *Paris,* 1770, 4 vol. in-12, v. écaille à fil.

2930 Œuvres de théâtre de MM. de Brueys et de Palaprat. *Paris, Briasson,* 1755-56, 3 vol. in-12, portr., v. écaille à fil.

2931 Les Divertisements (*sic*) du temps ou la magie de Mascarille à Bruxelles (comédie par de Rosidor), in-4°, maroq. viol., d. s., tr. fil., dent. (*Schavye.*)

Ms. de 56 ff., sur vélin, écr'ture magnifique imitant l'impression, par Wilmart, initiales et majuscules en lettres d'or, armoiries en or et couleur. Exemplaire avec dédicace au comte de Colmenar. Dans cette dédicace, chef-d'œuvre de servile obséquiosité, l'auteur dit que c'est son premier ouvrage : « Je ne doute point, dit-il encore, qu'il n'y ait quelque critique qui ne die que cette petite comédie n'est qu'une farce à cause qu'elle n'est pas dans les règles et qu'elle est remplie de boufonneries et de visions, mais ne l'ayant faite que pour estre divertisement, vous voulez bien, Monseigneur, que je me serve de vostre protection pour les confondre, et leur faire croire que quand j'aurai le temps pour en faire une, j'y observeré parfaitement les règles; je puis me vanter d'avoir fait celle-ci en moins de quinze jours estant pressé par le désir que j'avois de vous la faire veoir avant vostre départ, etc. »

Cette pièce n'a probablement jamais été imprimée; elle n'est pas mentionnée au Catalogue de M. de Soleinne.

2932 Le théâtre de M. Baron, augmenté de deux pièces et de diverses poésies. *Paris,* 1759, 3 vol. in-12, v. écaille à fil.

2933 Chefs-d'œuvre de N. Destouches. Édition ornée de la vie et du portrait de l'auteur.... *Paris, Billois,* 1810, 2 vol. in-12, portr., bas. rac.

2934 Les œuvres de théâtre de M. d'Ancourt. *Paris,* 1760, 12 v. in-12, musique notée, v. écaille à fil.

2935 Œuvres de M. Nivelle de la Chaussée. Nouvelle édit. (avec supplément). *Paris, Prault* (le suppl., *Amsterdam*), 1762, 5 vol. in-12, cart.

2936 Les œuvres de M. de Crébillon. *Paris,* 1749, 3 vol. in-12, v. marbré.

2937 Œuvres de théâtre de M. de Marivaux. *Paris, Duchesne,* 1758, 5 vol. in-12, portr., demi-rel. v., non rogné.

2938 Proverbes dramatiques (par Carmontelle). *Paris, Merlin,* 1768, 4 vol. in-8°, d.-r.

2939 Œuvres complettes de M. De Belloy, de l'Académie françoise. *Paris, Cussac,* 1787, 6 vol. in-8°, figures et portr., veau éc. à fil.

    Légère tache d'eau au portrait.

2940 Les amours de Bastien et Bastienne, parodie du Devin du Village, par Madame Favart et Mr. Harny, représentée à Bruxelles en 1753. *S. l.,* 1760, p. in-8°, musique notée, demi-rel. toile.

2941 Théâtre de Voltaire, augmenté de plusieurs pièces. *Londres (Cazin),* 1782, 8 vol. — La Henriade, poème. *Ibid., id.,* 1787; ens. 9 vol. p. in-12, portr., v. écaille à fil., tr. dor.

2942 Les réjouissances flamandes, divertissement mêlé de vaudevilles, représenté le 3 janv. 1779, dédié aux officiers de la garnison de Douay, par B. S. de Malherbe et V. C. de Ferville. *Douay, Willerval, s. d.,* in-8°, d.-r. veau.

    N'est pas cité dans la *Bibliographie Douaisienne.*

2943 Œuvres choisies de Beaumarchais. *Paris, Ménard,* 1818, 4 vol. in-18, portr. et fig., cart.

2944 La folle journée ou le mariage de Figaro, comédie en cinq actes, en prose, par M. de Beaumarchais. *Au Palais-Royal, chez Ruault,* 1785, in-8°, d.-r.

    Une des premières éditions de cette comédie célèbre. La première représentation eut lieu le 27 avril 1784, par les comédiens ordinaires du Roi.

2945 Pierrot Romulus ou le ravisseur poli, comédie, p. in-8°, cart.

    Ms. de 15 f. du xviii° s.

2946 La Présomption punie, comédie, in-4°, v. fauve, fil.

    Ms. du xviii° siècle, d'une belle écriture. Cette comédie est une pièce politique ; la clef des personnages nous indique que le bailly est le cardinal Fleury ; Mlle Mimi, la reine de Hongrie; Blaise, le grand-duc de Toscane; Babet, la reine d'Espagne; Lucas, Grospierre et Trotin, des généraux français.

2947 Œuvres choisies de Lemierre. (Théâtre et poésies). *Paris, Didot,* 1811, 2 vol. in-8°, cart, en vélin vert et en étui; ni rogné, ni découpé.

<small>Un des *deux exemplaires* imprimés sur *peau de vélin*.</small>

2948 (Théâtre de Valenciennes). Le temple de la gloire ou l'allégresse générale, allégorie-divert., par le citoyen Volanges. — L'entrevue de Buonaparte et du prince Charles, fait histor. en un acte, par J. E. M. Baclet. — Le retour de la tranquillité publique... Colloque, par Butel. — La paix et l'hymen, ou le guerrier récompensé...., par Aug. Cambronne. *Valenciennes, Prienet,* an II-x; en 1 vol. in-8°, demi-rel. maroq. rouge. (La première pièce mouillée).

<small>Pièces de théâtre fort rares. « Le *Retour de la Tranquillité* » n'est pas cité dans le catalogue Soleinne.</small>

2949 Œuvres dramatiques de C. Palmézeaux; ou recueil des pièces de cet auteur qui ont été représentées. *Paris, Mme Desmarest,* 1810, 4 tom. en 2 vol. in-18, cart.

2950 Œuvres de J. F. Ducis. *Bruxelles, Wahlen,* 1818-19, 5 tom. en 4 vol. in-18, cart.

2951 Théâtre de L. B. Picard. *Bruxelles, Hayez,* 1821-22, 12 vol. in-18, cart.

2952 Recueil de pièces, en 1 volume in-8°, demi-rel.

<small>Renferme :

Les Parisiens en Hollande, parodie en un acte, par Belfort. *La Haye,* 1822. — Régulus, tragédie, par L. Arnault. *Gand*, 1822. — Alzire, tragédie de Voltaire, *S. l.*, 1772. — L'école des vieillards, par C. Delavigne. *Bruxelles,* 1824. — Le Médisant, comédie, par E. Gosse. *Paris,* 1817. — J'arrive à temps, par Réné Perrin. *Ibid.*, 1807.—La maison de Molière, comédie, par M. Mercier. *Ibid.*, 1789. — Lettre à Mad. de Fronville, sur le psychisme, par Quesné. *Paris,* 1812. — Les deux Chrysippes ou le Stoïcien démasqué. *Leyden.*</small>

2953 Œuvres complètes d'Alexandre Duval. *Bruxelles, Hayez,* 1824-25, 16 tom. en 14 vol. in-18, portr., cart.

2954 Guillaume de Nassau, tragédie en cinq actes, par A. V. Arnault. *Bruxelles, Tarlier,* 1825, in-8°, v. bleu à fil., dent. int., tr. dor. (aux armes de la Hollande).

2955 Œuvres dramatiques choisies d'Eugène Scribe et de ses principaux collaborateurs. *Bruxelles, Dupon,* 1829-30, 4 vol. in-18, portr.

2956 Théâtre et poésies diverses de M. Casimir Delavigne. *Bruxelles, Hayez,* 1824, 3 tom. en 2 vol. in-18, cart.

2957 Théâtre burlesque, choix de tragédies et comédies facétieuses. *Paris,* 1840, 2 vol. p. in-12, demi-rel. v. bleu.

2958 Collection de pièces de théâtre. *Bruxelles, Dupon,* 1826-27, 18 vol. in-18, cart.

OEUVRES DRAMATIQUES EN FRANÇAIS D'AUTEURS BELGES. — PIÈCES DRAMATIQUES WALLONNES.

2959 Sybilla cumana, comedie Aristophanique dédiée à Monsgr. Philippe Fr. de Croy duc d'Havré et de Croy, gouverneur du duché de Luxembourg et pays de Chiny, pour sa bienvenue audit gouvernement en may 1649, par la jeunesse du Collége de la Comp. de Jesus. *Namur,* in-4°, d.-rel. t.

Dans le même volume : *S. Estienne, Roy d'Hungrie, dédié à Charles Alex. Duc de Croy, par la liberté duquel seront donnez les prix des estudes... Brux.,* 1622.

2960 Le Franc Bourgeois, comédie dédiée à S. A. Electorale de Bavière, par G. T. de Valentin. *Bruxelles, Claudinot,* 1706, in-12, frontisp. de Harrewyn, v. rac., rel. restaurée.

Quelques pages sont atteintes par le couteau du relieur à la marge supérieure.

Noté *rare* au catal. Soleinne.

Pièce très-curieuse du théâtre de Bruxelles. L'auteur s'est proposé « de tourner en ridicule les manières dures d'un Franc Bourgeois, « l'aversion qu'il a pour les gens de qualité, son avarice, son attachement aux vieilles modes, sa haine pour tout ce qui sent la nouveauté, son ignorance, son peu de politesse, le soin excessif qu'il a d'accumuler biens sur biens, etc. » L'auteur commence ainsi sa dédicace : L'accueil que V. A. E. a toujours fait aux plus grossiers de nos bourgeois, et la douceur avec laquelle Elle a excusé leur peu de politesse, me font espérer qu'Elle aura bien agréer celuy que je luy présente et l'honnorer même d'une protection particulière. »

Nous devons avouer cependant que le marquis de Carabas qui daignait faire une comédie « contre les bourgeois, » tournait assez bien le vers et ne manquait pas d'esprit. « Le caractère de Pandolfe, dit le bibliophile Jacob, est parfaitement tracé et trouverait encore aujourd'hui plus d'une application. »

2961 La passion de N. S. Jesus-Chrict, tragédie sainte, ornée de musique et de tous ses spectacles, tirée des quatre Évangélistes, par J. L. Krafft. Représentée au grand théâtre de

Bruxelles, en 1727. *Bruxelles, T'Serstevens* (1736), in-8°, front., demi-reliure veau.

Très-rare.

2962 Tragédie historique et triumphante de l'auguste Impératrice, Reine de Hongrie, etc., mise en vers par M. F. Vermeren. *Brusselles,* 1753, in-8°, v. br., tr. dor.

V. sur cette pièce très-rare et très-drôle qui manquait à la bibliothèque Soleinne, le spirituel article de M. de Stassart (*Bull. du Bibl. belge*, V, 25). L'exemplaire possède la grande planche représentant le catafalque de Charles VI.

2963 Les Belges ou Sabinus, tragédie en cinq actes, par M. Néel. *Bruxelles, Flon,* 1782, in-12, d.-r. v. br.

2964 Marie de Lalaing ou la prise de Tournai, tragédie en cinq actes et en vers. Représentée pour la première fois au théâtre de Gand, le 17 novembre 1790. — Orphée, poème, d'après Vondel. — La chasteté, poème; et autres pièces, in-4°, de 165 pages, v. jaspé.

Ms. d'une très-belle écriture. Dans sa préface, l'auteur dit avoir imité sa pièce de la tragédie hollandaise de Nomsz. « Je commençais (sic) ma pièce vers la fin du mois de juillet 1790, j'en fis lire les premiers vers à mes amis qui m'engagèrent à continuer et je réussis à la finir avant le mois d'octobre de la même année. Elle eut sa première représentation le 6 du mois suivant avec un concours prodigieux de monde, et des applaudissements mille fois réitérés. » Ce succès doit être attribué bien plus au patriotisme des auditeurs qu'au mérite littéraire de la pièce.

2965 Ed. Smits. Marie de Bourgogne, tragédie en cinq actes. *Brux.,* 1823. — Elfrida ou la vengeance, tragédie. *Ibid.*, 1825; en 1 vol. in-8°, fig., d.-r. v. rouge.

2966 Œuvres dramatiques par Aug. Clavareau. *Bruxelles, Tarlier,* 1828, 2 tomes en 1 vol. p. in-8°, demi-rel. v. fauve, non rogné.

2967 Jacqueline de Bavière, drame en cinq actes, de Pr. Noyer. *Bruxelles, Méline,* 1834, figure sur chine, in-8°, en veau bleu à compart. et en mosaïque, au chiffre du Roi, dent. int. (*Schultes*).

Bel exemplaire.

2968 Jacques van Artevelde, drame, par Victor Joly, précédé d'une chronique. *Bruxelles,* 1835, in-12, d.-rel. cuir de Russie.

2969 L'écuelle et la besace. Scènes historiques du xvi° siècle, par Ernest Buschman. *Anvers, De Cort*, 1839, fig., in-8°.

2970 Les Gantois en 1382. Drame en seize tableaux, par Gaspard De Cort. *Anvers*, 1841, 2 tom. en 1 vol. in-8°, demi-rel. v. fauve, n. rogn.

2971 Monsieur du Bois, ou nouvelle noblesse, comédie, par Henri Delmotte (représentée à Bruxelles le 18 mars 1845). *Brux.*, in-12, demi-rel. toile.

2972 Voëgge di Chôfontaine, opera burless', ès treuz act, mettou ès musik par M. Hamal, et executé al maison d'veie li 23 janvîr 1757. *De l'imprimerie de S. Bourguignon, s. d.*, in-4° (14 ff.), demi-rel. v. vert.

2973 Théate ligeoi, ki contin li voëge di Chôfontaine, li Ligeoi égagi, li Fiesse di Houte-Siplou, é lés Hypocontes. Opéras burless, avou inn chanson so l'céléb Grétry (par de Cartier, Fabri, de Vivario et de Harlez). Novelle édition. *A Lige à Mont Lemarié, librairi*, 1827, p. in-12, bas. rac.

2974 Théate ligeoi ki contain les opéra dé Théate wallon. *Lige, Oudart*, 1847, in-8°, demi-rel.

2975 Li galant de l'sièrvante; comèdeie è deux actes, par André Delchef (pièce couronnée). *Liége, Renard*, 1858, in-8°, demi-rel. v. fauve.

<small>Comédie en patois wallon; à la suite de cette pièce se trouvent quelques petits poëmes : Li contintement. — Les Wallons dè pays d'Lige. — Li prétimps. — Li conscrit.</small>

AUTEURS DRAMATIQUES FLAMANDS ET HOLLANDAIS.

2976 Bly-eyndigende treur-spel van den H. Rombaut (*Mechelen*, 1680), in-4°, dem.-rel. toile angl.

2977 De Heylige Genoveva ofte herstelde onnooselheyd, bly-eindig treurspel (vertoond te Gend, 1716). *Tot Gendt, by Corn. Meyer*, p. in-8°, dem.-rel. toile.

2978 Constantinus Rooms-Keyser, de onnooselheyt van synen sone Crispus, ende de boosheyt van synen vrouwe Fausta

338   BELLES-LETTRES.

straffende. Treurspel in rym door J. Fr. Cammaert. *Brussel, G Jacobs*, 1750, p. in-8°, v. m. à fil.

<small>Volume non cité par Witsen Geysbeek, *Woordenb. der Nederd. Dichters* et qui doit être la deuxième publication du poëte Bruxellois. La tragédie est dediée au seign. de Claris, *Hoofdman* de la chambre de rhétorique, la Fleur de Lys de Termonde, laquelle chambre représenta la pièce au théâtre de Bruxelles, le 8 nov. 1750.</small>

2979 Ninette in het hof, ofte de verliefde eygensinnigheyt, blyspel met sangen, vertaelt (in rym), door J. Franç. Cammaert. *Brussel, Jacobs,* 1761, in-8°, fig. et port. de Cammaert, dem.-rel. v. rouge, non rogné.

<small>Imitation de Ninette à la cour, de Favart.</small>

2980 De Landloopster, blyspel in twee deelen, gemengt met sangen, uyt het frans vertaelt ende gerymt door J. Fr. Cammaert. *Brussel, 't Serstevens,* 1762, in-8°, demi-rel. bas. rac., bel ex.

<small>Non mentionné dans Witsen Geysbeek, *Woordenboek der Nederd. Dichters*.</small>

2981 Alexandre le Grand, ou le païsan Roi, comédie trad. du hollandais de P. Langendyk (par H. J. Roulland). *Amst.,* 1751, p. in-8°, demi-rel. v. bleu.

2982 Don Diego of den bedrogen gierigaert, blyspel in dry deelen, door G. G. F. Verhoeven, in-4°, demi-rel. dos et coins de mar. viol. (*Schavye.*)

<small>Ms. de 123 pp. de la main de M. de Jonghe. Copié d'après le ms. de la Bibl. royale. Avec une notice. Volume très-soigné.</small>

2983 De Stoeffers. Comedie in twee acten, door J. A. de Roovere, J. U. L., 1784, in-4°, demi-rel. v. f.

<small>Ms. de 23 ff.</small>

2984 Thirsa, of de zege van den godsdienst. Treurspel, door Rhynvis Feith. *Amsterd., Allart,* 1784, figures, in-8°, d.-r.

2985 Quinten Matsys, of wat doet de liefde niet! Tooneelspel in 2 bedryven, door J. F. Willems. *T' Antwerpen,* 1816, d.-r. bas. v.

2986 Het Verbond der edelen, treurspel door J. van s'Gravenweert. *Amsterdam, v. d. Hey,* 1818, in-12, demi-rel. toile.

2987 Naergelaetene tooneelstukken en rymwerken van K. L. Fournier. *Yperen, Annoy,* 1820-1821, 6 vol in-8°, demi-reliure veau rose.

2988 Petronella van Saxen, gravinne van Holland. Treurspel, door D. H. ten Kate van Loo. *Batavia,* 1827, in-8°, demi-rel.

2989 Waatze Gribberts Brilloft, kommeedje fen acht uitkomsten : rjeucht formeitselyk om te lezzen, yn it Lân- Friesk. *Liauwert, Suringar,* 1840, in-8°, demi-rel. v. bleu.
Pièce de théâtre en patois frison.

2990 Lodewyk van Male, of misbruik van grootheid en magt, treurspel in vyf bedryven, door A. Liebaert. *Oostende, Vermeirsch* (1841), in-8°, demi-rel. v.

2991 Herinnering aen den gentschen pryskamp, bevattende : Alva's geheimschryver, heldenspel in vyf bedryven. — De bekroonde Verwachtingen, tooneelspel. — Verslag van den wedstryd te Gent, in 1841. *Antwerpen,* 1842, in-8°, figure de médaille, demi-rel. toile.

2992 De Medeminnaar uit vriendschap, blyspel, door P. Koster. *Brussel.* — Azoo 'ne klont, blyspel, door H. van Peene. *Gent,* 1856. — De Verkleedingen, kluchtig blyspel, van A. von Kotzebue. *Brussel,* 3 pièces en 1 vol. in-12, dos en toile.

2993 Recueil de pièces de théâtre d'auteurs belges, en flamand et en français. In-8°.

AUTEURS DRAMATIQUES ITALIENS, ESPAGNOLS, ALLEMANDS, ANGLAIS, ETC.

2994 L'innocenza difesa da Numi, dramma in musica. *In Valenziena, G. Fr. Henry,* 1712, in-8°, frontisp., maroq. rouge à fil., dor. s. tr. dent. int. en étui. (*N. Marlière*).
Volume très-rare, provenant de la Bibliothèque d'Aimé-Leroy.
Tous les feuillets sont reemmargés, mais d'une manière si habile, que l'exemplaire peut passer pour une vraie curiosité.

2995 Œuvres dramatiques d'Apostolo Zeno, trad. de l'italien. *Paris, Duchesne,* 1758, 2 vol. in-12, br.

2996 La congiura de' Tessitori, tragedia di Diego Piacentini. *Guanto, V. D. Haeghen,* 1835, in-8°, maroq. rouge, à dent., compart. fers à froid, tr. dor.

2997 Celestina. Tragicomedia de Calisto y Melibea la qual se contienen de mas de su agradable y dulce estilo, muchas sentencias filosofales.... Mostrandoles los Engaños que estan encerrados en Sirvientes y Alcahuetas. *En la officina Plantiniana,* 1595, p. in-8°, demi-rel. maroq. brun et coins. (Légèrement taché).

2998 Celestina. Een Tragicomedie van Calisto ende Melibea, inde welcke (buyten haren playsanten ende zoeten zin) staen veel profytelycke sententien oft spreecwoorden, ende veel nootzakelycke waerschouwinghen, byzonder voor Jongheghezellen, betoonende het groot bedroch vande Pluymstryckers, van de ontrouwe Dienaers, ende voor al van de Koppelerssen eñ lichte Vrouwë. *T" Hantwerpen, by Heyndric Heyndricxz, op onser Vrouwen Kerchof, s. d.*, p. in-8°, de 142 ff. goth. figures en bois, demi-rel.

Exemplaire bien conservé d'une édition assez rare, quoiqu'elle ne remonte pas au-delà du commencement du xvii° siècle. — Le *Manuel* de M. Brunet cite plusieurs traductions en italien, en français, etc., de ce roman espagnol, commencé vers 1450 sous le règne de Ferdinand et d'Isabelle, et achevé longtemps après par Fernando de Roias. — Mais aucune traduction flamande n'a été citée par ce bibliographe; Ebert seul indique une édition flamande d'Anvers, 1616.

Celle-ci, sans date, renferme le texte entier en 21 livres.

2999 La comedia de la Reyna de las Flores, loa, y entremes: que representaron en el Palacio de Bruselas, dia de los Reyes, de este año de 1643..., por D. Jacinto de Herrera Sotomayor, Alcayde de la fortaleza de Venquerencia y de el Parque de Bruselas.... *En Brusselas, Juan Mommarte,* 1643, in-4°, d.-rel. v. raciné.

Titre; al senor Don Gaspar de Mello, 1 f.; D. Hyacintho de Herrera.... Erycius Puteanus applaudit, 2 ff.: Argumenta de la comedia, 2 ff.; Personas de la Loa, 4 ff.; La Reyna de las flores, 50 pp.; El entremes... pp. 51-58; Privilegio, au verso la marque de l'imprimeur.

Nous donnons ici la description exacte de cette pièce rare, pour rectifier l'article qu'en a donné M. Hoffmann de Hambourg (*V. Bulletin du Biblioph. Belge.* VI, 174). Le savant bibliographe n'ayant eu sous les yeux qu'un exemplaire incomplet, avec titre manuscrit, a été induit en erreur, quant au nom de l'auteur de la pièce.

Ce n'est pas à l'israelite Daniel Levi de Barrios qu'elle est due, mais bien réellement à Don Jacinto de Herrera Sotomayor, comme il résuite du titre imprimé de notre exemplaire, ainsi que de l'Épitre d'Erycius Puteanus, commençant : *O floridum pictumque drama tuum!* et plus loin : « *Admiratus et titulum operis, et argumentum, et scenam ipsam, non potui non plausum tibi auctori dare...* »

L'exemplaire de M. de J. nouvellement relié est d'une conservation parfaite. — La figure à la page 48 est coloriée.

3000 Le théâtre espagnol ou les meilleures comédies des plus fameux auteurs espagnols. Traduites en françois, (par Le Sage). *Paris, Moreau,* 1700, in-12. rel. v. f.

3001 Théâtre espagnol (traduit par Linguet). *Paris, De Hansy,* 1770, 4 vol. in-12, v. rac.

Note de M. de J.

3002 Theophilus. Niederdeutsches Schauspiel aus einer Trierer Handschrift des XV Jahrhunderts, mit Anmerkungen und Wörterbuch von Hoffmann von Fallersleben. *Hannover,* 1853, in-8°, dem.-rel. v. fauve.

3003 Don Carlos, Infant d'Espagne, par Fréd. Schiller, traduit par Adr. Lezay. *Paris, (Crapelet),* in-8°, dem.-rel. bas. brune.

3004 Œuvres dramatiques de J. W. Goethe, traduites de l'allemand, avec notice. *Paris, Sautelet,* 1825, 4 vol. in-8°, demi-rel.

Plusieurs feuillets du tome Ier en partie déchirés ; le titre de ce volume manque.

3005 Faust, tragédie de Goethe, traduite par A. Stapfer. *Bruxelles,* 1828, in-12, portrait, fig., demi-rel. v. fauve, non rogné.

3006 Die deutschen Kleinstädter. Lustspiel von A. von Kotzebue. *Leipzig,* 1803, p. in-8°, cart.

3007 Ainsi peut aimer la vieillesse. Comédie en un acte et en prose tirée des fantaisies de Justus Möser et traduite librement de l'allemand par A. E. de Roovere, in-4°, d.-r. bas. verte.

Ms. de 41 pages.

3008 Shakespeare, Cymbeline; Ende gut, Alles gut; übersetst von G. W. Kessler. *Berlin,* 1808, 2 pièces, in-12, demi-rel. bas. rouge, à fil.

3009 The dramatic works of George Colman. *Paris,* 1823, 4 vol. — Sheridan, dramatic works. *Ibid.,* 4 vol. — Letters of Lady Montagu. *Ibid.,* — Mackenzie, the man of feeling. *Ibid.,* ens. 10 vol. p. in-12, v. rac. à fil.

3010 Kynge Johan, a play in two parts, by John Bale; edited by J. Payne Collier. *London, printed for the Camden Society,* 1838, in-4°, toile angl.

3011 Buhez santez Nonn, ou la Vie de sainte Nonne et de son fils saint Devy (David). archevêque de Menevie en 519; mystère composé en langue bretonne, antérieurement au xiie siècle, publié avec introduction par l'abbé Sionnet (avec traduct.). *Paris, Merlin,* 1837, in-8°, fac-simile, dos et coins en maroq. vert.

V. — ROMANS, CONTES ET NOUVELLES.

INTRODUCTION. — RECUEILS. — ROMANS GRECS ET LATINS.

3012 Histoire ou recherches sur l'origine des contes, par Paul Gudin. *Paris,* 1803, 2 vol. in-8°, demi-rel. v. fauve.

3013 Choix de petits romans de différens genres (par le marq. de Paulmy). *Londres, Gattey,* 1789, 2 vol. p. in-12, v. écaille, à fil. tr. dor.

3014 Les Métamorphoses ou l'ane d'or d'Apulée, philosophe platonicien. *Chatillon-sur-Seine,* l'an v, 2 vol. in-8°, demi-rel. basane.

3015 Enee Silvii poete Senensis. De duobus amātibus Eurialo et Lucresia. Opuscū ad Marianū Sosinū feliciter incipit. Prefatio. (*A la* 14e *ligne de la dernière page*): *Explicuit opusculu Enee Silvii de duobus amantibus,* p. in-4°, veau fauve à dent., aux armes de M. d. J.

Bel exemplaire.
Édition très-ancienne et qu'on considère comme la première de cet opuscule; elle renferme 36 feuillets à 26 lignes, imprimés avec les caractères d'Ulrich Zell.—L'exemplaire a deux notes manuscrites en marge.

ROMANS FRANÇAIS.

ROMANS DE CHEVALERIE.

3016 Cronique et hystoire faicte et composée par reverend pere en dieu Turpin... Contenant les prouesses et faictz darmes advenuz en son temps du Roy Charles le grāt, autrement dit Charlemaigne... *Paris, Silvestre,* 1835, in-4°, goth. à 2 coloun., dos et coins en maroq. bleu du Levant, dor. en tête n. rogné.

<small>Tiré à 120 exempl. seulement.</small>

3017 Les quatre fils d'Aymon, histoire héroïque. *Liége, Desoer,* 1787, p. in-8°, v. bleu.

3018 Les quatre fils d'Aymon, histoire heroïque. *Paris, Lugan,* 1827, 2 vol. p. in-12, demi-rel. v. rouge.

3019 Der Roman von Fierabras, Provenzalisch, herausgegeben von Imm. Bekker. *Berlin, Reimer,* 1829, gr. in-4°, demi-rel. v. bleu, plats en toile.

3020 Histoire du Chevalier Paris et de la Belle Vienne, publiée d'après les manuscrits. *Paris, Crozet,* 1835, in-8°, dos et coins en maroq. bleu, n. rogné.

<small>Publiée d'après l'édition *princeps* de 1487, impr. par G. Leeu à Anvers. Tiré à 120 exempl. numérotés.</small>

3021 Histoire de Robert le Diable, duc de Normandie. *Paris, Rue Saint-Jean de Beauvais,* 1776, in-8°, demi-rel. bas. rac.

3022 Le livre du très-chevalereux comte d'Artois et de sa femme, fille au comte de Boulogne. *Paris, Techener,* 1837, gr. in-4°, figures de fac-simile, demi-rel. et coins en maroq. bleu, dor. en tête, fil. s. l. jonct. n. rogné.

3023 Histoire du Petit Jehan de Saintré et de la dame des Belles-Cousines (par Ant. de la Salle), extraite de la vieille chronique de ce nom, par M. de Tressan. *Paris, Dufart,* 1796, in-12, figures de Moreau, maroq. rouge à dent., dor. s. tr.

3024 Ancienne chronique de Gerard d'Euphrate, duc de Bourgogne : son origine, amours..., extraite de l'édition de Paris, 1549, remise en français moderne (par G. C. d'Orville). *Paris, Moutard,* 1783, 2 vol. p. in-8°, demi-rel. v. fauve, non rogné.

3025 Le livre de Baudoyn, conte de Flandre, suivi de fragments du roman de Trasignyes, publié par C. P. Serrure et A. Voisin. *Bruxelles, Berthot,* 1836, figures en bois, gr. in-8°, dos et coins en maroq. brun, n. rogné.

<small>Exempl. en *grand papier* avec envoi autographe de M. Serrure.</small>

3026 — — Le même ouvrage, in-8°, d.-rel. maroq. brun., filets sur les jonctions.

3027 Histoire de Gillion de Trazegnies et de dame Marie, sa femme; publiée d'après le manuscrit de la Bibliothèque de Jéna, par O. L. R. Wolff. *Paris et Leipsic,* 1839, in-8°, dem.-rel. et coins en maroq. bleu, dor. en tête, fil. s. l. jonct.

3028 HISTOIRE DES SEIGNEURS DE GAVRES. Roman du xv° siècle, publié par A. Van Dale. *Bruxelles, s. d.* grand in-4°, figg. et texte en facsimile, par M. Kreins; relié en maroq. rouge du Levant, riches dorures sur plat, dent. à l'int., dor. s. tr., dans une caisse en bois d'acajou, doublée de chamois.

« Le sujet du roman est un de ces sujets affectionnés des rois d'armes
« du xv° siècle. Comme dans Gille de Chin, comme dans Gillion
« de Trasegnies, il s'agit de perpétuer ici la mémoire des faits et
« des exploits d'une ancienne famille de Belgique, de cette maison
« de Gavres, aujourd'hui éteinte, qui passait pour avoir hérité des
« armes du fameux Roland. Des pélerinages et des combats, des
« amours et des tournois chevaleresques, telle est l'histoire de Louis
« de Gavres... »

L'exemplaire de M. de J. est du très-petit nombre de ceux, qui renferment la dédicace au Roi Léopold, accompagnée d'une curieuse miniature (représentant l'éditeur et ses amis faisant hommage du livre au Roi; tous ces personnages en costume du xv° siècle) cette dédicace, occupe le premier feuillet; elle n'a été tirée qu'à 5 ou 6 exemplaires; dans l'exempl. de M. de J., elle est imprimée sur *peau de velin*.

Ce qui donne une importance toute particulière à ce volume, c'est la reliure somptueuse de M. Schavye, auquel nous devons déjà tant de bijoux de son art. Cette reliure aussi remarquable par son exécution parfaite, que par le beau style d'ornementation, nous rappelle ces livres précieux par excellence, qui faisaient autrefois les délices du Bibliophile Grolier.

3029 — — Le même ouvrage gr. in-4°, figg. color., dem.-rel. et coins en maroq. rouge du Levant à petits fers, dor. en tête, fil. sur les jonct. n. rog. Bel exemplaire.

3030 Romans relatifs à l'histoire de France aux xv° et xvi° siècles, par Paul L. (Lacroix) Jacob, Bibliophile. *Paris, Desrez,* 1838, gr. in-8°, dem.-rel. cuir de Russie et coins, fil. sur les j.

Renferme : La danse Macabre ; les francs Taupins ; le Roi des Ribauds et les deux Fous.

Reliure de l'Histoire des Seigneurs de Gavres.

Dessin réduit à la moitié de la grandeur.

3031 Chroniques françoises de Jacques Gondar Clerc... publiées, par F. Michel, suivies de Recherches sur le style, par Charles Nodier. *Paris, Janet,* (1836), in-12, figg. toile angl.

3032 L'historial du Jongleur. Chroniques et légendes françaises, publiées par Langlé et Morice, avec initiales, vignettes et fleurons imités des anciens manuscrits. *Paris, Didot,* 1829, in-8°, figg. color. cart.

ROMANS FRANÇAIS DE DIVERS GENRES, ROMANS HISTORIQUES, POÈMES EN PROSE.
CONTES ET NOUVELLES.

3033 Histoire Maccaronique de Merlin Coccaie, prototype de Rabelais, avec des notes et une notice par G. Brunet, revu par P. L. Jacob. *Paris, Delahaye,* 1859, in-12, toile angl. non rogné.

3034 Les Chroniques du roy Gargantua, avec les merveilles de Merlin, translatez de grec en latin et de latin en françois. *Rouen, Jean Besongne. S. d.,* in-12, de 36 pages, figure au titre, maroq. rouge du Levant à fil. dent. intér. Aux armes de M. de J. (*Niedrée*).

Édition non citée. Le texte est celui de l'édition de 1532, reproduite par M. J. Ch. Brunet, à la suite des *Recherches bibliographiques et critiques sur les éditions originales du roman satirique de Rabelais. Paris,* 1852, et par N. J. Chenu en 1853, pour servir de supplément au Gargantua des Elzeviers. Mais il offre de nombreuses variantes. Il finit, comme celui de 1532 et n'a pas le morceau remplaçant dans l'édition de 1533, le dernier paragraphe du chapitre : *Comment Gargantua mit ung geant en sa gibessière.*

Cette impression de Rouen peut dater du commencement du XVIIe s. MM. G. Brunet et J. Ch. Brunet ne semblent pas l'avoir connue. Elle pourra servir utilement pour une nouvelle édition : on y trouve entr'autres un prologue que n'ont pas les chroniques publiées par M. J. Brunet et Chenu.

3035 Les œuvres de François Rabelais, contenant cinq livres de la vie, faits et dits de Gargantua et de Pantagruel, plus la prognostication Pantagrueline, augmentée de « Les navigations et Isles sonnantes. » *Lyon, Jean Martin,* 1599, 3 vol. in-12, d.-r. v. raciné (court de marges).

Le titre du tom. I troué; le titre du tom. II manque, et le 3e volume un peu mouillé à la fin.

3036 Œuvres de Rabelais, édition variorum, augmentée de pièces inédites, des songes drolatiques de Pantagruel, avec l'explication en regard, d'un nouveau commentaire par Esmangart et E. Johanneau. *Paris, Dalibon*, 1823, 9 vol. in-8°, figg. de Deveria et grav. en bois, d.-r. v. brun.

3037 Œuvres choisies de Fr. Rabelais, curé de Meudon. *Genève, Barillot*, 1752, 3 vol. in-12, v. écaille à fil.

3038 Contes et nouvelles de Marguerite de Valois, Reine de Navarre, mis en beau langage et enrichis de figures en taille-douce. *Paris*, 1740, 2 vol. in-8°, figg. sur cuivre, maroq. rouge à fil. dor. s. tr. (ancienne reliure).

Recherchée à cause des figures de R. de Hooghe, qui se trouvent ici en bonnes épreuves.

3039 Les mille et une faveurs, contes de cour tirés de l'ancien Gaulois, par la Reine de Navarre (le chevalier de Mouhy). *Londres (Paris)*, 1783, 5 vol. in-12, v. marbr.

3040 Les contes et les nouvelles récréations et joyeux devis de Bonav. des Periers, avec des notes, par Ch. Nodier. *Paris, Gosselin*, 1841, p. in-8°, dos et coins en maroq. bleu, non rogné.

3041 La tour des miroirs, ouvrage historique de J. P. Camus évêque de Belley *(Paris), Bertault*, 1631, in-8° vél. (Les 2 premières pages un peu salies).

3042 Les décades historiques de Jean Pierre Camus, évesque de Belley. *Rouen, Vaultier*, 1642, in-8°, vél.

3043 Spéculations historiques, par Jean Pierre Camus, évesque de Belley. *Paris, Aliot*, 1643, in-8°, vél.

3044 Lyderic, premier forestier de Flandre, ou philosophie morale de la victoire de nos passions, sur le fonds d'une noble histoire, par le P. Jean Dauxiron. *Lyon, Larjot*, 1633, p. in-8°, demi-rel. maroq. rouge. (Court de marge en tête).

3045 Le jaloux par force et le bonheur des femmes qui ont des maris jaloux. Adjoustée la chambre de justice de l'amour. *Paris, chez Pierre Bontemps*, 1668 (à la Sphère), p. in-12, demi-rel. v. rac. (Taches de rousseur).

3046 Histoire amoureuse des Gaules, par le comte de Bussi Rabutin. *S. l.*, 1754, 5 vol. in-12, v. écaillé à fil.

3047 Histoire amoureuse des Gaules, par le comte de Bussi Rabutin. (*Londres (Cazin*), 1780, 6 vol. in-12, maroq. rouge à fil. dor. sur tr. (aux armes de M. de J.). Exemplaire bien conditionné.

3048 Les conquetes amoureuses du grand Alcandre dans les Pays-Bas. Avec les intrigues de sa cour (par Gatien-Sandras de Courtilz). *Cologne, P. Bernard*, 1684, in-12, demi-rel. v.

3049 Les diversitez galantes. *Jouxte la copie imprimée à Paris, s. d.* — Les effets de la jalousie ou la comtesse de Chateaubriant. *Paris, Guillain*, 1695, de 142 pp. — L'amour en fureur ou les excès de la jalousie italienne. *La Haye, Jacq. Brunel*, 1742, 79 pp. — Lettre critique d'une dame françoise à une jeune dame angloise, sur les usages du grand monde. *Paris*, 1752, de 18 pp. in-12, v. brun.(La dernière pièce courte de marges).

3050 L'art de plumer la poulle sans crier. *Cologne, R. le Turc*, 1710, in-16, demi-rel. bas. (Note de M. de J.).

3051 Neraïr et Melhoë, conte ou histoire ; ouvrage orné de digressions (par de Blancs). *Imprimé à ***, l'an de l'âge de l'auteur 60* (1748), 2 tom. en 1 vol. in-12, v. m.

3052 La vie et les aventures du petit Pompée, histoire critique, trad. par M. Toussaint. *Amsterd.*, 1752, 2 tom. en 1, p. in-12, demi-rel. non rogné. (Un coin du titre découpé).

3053 Naufrage des isles flottantes, ou Basiliade du célèbre Pilpai; poëme heroïque, traduit de l'Indien par Mr. M*** (Morelly), *Messine*, 1753, 2 vol. p. in-8°, frontisp. bas.
Avec note de M. de J.

3054 Le palais du Silence, conte philosophique (par le chev. d'Arcq). *Amsterdam*, 1754, 2 vol. in-12, v. fauve.

3055 Les avantures de Gil Blas de Santillane, par Lesage. *Amsterdam, Arkstée*, 1755, 4 vol. in-12, figures, demi-rel.

3056 — — Le même ouvrage. — Les Aventures plaisantes de Gusman d'Alfarache. *Londres (Cazin)*, 1783, 6 vol. p. in-12, figures, v. écaille à fil. tr. dor.

3057 Histoire de Gil Blas de Santillane, par Lesage illustré par J. Gigoux. *Paris, Dubochet*, 1838, gr. in-8°, br.

3058. Mémoires de Mme Vanfeld, écrits par elle-même et adressés à Mme la marquise de Ronceval. 2 v. in-4°, v. f. rac. fil.

Ms. de 711 pages.

<blockquote>Cet ouvrage inédit est de Charles Fabiot Aunillon, abbé du Gué de Launay, ministre plénipotentiaire de France, près de l'électeur de Cologne, né en 1684 mort en 1760. Son portrait gravé en 1753, par Tardieu, se trouve en tête de ce volume. (Extr. de la note de M. de J.) Avec 5 dessins originaux, lavés à l'encre de Chine, par Le Vigé.</blockquote>

3059 Comte Ant. Hamilton. Mémoires du comte de Grammont. *S. l.*, 1760, 2 vol. — Idem, Œuvres. *S. l.*, 1762, 4 vol. ens. 6 vol. in-12, v. éc. à fil.

3060 Mémoires du comte de Grammont, par A. Hamilton. *Paris, Ledoux,* 1818, 2 tom. en 1 vol. p. in-8°, figures, cart.

3061 Histoire amoureuse de Pierre le Long et de sa très-honorée dame Blanche Bazu; nouv. éd. précédée d'un discours, par de Sauvigny; musique par Philidor et Albanaise. *Londres,* 1768, in-8°, figure et musique gravée, demi-rel. v. fauve, non rogné.

3062 Guillaume de Nassau, ou la fondation des Provinces-Unies, par M. Bitaubé. *Paris, Prault,* 1775, frontisp., in-8°, v. rac. à fil.

3063 Histoire nouvelle de Margot des Pelotons, ou la galanterie naturelle. *A Genève,* 1775, 2 part. en 1 vol. in-8°, d.-rel.

3064 Histoire de Jean de Calais, sur de nouveaux mémoires. (par J. Castillon). *Paris, Costard,* 1776, in-8°, dem.-rel. v. f.

3065 L'élève de la nature (par Beaurieu). *Lille, Lehoucq,* 1778, 3 vol. in-12, fig. et pl. cart.

3066 Amusemens des eaux de Spa, ouvrage utile à ceux qui vont boire ces eaux minérales sur les lieux... (par le baron de Poelnitz). *Londres,* 1782, 5 vol. in-18, v. éc. à fil., tr. dor.

3067 Alexandrine de Ba*** (Bar) ou lettre de la princesse Albertine, contenant les aventures d'Alexandrine de Ba*** son aïeule, traduite de l'allemand, par Madem^{lle} ***. *Paris, Baisson,* 1786, in-12, dem.-rel. v. bleu.

<blockquote>Le sujet de ce roman est le célèbre procès de la succession de T'Serclaes Tilly, qui était alors pendant devant le conseil souverain de Brabant. L'auteur est mademoiselle de Saint-Leger, depuis madame de Colleville.... (Extrait d'une note de M. de J.)</blockquote>

3068 Le compère Mathieu, ou les bigarrures de l'esprit humain, par l'abbé Dulaurens. *Londres,* 1829, 3 vol. p. in-12, dem.-rel. v. rose.

3069 Gerard de Velsen, nouvelle histor., par le C. Mercier. *Paris,* an III. — Musarion ou la philosophie des graces, trad. de Wieland. *Ibid.,* an VII. — Henriette de Wolmar, ou la mère jalouse, par Brument. *Ibid.,* 1797, en 1 vol in-12, figg. dem.-rel. toile.

3070 Les amours du chevalier de Faublas, par J. B. Louvet. *Paris,* an VI, 4 tom. en 2 vol. in-8°, figg. sur cuivre, d.-rel. v. rouge, non rog.

3071 Non, nouvelle par Mad. la marquise de Noisiel, dédiée à l'auteur de Mathilde. *Arlon, Bruck,* in-8°, dos et coins en maroq. bleu.

3072 Manco Capac. Roman, in-4°, v. marbré, fil.
Ms. de 266 pp. C'est un roman dans le genre des Incas de Marmontel et de Joseph de Bitaubé. Le dos du livre porte : Tercite. Est-ce le nom de l'auteur ?

3073 Les Bisareries. Roman, in-4°, v. rac.
Ms. de 123 pp.

3074 Le soupé des petits-maîtres, ouvrage moral. *Londres, s. d.,* 2 vol. en 1, p. in-8°, d.-r. toile.

3075 Delphine, par Mme de Stael-Holstein. *Genève, Paschoud,* 1802, 4 vol. in-12, cart.

3076 Julius Sacrovir, ou le dernier des Éduëns en VIII livres, par Jos. Rosny. *Paris, Fréchet,* 1804, fig., in-8°, v. rac. à fil.

3077 Honorine ou les promenades dans l'isle de Valcheren en Zélande, suivies de Murdo et Aveline. *Paris,* 1808, 2 tom. en 1 vol. p. in-8°, d.-r.

3078 Geneviève et Siffrid; correspondance inédite du vIII^e siècle, par M. L. D. B. (Louis Dubois). *Paris, L'Huillier,* 1810, 2 t. en 1 vol. in-12, d.-r. v.

3079 Mademoiselle de la Fayette, ou le siècle de Louis XIII, par Mme de Genlis. *Paris, Maradan,* 1813, in-8°, v. rac.

3080 Œuvres complètes de Madame de Souza, revues, corrigées et imprimées sous les yeux de l'auteur. *Paris, Eymery,* 1821-22, 6 vol. in-8°, figg., d.-r. v. rouge.

3081 Les aventures de Faust, et sa descente aux enfers, par De Saur et De Saint-Geniès. *Paris, Bertrand,* 1825, 3 vol. in-12, fig., cart.

3082 Lettres de Milady Catesby, suivies d'Ernestine, par Mme Riccoboni. *Paris,* 1826. — Lettres d'une Péruvienne, par Mme de Graffigny. *Ibid.*, 1826, figg. 2 vol. p. in-12, veau vert à fil. et fers à froid, dor. s. tr.

3083 Jean sans peur, duc de Bourgogne, scènes historiques. Première partie. *Paris, Lecointe,* 1829, portrait, in-8°, demi-rel. v. bleu.

3084 Voyages d'Antenor en Grèce et en Asie, avec des notions sur l'Égypte, par de Lantier. *Bruxelles,* 1830, 2 vol. in-8°, demi-rel. v. vert.

3085 Charles Nodier. Jean Sbogar. — Le peintre de Salzbourg. — Adèle. — Thérèse Aubert. *Bruxelles,* 1832, 2 tom. en 1 v. in-8°, demi-rel. chagr. bleu.

3086 Le brasseur Roi, chronique flamande du xiv° siècle, par le vicomte d'Arlincourt. *Paris, Dupont,* 1834, 2 t. en 1 vol. in-8°, demi-rel. v.
    Mouillures et restauration aux derniers feuillets.

3087 La Belgique au xv° siècle; la dernière croisade et le cadet de Bourgogne, par Guénot Lecointe. *Bruxelles,* 1837, 2 tom. en 1 vol. in-12, demi-rel. v. fauve.

3088 Petites misères de la vie conjugale par H. de Balzac, illustrées par Bertall. *Paris, Chlendowski,* in-8°, figures sur bois, demi-rel. v. bleu.

3089 Les contes drolatiques colligez es abbayes de Tourayne et mis en lumière par le sieur de Balzac pour l'esbattement des Pantagruelistes et non aultres. *Paris, Giraud,* 1853, in-8°, demi-rel. v. rose.

3090 Le juif de Vérone, récit historique de l'année 1846 à 1849, par le P. Bresciani, Soc. Jes. — Ubaldo et Irène, récits historiques de 1790 à 1814, du même auteur. *Bruxelles, Goemaere,* 1858-1859, 2 vol. in-8°, demi-rel. v. rouge.

3091 La République Romaine, contenant Lionello (suite au Juif de Vérone), par le père Bresciani, de la Comp. de Jésus.

Bruxelles, Goemaere, 1858, in-8°, demi-rel. v. rouge, non rogné.

ROMANS FRANÇAIS D'AUTEURS BELGES OU HOLLANDAIS.

3092 Les matinées liégeoises ou l'art de prendre le thé en s'amusant. *Liége*, 1778, 2 vol., p. in-8°, v. rac.

3093 Voyage de Spa à Bruxelles. *Bruxelles*, 1783. in-8°, demi-rel.

3094 L'amitié désunie par l'amour, ou les deux veuves infortunées, in-4°, demi-rel. bas.

« Ce roman a pour auteur le dernier prince de Gavre, président de l'Académie roy. de Bruxelles, mort à La Haye, le 2 août 1832. » (Note de M. de Jonghe). L'auteur a écrit cette note au bas du titre : Cette histoire est exactement arrivée; l'auteur a seulement changé les noms des personnes. » Seraient-ce des mémoires personnels?

3095 Éponine et Sabinus, par J. B. Leclerc. *Liége, Collardin*, 1817, in-8°, demi-rel. chagr. vert. (Note de M. de J.).

3096 Joseph, ou l'orpheline de Brabant; lettres inédites sur différens sujets d'éducation, de morale..., publiées par Dubois D. F. (De Fiennes). *Bruxelles*, 1819, in-8°, fig., demi-rel. v.

3097 La prise de Chièvremont, ou les mœurs du x° siècle ; anecdote historique liégeoise, par J. P. B. L. (Latour). *Liége, impr. philos.*, 1825, in-8°, demi-rel. bas.

3098 Histoire d'un condamné à mort, ou le fils coupable. *Brux., Janssen*, 1829, in-18, demi-rel. toile angl.

3099 Philippine de Flandre, ou les prisonniers du Louvre, roman histor. belge, par H. G. Moke. *Paris, Gosselin*, 1830, 4 t. en 2 vol. p. in-8°, demi-rel. veau brun.

3100 Herman ou la civilisation et la barbarie, par H. G. Moke. *Paris, Gosselin*, 1832, 2 vol. in-8°, demi-rel. chagr. bleu.

3101 Abraham Pinedo docteur d'Amsterdam. Contes hollandais, par Arnold de Costa. *Paris, Canel*, 1833, in-8°, demi-r. v.

3102 Le Dimanche, récits de Marsilius Brunck, recueillis, par le baron de Reiffenberg, 2 vol. — Le Lundi, nouveaux récits du même, recueillis par le baron de Reiffenberg. *Brux.*, 1834-35, 3 vol. in-12, demi-rel. cuir de Russie.

3103 Voyages et aventures de M. Alfred Nicolas, au royaume de Belgique, par Justin *** (Grandgagnage). *Bruxelles*, 1835, 2 vol. in-12, demi-rel. veau.
Devenu rare.

3104 Le Congrès de Spa, nouveaux voyages et aventures de M. Alfred Nicolas du royaume de Belgique, par Justin... (M. Grandgagnage). *Liége, Renard,* 1858, in-18, broché. (Tome 1er, seul paru).

3105 Baron J. de St. Genois. Hembyse, histoire gantoise. *Brux.*, 1835, 2 tom. — Id. La Cour de Jean IV. *Ibid.*, 1837, 2 t. — Id. Le faux Baudouin. *Ibid.*, 1840, 2 tom., ens. 3 vol. in-12, dos et coins en cuir de Russie, fil. sur les jonctions.

3106 Le Chateau de Wildenborg, ou les mutinés du siége d'Ostende (1604) par le Baron Jules de St.-Genois. *Bruxelles, V. Dale,* 1846, 2 tom. en 1 vol. in-8°, dos et coins en maroq. rouge.

3107 Voyage de Verviers à Liége, tant à pied qu'en diligence, par Ignorantin Simplinet (L. Remacle), avec des notes, par Dominique Mirlifique. *Verviers, s. l.,* in-12, d.-r. (Le dernier feuillet endommagé).

3108 Richilde, ou épisodes de l'histoire de la Flandre, au xie siècle par Coomans, aîné. *Gand, Hebbelynck,* 1839, 2 t. en 1 vol. in-8°, d.-r. v.

3109 — — Le même ouvrage, in-4°, figg., d.-r. v. bleu.

3110 Baudouin Bras-de-fer, ou les Normands en Flandre, par Coomans, aîné. *Bruxelles,* 1840, in-8°, figg. au texte et carte, d.-r. v. fauve.

3111 Vonck. Roman politique, par Coomans, aîné. *Anvers, V. Dieren,* 1846, in-8°, d.-r. v. bleu.

3112 Ad. Siret. Moïse Vauclin, illustrations d'Ad. Dillens. *Brux.*, 1840, in-8°, figg. en bois, d.-r. toile.

3113 Le Pas-d'armes de Villers-sur-Lesse (par M. Lacoste). *Brux., Wahlen,* 1840, in-8°, dos et coins en maroq. vert, dor. en tête, fil. sur les jonct. n. rogné.

3114 Anselme Adorne, sire de Corthuy, pélérin de Terre-Sainte; sa famille, sa vie, ses voyages et son temps, récit histor., par M. E. de la Coste. *Bruxelles, Mucquardt,* 1855, in-8°, dos et coins en maroq. vert (*Schavye*).

3115 Dymphne d'Irlande, légende du vii° siècle, par Félix Bogaerts, avec 3 lithogr. de N. de Keyser. *Anvers, de Cort,* 1840, in-8°, d.-r. v. bleu.

3116 El Maestro del Campo, par Félix Bogaerts, orné de 30 gravures sur bois, dessinées par N. de Keyser. *Anvers,* 1840, gr. in-8°, d.-r. maroq. brun et coins, dor. en tête, fil. sur les jonct., n. rogné.

Exemplaire en grand papier.

3117 Il Maestro del Campo, del signore Felix Bogaerts, traduzione dal francese, con trenta stampe del sign. N. de Keyser. *Anversa,* 1841, in-8°, figures, dos et coins en maroq. v.

3118 Lord Strafford, par Félix Bogaerts, avec figures composées et dessinées par N. de Keyser. *Bruxelles, Jamar,* gr. in-8°, dos et coins en maroq. vert.

3119 Une tuerie au xvi° siècle, par V. Joly. *Bruxelles, Jamar,* 1841, in-12, figures en bois, demi-rel. v.

3120 Le Maître-imprimeur, par Gasp. de Cort. *Anvers,* 1842, p. in-8°, figures, demi-rel.

Envoi autographe à M. F. Bogaerts.

3121 Ambiorix roi des Eburons, roman historique, par G. de Cort. *Anvers, de Cort,* 1843, figures, in-8°, demi-rel. v. rouge, n. rogné.

3122 Le mort vivant, légende luxembourgeoise, par A. de Peellaert. *Bruxelles, Lelong, s. d.,* in-18, dos en toile.

ROMANS NÉERLANDAIS.

3123 Historie van de vier vrome Ridders, genoemd de vier Hems kinderen Reynout ende syn broeders, zone van Haymo, oft Hemon, grave van Dordoen. Den lesten druk. *t'Antwerpen, Rymers* (privilége de 1619), in-4° à 2 colonnes, figg. en bois; demi-rel. v. vert.

3124 Les aventures de Tiel Ulenspiegel, illustrées par Lauters (publiées par Delepierre). *Bruxelles, Soc. des Beaux-arts,* p. in-8°, figg. sur bois. demi-rel. veau bleu.

3125 Aventures de Tiel Ulenspiegel, de ses bons mots, finesses et amusantes inventions. Nouvelle édition, dédiée aux bibliophiles belges... par J. O. Delepierre. *Bruges,* 1835, in-8°, v. br. à fil., dent. à froid.

3126 L'histoire joyeuse et recréative de Tiel Ulespiègle. En laquelle est traité bien au long de ses faicts et merveilleuses aventures... traduit du flameng en françois (introduction par Pr. van Duyse). *Orléans, par Éloy Gibier.* (*Gand, Duquesne,* 1859), p. in-8°, dos et coins en maroq. brun du Levant (Lavallière), non rogné.

3127 Den Theater des bedroghs ofte de listige onstantvastigheyd des werelts, etc., uytgegeven door F. Vermeren. *Brussel, Vande Velde* (1743), in-fol., fig. cart.

3128 Frank van Borselen en Jacoba van Beyeren, door A. Loosjes. *Haarlem, Loosjes,* 1816, in-8°, demi-rel. v. bleu.

3129 Contes moraux, traduits du hollandais de A. Loosjes, par Victor Deflinne. *Bruxelles, Tarlier,* 1826, 2 tomes en 1 vol. in-8°, demi-rel. v. fauve.

3130 In 't wonderjaer (1566), historische tafereelen uit de xvie eeuw, door Hendrik Conscience. *Antwerpen, Schoesetters,* 1837, in-8°, figg. demi-rel. v. rouge.
Première édition, très-rare.

3131 De leeuw van Vlaenderen of de slag der gulden sporen, door Hendr. Conscience. *Antwerpen, de Cort,* 1838, 3 vol. in-8°, carte, demi-rel. toile.
Première édition, devenue rare.

3132 Ausgewählte Werke von Heinrich Conscience, deutsch von J. W. Wolf. *Bonn,* 1846, 6 tom. en 2 vol. p. in-8°, demi-rel. veau fauve.

3133 De Boerenkryg (1798), historisch verhael uit de xviiie eeuw, door H. Conscience. *Antwerpen,* 1853, 2 tom. en 1 vol. p. in-8° carré, figg. demi-rel. v. n. rogn.

3134 Simon Turchi of de italianen te Antwerpen (1550), door Hendr. Conscience. *Antwerpen,* 1859, 2 tom. en 1 vol. in-8° carré, figg., demi-rel. v. vert.

3135 Kapitein Blommaert of de boschgeuzen te Audenaerde, 1566-

1572, door J. Ronsse. *Audenaerde,* 1841, portrait, in-8°, demi-rel. v. brun.

3136 De twee Vaandrigs of de aanslag op Aardenburg, in 1672; verhaal door G. P. L. Waldhouwer. *Amsterd., Portielje,* 1843, 2 tomes en 1 vol in-8°, demi-rel. v. fauve.

3137 Baudewyn en Avezoeta, of Vryheidsliefde en Godsdienst, verhael uit de XIII° eeuw, door J. L. Clercq. *Gend,* 1842, in-8°, figures, demi-rel. v. vert, n. rogné.

3138 Iwein van Aelst, 1128, door Ph. Blommaert. *Gent, Hebbelynck,* 1842, in-18, demi-rel. v.

3139 De Koopmansklerk. Antwerpsche zedenschets, door P. F. Van Kerckhoven. *Antwerpen, Buschmann,* 1843, in-8°, figures, demi-rel. v. rouge.

3140 Lotgevallen van eenen Turnhoutschen jager in de XVI° eeuw, door P. J. Heuvelmans. *Turnhout,* 1843, p. in-8°, d.-r. v. f.

3141 De twee reizigers of verhalen van historische en plaetselyke geschiedenissen, uit de XVI° en XVII° eeuw, door P. J. Heuvelmans. *Turnhout,* 1843, in-8°, demi-rel. v. bleu.

3142 De verwoesting van Maestricht, historische tafereelen uit de XVI° eeuw, door Ecrevisse. *Antwerpen, Buschmann,* 1845, 2 tom. en 1 vol. in-8°, fig., demi-rel. v.

3143 De bokkenryders in het land van Valkenberg, door Ecrevisse. *Brussel, Greuse,* 1845, in-18, demi-rel. v.

3144 Lodewyk Gerrits, de zoon des volks. — Id., Menschenliefde en Tanchelm, twee dramas. — Id., de Godverzaker. *Antwerpen,* 1847-52, en 1 vol. in-12, demi-rel. v. vert.

3145 Arnold van Rummen, of Loon en Luik in de XIV° eeuw, door C. H. Van Boekel. *Gent,* 1847, 2 tom. en 1 vol. in-8°, fig., demi-rel. v.

3146 De Gasthuisnon, een verhael uit onzen tyd door A. Snieders. *Antwerpen,* 1855, 2 tom. en 1 vol. in-12, fig., d-r. v. vert.

ROMANS ESPAGNOLS, ALLEMANDS, ANGLAIS, ETC.

3147 Nouvelles espagnoles de Michel de Cervantes, trad. nouv. avec des notes et fig., par Lefebvre de Villebrune. *Paris, Demaisonneuve,* 1788, 2 vol. in-8°, figg. s. cuivre, v. rac.

3148 De voornaamste gevallen van den wonderlyken Don Quichot, door Picart den Romein, na de schilderyen van Coypel, beschreeven op een' vryen en vrolyken trant, door Jac. Campo Weyerman. *'s Hage, de Hondt*, 1746, in-4°, fig. d.-r. v. (Quelques mouillures).

Belles estampes, par B. Picart, Tanjé, etc.. d'après Coypel.

3149 Histoire du chevalier du Soleil, extrait de l'ancien roman du même nom, tirée de l'espagnol (par Torchet de Boismelé). *Amsterdam, Mortier*, 1769, 4 tom. en 2 vol. in-12, d.-r.

3150 Sammlung von deutsche Volksbücher, nach den ältesten Ausgaben hergestelt von Dr K. Simrock. *Berlin et Frankfurt*, 7 vol., p. in-8°, figg. sur bois, dos et coins en maroq. brun, non rogné.

Cette collection fort intéressante des vieux livres populaires de l'Allemagne, renferme les pièces suivantes :

Salomon und Morolf. — Id. en vers. — Die Sieben weissen Meister. — Bischoff Gregorius auf dem Stein. — Till Eulenspiegel. — Der Schildbürger. — Heinrich der Lœwe. — Der schone Magelone. — Genovefa.— Kaiser Octavianus.— Reineke Fuchs.— Peter Dimringer von Staufenberg.—Fortunatus.—Kœnig Apollonius.—Herzog Ernst-Siegfried. — Wigoleis vom Rade. — Johann Fausten. — Tristan. — Melusina. — Markgraf Walthern.— Der arme Heinrich. — Der Ritter mit dem Schwanen.—Flos und Blankflos.— Virgilius der Zauberer.—Bruder Rauschen. — Fierabras. — Kœnig Eginhard. — Das Rathselbuch. — Büttner. — Handwerksgewohnheiten. — Die Huf- und Waffenschmiede. — Gisellen. — Der Finkenritter.

3151 Theuerdank, herausgegeben und mit einer histor.-krit. Einleitung versehen, von Dr C. Haltaus. *Quedlinburg, Basse*, 1836, in-8°, pl. de facsimile, dos et coins en cuir de Russie.

3152 Usong, histoire Orientale, par le baron de Haller, traduit de l'allemand. *Paris, Valade*, 1772, p. in-8°, demi-reliure.

3153 Contes historiques belges, par A. de Tromlitz (de Witzleben), suivis de Jacqueline de Bavière, par Mme de Glumer; trad. de l'allemand, par P. D. Dandeley. *Liége, Oudart*, 1842, in-8°, dem.-rel. v. f.

3154 Margarethe Gräfin vom Hennegau, eine wahre Geschichte aus der mittlern Zeit. *Leipzig, Hamann, s. d.*, in-8°, front. dem.-rel. bas.

3155 Romans historiques de C. T. Vander Velde, traduits de l'allemand, et précédés de notices, par A. Loève-Veimars. *Paris, Renouard*, 1826-27, 16 vol. in-12, dem.-rel.

Collection complète, peu commune.

3156 The noble and renowned history of Guy Earl of Warwick : containing his famous actions and noble victories.... *London, Hitch*, 1756, in-12, figg. sur bois, v. br.

Reliure restaurée.

3157 Le conte du tonneau, contenant tout ce que les arts et les sciences ont de plus sublime et de plus mystérieux, par le Dr Swift (trad. par J. Van Effen). *La Haye, Scheurleer*, 1757, 2 vol. in-12, figg., v. f. à fil. tr. dor.

3158 Voyage de Gulliver (par J. Swift), trad. par l'abbé Desfontaines. *Paris, Guérin*, 1762, 2 vol. in-12, v. rac. à fil.

3159 Evelina ou l'entrée d'une jeune personne dans le monde, par Miss. Burney, 3 vol. — Cecilia, ou mémoires d'une héritière, du même auteur, 7 vol. *Genève*, 1784, 10 vol. in-12, veau jaspé, à fil. dor. s. tr.

3160 La vie et les aventures surprenantes de Robinson Crusoë. *Londres (Cazin)*, 1784, 4 vol. in-12, veau éc. à fil. d.-s. tr. (quelques taches). Avec jolies figures de B. Picart.

3161 The works of Walter Scott (romantic and poet.). *Zwickau, Schumann*, 1822-25 en 8 vol. in-12, figures, v. à dent. à froid.

3162 Œuvres complètes de sir Walter Scott. *Paris, Gosselin*, 1828-33, 84 tom. en 32 vol. figures et cartes. — Complément, Charles le Téméraire, 3 tom. en 1 vol. *Liége*, 1829, ens 33 vol. in-12, demi-rel. bas. br. toile sur plat.

3163 Landscape illustrations of the Waverley-Novels by Sir W. Scott. — Nouvelles illustrations anglaises... avec des descriptions, par C. Pellé (anglais-français). *Paris, Fisher*, 2 tom. en 1 vol. in-8°, demi-rel. maroq. brun et coins, fil. sur les jonct.

3164 Galerie des femmes de Walter-Scott, quarante portraits gravés sur acier, accompagnés chacun d'un portrait littéraire. *Paris, Marchant*, 1842, in-8°, figures sur acier, toile, tr. dor.

3165 Philip van Artevelde a dramatic romance, by Henry Taylor. *London, Moxon*, 1834, 2 vol. in-12, dos en toile.

3166 Marie de Bourgogne, ou la révolte de Gand, par James, trad. par A. de Bracevich. *Bruxelles*, 1836, 2 tom. en 1 vol. in-12, demi-rel. v. fauve.

3167 L'héritière de Bruges, histoire de l'année 1600, par Thom. Colley Grattan, trad. par Delepierre. *Bruxelles*, 1837, 3 v. in-12, dos en cuir de Russie, fil. sur les jonctions.

3168 L'amnistie ou le duc d'Albe dans les Flandres, histoire du XVIe siècle, par Charles F. Ellerman, traduit de l'anglais par Mme H. de Rohaut. *Bruxelles, Périchon*, 1844, 2 tom. en 1 vol. in-12, demi-rel. bas.

3169 Le jardin enchanté, contes chaldéens, par E. Carmoly. *Bruxelles, Périchon*, 1844, gr. in-8°, texte encadré, d.-r. v. vert.

APPENDICE. — LE ROMAN DU RENARD.

3170 Reintje de Vos van Hendrick van Alkmaar, naar den Lubekschen druk van 1498, uitgegeven door J. Scheltema. *Haarlem*, 1826, in-8°, dos et coins en maroq. vert du Lev., dor. en tête, fil. sur les jonct., non rogné.

3171 Reinaert de Vos, naer de oudste beryming, door J. F. Willems. *Eecloo, Van Han*, 1834. — Reinaert de Vos naer de oudste beryming, ingerigt tot schoolgebruik, door J. F. Willems. *Mechelen, Hanicq*, (1839), 2 t. en 1 vol. p. in-8°, demi-rel. v. fauve.

Première édition du Roman du Renard publiée par M. Willems; les exemplaires en sont devenus rares.

3172 Reinaert de Vos, episch fabeldicht van de twaelfde en dertiende eeuw, met aant. en ophelderingen van J. F. Willems. *Gent*, 1836, in-8°, figures dos et coins en maroq. bleu, fil. s. l. jonct.

3173 Le roman du Renard, traduit pour la première fois, d'après un texte flamand du XIIe siècle, édité par J. F. Willems, par Oct. Delepierre. *Bruxelles*, 1837, in-8°, dos et coins en maroq. vert du Levant, dor. en tête, fil. s. l. jonct. non rogné. (Une tache à la marge de quelques pages).

3174 Le roman de Reinaert, traduit sur le texte flamand du xiie siècle, publié par J. F. Willems. *Gand, s. d.*, in-12, fig., dem.-rel. v. fauve.

3175 Reinardus Vulpes. Carmen epicum seculis ixe et xiie conscriptum, cum adnotat. illustravit F. J. Mone. *Stuttgardiæ,* 1832, in-8°, dos et coins en maroq. vert du Levant, dor. en tête, fil. s. l. jonct. non rogné.

3176 J. H. Bormans, notæ in Reinardum Vulpem ex editione F. J. Mone. *Gandavi, Annoot-Braeckman*, 1836, in-8°, dos et coins en maroq. vert.

3177 Reinhart Fuchs, von Jacob Grimm. *Berlin,* 1834, in-8°, dos et coins en maroq. vert du Levant, dor. en tête, fil. s. les jonct., non rogné.

3178 Heinrichs von Alkmar Reineke der Fuchs, mit schönen Kupfern nach der Ausgabe von 1498 ins Hochdeutsche übersetset, von J. C. Gottscheden. *Leipzig und Amsterd.,* 1752 (suivi du texte original), 2 part. en 1 vol. gr. in-8°, figures sur cuivre, dos et coins en maroq. vert du Levant.

3179 Reinke de Fos fan Hinrek fan Alkmer, upt nye utgegeven unde forklared dorg K. F. A. Scheller, *To Brunswyk,* 1835, in-8°, dos et coins en maroq. vert du Levant, dor. en tête, fil. s. l. jonct.

3180 Reineke Fuchs von W. Von Goethe mit Zeichnungen von W. von Kaulbach. *München,* 1846, gr. in-4°, figures sur cuivre, dos et coins en maroq. vert du Levant, dor. en tête, non rogné.

Beau livre, recherché pour les charmantes compositions de Kaulbach, dont il est illustré.

3181 Le roman du Renart, publié d'après les manuscrits de la Bibliothèque du Roi des xiiie, xive et xve siècles, par M. D. M. Méon. *Paris,* 1826, 4 vol., figures. — Idem, supplément, variantes et corrections, par P. Chabaille. *Paris,* 1835. — Les romans du Renard examinés, analysés et comparés, par M. Rothe. *Ibid.,* 1845, ens. 6 vol. in-8°, dos et coins en maroq. vert, du Levant, dor. en tête, fil. s. l. jonct., non rogné. (Très-joli exemplaire).

3182 Reynaert den Vos, of het oordeel der dieren, in het welk door koning Lion en zyne Heeren, de schalkheyd van Reynaert den Vos wordt onderzocht en geoordeelt. *Gend, Van Paemel*, p. in-8°, figures en bois au texte, demi-rel. toile.

3183 Le Renard ou le procès des bêtes, avec des réflexions morales, très-utiles à un chacun. *Amsterd. Brunel (Bruxelles, Lemmens)*, 1743, p. in-8°, figg. sur bois, demi-rel. toile.

V. — FACÉTIES, DISSERTATIONS SINGULIÈRES ET PLAISANTES.

3184 Stultitiæ laus, Erasmi Roterodami declamatio; cum duabus Erasmi Epistolis ad Mart. Dorpium et ad Thom. Morum; accessit dialogus Epicureus. *Hornae, Vermande*, 1839, in-8°, portr. d'Erasme et de Holbein, figg. en bois au texte, d.-r. v. rouge.

3185 Éloge de la folie, composé par Erasme et traduit par M. Gueudeville, avec figg. de Holbein. *Amsterd.*, 1731, p. in-8°, figg. sur cuivre, v. br. (taché).

3186 L'éloge de la folie, traduit du latin d'Erasme par M. Gueudeville, nouv. édition, avec des notes (*Paris*), 1751, in-4°, fig., d'après Eisen. v. rac.

Bel exemplaire de l'édition p. in-8°, tiré en format in-4°, avec titre et frontispice spéciaux.

3187 L'éloge de la folie, par Erasme, traduction nouvelle par C. B. de Panalbe, avec une notice sur l'auteur. *Amsterd., Diederichs*, 1828, in-16, d.-r. mar.

3188 Processus juris joco-serius, in quo continentur : I. Bartoli à Saxoferrato processus sathanæ contra D. Virginem coram judice Jesu; II. Jacobi de Ancharano processus Luciferi contra Jesum coram judice Salomone; III. Martialis Arverni, Aresta amorum. *Hanoviae*, 1611, in-8°, vélin (Mouillure).

Livre rare et conforme à la description qu'en donne M. Brunet (III, 842).

3189 Dan. Heinsii Dissertatio Epistolica, an viro literato ducenda sit uxor et qualis; additæ sunt incerti auctoris orationes funebres in obitus aliquot animalium. *Lugd. Batav., G. Basson*, 1616, in-16, d.-r. v. rac.

3190 Laus Asini (à Dan. Heinsio) tertia parte auctior : cum aliis festivis opusculis, quorum seriem pagella sequens indicat.

Lugd. Batav., Elzevier, 1629, in-24, frontispice, maroq. rouge à fil. (anc. reliure).

3191 Disputatio perjucunda qua anonymus probare nititur mulieres homines non esse : cui opposita est Sim. Gedicci defensio sexus muliebris. *Hagæ-Com.,* 1638, p. in-12, v. br. (Avec note de M. de J.)

3192 Asserta veritas genuina nihili novâ methodo humanæ vitæ applicata, auct. Fr. de Licht. *Antverp., Mart. Binnartius,* 1647, p. in-12, frontisp. d.-r. v. rac.

3193 Receptio publica unius Juvenis medici in academia burlesca, Joan. Bapt. Moliere, doctoris comici, editio troisième, revisa et de beaucoup augmentata. *Amsterdam, Lucas,* 1673, in-12, dos en toile (légère piqûre).

C'est le fameux intermède du Malade imaginaire.

3194 Alex. Arn. Pagenstecheri de Jure ventris, liber singularis. Ed. 2° cui accesserunt de Cornibus et Cornutis dissertationes duæ. *Bremæ, Saurmannus,* 1714, in-12, v. rac,

3195 Utrum jure an injuria Galli levitatis accusentur. Oratio. in-4°, vél.

Ms. de 52 pp. d'une belle écriture. On y a joint l'imprimé : Oratio de dignitate ac utilitate studiorum generalium, habita Lovanii die 19 nov. 1715, per D. Guil. Delvaulx, S. T. L... prof. ord. Pastorem S. Gertrudis. Lovanii, Denique, 1716.

D'après une note de M. de Jonghe, le discours manuscrit ci-dessus serait également l'œuvre de G. Delvaulx. C'est une erreur, ce discours a été prononcé devant une assemblée française, où se trouvait le cardinal de Bissy, et l'auteur se dit français.

Quant au discours de Delvaulx, il est important pour l'histoire des études à l'univ. de Louvain, à l'époque où il fut prononcé.

3196 Vincentius Obsopœus de arte bibendi. Thesis inauguralis de virginibus. Bonus mulier sive de mulieribus vel uxoribus. *Amstelædami, J. Pauli,* 1737, in-12, vélin (quelques taches de rousseur).

Recueil de facéties assez recherché.

3197 Lepidam fabulam de Judaco immortali examinat... Carolus Antonius. *Helmstadii* (1755), in-4°, cart.

Curieuse dissertation sur le Juif errant. L'auteur veut bien prouver que l'histoire du Juif errant est une fable.

3198 Joan. Physiophili Specimen monachologiæ methodo Linnaeana tabulis aeneis illustr. cum adnexis thesibus e Pansophia... *Aug. Vindel., Merz,* 1783, in-4°, figures, demi-rel. v. bleu.

Édition originale de ce livre singulier, qui a été composé par trois savants allemands. Les trois planches représentent les parties diverses du costume monacal, divisées, analysées et décrites de la manière la plus curieuse.

3199 Nouveau recueil de pièces comiques et facecieuses les plus agreables et divertissantes de ce temps (par G. Bontemps). *Paris, Loyson,* 1661, in-12, demi-rel. v. vert.

Réimpression de la Gallerie des curieux du même auteur, de 1646, mais augmentée de divers morceaux tirés de Bruscambille.

3200 Recueil de farces, moralités, sermons joyeux, etc., tiré d'un ancien manuscrit (publié par Franc. Michel et le Roux de Lincy). *Paris, Techener,* 1831 (13 pièces), p. in-8°, demi-rel. cuir de Russie et coins, fil. sur les jonct. dor. en tête, non rogné.

Tiré à 76 exempl. seulement.

3201 Plaisant contract de mariage passé nouvellement à Aubervilliers, le 35 fév. mil trois cent trente-trois, entre Nicolas Grand-Jean et Guillemette Ventrue, ensuite le festin dudict mariage... *Lille, Castiaux père.* — Histoire de l'ordre de la boisson, suivi des statuts de cet ordre. *Ibid., id.,* en 1 vol. in-8°, demi-rel. maroq. bleu et coins.

Ces deux opuscules ont été réimprimés à 50 exempl. tous numérotés ; quelques-uns sont sur papier de couleur. Le présent exempl. est imprimé sur *papier rose.*

3202 Alphabet de l'imperfection et malice des femmes; revu, corrigé et augmenté d'un friant dessert et plusieurs histoires... pour les courtizans de la femme mondaine, par J. Olivier. *Lyon,* 1665, in-12, v. br. à fil.

Exempl. un peu fatigué.

3203 Mémoires de l'Académie des sciences, inscriptions, belles-lettres, beaux-arts, etc.; ci-devant établie à Troyes en Champagne (par Grosley et Le Fevre). *S. l.,* 1768, p. in-8°, demi-rel. v. vert.

C'est une facétie assez piquante, quoiqu'elle ne soit pas toujours du meilleur ton, touchant une société qui n'avait pas pris, mais qui avait agréablement reçu le titre d'Académie.

3204 Vercingentorixe, tragédie, œuvre posthume du sieur de Bois-Flotté, étudiant en droit-fil, (le marquis de Bièvre). *S. l.* 1770, in-8°, fig., dem.-rel. v.

3205 Description du veau né cœffé, événement étrange arrivé le 27 janvier 1778 au village de Puers, situé entre Malines et Termonde; avec le portrait véritable de cette tête.... *Bruxelles, Jorez,* in-4°, fig., (de 4 ff.) dem.-rel. v. bl.

<small>Satire contre les modes du temps.</small>

3206 Voyage par mer de Bruxelles à Anvers, et retour par terre d'Anvers à Bruxelles, projetté, entrepris et courageusement exécuté en 178.... trad. du flamand de M. Vanden Sch...., enrichi de notes par le savant Uxorius, membre de XXI Académies. *A Lausanne,* 1782, in-8°, dem.-rel. v. f.

3207 Le livre de quatre couleurs (par Caraccioli). *Aux quatre éléments, de l'imprimerie des Quatre-Saisons,* 4444, p. in-8°, dos en toile (titre taché d'humidité).

3208 Le conservateur de la santé. Volume incomparable, renfermant l'art de p.... et de ch.... suivi de pièces odoriférantes sur diverses matières de bon goût. *A Moncuq (Guyenne) à l'enseigne du gros Prussien, près des Quatre-Vents,* fig. sur bois. — Le nouveau M..... ou Manuel des facetieux et bons ch...; recueil de poésies et d'anecdotes *A Merdianopolis, chez la mère des vidangeurs,* figg. en bois, en 1 vol. in-8°, dem.-rel. maroq. br. et coins.

<small>La première pièce est imprimée sur papier rose, la seconde sur papier vert.
Édition tirée à 100 exemplaires sortant des presses de Blocquel à Lille.</small>

3209 Projet d'une loi portant défense d'apprendre à lire aux femmes, par S. M.... *Paris, Massé,* 1801, in-8°, dem.-rel. v. bl.

3210 Histoire des révolutions de la barbe des français, depuis l'origine de la monarchie. *Paris, chez Ponthieu,* 1826, p. in-12, dem.-rel. v. violet.

<small>Jolie édition dans le genre des impressions Elzeviriennes; donnée par M. Motteley.</small>

3211 Apologie et défense du chien contre l'arrêté qui l'assujettit à un impôt. *Verviers, Beaufays,* 1827, in-12, dem.-rel. v.

3212 Œuvres de J. B. Bousmar, relatifs à sa promotion de membre correspondant de l'Académie de Dijon. *Bruxelles,* 1828.
— Œuvre à servir de réponse hommageante de l'épitre qu'a dédiée l'illustrissime Académie de Paris-Montmartre à l'auteur.... *Bruxelles,* 1830, in-8°, dem.-rel. v. f.

<small>Ouvrages non-cités par *M. Delepierre* dans son nouveau travail sur la « *Littérature des fous;* » ils étaient dignes cependant d'être l'objet d'un chapitre particulier.</small>

3213 Scènes populaires Montoises, calligraphiées par Anatole-Oscar Prud'homme (H. Delmotte), neveu de l'illustre Joseph Prud'homme. *Mons, Leroux,* 1834, in-8°, dos et coins en cuir de Russie.

<small>Tiré à 150 exemplaires.</small>

3214 Œuvres facétieuses de Henri Delmotte. *Mons, Hoyois,* 1841, gr. in-4°, portr., en toile.

<small>Exempl. en *papier rose,* tiré sur très-grand format.</small>

3215 Discours sur la nudité des mamelles des femmes, par un révérend père capucin, publié pour la première fois. *Gand, Duquesne,* 1856, in-8°, pap. vergé, dos en toile.

3216 Recherches sur les causes de l'inflammation du bomborax, chez les femmes adultes..., par Ludw. Immersteif, professeur à Schweinstadt, trad. de l'allemand, par Kleingorloffenbach de *** et dédié au savant Molenfretz, professeur de stercologie à l'Université de Neuwied. *Bruxelles, Lelong,* 1834, de 16 pp. in-8°, fig., d.-r. t.

<small>Édition originale fort rare de cette facétie, due à un spirituel agathopède devenu plus tard le Dr Cloetboom.</small>

3217 Œuvres philosophiques, médicales, posthumes, humanitaires et complètes, du Dr Cloetboom. *Bruxelles, Decq,* 1857, in-12, fig., papier vélin, dos et coins en maroq. rouge, non rogné.

3218 Annulaire agathopédique et saucial. *Imprimé par les presses iconographiques à la Congrève de l'ordre des Agath :∴* (*Bruxelles, Labroue*) gr. in-8°, figg. en peau de truie, grains aplatis, à fil. aux armes de M. de J.

<small>Tiré à un petit nombre d'exemplaires.</small>

3219 L'arména d'Jerôme Pleumecoq, dit ch'Fissiau, pou l'ain

quarainte, aveuc l'z'épistoles Kaimberlottes, par M. Carion. *Cambrai,* 1840, in-12, fig. d.-r, v.

3220 J. Van Beverwyck van de wtnementheyt des vrouwelicken geslachts. *Dordrecht,* 1639, p. in-8°, figg. sur cuivre, d.-r. v. rac. rel. neuve.

3221 Den oprechten hyroniken Mercurius weergalooze sacreêten (zonder stank) bevestende : nu met 't verloop van tyd veel grooter geworden, *Lier, Verhoeven, s. d.,* p. in-12, dem.-rel. v.

VI.—PHILOLOGIE.

A. CRITIQUES LATINS-FRANÇAIS.

3222 Advis et devis des lengues, traité de philologie, composé en 1563 par François Bonivard. *Paris, Dumoulin,* 1849, in-8°, demi-rel. v. rouge.

3223 Aur. Theod. Macrobii opera. *Biponti,* 1788, 2 vol. in-8°, demi-rel.

3224 Alexandri ab Alexandro genialium dierum libri sex ; access. in eundem Alexandrum animadversiones per Nic. Mercerium. *Parisiis, Sonnius,* 1586, in-8°, vél.

3225 Hadriani Junii Hornani, medici, animadversa, ejusdemque de coma commentarium ; accedit appendix Hadriani Junii ad animadversa sua, nunc primum in lucem edita. *Roterodami, Hofhout,* 1708, in-8°, portr., veau.

3226 Opuscules de M. Ph. Bernard. *Bruxelles,* 1844 et *Louvain,* 1837, in-8°, demi-rel. v. fauve.

Renferme :

Rapport au ministre sur les manuscrits grecs contenant la Rhétorique d'Hermogène, 1844. — Id., id., contenant les Lettres de Phalaris. — Id., id., contenant les œuvres de Philostrate, 1845. — Id., id., du Lexique de Suidas, manuscrit, 1845. — Id., id., sur deux manuscrits d'Elien, 1846. — Lysiæ oratio funebris lectionis varietate instructa. *Lov.,* 1837.

3227 Essai sur la question, si Homère a connu l'usage de l'écriture, et si les deux poèmes de l'Iliade et de l'Odyssée sont en entier de lui, par C. F. Franceson. *Berlin, Nauck,* 1818, in-12, demi-rel. toile angl.

3228 Auteurs classiques comparés. L'Œdipe de Séneque, rapproché de l'Œdipe-Roi, de Sophocle, avec les imitations françaises, par Gobert-Alvin. *Gand, Annoot-Braeckman*, 1837, in-4°, demi-rel. v. rac.

3229 Récréations histor. critiq. et morales avec l'histoire des fous en titre d'office (par Dreux du Radier). *La Haye*, 1768, 2 vol., p. in-8°, demi-rel. v. bleu.

3230 Lycée ou cours de littérature ancienne et moderne, par J. F. La Harpe. *Paris, Baudouin, frères*, 1827, 17 vol. in-8°, portr., demi-rel. v. fauve.

3231 Mélanges tirés d'une petite bibliothèque, ou variétés littéraires et philosophiques, par Ch. Nodier. *Paris, Crapelet*, 1829, in-8°, demi-rel. v. rouge, non rogné.

3232 Recueil de brochures de critique et d'histoire littéraire, in-8°.

B. SATIRES GÉNÉRALES ET SATIRES PERSONNELLES.

3233 Pétrone, latin françois, traduct. entière (par Franç. Nodot), suivant le manuscrit de Belgrade, trouvé en 1688. *Paris, Gide*, an VII, 2 vol. in-8°, v. rac. à fil.

3234 J. B. Menckenii de charlataneria eruditorum declamationes duæ, cum notis variorum, accessit epistola Sebast. Stadelii. *Amstelod.*, 1716, in-8°, demi-r. maroq. vert et coins, n. rogné.

3235 Le cymbalum mundi et autres œuvres de Bonav. des Periers, réunis et accomp. de notes, par Paul L. Jacob. *Paris, Gosselin*, 1841, p. in-8°, dos et coins en maroq. bleu, non rogné.

3236 Recueil des pièces du régiment de la calotte. *Paris, Jacq. Colombat, l'an de l'ère calotine*, 7726, in-12, frontisp., veau jaspé à fil. Rel. neuve.

Joli exemplaire.

3237 Mémoires pour servir à l'histoire de la calotte (par l'abbé de Margon, Desfontaines et autres). *Aux États calotins, de l'impr. calotine*, 1752-54, 6 part. en 2 vol. in-12, v. brun.

3238 Recueil de brevets sur la calotte, in-4°, demi-reliure v. r.

Ms. de 333 feuillets.

3239 Le chef-d'œuvre d'un inconnu, poëme heureusement découvert et mis au jour avec des remarques sçavantes et recherchées, par le docteur Chrisosth. Mathanasius (de Saint-Hyacinthe) augm. de dissert. et lettres. *Londres,* 1758, 2 vol. in-12, v. rac. à fil.

3240 Les amusemens des dames de B..., histoire honnête et presque édifiante, composée par feu le chevalier de Ch*** (Chevrier). *Rouen* (1762). — La vie du fameux père Norbert, ex-capucin, connu sous le nom de l'abbé Platel (par le même). *Londres, Jean Nourse,* 1762, in-8°, demi-rel.

3241 Les deux Chrysippes ou le stoïcien démasqué. Roman comique pour servir d'introduction à l'essai de paraphrase de la nouvelle apocalypse du nouvel apôtre de l'amour, connue sous le nom du fragment sur les principes du vrai bonheur, etc., *Leyde, pour Henri Coster (Louvain, s. d.* (1763), in-8°, demi-rel. v. jaspé.

<small>Critique d'un ouvrage de C. T. de Nelis, président du collége de Malines, bibliothécaire de l'Université, depuis évêque d'Anvers. L'auteur de cette critique est un professeur de syntaxe au collége de la Trinité à Louvain. (Note de Van Hulthem). Ce livre est devenu rare. Précédé de : Beknopte verhandelingen der kermissen in Holland, door G. Van Loon. *Leiden,* 1743.</small>

3242 Dictionnaire néologique à l'usage des beaux esprits du siècle, avec l'éloge historique de Pantalon-Phœbus, par un avocat de province (Bel). Nouvelle édit., augm. etc. par l'auteur du Dictionnaire (l'abbé Desfontaines). *Amsterd., Le Cene,* 1747, in-12, v. f.

3243 Le sauvage de Taïti aux Français; avec un envoi au philosophe ami des sauvages (par de la Dixmerie). *Londres et Paris, Lejay,* 1770, in-12, br.

3244 Le microscope bibliographique, première et nouvelle édition (par Malebranche). *Amsterdam,* 1771, in-12, d.-r. v. rouge (piqûre de vers).

<small>Satire contre Rousseau de Bouillon et contre sa femme ; Malebranche avait été chassé de Bouillon par arrêt de la cour souveraine, ainsi que des Pays-Bas, où il avait manqué d'être pendu en 1767.</small>

3245 Le Tartuffe épistolaire démasqué, ou épître très-familière au marquis Caraccioli, (par l'abbé J. B. Bonnaud, désigné sous le pseudonyme de M. Kokerbourn). *Liége,* 1777, in-8°, v. f.

3246 Le procès des trois Rois, Louis XVI, Charles III et George III d'Hanovre, fabricant de boutons, plaidé au tribunal des puissances européennes, (par Bouffonidor). — *Londres, Careneught,* 1780, in-8°, planche, dos en toile.

3247 L'Espion chinois, ou l'envoyé secret de la cour de Pékin, pour examiner l'état présent de l'Europe (par Goudar). *Cologne,* 1783, 6 vol. in-12, d.-r. bas. rouge.

3248 La constitution de la lune; rêve politique et moral par A. Cousin-Jacques (L. A. Beffroy de Reigny). *Paris, Froullé,* 1793, in-8°, cart.

3249 Factum ou Mémoire qui était destiné à être prononcé dans une affaire contentieuse où il s'agissait de deux têtes, l'une en plâtre et l'autre en marbre (par M. Cornelissen). *S. l.,* 1802, p. in-8°, dem.-rel. maroq. vert et coins, n. rog.

Sur le titre en manuscrit : *donné par l'auteur, N. Cornelissen.*

3250 Les cabarets, ou revue bachique, comique, morale, etc., par une société de musiciens. (par Frémolle). *Anvers, Van Esse,* 1826, fig. — Les cafés de Paris, ou revue politique, critique et littéraire des mœurs du siècle. *Paris, Lécrivain,* 1819, fig. in-18, d.-r. v.

3251 Monachologia... Monacologie illustrée de figures sur bois, *Paris, Paulin,* 1844, in-8° allongé, figg. au texte d.-rel. v. bleu.

Texte en latin et en français.

3252 Un acte de justice, par Alfred. Michiels. *Brux.,* 1846. — Lettre à M. Alfr. Michiels, à propos de ses félicitations littéraires à M. A. van Hasselt, par Ch. Hen. *Ib.,* 1846. — Un châtiment, par A. Michiels. *Ibid.,* 1846, en 1 vol. p. in-12, d.-r. v. rouge.

3253 De Gazette van nieuwe-maren, van de gheheele wereldt, ghemenght met oude waerheden, door R. V. (Richard Verstegen). *Hantwerpen, Verdussen,* 1618, p. in-8°, vél.

3254 Papekost opgedist in geuse schotelen, handelende van de Pausselyke opkomst, afgodery. *Te Blokzeil,* 1720, in-8°, figures sur cuivre, d.-r. bas.

3255 Seldsaeme levens-gevallen van J. C. Wyerman, op de voorpoorte van den Hove van Holland in 'sGravenhage overleeden. *'sGravenhage, van Os,* 1773, in-8°, d.-r. v.

3256 Testament de Gille Blasius Sterne, traduit du hollandois. *Lausanne,* 1788, in-12, d.-r. v.

3257 De zes-en-tagentig wonderbaere gezigten ofte rampspoedige voorzeggingen van den verligten Jonas der agthiende eeuw over het trotserende Nederlands Ninive. *Gedruckt buyten Enchuyzen, s. d.,* 2 vol. in-8°, fig. v. f.

3258 De Herkaauwer (uitgegeven door J. Kinker). *Amsterdam,* 1815-17, 3 vol. in-8°, d.-r. v. fauve.

C. SENTENCES, ADAGES, PROVERBES.

3259 Adagia quædam ac Carmina magis obvia et ex optimis quibusdam auctoribus collecta, nec non alphabetice digesta (latine-theutonice). *Brugis, Vincent,* 1727, p. in-8°, d-rel. v. raciné.

Un peu court de marge en haut.

3260 Petri Alfuncii tractatus de clericali disciplina. Proverbia secundum ordinem alphabeti; p. in-8°, mar. viol., dos à pet. fers, coins.

Ms. sur vélin du xve siècle de 49 feuillets.
C'est le traité connu sous le nom de Discipline de Clergie.

3261 L'Étymologie ou explication des proverbes françois, divisée en trois livres par chapitres en forme de dialogue, avec une table de tous les proverbes contenus en ce traité, par Fleury de Bellingen. *La Haye, Adrian Vlacq,* 1656, p. in-8°, maroq. rouge du Levant, à compart. dent. int. dor. sur tr. (Aux armes de M. d. J.). en étui. (*Schavye*).

Très-bel exemplaire de la meilleure édition. V. Nodier. (*Mélanges,* p. 128), qui a donné sur ce livre une notice très-détaillée.

3262 Matinées Sénonoises, ou proverbes françois, suivis de leur origine... (par l'abbé Tuet). *Paris, Née de la Rochelle,* 1789, in-8°, demi-rel. bas.

3263 Dictionnaire des proverbes français (par M. de la Mesangère). *Paris, Treuttel et Würtz,* 1821, in-8°, demi-rel. bas.

BELLES-LETTRES.

3264 Le livre des proverbes français par le Roux de Lincy, précédé d'un essai sur la philosophie de Sancho Pança, par F. Denis. *Paris, Paulin,* 1842, 2 vol. p. in-8°, demi-rel. maroq. br. avec coins, n. rogné.

3265 Guldene annotatien van Franciscus Heerman vertonende de heerlijcke deuchden, daden, leeringhen, ende sententien van de vermaerste mannen der werelt. *Franeker, Alberts,* 1645, in-8°, vélin.

3266 Roemer Visschers zinne-Poppen; alle verciert met rijmen, en sommighe met proze, door zijn dochter Anna Roemers. *t'Amsterdam, Willem Jansz., s. d.,* in-12, figures d'emblêmes sur cuivre, demi-rel. et coins en maroq. vert, fil. sur les jonctions.

Incomplet du feuillet marqué 157-158 et légèrement restauré.

Deuxième édition et la meilleure quant au texte, qui est revu ici par la fille du poëte, la célèbre Anne, sœur de la belle Marie Tesselschade. V. sur cette famille, Scheltema, Witsen-Geysbeek etc.

Anne Roemer a refait en grande partie le travail de son père; les couplets sous chaque figure sont composés par elle, ainsi que les articles signés A. R.

3267 De oorsprong en uitlegging van dagelijks gebruikte nederduitsche spreekwoorden, opgeheldert door C. Tuinman. *Middelb.,* 1726, in-4°, frontisp., demi-rel.

3268 Oude nederlandsche spreuken en spreekwoorden, met taalk. aanmerkingen, door G. J. Meyer. *Groningen,* 1836, in-8°, demi-rel. v. fauve.

Légère mouillure.

3269 Die deutsche Sprichwörter gesammelt. *Francf., Bronner,* 1846, p. in-8°, dos et coins en maroq. br., non rogné.

D. BONS MOTS, ANA, PENSÉES.

3270 Le passe-temps agréable, ou nouveau choix de bons mots, pensées ingénieuses, gasconnades, etc. *Rotterdam,* 1724, in-12 (premier volume), veau brun. (Exempl. fatigué et mouillé).

3271 L'esprit des esprits, ou pensées choisies (suite aux maximes de la Rochefoucault), *Londres* et *Bruxelles, Flon,* 1784, in-12, v. br. (aux armes de M. de J.).

3272 Chevraeana, ou diverses pensées d'histoire, de critique et de morale, publiées par M. Chevreau. *Amsterdam, Lombrail,* 1700, in-12, v. br.

3273 Menagiana (et suite) ou bons mots, rencontres, pensées et observ. de M. Menage. *Amsterdam,* 1713, 2 vol. in-12, v. br. (Mouillures).

3274 Naudæana et Patiniana, ou singularitez remarquables, prises des conversations de Naudé et Patin. (par Lancelot). *Paris, Delaulne,* 1701, in-12, v. br.

3275 Pradtiana, ou recueil des pensées, réflexions et opinions politiques, de l'abbé de Pradt; précédé d'une notice biographique, par Cousin d'Avalon. *Paris, Plancher,* 1820, in-18, portr., demi-rel. v.

3276 Characteren oft Scherpsinnighe beschryvinghe van de proprieteyten oft eigendommen van verscheyden persoonen, door R. V. (Verstegen). *T' Hantwerpen. G. Lesteens,* 1619, in-12, demi-rel. (Un peu fatigué).

3277 Nieuwen Nederlandschen voorschrift-boek, alwaer onder 432 voorschriften, vele schoone leeringen, zinspreuken enz. met eenige beknoopte nieuw-jaers-brieven; waerachter eenige korte verhandel. op de verbastering der Nederduytsche tael...., door A. S. (Steven), schoolmeester der stede van Cassel. *Tot Yper* (1784), in-4°, demi-rel. toile.

E. symboles, emblèmes, devises.

3278 Symbola varia diversorum principum sacro-sanctæ ecclesiæ et sacri Imp. Romani cum Isagoge J. Typotii. *Arnhemiæ, Hagius,* 1679, in-12, figures d'emblèmes, v. br.

3279 D. Andr. Alciati emblemata. *Lugduni, Tornaesius,* 1554. — S. Stockhamer, commentar. in Andr. Alciati emblemata. *Ibid., id.,* 1556, 2 part. en 1 vol. p. in-12, figg. en bois, demi-rel. v. fauve.

Exempl. taché à plusieurs endroits : 2 feuillets manquent.

3280 Hadriani Junii Medici, emblemata; eiusd. ænigmatum libellus. *Antverp., C. Plantin,* 1565, in-8°, texte encadré et figg. en bois, cart. (un nom écrit à l'encre au titre).

Exempl. à bonnes marges.

3281 Quinti Horatii Flacci emblemata, imaginibus in aes incisis, notisq. illustr. studio Oth. Vaeni. *Antverpiæ, Lisaert,* 1612, in-4°, figg., veau écaille à fil.

Titre fait à la main et fin du volume assez mal conservée. La planche en regard de la p. 208 a été habilement imitée à l'encre de chine.

3282 Emblemata sive symbola a principibus, viris ecclesiaticis, ac militaribus, aliisque usurpanda. Devises ou emblêmes pour princes, gens d'église, gens de guerre et aultres, auth. Otte Vaenio. *Bruxellis, H. Antonius,* 1624, in-4°, figg., d.-r.

Mouillure aux derniers feuillets.

3283 De symbolis heroicis libr. IX, auctore Silvestro Petrasancta Romano e Soc. J. *Antverp., Moretus,* 1634, in-4°, frontisp. d'après Rubens et figg. d'emblêmes, vélin.

3284 C. F. Menestrerii, S. J. Philosophia imaginum, id est sylloge symbolorum amplissima... *Amstelod., Waesberg,* 1695, in-8°, figg. sur cuivre, vélin.

3285 L'art des emblêmes, par le P. C. Franç. Menestrier, de la Comp. de Jésus. *Lyon, Coral,* 1662, in-12, figg., v. br.

3286 Dialogue des devises d'armes et d'amours du S. Paulo Jovio, avec un discours de Loys Dominique sur le mesme subiet, traduit de l'italien, par le S. Vasquin Philieul, auquel avons adiousté les Devises heroiques et morales du Seign. Gabriel Symeon. *Lyon, Guillaume Rouille,* 1561, in-4°, figg. sur bois, demi-rel. v. fauve.

Titre restauré et une mouillure aux derniers feuillets du volume.

3287 Devises heroiques et emblêmes de Claude Paradin, reveues et augmentées par F. d'Amboise. *Paris, Boutonné,* 1622, p. in-8°, figg., veau br.

3288 Recueil de plusieurs enigmes, airs, devises et medailles, enrichis de figures. *Amsterd., Jansson de Waesberge,* 1684, in-12, figg. sur cuivre, vélin.

3289 Lud. Smids. Emblemata heroica, of de medalische sinnebeelden der ses en dertigh graaven van Holland. *Amsteldam, Oosterwyk,* 1712, in-8°, figg., demi-rel. v.

VII. DIALOGUES ET ENTRETIENS.

3290 Le sage resolv contre la fortvne (ou entretiens de Pétrarque, traduits en français, par de Grenaille). *Imprimé à Rouen, aux despens de Cardin Besongne,* 1655, in-12, demi-rel. v. rac. (Un peu taché).

3291 Gemmulæ linguarum, latinæ, gallicæ, italicæ et germanicæ; opera Ph. Garnerii et L. Donati. *Lugd. Bat., Elzevier,* 1648, p. in-8°, v. fauve à fil. dor. sur tr. (Un peu taché).

3292 Andr. Alciati, tractatus contra vitam monasticam, cui acced. Sylloge epistolarum, edid. Ant. Matthaeus. *Hag. Com., Bloch,* 1740, in-4°, v. br. (Exempl. en grand papier).

3293 — — Le même ouvrage, veau fauve.

3294 Dialogue treselegant intitule le Peregrin, traictant de lhonneste et pudique amour concilie par pure et sincere vertu, traduict du vulgaire italien (de Jacomo Caviceo) en langue francoyse, par maistre Francoys dassy, conterouleur des Briz de la maryne en Bretaigne... *Imprimez à Paris, par Nicolas couteau pour Galliot du Pre... et fut acheve l'an mil cinq cens vingt et sept,* in-4°, gothique, figures sur bois, demi-rel. veau.

<small>Exemplaire à bonnes marges et assez bien conservé; un feuillet est troué à la marge et le titre est griffonné à l'encre. — Légère mouillure.</small>

3295 Conversations nouvelles sur divers sujets, par Mlle de Scudery. *La Haye,* 1710, 2 vol. in-12, v. éc. à fil.

3296 De vermakelyke Haagsche reize of 't geselschapje van sessen: bestaande in drie heeren, twee juffers, en een boer, varende met de trek-schuiten van Amsteldam over Haarlem en Leiden na den Haag. *Nymegen, de Reyver,* 1751, in-8°, demi-rel. v.

3297 It libben fen Aagtje Ysbrants, of dy Frieske Boerinne; by ien brogt trog ien fen Aagtje's bloedfreunnen, en oon it ljieugt joen trog ien fen har goedkunders, ta tjinst fen 't tjinwuddige geslagt. *Ta Snits,* 1827, p. in-8°, demi-rel. toile.

VIII. ÉPISTOLAIRES.

3298 Illustr. et clarorum virorum epistolæ selectiores, superiore sæculo scriptæ vel à Belgis, vel ad Belgas, tributæ in centurias II. *Lugd. Batav., Elzevirius,* 1617, in-8°, vél.
Recueil devenu rare.

3299 Epistolarum ab illustribus et claris viris scriptarum centuriæ tres, quas collegit et edidit Simon Abbes Gabbema. *Harlingæ Frisiorum,* 1664, in-8°, vél.

3300 Sylloges epistolarum a viris illustribus scriptarum tomi quinque, collecti et digesti per Petrum Burmannum. *Leidæ, Luchtmans,* 1727, 5 vol. in-4°, v. f.

3301 Epistolarum obscurorum virorum ad D. M. Ortuinum Gratium volumina II; access. Epistola Mag. Benedicti Passavantii ad D. P. Lysetum et la complainte de P. Lyset sur le trespas de son feu nez. *Londini, H. Clements,* 1710, in-12, v. br. à fil. rel. restaurée.
Édition donnée par Maittaire et la plus recherchée.

3302 — — Le même ouvrage. *Londini, Clements,* 1742, p. in-8°, dos et coins en mar. br. non rogné.
Édition publiée d'après la précédente; elle paraît avoir été réimprimée en Suisse.

3303 Epistolæ obscurorum virorum aliaque ævi decimi sexti monimenta rarissima. Die briefe der Finsterlinge an Magister Ortuinus von Deventer... herausgeg. von Dr. Ernst Münch (texte latin). *Leipzig, Hinrich,* 1827, in-8°, dos et coins en maroq. vert, non rogné.

3304 DD. virorum epistolæ et responsa, tum medica, tum philosophica; adduntur encomia medicinæ (auth. J. van Beverwyck). *Roterodami,* 1665, in-12, v. br. rel. restaurée. (Aux armes de Colbert).

3305 Epistolæ aliquot excellentium Batavorum, conscriptæ à P. Hofmanno Peerlkamp. *Harlemi,* 1808, in-8°, d.-r. v.
Lettres supposées. Exercices de rhétorique.

3306 Lettres inédites de Marc Aurèle et de Fronton, traduites avec le texte latin en regard et des notes par Armand Cassan. *Paris, Levavasseur,* 1830, 2 vol. in-8°, d.-r. v. jaune, n. r.

3307 Lettres et épitres amoureuses d'Héloïse et d'Abeilard. *Genève* (*Cazin*), 1777, 2 vol. p. in-12, v. éc. à fil. tr. dor..

3308 Nicolai Clenardi peregrinationum ac de rebus Machometicis epistolæ elegantissimæ. *Lovanii, M. Rotarium, anno* 1550, p. in-8°, demi-rel.

<small>Première édition, très-rare. Exemplaire à grandes marges, une légère tache à quelques pages.</small>

3309 Nic. Clenardi epistolarum libri duo, quorum posterior iam primùm in lucem prodit. *Antverpiæ, C. Plantin*, 1566, p. in-8°, demi-rel. veau fauve.

<small>Au titre la signature de Joan. Rivius (de Louvain).
Édition la plus complète des Épîtres de Nic. Cleynaerts de Diest. Bel exemplaire.</small>

3310 Dominici Baudii epistolarum centuriæ tres. *Lugd. Batav., Basson,* 1620, in-8°, portr., vélin.

3311 Hugonis Grotii Epistolæ ineditæ (ad Oxenstiernas, patrem et filium) ex Musæo Meermanniano. *Harlemi*, 1806, in-8°, dem. rel. v. rouge.

3312 Eryc. Puteani epistolarum Promulsis. *Lovanii, ex off. Flaviana,* 1612. — Id. Epistol. Fercula. *Ibid., id.,* 1613. — Id. Epist. Bellaria. *Ibid., id.,* 1612. — Id. Epist. Apophoreta. — Id. Epist. Reliquiæ, en 1 vol. in-4°, v. br.

<small>L'exemplaire est court de marge en tête.</small>

3313 — — Epistolarum atticarum centuria. *Coloniæ, Elzevirius*, 1617, in-8°, vélin.

<small>Piqûre, mouillé.</small>

3314 — — Epistolarum selectarum apparatus miscella neus et novus, centuriæ duæ. *Antverpiæ, Cnobbart,* 1637, 2 part. en 1 vol. in-16, vélin.

3315 Aug. Gisl. Busbequi, Cæsaris apud regem gall. legati, Epistolæ ad Rudolphum II, imperat. e bibl. J. B. Houwaert. *Bruxellis, Pepermanus,* 1631, in-8°, vélin.

3316 Lettres du baron de Busbec, ambassadeur de Ferdinand Ier, par l'abbé de Foy. *Paris,* 1748, 3 vol. p. in-8°, demi-rel non rogné.

3317 J. Crucii Mercurius Batavus sive epistolarum, libri V. *Amstelodami,* 1647, p. in-12, v. br.

3318 Les Epistres dorees, et discours salutaires de Don Antoine de Guevare, evesque de Mondonedo, trad. d'espaignol par le seign. de Guterry, ensemble la revolte que les espaignolz firent contre leur jeune prince l'an 1520 et l'ysseu d'icelle. *En Anvers, Mart. Nutius*, 1591, in-8°, à 2 colonn. dem.-rel. v., un peu taché de roux.

3319 Lettres de Roger de Rabutin, comte de Bussy, avec les réponses. *Paris, Delaulne*, 1711, 5 vol. in-12, portr. veau brun.

3320 Lettre à Monseig. Seguier, chancellier de France, par J. B. Milletot, de 20 pp. in-4°. *S. l. n. d.*, maroq. rouge, à compart., dor. s. tr. (*aux armes du chancelier Seguier*). Anc. rel. très-bien conservée.

Factum excentrique par lequel l'auteur implore le chancelier de lui « remettre une année de temps qui luy manque pour entrer en charge; de passer sur la considération de l'aage qui ne fait pas l'homme et de luy faire grâce en cette rencontre, vous, dit-il, qui comme les Anthonins et les Tites, ne la refusez à personne. »......
« Il vous conjure donc par votre clémence, Mgr. il est de vostre gloire de faire valoir icy cette vertu, puis que de toutes celles qui rendront vostre nom celèbre à tous les siècles, il ny en aura point qui vous approche plus de la divinité que la clémence. »
Cette lettre, modèle achevé d'obséquieux pathos, et de servilisme rampant, n'est pas citée par Quérard.

3321 Lettres galantes de M. le chev. d'Her..., par M. de Fontenelle. *Londres, Vaillant*, 1707. — Poésies pastorales, etc., par le même. *Ibid.* 1707, en 1 vol. in-12, front. v. f.

3322 Lettres cabalistiques ou correspondance philosophique... entre deux cabalistes, divers esprits... et le seign. Astaroth (par le marquis d'Argens). *La Haye*, 1741, 6 vol. in-12, portr., dem.-rel. fatiguée. (Trois feuillets au tome II, ms.)

3323 Lettres de critique de littérature, d'histoire, écrites à divers savans de l'Europe, par feu M. Cuper, publiées sur les originaux (par de Beyer). *Amst.*, 1755, in-4°, figg. v. br.

3324 Lettres de l'abbé de Saint-Cyr, à Mgr. le Dauphin, père de Louis XVI, écrites pendant la campagne de Flandre en 1791. *Bruxelles, Flon*, 1791, in-18, d.-r. v.

3325 Lettres au chevalier de Luzeincour, par une jeune veuve (publiées par M. de Montdorge). *Londres,* 1769, p. in-8°, veau racine.

<small>Suivant Barbier, *dict. des Annon.* tom. II, 264, ce roman est de la marquise de Belvo. (Mlle Ducrest, cousine germaine de Madame de Genlis.)</small>

3326 Correspondance originale et inédite de J. J. Rousseau, avec Mme de Tranqueville et M. Dupeyrou. *Bruxelles, Lacrosse,* 1821, 3 vol. in-12, br.

3327 Lettres d'un voyageur anglais, par M. Sherlock (attribuées au marquis de Marnésia). *Londres,* 1780, 2 tom. en 1 vol. in-8°, d.-r. v.

3328 Lettres d'une femme du xive siècle, traduites de l'allemand (de Paul Stetten). *Amsterdam* et *Paris, Nyon,* 1788, in-18, figures sur cuivre, v. écaille à fil. tr. dor.

3329 Lettres grecques par le rhéteur Alciphron; ou anecdotes sur les mœurs et les usages de la Grèce, traduites en françois (par l'abbé J. Richard). *Amsterdam* et *Paris,* 1785, 3 vol., p. in-8°, v. rac. (Note de M. de J.).

3330 Lettres de la marquise du Deffand à Horace Walpole, depuis comte d'Orford, écrites dans les années 1766 à 1780... et Lettres à Voltaire. *Paris, Treuttel,* 1812, 4 vol. in-8°, portr. et fac-simile, demi-rel. (Piqûre de vers au tom. II).

3331 Treurbrieven der blakende vorstinnen, en minnebrieven der vorsten en vorstinnen, van Publ. Ovidius Nazo en Aulus Sabinus. In nederduytschen rijm overgezet door Jonas Cabeljau. *Rotterdam, Næramus,* 1657, in-8°, vél.

3332 Brieven van Willem Bilderdijk. *Amsterdam, Messchert,* 1836-37, 5 vol. in-8°, demi-rel. v. fauve, non rogné.

3333 Brieven van A. R. Falck, 1795-1843. *s' Hage, Nijhoff.,* 1857, in-8°, demi-rel. v. vert.

3334 Lettres de Junius, traduites de l'anglais avec des notes, par J. T. Parisot. *Paris,* 1823, 2 vol. in-8°, demi-rel. v. rouge.

3335 Lettres de milady Wortlay Montagute, trad. de l'anglois (par le P. Jean Brunet). *Londres* et *Paris, Duchesne,* 1764, 2 tom. en 1 vol. in-12, v. f.

3336 Brieven van lady Maria Wortley Montague, in-4°, d.-r. v. f.
<small>Mss. de 572 pages de la main de M. de Jonghe.</small>

IX. POLYGRAPHES GRECS, LATINS ANCIENS ET MODERNES, FRANÇAIS.

3337 Plutarchi Chæronensis, summi et philosophi et historici paralela, id est, vitæ illustrium virorum, græcorum et romanorum, Guill. Xylandro Augustano interprete. *Franco furti, J. Sauri,* 1600, figg. en bois, v. br. rel. restaurée. (Titre restauré.)
   Dans le même volume : *Opera omnia Plutarchi, Ethica sive moralia interprete Herm. Cruserio. Ibid.*, 1605.

3338 Œuvres complètes de Plutarque, traduites du grec par Amyot, avec des notes et des observations, par MM. Brotier, Vauvilliers et Clavier. *Paris, Cotelle,* 1818-21, 25 vol. in-8°, portrait, broché (quelques taches de rousseur).

3339 Lucii Apuleji, Platonici philosophi, Opera. *Biponti, typogr. Societ.,* 1788, 2 vol. in-8°, d.-r.

3340 M. Tullii Ciceronis Opera ad optimas editiones collata cum notitia litter. studiis societatis Bipontinæ. *Biponti, ex typogr. Societatis,* 1780, 13 vol. in-8°, dem.-rel. bas. rac.

3341 D. Conradi Bruni, Juriscons. Opera tria, de Legationibus, de Cæremoniis, et de imaginibus ex omni disciplinarum genere. *Ex Offic. Fr. Behem, typogr. Moguntiæ,* 1548, in-fol. d.-r. bas. ant.

3342 Justi Lipsi opera omnia, postremum ab ipso aucto et recensita. *Vesaliæ, A. ab Hoogenhuysen,* 1675, 4 t. en 8 vol. in-8°, v. f.

3343 — — de Constantia. *Antv. Plantin.*, 1599. — Ejusd. de Cruce. *Antv.*, 1593. — Ej. Diva Virgo Hallensis. *Antv. Plantin.*, 1604, en 1 vol. in-4°, figg. sur cuivre, d.-r. veau.

3344 Ant. Sanderi opuscula minora, orationes sacræ, præfationum syntagma, pœmatum libri IV. *Lovanii, Vryenborch,* 1651, in-4°, vél. d. s. tr.

3345 — — Opuscula Varia, in-fol. d.-r. v.
   Renferme :
   Panegyricus Seren. Reginæ Christinæ. *Brugis*, 1655, de 39 pp. — Pontificatus Alexandri VII. *Ibid.*, 1655, 30 pp. — Epinicia Princip. Leopoldo Guilielmo, Archiduci Austriæ. *Brux., J. Mommart,* 12 pp.

— Indiculus variorum tractatuum. *Ipris*, 1646, 8 pp. — Lacrymæ conjugales in funere G. Mariæ Celsissimæ Principis Salmens. *Colon. s. d.*, de 31 pp.

3346 — — de Claris Antoniis libri tres. *Lovanii, Coenesteyn*, 1627. — Ill. D. Cæs. Alex. Scagliæ laudatio funebris, habita Antv. per Fr. Ant. van Oudenhoven. *Antv., Plantin.*, 1641. — R. P. Antonio Van Oudenhoven. etc. *Brux., G. Hacquebaud* (1658). — Broederlycken gheluckwensch aen den nieuw ghesalfden Priester G. Stroobant, etc. *Brussel, De Dobbeleer*, 1668. — Aen Jouffrou Cath. de Pape, etc. *Ibid.*, 1678. — Epitaphium in sol. exequiis J. D. Eug. Alb. d'Allamont viris Gandens. episc. et J. A. d'Aubermont. *Gand, Max. Graet*, 1674. — Ill. et R. D. Guil. Herinx in XII Iprensium episc. assumpto. *Ipris*, 1677, in-4°, d.-r. v.

La *Bibliogr. Gantoise* ne mentionne pas l'édition latine de l'avant-dernière pièce.

3347 Nicolai Susii e S. J. Opuscula litteraria : lima ciceroniana, de pulcritudine B. M. V., poemata: elegiæ marianæ, lusus anacreontici, drama comicum. *Antverp., heredes M. Nutii*, 1620, in-8°, vélin.

Recueil rare, mal renseigné par Foppens et manquant à la collection Van Hulthem. N. Susius était de Bruges et mourut en 1619. Le présent exemplaire porte la signature de Louis Vander Linden de Bois-le-Duc, curé de Reymenam, près de Malines, mort en 1678. Cet ecclésiastique publia en 1656, à Malines, un livre intitulé : *Epigrammata in hæreticos, item Lusus anacreontæi sive charites Marianæ*, titre qui se rapproche beaucoup de celui du livre de Susius. Notre exemplaire porte plusieurs additions de la main de L. Lindanus et une foule de vers ont été soulignés.

3348 Joan. Harduini, Soc. J., Opera varia. *Amstelod., Sauzet*, 1733, in-fol., figures de monnaies, demi-rel. v. raciné.

3349 J. Ant. Rieggeri opuscula ad historiam et jurisprudentiam, præcipæ ecclesiasticam, pertinentia. *Friburgi Brisgoviæ, Wagnerus*, 1773, in-8°, fig., demi-rel. v.

3350 Collection des meilleurs ouvrages françois, composés par des femmes, par Mlle de Keralio. *Paris*, 1786, 2 vol. in-8°, demi-rel.

3351 Œuvres de M. de Montesquieu, nouv. édition. *Amsterdam, Arkstée et Merkus*, 1769, 7 vol. p. in-8°, v. rac.

3352 — Les mêmes œuvres. *Paris, Belin*, 1817, 2 vol. in-8°, fac-simile, demi-rel. bas.

3353 Œuvres complettes de M. de Saint-Foix, historiographe des ordres du Roi. *Paris, Duchesne*, 1778, portrait et figg. de Marillier, 6 vol. in-8°, veau écaille à fil., tr. marbr.

3354 Œuvres (en prose et poésies) d'Étienne Pavillon, considérablement augmentées dans cète nouvèle édition. *Amsterd., Chatelain*, 1750, 2 vol. in-12, v. éc. à fil.

3355 Les Œuvres de l'abbé de Saint-Réal. Nouvelle édit., corrigée. *Paris*, 1757, 8 vol. in-12, v. écaille, à fil.

3356 Œuvres de M. de Saint-Evremond, avec la vie de l'auteur, par M. des Maizeaux. (*Londres*), 1753, 9 vol. in-12, veau écaille à fil.

3357 Œuvres de Fontenelle, précédées d'une notice sur sa vie et ses ouvrages. *Paris, Salmon*, 1825, 5 vol. in-8°, portr., demi-rel. veau rouge, non rogné.

3358 Œuvres de M. Boindin, de l'Académie. *Paris, Prault*, 1753, 2 vol. in-12, veau rac.

3359 Œuvres de M. de Segrais. Édition revue et corrigée. *Paris, Durand*, 1755, 2 vol. in-12, v. écaille à fil.

3360 Œuvres complètes de Voltaire. *Paris, Desoer*, 1817-19, 13 t. en 25 vol. in-8°, portr., demi-rel. bas. rac.

Édition estimée pour l'excellente table analytique et raisonnée, par M. Goujon, table qui forme le tome XVIII.

3361 Œuvres de J. J. Rousseau. Nouv. éd. *Paris, Ledoux*, 1819, 20 vol. in-18, portr. et fig., cart.

3362 Œuvres inédites de P. J. Grosley, publiées par L. M. Patris-Debreuil. *Paris, Patris*, 1812-13, 3 vol. in-8°, portrait, demi-rel. v. brun.

3363 Œuvres diverses de M. le comte de Tressan. *Amsterdam*, 1776, in-8°, cart.

Mouillure.

3364 Œuvres du comte de Tressan, précédées d'une notice sur sa vie et ses ouvrages, par M. Campenon. *Paris, Nepveu*, 1823, 10 vol. in-8°, portr. et figures, dos et coins en mar. brun (Lavallière) du Levant, non rogné (*Schavye*).

3365 Mélanges de poésie et de prose, par M*me* la vicomt. de Vidamp... (Vidampierre). *Londres,* 1777, in-12, demi-rel. v. fauve, tr. ébarbée.
   Exemplaire en grand papier de Hollande.

3366 Œuvres de Valentin Jamerai Duval, précédées des mémoires sur sa vie. *St. Petersbourg et se vend à Strasbourg,* 1784, 2 vol. in-8°, portr. et vignettes, maroq. rouge, dent. sur plat, gardes en soie blanche, dor. s. tr.

3367 Œuvres primitives de Frédéric II. Roi de Prusse, ou collection d'ouvrages qu'il publia pendant son règne. *Amsterdam,* 1790, 4 vol. — Œuvres posthumes de Frédéric II, Roi de Prusse (Mémoires sur son règne), *S. l.*, 1789, 12 v. ens. 16 vol. in-8°, v. br.

3368 Œuvres du chevalier de Boufflers, augm. de plusieurs pièces qui n'ont point encore paru. *Londres,* 1792, in-12, cart. non rogné.

3369 Œuvres complètes de C. F. Volney, précéd. de la vie de l'auteur. *Paris, Bossange,* 1821, 8 vol. in-8°, front., d.-r. v.

3370 Mélanges extraits des manuscrits de M*me* Necker. *Paris,* 1798, 3 vol. — Nouveaux Mélanges extraits des manuscrits de M*me* Necker. *Ibid.,* 1801, avec portr., 2 vol, ens. 5 vol. in-8°, demi-rel.

3371 Œuvres complètes de M*me* de Grafigny. *Paris, Lelong,* 1821, in-8°, figures et portr., demi-rel. v. rouge.

3372 Œuvres (en vers et en prose) de Florian. *Paris, Renouard,* 1812, 10 tom. en 7 vol. in-12, figures, demi-rel.

3373 C. A. Demoustier, œuvres diverses. *Paris, Renouard,* 1804, 5 vol. in-12, figures, demi-rel.

3374 Œuvres diverses de P. L. Lacretelle (aîné). Philosophie et littérature. *Paris, Treuttel,* 1802, 3 vol. in-8°, d.-r. bas.

3375 Œuvres de M. Jouy. *Paris,* 1815-25, 28 vol. in-8°, figures, cartonné.
   Comprend :
   L'hermite de la Chaussée d'Antin, 5 vol. — Franc-parleur, 2 vol. — L'hermite de la Guyane, 3 vol. — Id., en province, 6 vol. — Id., à Londres, 3 vol. — Id., en Italie, 2 vol. — Id., à Madrid, 2 vol. — Id., en prison, 2 vol. — La Morale, 2 vol. — Théâtre, 2 tomes en 1 vol.

382   BELLES-LETTRES.

3376 Comte de Ségur, œuvres. *Paris, Eymery,* 1823-24, 17 vol. in-8°, cartonnés, non rognés.

   Comprenant :
   Histoire de France, 11 vol. — Galerie morale et politique, 3 vol. — Décade historique, 3 vol.

3377 Collection complète des pamphlets politiques et opuscules litter. de P. L. Courier. *Bruxelles,* 1826, 2 vol. in-12, dem.-rel.

3378 Œuvres complètes de M. de Chateaubriand. *Bruxelles,* 1826-31, 30 tomes en 32 vol. — Le congrès de Vérone, guerre d'Espagne. *Ibid,* 1838, 2 vol. — Vie de Rancé. *Ibid,* 1844, ens. 35 vol. in-12, d.-r. bas. rouge.

3379 Villemain, œuvres. (Mélanges, Cromwell, Lascaris). *Bruxelles,* 1829, 6 vol. in-12, d.-r. v. vert.

3380 Productions diverses, morales, politiques et litter., par le baron de Trappé. *Namur,* 1829, 2 vol. in-8, d.-r. v. bleu.

3381 Œuvres choisies de J. B. D. Vautier, précédées d'une notice par M. de Reiffenberg. *Bruxelles,* 1847, in-8°, portrait et figure, d.-r. v. rouge.

3382 Œuvres de Ph. de Marnix de Sainte Aldegonde ; (Tableau des différends de la religion et écrits polit. et littér.) avec introductions, par Edg. Quinet et Alb. Lacroix. *Bruxelles, Van Meenen,* 1857-59, 5 vol. in-8°, pap. vél., dem.-rel., v. rouge, non rognés.

3383 Œuvres complètes du baron de Stassart, publiées et accomp. d'une notice biographique et d'un examen critique, par P. N. Dupont Delporte. *Paris, Didot,* 1855, gr. in-8°, portrait, dem.-rel. et coins en maroq. rouge du Levant, non rogn.

   En tête de l'exemplaire est ajouté un billet de la main de M. de Stassart.

3384 Œuvres de Machiavel, traduction nouvelle, par T. Giraudet. *Paris, Potey,* an VII, 9 vol. in-8°, portrait, v. r.

3385 Opere scelte di Gian Vincenzo Gravina, giureconsulto. *Milano,* 1819, in-8°, portr., d.-r. v. vert.

3886 Asmus omnia sua secum portans, oder sämmtliche Werke des Wandsbecker Bothen (von Claudius). *Wandsbeck,* 1774-

1812. — Claudius Werke. *Hamburg*, 1819, ens. 2 vol. in-8°, cart.

3387 Goethe's Werke. *Stuttgart, Cotta*, 1815-19, 20 vol. in-8°, d.-r.

3388 F. von Schillers sämmtliche Werke. *Carlsruhe*, 1820, 18 vol. in-8°, dem.rel. v. rac.

3389 Œuvres diverses de Pope, trad. de l'anglais. Nouvelle édition augm. de plusieurs pièces et de la vie de l'auteur. *Amsterdam, Arkstée*, 1763, 7 vol. in-12, portrait et fig. cart.

3390 Œuvres complettes de M. Fielding (traduites par de La Place, Desfontaines, Picquet et autres). *Paris, Perlet*, 1797, 23 t. en 11 vol, in-18, cart.

3391 Œuvres complètes de L. Sterne, traduites de l'anglais, par une société de gens de lettres. *Paris, Salmon*, 1825, 4 vol. in-8°, figg., veau rac. à fil.

3392 Œuvres de lady Montague. Trad. de l'anglais. *Paris, Valade*, 1804, 4 vol. in-12, cart.

3393 P. C. Hoofts mengel-werken. *Amsterdam, Wetstein*, 1704, in-fol. portrait et fig., v. br.

3394 Brieven van P. C. Hooft. *Amsterdam, Wor*, 1738. — P. C. Hoofts, oude tooneel-speelen, behelzende Achilles en Polyxena, Theseus ende Ariadne. *Leiden, Vander Eyk*, 1739, en 1 vol. in-fol. veau brun.

X. COLLECTIONS D'OUVRAGES. — RECUEILS DE PIÈCES, MÉLANGES.

3395 Album amicorum Petri Vander Vorst. J. U. L., p. in-12, demi-rel. v. rouge.

> Ms. de 34 feuillets, renfermant des pièces de vers, des devises, etc. et une quarantaine d'armoiries, en général très-bien exécutées, en métaux et couleurs. Parmi les signatures de ce charmant recueil nous distinguons Carolus a Croy, Bellomontanus (avec pièce de vers latins). Gerardus Arnhemensis alias Piliopæus, 1587. — Ponthus le Maytre, Duaci, 1574.—Adv. Baltenus Brugensis, Car. Micault Lovan. 1570. — Viglius ab Holdinga, 1571. — Ant. del Valle, Duaci, 1573, Carolus a Lalaing, 1586, etc., etc.

3396 Bibliothèque Elzevirienne, publiée par M. Jannet, avec des notices sur chaque ouvrage, par d'Héricault, Duplessis,

Montaiglon, Merimée, Moland, Sainte-Beuve et d'autres, 91 vol. p. in-8°, cart. en toile angl. non rognés.

La collection se compose de :

Théologie. L'Internelle consolation.

Moralistes. Le livre du chevalier de la Tour Landry.

Beaux-Arts. Mémoires de l'Acad. Roy., 2 vol. — Le livre des peintres.

Poésies. Recueil de poésies françaises, 7 vol. — Flore et Blancheflor. — Chansons de Lescurel. — Œuvres de Villon. — Abrégé de Saint-Aubin. — Œuvres de Regnier. — Œuvres de Saint-Amant, 2 vol. — Œuvres de Sénécé, 2 vol. — Dolopathos. — Les tragiques d'Aubigné. — Œuvres de Théophile, 2 vol. — Œuvres de Des Periers, 2 vol. — Œuvres de Racan, 2 vol. — Anciens poètes.

Théâtre. Ancien théâtre français, 10 vol.

Romans. Melusine. — Jehan de Paris. — Roman bourgeois. — Six mois de la vie d'un jeune homme. — Aventures de Vargas. — Nouvelles françaises, 2 vol. — Cent nouvelles nouvelles, 2 vol. — Nuits de Straparole, 2 vol. — Contes de Lafontaine, tome II.

Facéties. Gaultier Garguille. — Temple des Oracles. — Morlini. — Quinze joies du mariage. — Évangiles de Quenouilles. — Nouvelle fabrique. — Caquets de l'accouchée. — Dict. des précieuses, 2 vol. — Œuvres de Tabarin, 2 vol.

Histoire. Avent. de Faeneste. — Mémoires de Courcelles. — Id. de la Guette. — Id. de Marguerite. — de Tavannes, — d'Argenson. 5 vol. — Courriers de la Fronde, 2 vol. — Mém. de Campion. — Chronique de Chartier, 3 vol. — Ambassades de Carlisle. — Histoire du Pérou. — Variétés histor., 9 vol. — Violier de l'histoire romaine.

3397 Mémoires historiques, politiques, critiques et littéraires, par Amelot de la Houssaie. *Amsterdam, Le Cene,* 1722, 2 vol. in-12, v. br.

3398 Le catholicon de la Basse-Germanie, satire (par le baron de Walef. *Cologne, Marteau,* 1731. — Le triomphe des médecins. *Lille,* 1733. — La Constitution de l'opéra. *Amsterdam,* 1736. — Den verwellekom-wensch aen Maria Elisabeth, doende haeren intrede in Brussel. *Brussel,* 1725. — Gravamina D. P. Paradani, abbatis monasterii Vlierbacenis. *Bruxellis* (1728). — Copia epistolæ ejusdem ad Fr. Br. Schenaerts. *Ibid.*, 1728. — Elegiæ oblatæ D. L. Verzusio Beretti-Landi. *Duaci, Bellerus,* 1724. — Vreughdelycken geluck-wensch aen Jac. Engels ende Anna Hofmans, enz, *Brussel,* 1709, in-8°, dos en vélin.

3399 Nouveaux memoires d'histoire, de critique et de littérature, par l'abbé d'Artigny, *Paris, Debure,* 1749-1756, 7 vol. p. in-8°, v. rac.

3400 Dissertations historiques, politiques et littéraires, par le comte Octavien de Guasco, Chanoine de Tournay. *Tournay, Veuve D. Varlé,* 1756, 2 vol. p. in-8°, v. br.

3401 Recueil de différentes pièces de littérature, par L. P. D. G. (le prince de Grimberghe). *Amsterdam,* 1758, in-8°, d.-r.
Note de M. de J.

3402 Mélanges de politique et de littérature, extraits des Annales de M. Linguet, pour servir à l'histoire du xviii° siècle. *Bouillon,* 1778, in-8°, v. rac.

3403 Esprit et génie de M. Linguet, avocat au Parlement de Paris. *Londres,* 1780, p. in-8°, demi-rel. toile.

3404 Mélanges des sciences, d'histoire, d'économie politique, de littérature et de bibliographie, recueillis par T. d'Otrenge, 1780, in-4°, cart. dos en toile.
Ms. d'une écriture fort lisible. Extraits de lectures, en prose et en vers.

3405 Mélanges de littérature (par le prince de Ligne). *Philosopolis,* 1783, 2 vol. p. in-12, dos et coins en maroq. rouge du Levant, joli exempl.

3406 — Le même ouvrage, 2 tom. en 1 vol. p. in-12, demi-rel. bas. verte.

3407 Mémoires et mélanges historiques et littéraires, par le prince de Ligne. *Paris, Dupont,* 1827, 5 vol. in-8°, portrait et fac-simile, demi-rel. v. bleu (*Simier*).

3408 Mélanges de poésie et de littérature, recueillis par J. Closset. *Liége,* 1785, in-4°, cart. toile.
Ms. de 332 pages, renfermant une multitude de pièces de vers et de prose, en partie peut être originales; en partie empruntées à des poëtes français et liégeois.

3409 Mélanges de littérature et d'histoire, par H. baron de Villenfagne. *Liége, Desoer,* 1788, frontisp. in-8°, demi-rel. v. fauve, non rogné.

3410 — Le même ouvrage, frontisp., demi-rel.

3411 Mélanges littéraires et critiques, par Pigault le Brun. *Paris,* 1816, 2 tom. en 1 vol. p. in-8°, demi-rel. bas.

3412 Un peu de tout, ou amusements d'un sexagénaire, depuis 1807 jusqu'en 1816, par le comm. de Nieuport. *Bruxelles, de Mat*, 1818, in-8°, demi-rel. v. fauve.

3413 Recueil de pièces, en 1 volume in-8°, demi-reliure.
L. G. Visscher, Mélanges de poésie et de littérature des Pays-Bas. *Bruxelles*, 1820. — Idem, de Verbroedering of de Hollander en Brabander in een vreemd land, tooneelspel. *Ibid.*, 1823. — L'offrande à l'hymen ou Rose et Hypolite (à l'occasion du mariage du prince d'Orange), par A. A. Dauberval. *Ibid.*, 1816. — Les tribulations de Van der Snuyf, comédie, *Anvers*, 1828. — Mijnen wensch, lierzang door J. Capelle. *Brussel*, 1826. — Wilhelmo primo Germaniæ inferioris Regi desiderato (auth. J. B. G. Camberlyn) *Gandæ*, 1822. — Récit poético-histor. servant d'introduction à Gysbrecht van Amstel, trad. par Q. de Flines. *Bruxelles, s. d.*—Prœlectionibus in facultate philosophica exhortatio prael. J. D. Fuss. *Leodii*, 1818. — Redevoering van J. M. Schrant, over het beoefeningwaardige der Nederlandsche tale. *Gend*, 1818. — Discours à l'ouverture du cours de l'histoire de la philosophie (1827), par S. Van de Weyer, *Brux.*, 1827.—Mengel- werken van den Wyngaert te Brussel, 1824.

3414 Mélanges de littérature et de politique, par Benjamin-Constant. *Bruxelles*, 1829, 2 vol. en 1, p. in-8°, demi-rel. v.

3415 Mélanges historiques et littéraires, par le D^r Le Glay. *Cambrai, Lesne-Daloin*, 1834, gr. in-8°, dos en toile, pap. vél.
Tiré à 50 exemplaires seulement.

3416 Mélanges de Littérature, par C. J. Burgaud. *Calais*, 1834, in-8°, demi-rel. v. brun, non rogné.

3417 Opuscules de M. Vict. Definne, en 1 vol. in-12, demi-rel.
Renferme :
Notice hist. sur la Bibliothèque de Tournay. *Bruxelles*, 1828. — L'Empereur Charles-Quint, discours (trad. du holland.). *Ibid.*, 1827. — Alfred ou fait histor. du XVIIe siècle. *Ibid.*, 1828. — Alphonse, ou le Belge. *Ibid.*, 1827. — Le siége de Harlem. *Ibid.*, 1827.

3418 Opuscules (poésie et prose) de M. N. Cornelissen. *Gand*, 1818-37, in-8°, demi-rel. v. fauve.
Renferme :
L'origine, progrès et décadence des chambres de rhétorique en Flandre. — Verzameling van dichtstukken (concours van 1812). — Notice sur la Société de Saint-George à Gand. — Gestes et hauts faits de la confr. de Saint-Michel, couplets. — La flore d'hyver. — Floræ americanæ, etc., *en manusc.* — Discours à l'Exposition 1817-1821. — Récit du triomphe de la Société Cécilienne de Gand. — Discours à l'Acad. de peinture, 1818. — Redevoering by de uitdeeling der pryzen.... 1823. — Couplets à l'occasion de la fête donnée

par M. Velleman, 1826. — Recueil d'inscriptions au voyage du premier Consul, an XI. —Notice sur J. B. Pisson, architecte, 1819. — Id., de M. Guill. Demanet. — Couplets au banquet des noces de M. Hellebout, 1827. — Couplets, 1824. — Zang-lied voor drukkers (1817). — Notice hist. sur P. Van der Werff, bourgmaître de Leyde, figure, 1817. — Littérature ancienne. — Tombeau de Jordaens.— Banquet offert à M. Cornelissen, 1837. — Table manuscrite.

3419 Mosaïque belge; mélanges historiques et littéraires, par A. Baron. *Bruxelles,* 1837, in-12, demi-rel. v. fauve.

3420 Mélanges historiques et littéraires, par L. Polain. *Liége,* 1839, in-12, demi-rel. v. fauve.

3421 Traité historique sur les causes primaires de l'élévation et de la grandeur des nations, de leur décadence et chute... suivi de l'histoire philosoph. de la linguistique, par Ser Thomas Ames Gevaeft.... *Bruxelles,* 1839. — Œuvres du même auteur, partie poétique. *Ibid.*, en 1 vol. in-8°, demi-rel. v. rouge.

Voyez sur cet ouvrage et son auteur l'*Histoire littéraire des fous,* par *M. Delepierre, Londres,* 1860.

3422 Opuscules de M. F. Nève, professeur à l'université de Louvain. *Louvain* et *Gand,* 1842-54, en 1 vol. in-8°, demi-rel. v. fauve.

Renferme :

Introduction à l'histoire génér. des littératures orientales, 1844. — Études sur les hymnes du Rig-Véda, 1842. — Examen histor. du tableau des alphabets et des langues de l'univers de J. B. Gramaye, 1854. — Établissement et destruction de la première chrétienté dans la Chine, 1846.

3423 Mélanges par Félix van Hulst. *Liége, Oudart,* 1843, gr. in-8°, d.-r. v. fauve.

3424 Mélanges littéraires par L. T. Semet. *Lille, Bracke,* 1846, in-12, d.-r. toile (ex. sur pap. jaune).

3425 Opuscules de M. P. A. F. Gérard, 1 vol. in-8°, d.-r. toile (portrait ajouté).

Renferme :

Affaire du camp de Beverloo. Requisitoire. *Brux.*, 1841.— Le Général Buzen, notice. — La liberté et son influence sur les destinées politiques de l'Europe. *Brux.*, 1848. — Revue de l'armée. Prospectus et 48 pp. de texte. — Essais sur l'histoire des Européens, et deuxième Essai.

3426 Opuscules de L. A. Warnkönig. Recueil de pièces, en 1 vol. in-8°, fac-simile d.-r. v. bleu.

Renfermant:

Histoire du droit Belgique, contenant les institutions politiques sous les Francs. *Brux.*, 1837. — Idem, von der Wichtigheit der Kunde des Rechts und der Geschichte der belgischen Provinzen. *Freiburg*, 1837. — Id. Documents inédits relatifs à l'histoire des Trente-neuf de Gand. *Gand, s. d.* — Id. Poetische Erheiterungen. *Aachen*, 1825. — Id. Doctrina juris philosophica. *Aquisgrani*, 1839. — Id. Analyse du traité de la possession. *Liége*, 1827. — Prospectus du Commentarii juris romani privati, du même auteur; en 1 vol. in-8°, fac-simile, d.-r. v. bleu.

3427 Leçons de littérature hollandaise, traduites en français, par L. V. Raoul (texte hollandais et français). *Bruxelles, Tarlier*, 1828, in-8°, demi-rel. bas. bleue, non rogné.

3428 Opuscules de J. F. Willems, en 1 vol. in-8°, demi-rel. veau rouge, non rogné.

Renferme :

Aen de Belgen (avec trad. française). Over de hollandsche en vlaemsche schryfwyzen van het Nederduitsch. *Antw.*, 1824. — Briefwisseling met J. B. Buelens. *Ibid.*, — Redevoering by de prysuitdeeling der Academie te Antwerpen, 1823. — De oude bevolking der provincie Antwerpen, 1829. — Table manuscrite.

3429 Nederduitsche letteroefeningen (proza en poezy). *Gent, Snoeck*, 1834, in-8°, demi-rel. v. fauve.

3430 Geschied- en letterkundig mengelwerk van Jacobus Scheltema. *Amsterdam*, 1818-36, 17 part. en 6 vol. in-8°, figg., d.-r. maroq. vert et coins, non rognés (Ex. complet).

3431 Letter- en geschiedkundige mengelingen, door H. W. Tydeman. *Zalt- Bommel, Joh. Noman*, 1836, in-8°, d.-r. v. bleu, non rogné.

3432 Geschied- letter en oudheidkundige uitspanningen, door G. D. J. Schotel. *Utrecht, Bosch*, 1840, in-8°, figure, d.-r. v. vert.

APPENDICE. — COLLECTION D'OUVRAGES DIVERS DE G. PEIGNOT.

3433 Recherches historiques et littéraires sur les danses des morts et sur l'origine des cartes à jouer. *Dijon, Lagier*, 1826, in-8°, figg. d.-r. v. r., non rog.

3434 Documens authentiques et détails curieux sur les dépenses de Louis XIV, en bâtimens et châteaux, monumens, etc., d'après un manuscrit de Colbert, avec notes historiques, (et supplément). *Paris, Renouard,* 1827, in-8°, portr., demi-rel. v. rouge, non rogn.

3435 Histoire d'Hélène Gillet, ou relation d'un événement extraordinaire et tragique, survenu à Dijon dans le xviie siècle... *Dijon, Lagier,* 1829, in-8°, demi-rel. v. rouge, non rog.

3436 Recherches historiques sur la personne de Jésus-Christ, sur celle de Marie, sur les deux généalogies du Sauveur et sur sa famille, avec des notes... *Dijon, Lagier,* 1829, in-8°, demi-rel. v. rouge, non rogn.

3437 Choix de testamens anciens et modernes, remarquables par leur importance, leur singularité, ou leur bizarrerie, avec des notes. *Paris, Renouard,* 1829, 2 vol. in-8°, demi-rel. v. rouge, non rogn.

3438 Catalogue d'une partie de livres composant l'ancienne bibliothèque des ducs de Bourgogne de la dernière race, d'après des inventaires du xve siècle. *Paris, Renouard,* 1830, in-8°, demi-rel. v. rouge, non rogn.

Tiré à 100 exemplaires.

3439 — — Le même ouvrage. Seconde édition revue et augmentée du catalogue de la bibliothèque des Dominicains de Dijon, de 1307. *Ibid, id.* 1841, in-8°, demi-rel. v. rouge, non rogn.

3440 L'illustre Jaquemart de Dijon. Détails historiques, instructifs et amusans sur ce haut personnage, domicilié en plein air dans cette charmante ville, depuis 1382, par P. Bérigal. *Dijon, Lagier,* 1832, in-8°, fig., demi-rel. v. rouge, non r.

3441 Essai historique et archéologique sur la reliure des livres et sur l'état de la librairie chez les anciens. *Dijon, Lagier,* 1834, in-8°, figg., demi-rel. v. rouge.

3442 Les Bourguignons salés : diverses conjectures sur l'origine de ce dicton populaire. *Dijon, Lagier,* 1835, in-8°, d.-rel. v. rouge, non rogn.

Tiré à 150 exemplaires.

3443 Nouvelles recherches sur la diction populaire, faire ripaille. *Dijon, Lagier,* 1836, in-8°, (de 15 pp.), demi-rel. v. rouge, non rogn.
Tiré à 200 exemplaires.

3444 Recherches historiques et philologiques sur la Philotésie ou usage de boire à la santé chez les anciens et les modernes. *Dijon, Lagier,* 1836, in-8°, demi-rel. v. rouge non rogné.
Tiré à 150 exemplaires.

3445 D'une pugnition divinement envoyée aux hommes et aux femmes pour leurs paillardises et incontinences désordonnées (en 1493), avec notes fructueuses et très congruantes au sujet, par P. Stephen Baliger (G. Peignot), *à Naples et en France,* 1836, in-8°, demi-rel. v. rouge, non rogné.

3446 De la liberté de la presse à Dijon, au commencement du xvii⁰ siècle, ou histoire de l'impression d'un opuscule en patois..., en 1609. *Paris et Dijon,* 1836, in-8° (de 12 pp.), demi-rel. v rouge, non rogné.

3447 Souvenirs relatifs à quelques bibliothèques particulières des temps passés. *Paris et Dijon,* 1836, in-8° (de 23 pp.), d.-r. v. rouge, non rogné.
Tiré à 170 exemplaires.

3448 Recherches sur le luxe des Romains dans leur ameublement, avec des notes. *Dijon, Lagier,* 1837, in-8°, demi-rel. v. r., non rogné.
Tiré à 150 exemplaires.

3449 Recherches sur les diverses opinions relatives à l'origine et à l'étymologie du mot pontife. *Dijon, Lagier,* 1838, in-8° (de 28 pp.), demi-rel. v. rouge, non rogné.
Tiré à 130 exemplaires.

3450 Quelques recherches sur d'anciennes traductions françaises de l'oraison dominicale et d'autres pièces religieuses. *Dijon, Lagier,* 1839, in-8°, demi-rel. v. rouge, non rogné.
Tiré à 175 exemplaires.

3451 Le lavage du papier timbré, ou les malheurs de la Régie (par G. Peignot). *Dyon, Lagier,* 1839, in-8° (de 24 pp.), demi-rel. v. r. non rogné. (Pièce rare et curieuse).

3452 Quelques recherches sur le tombeau de Virgile au Mont-Pausilipe. *Dijon, Lagier*, 1840, in-8° (de 36 pp.), d.-rel. v. r. non rogné.

Tiré à 150 exemplaires.

3453 Predicatoriana ou révélations singulières et amusantes sur les prédicateurs entremêlées d'extraits piquants des sermons bizarres... notamment des xv°-xvii°° siècles, suivies de quelques mélanges curieux, par G. P. Philomneste (Gabr. Peignot). *Dijon, Lagier*, 1841, in-8°, demi-rel. v. r. non rogné.

3454 Le livre des singularités, par G. P. Philomneste (Gabr. Peignot). *Dijon* et *Paris*, 1841, in-8°, demi-rel. veau r. non rogné.

3455 Amusements philologiques, ou variétés en tous genres, par G. P. Philomneste. (G. Peignot). *Dijon, Lagier*, 1842, in-8°, demi-rel. v. r. non rogné.

FIN DU PREMIER VOLUME

TABLE DES MATIÈRES.

THÉOLOGIE.

	Pages.
I. Écriture sainte. — Texte. Versions. Abrégés. Interprétations.	1
II. Liturgie	4
III. Conciles. — Synodes provinciaux et diocésains, particulièrement en Belgique	5
IV. SS. Pères et autres écrivains ecclésiastiques. — Collections et ouvrages séparés	9
V. Théologiens. — *A*. Théologie scolastique et dogmatique.	11
B. Théologie morale.	13
C. Théologie catéchétique.	15
D. Théologie parénétique.	*ib*.
E. Théologie ascétique ou mystique	17
F. Théologie polémique.	23
Appendice à la théologie. — Déistes, incrédules, opinions singulières, etc. — Religion judaïque.	28

JURISPRUDENCE.

I. Introduction. — Histoire de la législation et des tribunaux.	29
II. Formation des sociétés. — Traités généraux sur les lois, leur origine et leurs principes. — Philosophie du droit.	30
III. Droit naturel et droit des gens. — Traités généraux.	32
IV. Droit public. — *A*. Droit public en général international et interne. — Traités généraux. Dictionnaires, etc.	35
B. Droit maritime. — Question des neutres.	36
C. Histoire des traités de paix, d'alliance, etc. — Recueils. — Mémoires, négociations, correspondances diplomatiques, etc. — Matières diverses de droit international.	37
D. Traités, etc., intéressant plus particulièrement la Belgique et les Pays-Bas.	42
E. Traités de diplomatie. — Fonctions, droits et priviléges des ambassadeurs et des consuls.	44
Droit public interne. — *A*. Partie théorique.	46
B. De la société politique. — Principes et systèmes de gouvernement. Auteurs anciens et modernes.	47
H. Science du gouvernement et art de gouverner.	48

	Pages.
IV. Du souverain. — Des pouvoirs politiques.	50
V. Mélanges de politique.	51
B. Partie positive. — Droit public de plusieurs États. — Collections de chartes.	53
Belgique et Pays-Bas. — Introduction. — Histoire	57
Ordonnances, édits, placards et commentaires.	ib.
Royaume des Pays-Bas.	65
Belgique depuis 1830. — Constitution. — Documents parlementaires. — Lois générales, etc.	66
Provinces-Unies. — Royaume de Hollande. — Royaume des Pays-Bas depuis 1830.	69
Sciences économiques et administratives. — A. Traités généraux d'économie politique	70
B. Traités généraux de droit administratif.	71
Traités particuliers d'administration. — Origine, organisation et administration provinciale et communale. — Mémoriaux administratifs, etc. — Communes, paroisses, etc. — Police. — Annuaires.	72
Traités particuliers d'économie politique. — A. Statistique. — Théorie, statistique générale et particulière.	74
B. Population, richesse, luxe, ouvriers, classes inférieures, subsistances, paupérisme, mendicité, charité publique, établissements d'humanité, hôpitaux, hospices, monts-de-piété, administration de la justice, prisons	76
C. Instruction publique. — Considérations générales. — Enseignement primaire, moyen, supérieur.	82
D. Industrie, associations. — Commerce, histoire, traités. — Agriculture, manufactures, brevets, expositions, mines, travaux publics, chemins de fer, routes, canaux. — Colonies.	85
E. Finances, organisation, budgets, lois de finances, revenus publics, impôts, crédit public, banque, poids et mesures, postes, douanes.	96
II. Droit civil et criminel. — Généralités.	102
III. Droit romain. — Introduction et histoire. — Dictionnaires, manuels.	103
IV. Droit romain avant Justinien. — Droit de Justinien. — Textes, commentateurs, interprètes.	106
Traités spéciaux de droit romain pur ou appliqué au droit français, allemand, etc.	113
Collection de traités relatifs au droit romain ancien et moderne.	121
Droit romain après Justinien.	ib.
Droit des Pays-Bas. — Droit ancien et moderne. — Introduction, traités généraux.	ib.
Coutumes, statuts locaux et commentaires.	123

	Pages.
Traités particuliers sur différentes matières de droit. — *A*. Droit civil ancien et moderne	132
B. Droit criminel. — Droit militaire. — Droit maritime. . . .	138
C. Droit féodal. — Traités sur les dîmes.	143
D. Procédure. — Notariat.	146
Arrêts notables des cours souveraines. — Consultations, mémoires. — Motifs de droit	149
Droit français. — *A*. Histoire. — Traités généraux. — Lois anciennes. — Ordonnances.	154
B. Coutumes	157
C. Traités sur toutes les matières de droit, collection d'œuvres de jurisconsultes.	160
D. Arrêts, plaidoyers, mémoires.	*ib.*
Traités particuliers sur diverses matières de droit civil. . . .	162
Ancien droit criminel. — Police. — Procédure.	164
Droit féodal.	165
Droit moderne. — Introduction. — Collections de lois. . . .	166
Droit civil. code et commentaires	167
Code de procédure, code pénal, code de commerce, code rural, code militaire, etc.	169
Répertoires de jurisp. — Arrêts des cours. — Causes célèbres.	171
Droit allemand, anglais, italien, espagnol.	172
IV. Droit canonique ou ecclésiastique. — Introduction. — Traités généraux et spéciaux. — Dictionnaires, lettres des papes, canons. — Commentaires.	176
Jurisdictions ecclésiastiques. — Traités pour et contre le pape et l'autorité ecclésiastique. — Église gallicane.	180
Statuts des ordres religieux	182
Droit canonique de différents pays.	184
Matières canoniques intéressant particulièrement les Pays-Bas.	185

SCIENCES ET ARTS.

Introduction. — Dictionnaires	187
I. Sciences philosophiques. — Introduction, histoire, dictionnaires. — Philosophie générale. — Œuvres des philosophes anciens et modernes.	189
Logique. — Métaphysique. — Anthropologie	191
Morale.— Ouvrages divers se rattachant à la philosophie morale.	193
Applications de la morale. — Règles de la vie civile. — Pédagogie. — Histoire. Traités généraux et spéciaux sur l'éducation et l'instruction.	196
II. Sciences physiques et chimiques.	197
III. Sciences naturelles. — Généralités sur les trois règnes. — Histoire naturelle du monde	199

Géologie. — Constitution du globe. — Minéralogie, pierres précieuses. — Paléontologie, etc.	200
Botanique. — Agriculture. — Horticulture.	203
Zoologie	206
IV. Sciences médicales. — Introduction. — Histoire. — Traités généraux.	208
Anatomie. — Physiologie. — Magnétisme animal. — Monstres. — Hygiène.	209
Pathologie, clinique, maladies spéciales. — Thérapeutique, pharmacologie. — Médecine légale	211
Art vétérinaire. — Hippiatrique.	215
V. Sciences mathématiques. — Arithmétique, etc.	217
Astronomie. — Comput. — Apparitions de comètes. — Gnomonique	ib.
Art militaire, navigation, ponts et chaussées.	220
VI. Appendice aux sciences. — Philosophie occulte. — cabale, magie, apparitions, démons, sortilèges, alchimie, physiognomonie, astrologie, prédictions, etc.	222
VII. Arts. — Écriture, cryptographie, sténographie, typographie.	228
Beaux-arts. — Histoire, philosophie.	229
Arts du dessin. — Manuels. — Iconographie — Monogrammes. — Recueils de portraits.	231
Peinture. — Introduction, histoire, expositions, peinture sur verre, tapisseries, mélanges.	234
Galeries et cabinets de tableaux et de dessins.	239
Gravure. — Histoire. — Dictionnaire de graveurs. — Catalogues des collections	241
Sculpture, architecture.	244
Recueils d'estampes en gravure et en lithographie. — Tapisseries. — Costumes.	247
Musique	252
Arts mécaniques et métiers. — Construction, arts industriels, manuels divers, cuisine, etc.	253
Exercices gymnastiques. — Armes. — Équitation. — Chasse, pêche, danse, jeux divers.	254

BELLES-LETTRES.

I. Linguistique. — Origine des langues. — Grammaire générale. — Polyglottes. — Langues orientales	258
Langue grecque, ancienne et moderne, langue latine. — Introduction, dictionnaires grecs, greco-latins, latins, latins-franç.	260
Langue française. — Introduction. — Histoire. — Anciens monuments. — Etymologie. — Langue romane.	262

Grammaires et dictionnaires.	264
Idiômes spéciaux et patois en usage en France, en Belgique, en Suisse. — Breton.	265
Langue espagnole, langue italienne.	267
Langues du Nord. — Langue allemande ancienne et moderne (et dialectes), langues anglaise, russe.	268
Langue flamande et hollandaise. — Introduction. — Histoire. — Origine. — Monuments anciens	270
Grammaires, dictionnaires.	272
Rhétorique. — Introduction. — Discours latins, français, flamands et anglais.	274
III. Poésie. — Introduction. — Traités de poétique.	277
Poètes grecs et poètes latins anciens. — Poésies latines du moyen-âge.	ib.
Poètes latins modernes, italiens, français, allemands et anglais de nation.	280
Poètes latins modernes, belges et hollandais de nation.	281
Poètes français. — Histoire. — Poétique. — Collections.	290
Troubadours, trouvères et autres poètes français du XIIᵉ au XIVᵉ siècle.	ib.
Poètes français depuis le XIVᵉ siècle jusqu'à Malherbe.	293
Poètes français depuis Malherbe jusqu'à nos jours. — Poésies de divers genres.	298
Chants historiques et chansons depuis le XIIᵉ siècle.	301
Poésies en divers patois de la France.	303
Poètes français, belges ou hollandais de nation. — Poètes wallons.	304
Poètes italiens et espagnols	312
Poètes allemands, anglais, islandais, polonais, etc.	314
Poètes néerlandais. — Poétique. — Collections. — Poésies du moyen-âge jusqu'au XVIᵉ siècle.	316
Depuis le XVIᵉ siècle jusqu'à nos jours.	319
IV. Art dramatique. — Introduction. — Histoire. — Auteurs dramatiques français	333
Œuvres dramatiques en français d'auteurs belges. — Pièces dramatiques wallonnes	335
Auteurs dramatiques flamands et hollandais.	337
Auteurs dramatiques italiens, espagnols, allemands, anglais, etc.	339
V. Romans, contes et nouvelles. — Introduction. — Recueils. — Romans grecs et latins.	342
Romans français. — Romans de chevalerie.	ib.
Romans français de divers genres, romans historiques, poèmes en prose. — Contes et nouvelles.	345
Romans français d'auteurs belges ou hollandais.	351
Romans néerlandais.	353
Romans espagnols, allemands, anglais, etc.	355

TABLE DES MATIÈRES.

    Appendice. — Le roman du renard. 358
V. Facéties, dissertations singulières et plaisantes. 360
VI. Philologie. — Critiques latins-français. 365
    Satires générales et satires personnelles 366
    Sentences, adages, proverbes. 369
    Bons mots, ana, pensées 370
    Symboles, emblêmes, devises 371
VII. Dialogues et entretiens. 373
VIII. Epistolaires 374
IX. Polygraphes grecs, latins, anciens et modernes, français. . . 378
X. Collections d'ouvrages. — Recueils de pièces, mélanges . . . 383
    Collection d'ouvrages divers de G. Peignot. 388

FIN DE LA TABLE DES MATIÈRES.

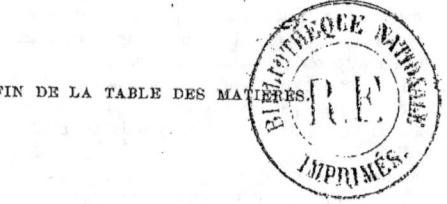

LA MÊME LIBRAIRIE ANCIENNE DE
F. HEUSSNER
PUBLIERA SOUS PEU :

I. **Catalogue du cabinet** de feu M. **Joseph Paelinck**, artiste peintre.

Le catalogue se compose de deux parties, renferme :

1re Partie. *Catalogue d'estampes du XVe XVIe siècles*. Précieuse collection d'estampes de maîtres inconnus du XVe siècle ; d'une suite remarquable d'estampes de *Martin Schongauer, Israel van Mecken, Glockenton, Lucas de Leyden* ; l'œuvre à peu près complet d'*Albert Durer*, de *Hans Burgmaier*, de *Lucas Cranach* ; maîtres néerlandais, italiens et français.

2e Partie. *Catalogue de livres et manuscrits*. Collection également remarquable par un grand nombre de livres anciens, ornés de gravures sur bois ; un nombre considérable d'ouvrages à *figures de costumes*, par *Jost Amman*, de *Glen* et autres ; les quatre classiques illustrés publiés par *Grüninger* ; incunables flamands avec de curieuses gravures sur bois ; les ouvrages ornés de gravures par *A. Durer, Urse Graff, Cranach, Burgmaier* et leurs élèves ; parmi lesquels le *Thewerdanck*, le *Weisskunig*, etc. — *La danse des morts*, figg. de *Holbein* ; Icones du même maître ; *Figures de la Passion*, par *Durer* ; *L'Apocalypse* du même ; pièces rares concernant l'Amérique ; quelques *livres gothiques français* très-rares, et enfin des manuscrits fort précieux.

La vente de ce cabinet aura lieu du 21 au 28 novembre.

II. Catalogue de la bibliothèque de feu M. Théodore de Jonghe, tome III. Comprenant : *Histoire de France, d'Angleterre,* etc., etc., *Archéologie, numismatique, généalogie, héraldique, biographie, bibliographie*; collections d'ouvrages périodiques et de sociétés savantes, parmi lesquelles les *Publications de l'Académie de Bruxelles depuis sa fondation jusqu'à nos jours*, collection précieuse et unique.

La vente aura lieu aux premiers jours du mois de décembre.

III. Catalogue des monnaies et médailles formant le cabinet de feu M. Théodore de Jonghe.

Collection remarquable dont la vente aura lieu vers le milieu du mois de décembre. — Immédiatement après la vente de ce cabinet sera vendu :

IV. La collection de monnaies et médailles provenant d'un amateur Belge.

V. Catalogue de la bibliothèque de feu M. Théodore de Jonghe, tome II.

Dernière vente de cette bibliothèque importante ; le tome II comprendra l'*Histoire générale ancienne et moderne*, l'*Histoire ecclésiastique*, et l'*Histoire des Pays-Bas*. Cette dernière partie est une des plus complètes que l'on ait formées en notre pays.

La vente aura lieu au mois de janvier 1861.

www.ingramcontent.com/pod-product-compliance
Lightning Source LLC
Chambersburg PA
CBHW060545230426
43670CB00011B/1698